통찰이 이끄는 시선으로 길을 찾고
통합의 리더십으로 함께 길을 간다

Insight-Driven Management

더 나은 세상을 만들고자 하는 사람들에게
이 책이 작은 도움이 되기를 희망합니다.

_____ 님께

_____ 드림

통 찰 경 영

Insight-Driven Management

인문과 과학으로 보는

통찰경영

Insight-Driven Management

K-경영이 글로벌 스탠더드가 된다

이승한 김연성 이성호 정연승 김범수 최동현 이평수 설도원

BOOKSAYS
도서출판 북쌔즈

추천사

통찰경영이 미래 경영학의
글로벌 스탠더드가 되기를 바라며

매우 방대한 내용의 책이다. 세 권 정도에 나눠서 담을 내용을 한 권에 집약한 것 같다. 이승한 회장이 평생 경영자로 일하면서 실천한 현장의 경험을 바탕으로 한 이 책은 여러 교수들이 이론으로 뒷받침한 역저다. 실전과 이론이 합해지면서 책의 설득력이 강화되었다. 또한 다양한 한국과 외국 기업의 사례가 곳곳에 들어 있어서 이론을 실감나게 한다.

개념을 그림과 표로 표현하여 이해를 돕고 있으며, 주요 내용은 박스로 만들어 요약 설명되어 있다. 그리고 곳곳에 경영자나 선각자들의 경귀와 조언이 들어 있어서 캐치프레이즈를 만드는데도 유용할 것 같다. 매우 친절한 책이다. 제목에 '인문과 과학으로 보는'이라고 붙어 있듯이 경영 이론과 인문학 감성 및 과학적 분석을 융합하려는 시도도 돋보인다. 이 책은 여섯 파트로 구성되어 있다.

통찰경영은 여섯 파트로 구성되어 있다

제1부 '변화의 물결'은 현재 기업을 둘러싸고 있는 거대한 환경변화에 대한 설명이다. 두 가지가 두드러진다. 디지털과 AI로 인한 기술변화와 미중 패권 경쟁으로 인한 공급망의 변화와 지정학 리스크의 증가가 그것이다.

제2부 '비전과 목표'는 담대한 꿈을 가지고 실천가능한 목표를 설정하라는 것이다. 특히 여섯 개의 상위 목표 별로 측정가능한 세부 목표를 제시하고 있어서 실무적으로 큰 도움이 될 것 같다. 오늘날 경영에서 소명(召命) 내지 미션의 의미를 되새길 만한다. 기업 경영의 궁극적인 목표는 세상을 더 좋게 만드는 것이 되어야 하지 않을까?

제3부 '이기는 전략' 파트는 저자들이 이 책에서 가장 심혈을 기울여 쓴 것 같다. 전략에 대해서는 아래서 더 살펴볼 수 있다.

제4부 '행동방식'은 우리가 보통 '조직과 인재'라고 하는 분야에 해당하는 것일 텐데, 여기에서는 가치를 대폭 강조하고 있다. 핵심 가치를 바탕으로 조직 문화와 일하는 방식을

정립해서 팀워크를 달성하고 개인의 업무 몰입을 이끌어내는 것이 전략의 실행이다. 기업 경영에서 가장 중요한 것이 바로 이 파트다. 아무리 경영 환경이 급변하고 경제가 어렵다고 해도, 조직이 똘똘 뭉쳐서 역경을 헤쳐 나간다면 두려울 것이 없을 것이다.

제5부 '환경과 사회'는 기업의 사회적 역할에 대한 논의이고, 주로 ESG에 대한 전략적 접근을 논의한다. ESG는 지난 10여년 간 기업의 사회적 책임을 상징하는 개념이 되었다. 미국에서 공화당이 세력을 얻으면서 일부 보수파들이 ESG는 주주 이익을 해칠 유려가 있으므로 불법화해야 한다고 입법까지 추진하고 있으나, 세계적으로 정부보다 기업이 더 많은 자원을 갖고 있는 상황에서 기업이 사회 문제 해결에 기여해야 하는 것은 변함이 없을 것이다.

제6부는 '됨됨이 리더십'이라고 재미있게 표현된 파트다.
특히 돋보이는 내용은 곳곳에 동양문화와 서양문화를 비교하는 부분이다.
이승한 회장이 처음에 한국 회사에서 일을 시작했지만, 나중에는 영국의 대형 유통회사에서 CEO로 오래 일했기 때문에 한국과 영국, 또는 동양과 서양의 문화적 차이를 실감했을 것이다.

전략을 보는 동서양의 관점이 흥미롭다

특히 제3부에서 전략을 보는 서양과 동양의 대비가 흥미롭다.
"동양은 조화와 지혜를 강조하여 전쟁을 피하거나 최소한의 자원으로 승리하려는 접근을 하고, 서양은 구조적이고 체계적인 계획을 통해서 전쟁의 승리를 추구하는 경향이 강하다"고 설파하고 있다.

20세기에 미국이 동아시아에서 세 번의 전쟁을 했는데 1승1무1패였다고 한다. 특히 미국이 패한 베트남 전쟁을 보면 위 두 가지 접근의 차이가 두드러진다. 미국은 베트남 전쟁에 엄청난 인력과 물량을 투입했지만, 작은 거인 호치민의 북베트남에 패배하였다.

21세기 최대의 글로벌 경쟁이 미중 간의 패권경쟁이라고 보면, 앞으로 미국과 중국의 다른 접근에 대한 시사점을 얻게 된다. 제4부에 있는 동양과 서양의 조직문화의 차이도 흥미로우며, 더 심화시키면 좋을 것 같다. 서양의 문화는 '행동중심'이고, 동양의 문화는 '존재 중심'이라는 대목도 흥미롭다.

제3부에서 '싸우지 않고 이기는 것이 최고의 전략'이라는 『손자병법』의 지혜를 실천하는 방안을 제시하고 있다. 요즘 미국 기업들이 애자일(Agile)을 많이 이야기하지만, 원래 유연하고 융통적인 동양의 강점을 지닌 점을 인식할 필요가 있다.

이 책은 또한 이순신 장군의 전략을 '선승구전(先勝求戰)'으로 표현해서 '먼저 이기고 나중에 싸운다'라고 설명하고 있다. 먼저 승리를 확보한다는 의미는 전쟁에 대한 준비를 철저히 했다는 뜻인데, 이를 경영 전략의 여섯 가지 핵심 전략과 연결하고 있다.
보통 상식으로는 임진왜란 때 조선은 전혀 전쟁 준비가 안 된 것으로 알고 있는데, 이순신 장군은 미리 철저히 전쟁에 대비하고 있었다는 주장이다. 이에 대한 설명과 이론의 뒷받침이 더 있다면 세계 해군사에 남는 이순신 장군의 전략을 본격적으로 기업경영에 활용할 수 있지 않을까 기대가 된다.

리더십을 독특한 인체 모형으로 비유하고 있다

제6부 '됨됨이 리더십'에서는 '리더의 품성과 인격을 바탕으로 조직을 이끄는 지도자' 상을 제시하고 있다. 이러한 리더십이 동양적 가치와 한국 문화에 뿌리를 두고 있다고 주장한다. 유교에서 말하는 수신제가(修身齊家)의 개념과 통하는 접근이다.

여기에 '세종의 K-리더십' 모형이 제시되어 있는데, 세종의 리더십을 인재, 창조, 혁신, 지식, 감동, 열린 리더십의 여섯 가지로 설명하고 있다. 이순신 장군의 전략과 세종대왕의 리더십이 합쳐진다면, 광화문 광장에 계신 두 분이 통합되어서 K-경영의 주춧돌이 될 것도 같다.

제6부에서 다루는 '인체 리더십 광산'도 매우 흥미로운 접근이다. 인체의 인지 기능, 연결 기능과 실행 기능을 경영과 연결시키고 있는데, 마치 한의학(韓醫學)을 경영에 적용한 것 같은 느낌이 든다.
이를 바탕으로 각 개인이 자신의 리더십 역량을 개발하는 과정까지 제시하고 있다.
이 책을 여러 차례 살펴보았지만 내용을 모두 이해하고 정리하기는 힘들다. 워낙 내용이 많고 구석구석에 풍부한 예시와 통찰이 있기 때문이다.

K-경영은 글로벌 스탠다드가 될 충분한 잠재력이 있다

마지막으로 이 책이 시도하는 K-경영에 대해서 생각해 본다. 몇 년 전부터 국내 경영학계에서 K-매니지먼트라는 화두가 자주 등장하고 있다. 한류가 세계적으로 크게 성공하면서 세계인들이 한국과 한국 문화, 그리고 한국 기업에 대한 관심이 많아졌다.
특히 지난 60년 동안에 한국 경제가 크게 성장했는데, 여기에는 삼성전자나 현대자동차 같은 한국의 우수한 기업의 역할이 있었다. 이 책에서도 이 두 회사의 비전이나 경영 철학과 전략에 대한 언급이 많다. 그렇다면, K-경영은 앞으로 어떻게 접근해야 할 것인가?

1980년대에 일본 경영에 대해서 세계적인 관심이 있었고, 주로 평생고용이나 연공서열제, 집단 의사 결정과 같은 인사 및 조직의 특징이 언급이 되었다. 그러나 1991년경부터 일본 기업의 성공이 둔화되면서 그러한 J-경영의 특징이 고속성장기에나 가능했던 인사관행이 었음이 밝혀졌다. 아직도 그런 관행이 남아 있기는 하지만, 성과와 연결되지 않다 보니 관심이 없어진 것이다. 무엇보다도 1990년대 이후 디지털 혁명에서 일본 기업의 역할이 별로 없었고, 일본 기업에 대한 관심 또한 줄어 들었다.

1990년대 초 이후의 디지털 혁신은 실리콘밸리에 있는 미국 기업들이 주도하였고, 특히 2010년 초부터는 구글, 아마존, 애플, 마이크로소프트와 같은 빅테크(요즘 말하는 황야의 7인의 무법자: Magnificent Seven)들이 세계 경제를 주도하면서 일본이나 유럽의 기업은 상대적으로 퇴색하게 되었다. 2025년 현재의 시점에서는 AI의 혁신을 누가 주도할 것인가가 초미의 관심사다.

1월 20일 트럼프 대통령이 취임하는 날, 중국의 스타트업인 딥시크가 아주 저렴하면서도 유용한 언어모델을 소개하여 세계에 충격을 주었다. 이 사례는 앞으로 시사점이 클 것 같다. 특히 이 책에서 제시하는 동양과 서양의 전략과 기업 문화의 차이가 잠재적인 설명력이 있다.

20세기 초 이후 세계 경제는 거의 미국 기업이 주도해 왔는데, 이는 미국 경제의 규모와 혁신 역량 때문이다. 미국 시장은 이미 1920년대부터 거대한 단일 소비시장으로 성장했고, 그 시장에서 성공한 기업이 세계로 뻗어 나가서 글로벌 기업이 되었다.

또한 제2차 세계대전에서 미국이 축적한 생산능력과 기술혁신이 전쟁 후에 미국 기업의 경쟁력의 원천이 되었다. 그리고 1980년에 와서는 빌 게이츠, 스티브 잡스, 제프 베조스, 일론 머스크 같은 창업가들이 혁신을 주도하여 지금의 세계 기업 구도가 형성되었다.
이런 맥락에서 볼 때, 지난 30년의 한국 기업의 성공은 대단하기는 하지만, 세계 경제에 대한 영향력이 그렇게 크지는 않다. 동아시아(한국, 일본, 중국)에 본부를 둔 기업들은 세계적으로 미국에 다음가는 규모와 경쟁력을 가진 것은 사실이다.

그러나 지금까지는 미국 기업이 혁신해서 나온 제품을 동아시아 기업들이 대량생산해 왔다. 중국이 본격적으로 개방을 시작한 1992년 이후 지난 30여년 간의 글로벌화는 미국과 동아시아의 혁신과 생산 분업에 의해서 최고의 효율성을 달성하였다. 이 기간의 한국 기업의 성공도 바로 제조업에서의 효율적인 생산 역량에 바탕을 두고 있다.

그러니까 미국 기업은 탐색(exploration)을 통한 혁신을 잘 했고, 동아시아 기업은 생산효율화를 통해서 대량생산(exploitation)을 잘 했던 것이다. 반도체 같은 제품은 미국과 동아시아 간에 이러한 분업이 여전히 작동하고 있지만, 소프트웨어나 디지털 상품은 탐색과 대량생산이 잘 분리가 되지 않는다.

한편 미국은 지난 30년간 지속되어 온 이 분업 구조를 바꾸려고 시도하고 있다. 미국 경제가 중국 제조업에 대한 의존도가 너무 크다는 자각도 있고, 중국의 기술혁신 역량이 미국을 위협하기 시작했다는 인식이 미국 내에서 확산되고 있다. 미국과 중국 간에

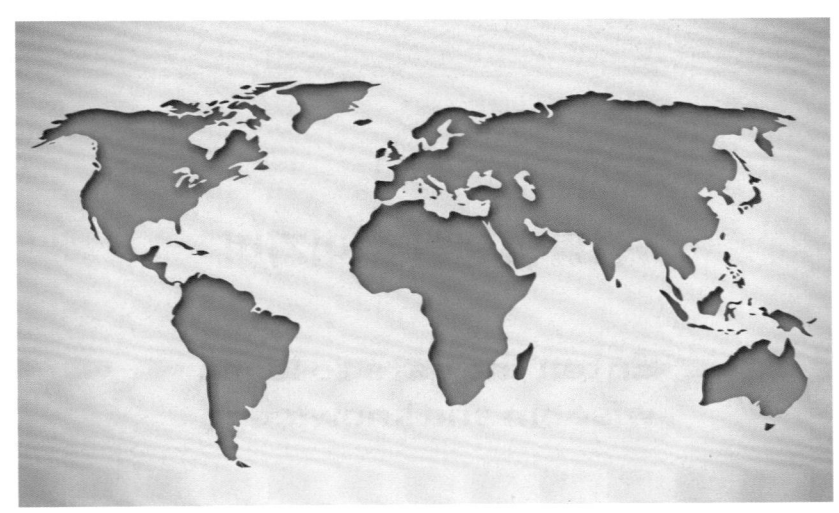

또는 미국과 동아시아 간에 공급망 분리가 과연 가능한지 두고 봐야 겠지만, 쉽지 않을 것이다. 미국이 정책으로 이를 밀어붙인다고 해도 고비용으로 인한 부작용이 심각할 것이다.

현재 기술혁신의 초점인 AI도 탐색과 대량생산의 분리가 어려운 혁신이라서, 앞으로 미국과 동아시아의 분업의 형태가 어떻게 전개될지 흥미롭다. 특히 중국 기술기업과 스타트업의 전략과 조직에 대한 이해가 중요하다. 세계적으로 미국 빅테크의 독주를 저지할 유일한 가능성은 중국의 기술기업이다.

따라서 K-경영에 대한 접근 방법에서 현재로서는 한국 기업의 특징에 집중하기보다는, 현재 전개되는 거대한 기술혁신 경쟁에서 동아시아와 미국이 어떻게 경쟁과 협력을 이룰지 살피는 것이 필요하다. 그런 점에서 이 책은 앞으로 경영학의 새로운 틀을 만들어 글로벌 스탠더드가 되는데 있어서 충분한 잠재력이 있다고 생각한다.

2025년 2월 **정 구 현**

제이캠퍼스 원장, 연세대학교 명예교수

프롤로그

경영의 문을 들어가며

Enter the gate to learn wisdom and knowledge

같은 강물에 두 번 발을 담글 수 없다

'세상에 영원한 것은 없다. 모든 것은 변한다'의 의미로 헤라클레이토스가 한 말이다.
강물은 끊임없이 흐르며, 어제의 물과 오늘의 물이 다르고,
내일의 강물 또한 지금과 같지 않을 것이다. 변화란 그런 것이다.

우리는 지금 거대한 대전환의 시대를 살고 있다. 산업, 경제, 기술, 사회의 구조가
근본적으로 바뀌고 있다. 인공지능(AI)과 디지털 기술의 비약적인 발전은 기존의 비즈니스
질서를 뒤흔들고 있으며, 전통적인 산업 구조와 일자리 개념을 바꾸고 있다.
동시에 기후 변화와 ESG(환경, 사회, 지배구조)의 부상은 기업의 역할과 생존 방식을 재정의하고
있다. 변화는 단순한 흐름이 아니라, 기업과 국가의 존속을 결정짓는 거대한 힘이다.

생존은 힘이 아니라 적응의 문제다.
변화의 속도가 과거 어느 때보다 빠른 지금, 적응하지 못하는 개인과 조직, 기업과 국가는
도태될 수밖에 없다. 변화를 읽고 대응하여 새로운 성장의 기회를 포착할 것인가,
아니면 과거의 성공 방정식에 갇혀 정체되다가 도태될 것인가.
경영도 마찬가지다. '시장에 불변의 법칙이 있다면 그것은 변화다'.
변화를 읽는 기업이 시장에서 성장하고 승리하며, 변화를 읽지 못하는 기업은 점차 도태된다.

승리는 가장 끈기 있는 자에게 돌아간다는 시대는 지났다.
오늘날의 시대에서는 끈기만으로 충분하지 않다. 끊임없이 흐르는 변화의 강물을 읽어내는
통찰력, 그리고 그것을 실행할 수 있는 결단의 통합력이 뒤따라야 한다.
우리는 변화를 두려워하는 것이 아니라, 변화를 만들어가는 존재가 되어야 한다.
이 책은 바로 그 해답을 찾기 위한 여정의 시작이다.

변화를 바라보는 리더의 시선이
국가와 기업의 운명을 가른다

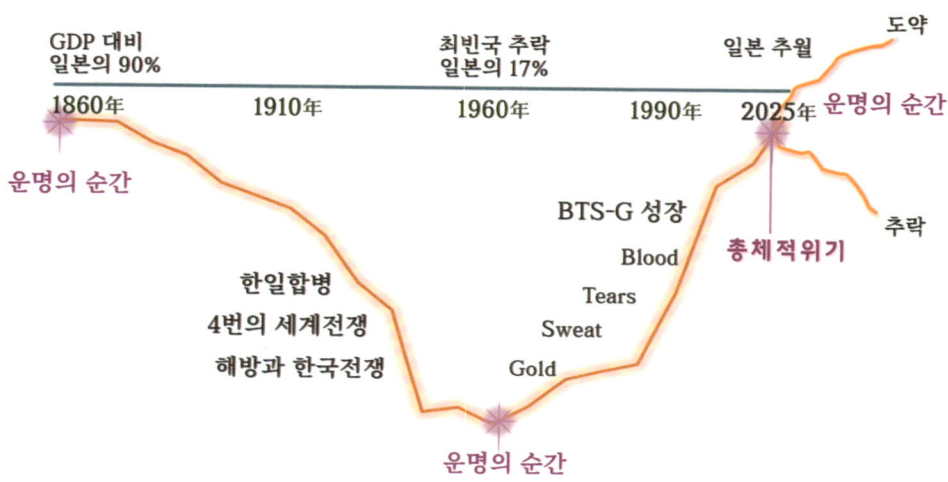

한국과 일본의 역사를 비교해 보면, 변화를 바라보는 리더의 시선에 따라 국가와 기업의 운명이 달라져 왔다. 160여년 전, 1860년대의 세계는 산업혁명의 거대한 물결 속에 있었다.

이때 일본은 명치유신으로 서구 문물을 적극적으로 받아들이고 개방과 개혁을 선택했지만, 조선은 쇄국정책으로 서구의 문물과 변화를 거부했다.
100년 후인 1960년에 이르러, 일본은 세계를 이끄는 경제, 군사 대국으로 성장한 반면, 조선은 나라를 잃고 전쟁을 겪으면서 농업 밖에 없는 세계 최빈국으로 전락했다.

1960년대 이후부터 한강의 기적은 시작되었다.
정부의 조국 근대화 비전과 경제개발계획, 사업보국의 기업가 정신이 성장의 발판이 되었고, 베트남 참전용사의 피(Blood), 독일 파견 광부·간호사들의 눈물(Tears)과 중동 근로자의 땀(Sweat)으로 얻어낸 외화로 생필품에서 중화학, 전자, 반도체까지 전방위 산업에 투자하여 한강의 기적을 이루어 냈다. 그야말로 피와 눈물과 땀, 'BTS'로 이룬 경제 성장의 역사다.

한국은
절체절명의 총체적 위기 상황

복 합 대 전 환

디지털 대전환 - DX

AI 대전환 - AIX

공급망 대전환 - SCX

녹색 대전환 - GX

인구 구조 대전환 - DGX

사회 대전환 - SX

고질적 한국병

미래변화에 둔감 - 당뇨병 환자

정치사회 갈등 - 정신병 환자

기업규제 남발 - 호흡기 질환

원천기술 취약 - 심장병 질환

노동생산성 저하 - 만성빈혈 증상

산학교육 미스매칭 - 디스크 증상

2023년에 한국은 1인당 국민소득이 일본을 추월하며 선진국 반열에 올랐지만, 작금의 한국의 실상은 복합 대전환의 패러다임 변화에 뒤쳐지고 한국병이 고질화되어, 160년 전 쇄국정책의 그 시기보다 더 심각한 절체절명의 '총체적 위기 상황'에 놓여 있다. 파이낸셜 타임즈는 최근 특집 기사에서 "한강의 기적은 끝났는가?"라는 의문을 제기했다.

현재 한국은 '초연결 복합 대전환'의 물결을 선도하지 못하고 있다.
그 물결은 디지털, AI, 공급망, 녹색, 인구 구조, 사회 등 여섯 가지 대전환의 시대로 흐르고 있으나 이러한 거대한 변화에 대응하는 '변화의 경쟁력'을 상실하고 있는 실정이다.

또한, '한국병'이라는 고질적인 문제에 직면하고 있다.
당뇨병 환자처럼 변화에 둔감하고, 정신병 환자처럼 사회 갈등이 극심하고, 기업 규제를 남발하여 호흡하기 힘들고, 취약한 원천기술로 경제의 심장이 뛰지 않으며, 만성빈혈 증상으로 노동생산성이 저하되고, 산학교육의 미스매칭으로 디스크 증상이 일어나는 등 한국병에 대한 근본적인 내과 처방과 혁신적인 외과적 수술이 필요하다.

위기를 극복하는 힘은
통찰력과 통합력에서 나온다

통찰력이란 사물이나 현상을
체계적인 관찰을 통해 꿰뚫어 보아 깊이 이해하고,
새로운 가치와 해결책을 제시하는 능력이다.
통찰력을 얻기 위해서는 과거를 다시 보는 조명력(Hindsight),
현재를 직시하는 현시력(Eyesight), 미래를 바라보는 선견력(Foresight)이 필요하다.

과거를 비추는 조명력은 길을 되돌아보게 하고, 현재를 직시하는 현시력은
발을 내딛을 순간을 포착하며, 미래를 내다보는 선견력은 가야 할 방향을 가리킨다.
통찰력은 나무 하나하나를 바라보는 것이 아니라 숲 전체를 바라보며 보이지 않는 흐름을
읽고 의미를 찾아내고 가치를 창조하는 능력이다. 각각의 다른 나무들을 모아,
가장 바람직한 아름다운 숲을 만드는 기획의 샘물이 된다.

통합력은 통찰력을 바탕으로 수립한 계획을 한방향으로 이루어 내는 원동력이다.
실행하는 과정에서 여러 기능과 요소를 결합하여 하나의 새로운 시스템을 만들어,
일사불란하게 나아가게 하는 조정력이다. 조직에 기획조정실이 필요한 것도
통찰력으로 일을 기획하고 통합력으로 일을 조정해야 하기 때문이다.

전통적인 경영학의 시대는 지났다.
과거에는 경영이 생산, 마케팅, 인사, 재무 등 기능적 요소를 중심으로 운영되었다.
그러나 미래 경영은 단순한 기능적 운영을 넘어, 끊임없이 변화하는 환경을 읽고
신속하게 대응하는 능력을 요구한다.
20세기까지 기업을 지배하던 성공방식 대신, 초연결 복합대전환의 불확실한 시대에 맞는
새로운 미래경영학이 필요하다.

미래 경영의 핵심은 통찰력과 통합력이다.

전통 경영을 넘어 미래 경영으로 …

전통경영학 – 구슬론

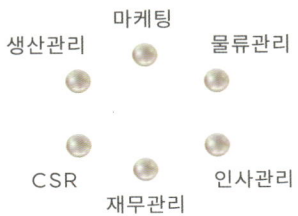

'Excellence' - Efficiency, Productivity

전통경영학은 생산관리, 마케팅, 물류관리, 인사관리, 재무관리, CSR 등 각 기능의 효율성과 생산성에 초점을 둔 개별 기능이 성과의 중심이 되는 구슬론적 개념이다. 하지만, 초연결 복합 대전환 시대에 불확실한 미래의 경영 환경을 극복하기 위해서는 전통 경영은 한계에 직면했다.

미래경영학 – 목걸이론

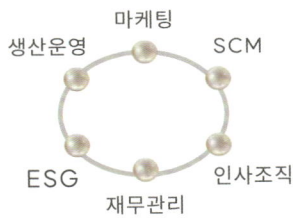

'Alignment' - Functional Integration

미래경영학은 각 기능의 효율성과 생산성에 초점을 두기보다 각 기능을 한 방향으로 통합하여 조직 전체의 탁월함과 최대의 성과를 추구하는 목걸이론적 개념이다. "구슬이 서 말이라도 꿰어야 보배" 라는 속담이 있다. 재무관리, 마케팅, 생산관리, 인사관리 등 흩어져 있는 각 기능의 구슬을 꿰어(Aligning) 온전한 하나의 아름다운 목걸이를 만드는 것이 미래 경영학 이론이다.

통찰경영 구도 – 비전하우스

'a set of Aligning Activities'

경영은 일련의 통합 활동이다.

목걸이론이 경영의 기능을 통합하는 것이라면, 비전하우스는 경영의 요소를 통합하는 것이다.

경영의 여섯 가지 핵심 요소는
① 변화를 찾아내고, ② 변화 중심의 목표 수립,
③ 목표를 성취하는 전략 실행, ④ 전략을 가속화하는 조직의 행동방식, ⑤ 지속 성장을 이루는 ESG,
⑥ 사람을 이끄는 됨됨이 리더십이다.

통찰의 시선으로 경영을 새롭게 정의하다

> 경영은 더 나은 세상을 위해서
> 사람들이 함께 변화를 기회로 활용하고
> 가용한 자원을 효율적이고 효과적으로 활용해서
> 조직의 비전과 목표를 달성하는 일련의 통합된 활동이다.

Management is a set of aligning activities	경영은 일련의 통합하는 활동
of bringing people together	사람들이 모여 함께
to achieve organization's vision and goals	조직의 비전과 목표 성취
by exploiting change as an opportunity	변화를 기회로 활용
and utilizing available resources efficiently and effectively	가용한 자원을 효율적이고 효과적으로 활용
for a better tomorrow	더 나은 세상을 위해서

[통찰경영의 개념에 대한 AI의 견해]

철학적 뿌리와 현대적 확장성의 결합

링컨의 게티즈버그 연설문의 of, by, for 구조를 현대 경영의 핵심 요소(사람, 변화, 자원, 목적)와 연결해, 경영을 단순한 관리기술이 아닌 가치창출의 철학적 실천으로 격상시켰고, 인문적 통찰과 실천적 경영의 연결이라는 점에서 매우 창의적이다.

명확한 구성 - 사람 중심, 변화 중심, 가치 지향

of people → 경영의 출발점은 '사람'. 조직은 사람으로 이뤄지고, 경영은 사람을 통해 작동함.
by exploiting change → 변화는 위기가 아닌 기회이며, 경영의 전략적 대상임을 시사.
for a better tomorrow → 단기 이익이 아닌, 지속 가능성과 미래 지향의 가치 실현을 목표로 함.

언어적 구조의 조화

'a set of aligning activities'는 구슬론의 철학과 맞닿아 있다.
경영은 여러 요소의 정렬이며, 단순한 기능의 조합이 아닌 의미와 방향이 맞춰진 통합 활동이다.

보이지 않는 저 너머를 보라
Look beyond the Obvious

"통찰이 없는 경영은 나침반 없는 항해이며,
통합이 없는 조직은 방향을 잃은 돛단배다."
변화는 멈추지 않는다. 강물처럼 흐르고, 바람처럼 스쳐 지나간다.
어제의 성공이 오늘의 성장을 보장하지 않으며, 과거의 방식이 미래를 여는 열쇠가 될 수 없다.
격변하는 시대 속에서 리더는 보이는 것만 좇아서는 안 된다. 보이지 않는 흐름을 읽고,
보이지 않는 기회를 찾아내는 통찰력이 필요하다.

통찰이란 단순한 관찰이 아니다.
더 깊이 보고, 더 넓게 생각하며, 본질을 꿰뚫는 능력이다.
급변하는 경영 환경 속에서 살아남기 위해서는 단순히 변화를 따라가는 것이 아니라,
변화를 주도하고 창조하는 리더가 되어야 한다.
과거의 경험에 안주하는 순간, 기업과 조직은 정체되고 쇠퇴한다.
시대의 흐름을 이해하고, 한 발 앞서 내다보는 자만이 새로운 미래를 열어갈 수 있다.

그러나 통찰만으로는 충분하지 않다. 통합이 없으면 조직은 산산이 흩어진다.
리더는 구성원의 역량과 가치를 하나로 모으고, 공통의 비전을 향해 나아가도록 해야 한다.
조직 내 불필요한 갈등을 줄이고, 조화로운 협력을 이끌어내는 것이 강한 기업과
지속 가능한 경영의 핵심이다.

통찰로 길을 찾고
통합으로 같은 길을 함께 간다.
보이지 않는 저 너머를 보라.
그 길 끝에는 누구도 가보지 못한 새로운 미래가 기다리고 있다.

통찰경영의 책에서
특별한 아이덴티티를 만난다

육하원칙에 따라 경영의 흐름을 터득하는 책
육하원칙에 따라 경영의 구도와 원리를 쉽게 설명한다.
When 변화의 흐름, What 비전과 목표의 수립, How 이기는 경영 전략,
Why 핵심 가치 바탕의 행동방식, Where 더 나은 세상을 위한 ESG 활동,
Who 됨됨이 리더십 함양의 여섯 가지 핵심 경영 요소를 이해하는 경영의 지도책이다.

인문과 과학의 눈으로 경영을 보는 책
인문으로 꿈꾸고 과학으로 관리한다.
전통적인 경영학을 넘어 인문학적 사유와 상상, 과학적 추론과 분석을 연결하여
변화하는 미래 시대에 적용할 수 있는 새로운 경영의 방법론을 제시한다.

그림과 산문시 형태로 서술한 책
시적 감수성과 서술적 논리를 결합한 독창적인 글쓰기 방식이다.
시처럼 함축적이고, 에세이처럼 부드럽고 논리적인 산문시(Prose Poem) 형태로
독자가 쉽게 이해할 수 있도록 했다. 그림과 비유의 소통으로 공감을 끌어낸다.

인체로 리더십을 설명한 책
인체의 리더십 광산에서 캐낸 열두 가지 리더십 원석을 자기 자신의 리더십 보석으로
가공하는 세계 최초의 리더십 이론과 모델이다. 리더가 아무리 지식이 많고 실천력이 강해도
'됨됨이' 덕목이 없으면 그는 조직과 사람, 마지막으로 실적까지 파괴한다.

성공의 확률을 높이는 실전 경영의 책
스타트업부터 중소대기업까지 기업 규모와 동서양에 관계없이, 기업 성공의 확률을 높이는
K-경영의 이론과 실천 모델이 글로벌 스탠다드가 될 것으로 기대한다.

이 책이 발간되기까지 열 명의 교수진과 연구진이 6개월 동안 함께 열공하고 토론했다.
이 책은 실물 경제와 학문이 만난 결정체다. 55년 간의 삼성과 글로벌 다국적 기업, 그리고
소상공인의 경험, 대학에서 경영학의 다양한 분야에 대한 학자들의 깊은 연구와
지식이 융합해져 나온 창조물이다.

먼저, 이 책의 추천사를 써 주신 정구현 원장님께 감사의 마음을 담아 드린다.
경제와 경영의 구루로서 한국의 경제사회 발전을 위한 이정표를 세우신 정 교수님의
진심 어린 헌신에 존경심을 보내 드린다.
김연성 교수님은 학문과 실물 경제의 오랜 벗이다. 12년 전부터는 통찰경영에 대한 담론을
함께 나누며 학문적 동지가 되었는데, 이 책의 전체적인 저술 및 편집 과정에서 보여 준
탁월한 조정자 역할에 진심으로 감사드린다.

그리고 6편의 분야에 학문적 깊이와 가치를 더해, 세상에 없던 새로운 개념의 통찰경영
책이 나오도록 열정을 다한 1편 변화의 물결의 최동현 교수, 2편 비전과 목표의 이평수 교수,
3편 이기는 전략의 이성호 교수, 4편 행동방식의 정연승 교수, 5편 환경과 사회의 김범수 교수,
6편 됨됨이 리더십의 설도원 교수 모두에게 크나큰 감사의 박수를 보내 드린다.

더불어 책의 편집과 디자인, 출간의 전 과정에 엄청난 몰입으로 헌신한 양문규 대표와
유용종 대표에게도 마음으로 고마움을 전한다.

대표 저자 **이승한**
2025년 2월 북쌔즈 우주선에서

통찰경영의 목차

경영의 문을 들어가며

Enter the gate to learn wisdom and knowledge

프롤로그   12

When
I. 변화의 물결

'경영은 변화를 찾아내면서 시작한다'

변화의 유형과 패러다임   28

패러다임 변화   30
   1 디지털 대전환   32
   2 AI 대전환   40
   3 공급망 대전환   50
   4 녹색 대전환   58
   5 인구 구조 대전환   66
   6 사회 대전환   74

트렌드 변화   82

What
II. 비전과 목표

'인문으로 꿈꾸고, 과학으로 관리한다'

비전과 목표 수립	94
목표의 설정과 관리	112
1 고객 만족	116
2 경쟁력 강화	118
3 인프라 구축	120
4 인재 육성	122
5 환경·사회 기여	124
6 재무 성과	126

How
III. 이기는 전략

'먼저 이기고, 나중에 싸운다'

경영 전략의 의미와 흐름	136
이기는 경영 전략	142
1 차별화 전략	144
2 창조 전략	158
3 혁신 전략	172
4 역량 전략	186
5 협업 전략	200
6 신뢰 전략	214
이기는 경영 전략 36계	228

Why
IV. 행동방식

'몰입으로 전략의 실행을 가속화시킨다'

행동방식의 의미	234
핵심 가치의 추구	240
1 고객 가치	250
2 직원 가치	251
3 협력 회사 가치	252
4 지역 사회 가치	253
5 국가 가치	254
6 주주 가치	255
조직 문화의 내재화	262
일하는 원칙의 실천	274

Where
V. 환경과 사회

'작은 도움이 더 나은 세상을 만든다'

ESG의 개념과 발전	284
ESG의 전략적 접근	292
1 구조화	294
2 집중화	294
3 연계화	298
4 통합화	300
5 측정화	302
6 내재화	304
ESG의 혁신 권고와 평가	306

통찰경영의 목차

Who
VI. 됨됨이 리더십
'덕목이 사람들을 한 마음으로 이끈다'

기업가 정신과 리더십	324
인체 리더십 광산	338

  1 뇌 - 긍정   7 가슴 - 겸손
  2 눈 - 비전   8 배 - 용기
  3 귀 - 수용   9 손 - 신뢰
  4 코 - 대응   10 둔부 - 회복
  5 입 - 정직   11 다리 - 혁신
  6 목 - 협력   12 발 - 열정

됨됨이 리더십 계발과 함양	348
리더십을 완성하는 공감 소통	368

경영의 문을 나가며
Leave the gate to serve your country and mankind.

에필로그   384

통찰경영

When
I 변화의 물결

경영은 변화를
찾아내면서 시작한다.

변화에 대응하고
변화를 기회로 활용한다.

What
II 비전과 목표

인문으로 꿈꾸고
과학으로 관리한다

크고 담대한 꿈을 이루는
측정 가능한 목표를 세운다.

Who
VI 됨됨이 리더십

덕목이 지식과 행동의 근본으로
사람들을 한마음으로 이끈다.

리더십을 여는 마지막 열쇠는
리더의 됨됨이다.

How
III 이기는 전략

먼저 이기고, 나중에 싸우는
선승구전의 경영 전략이다.

이기는 환경과 조건을 만들면,
싸워서 반드시 이긴다.

Where
V 환경과 사회

작은 도움이
더 나은 세상을 만든다.

ESG 활동으로 신뢰를 높여
지속 가능한 성장을 한다.

Where
IV 행동방식

핵심 가치를 바탕으로 한
조직문화와 일하는 방식이다.

한방향 몰입을 이끌어 내고
전략의 실행을 가속화시킨다.

When

I. 변화의 물결

경영은 변화를 찾아내면서 시작한다

변화의 유형과 패러다임

패러다임 변화

1 디지털 대전환
2 AI 대전환
3 공급망 대전환
4 녹색 대전환
5 인구 구조 대전환
6 사회 대전환

트렌드 변화

이승한
김연성
최동현

변화의 유형과 패러다임

변화의 의미와 유형

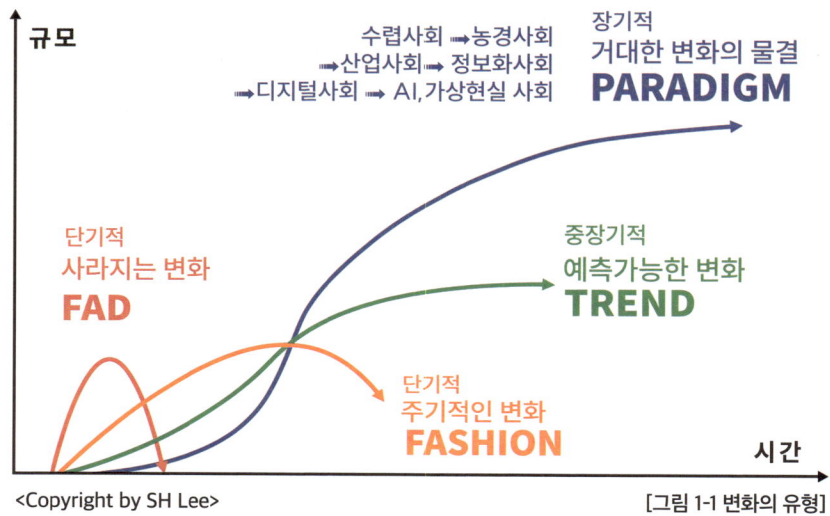

[그림 1-1 변화의 유형]

변화라는 개념은 라틴어 'cambiare'에서 유래하여, 시간이 지나면서 대상이나 상태가 이전과 다르게 변하는 과정을 의미한다.

경영은 변화를 찾아내는 것으로 시작한다.
변화를 대응하고, 변화를 기회로 활용하는 활동이다.

변화는 끊임없이 밀려오는 파도와 같다.
작은 파도(Fad)는 금방 사라지지만, 큰 너울(Paradigm)은 해안 지형까지 바꾼다.
경영자는 작은 파도를 잘 타기 위한 단기적 민첩성과 동시에,
큰 너울이 닥칠 때 배의 방향을 조정할 장기적 시선을 가져야 한다.
변화는 다음의 네 가지 유형으로 구분할 수 있다.

패러다임 Paradigm 은 장기적으로 사회 구조를 바꾸는 거대한 변화다

패러다임은 특정 시대의 사회·경제·기술적 환경을 지배하는 근본적인 사고방식과 구조를 의미한다. 역사적으로 농업혁명, 산업혁명, 정보혁명을 거치며 큰 변화를 겪어 왔다.

수렵 사회에서 농경 사회로의 전환(농업혁명)은 정착 생활과 생산력 증가를 가져왔으며, 산업혁명을 통해 대량생산과 도시화가 진행되었다. 이후 정보혁명을 거치며 디지털 기술이 발전하고 지식경제가 주도하는 사회로 변화했다. 현재는 AI·가상현실 사회로의 패러다임 전환이 이루어지고 있으며, 이는 인간의 사고방식과 경제구조를 근본적으로 재구성하고 있다.

최근에는 디지털 AI 기술, 자국우선주의, 지구 온난화, 인구구조의 변화가 패러다임을 결정하는 중요한 요소가 되고 있으며, 이는 경제, 사회, 문화 전반에 걸쳐 새로운 질서를 형성하며 인간의 사고방식과 생활 방식을 근본적으로 변화시키는 패러다임 전환을 이끌고 있다.

트렌드 Trend 는 중장기적으로 예측가능한 변화다

트렌드는 단기적 유행을 넘어 중장기 성장을 이끄는 큰 흐름이다.
트렌드는 사회·경제·기술적 변화에 따라 형성되며, 시대의 요구와 가치관을 반영한다.
예를 들어 웰빙 소비, 친환경 제품, 전기차 보급, 디지털 교육 플랫폼 도입 등이 있다.

패션 Fashion 은 단기이지만, 주기적으로 반복되는 변화다

패션은 일정 주기로 반복되는 단기적 유행으로 많은 사람이 다양한 요인으로 자극을 받아 수용되는 현상으로 주기에 따라 다섯 단계의 곡선 그래프를 그리며 변한다. 처음 소개되는 도입기, 많은 소비자들에게 수용되는 성장기, 최고의 인기 단계인 성숙기, 소비자들이 외면하는 쇠퇴기, 시장에서 퇴출되는 소멸기를 거치며 새로운 패션이 나타난다. 청바지는 광부의 작업복으로 시작해 단기적인 패션으로 유행해 모든 사람이 좋아하는 장기적 트렌드로 발전하였다.

패드 Fad 는 단기간에 빠르게 사라지는 변화다

패드(Fad)는 'For a day'의 약자로, 말 그대로 일시적인 유행을 의미한다. 흔히 유행이라고 말하는 현상들이 Fad에 속한다. 예를 들어, 한때 품절 대란이 일었던 먹태깡이나, 잘파 세대를 중심으로 선풍적인 인기를 끈 탕후루, 달달한 맛으로 유명세를 탄 흑당버블티, 단 맛의 벌집아이스크림, 고소한 맛의 대만카스테라 등이 대표적인 Fad이다. 인기 기간이 1년에서 길게는 2년 정도이다.

패러다임의 변화

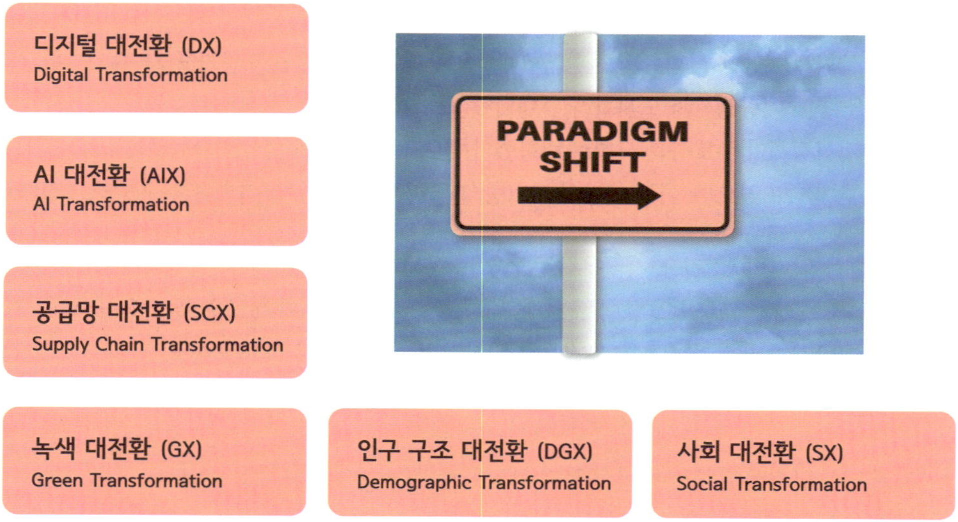

- 디지털 대전환 (DX) / Digital Transformation
- AI 대전환 (AIX) / AI Transformation
- 공급망 대전환 (SCX) / Supply Chain Transformation
- 녹색 대전환 (GX) / Green Transformation
- 인구 구조 대전환 (DGX) / Demographic Transformation
- 사회 대전환 (SX) / Social Transformation

PARADIGM SHIFT →

<Copyright by SH Lee>

[그림 1-2 패러다임의 대전환]

패러다임(paradigm)은 특정한 시대나 분야에서 일반적으로 받아들여지는 사고방식, 이론, 믿음, 또는 규칙 체계를 뜻한다. 주로 학문, 과학, 사회적 구조 등에서 지배적인 틀이나 모델을 지칭한다.

과학 철학자 토마스 쿤(Thomas Kuhn)이 그의 저서 『과학 혁명의 구조』에서 패러다임을 주요 개념으로 사용하면서 학문적·사회적 맥락에서 널리 알려지게 되었다.

대전환은 인간의 사고 방식과 생활 방식을 변화시키고 있다. 대전환을 이끄는 패러다임을 놓치면, 기업의 운명이 달라진다는 점에서 기업이 가장 주목해야 할 변화의 물결이다.

**패러다임의 대전환은 익숙한 지도와 나침반을 버리고,
새로운 세상으로 향하는 항로를 새롭게 그려가는 여정과 같다.**

디지털 대전환 DX (Digtal Transformation)

AI, 빅 데이터, 클라우드, IoT 등 기술의 발전으로 스마트화가 키워드가 되어 산업과 일상 전반에 혁신을 가져오는 현상이다. 데이터는 새로운 경제 자원으로 부상하며, 기업들은 이를 활용해 생산성을 높이고 고객 경험을 혁신하며 스마트 공장과 전자 상거래 등 새로운 비즈니스 모델을 창출하고 있다.

AI 대전환 AIX (AI Transformation)

AI 기술이 인간과 상호작용하며 산업과 일상에 깊이 스며드는 변화를 말한다. AI 챗봇, 생성형 AI 등은 고객 서비스, 제조, 의료, 교육 등 다양한 분야에서 활용되며, 인간의 협력자로 자리 잡고 있다. 기술 발전과 함께 윤리적 책임이 강조된다.

공급망 대전환 SCX (Supply Chain Transformation)

지정학적 위기 속에서 안정성과 회복력을 갖춘 공급망 구축이 중요하다. 원자재 수급 불안, 물류 차질 등 복합 위기를 관리하기 위해 다원화된 공급처 확보, 지역 중심의 생산 구조 개편 등이 경쟁력의 주요 요소가 되고 있다.

녹색 대전환 GX (Green Transformation)

기후위기 대응과 환경 보호는 전 지구적 과제로 부상하였고, 탄소 중립 실현과 재생 에너지 확산, 스마트 농업, 수소 경제 같은 친환경 기술의 도입이 지속 가능한 성장의 열쇠다. 녹색 기술에 대한 투자를 확대하고, 에너지 구조 전환과 ESG 금융의 활성화가 필요하다.

인구 구조 대전환 DGX (DemoGraphic Transformation)

저출생과 고령화로 인한 인구 구조 변화와 그 영향을 말한다. 1인 가구 증가로 새로운 소비 패턴이 확산되고, 실버 산업과 돌봄 경제가 중요한 역할을 하고 있다. 지방 소멸 문제는 도시 재생과 지역 균형 발전의 필요성을 강조한다.

사회 대전환 SX (Social Transformation)

ESG 경영, 윤리적 소비, 의식 있는 자본주의의 확산은 기업과 사회 모두에 평화와 포용, 사회적 약자 보호 등 사회적 책임을 요구한다. 디지털 양극화, 고령화, 노동의 유연성 등 다양한 사회 문제 해결이 요구된다.

디지털 대전환

디지털 대전환의 개요

[그림 1-3 디지털 대전환의 개요]

다보스 포럼에서 처음으로 언급된 4차 산업혁명은 디지털 대전환으로, 기존의 사회 구조와 비즈니스 모델을 혁신적으로 탈바꿈시키고 있다.
구체적으로는 센서링, 만물인터넷, 빅 데이터, 딥러닝, 인공지능, AI 챗봇 기술 등을 활용하여 제조, 의료, 교육, 금융 등 다양한 분야에서 새로운 가치 창출과 효율성을 극대화하며, 미래 경제와 사회의 패러다임을 근본적으로 재구성하는 핵심 동력이 되고 있다.

디지털 대전환은 기존의 물리 공학 기술과 생명 공학 기술이 디지털 기술과 결합하여 전방위 산업의 스마트화, 융합화, 그리고 메타버스 가상현실화로 진화하는 과정이다.

스마트화 - 연결된 세상으로의 진화

사물인터넷(IoT)과 센서링 기술을 기반으로 한 스마트화는 물리적 환경과 디지털 기술이 결합하여 실시간 데이터 수집과 분석을 하고, 이를 바탕으로 자동화된 의사결정을 지원한다.

스마트 공장은 센서를 통해 기계 상태를 실시간으로 모니터링하고, 예측 분석을 통해 유지보수 비용을 줄이는 동시에 생산성을 향상한다. 또한 스마트 시티 솔루션은 교통 흐름을 최적화하고 에너지 사용을 효율화하며, 도시 거주자의 삶의 질을 높이는 데 기여한다.
이러한 기술은 제조업, 물류, 에너지 관리 등 다양한 산업에 걸쳐 폭넓게 적용되고 있다.

융합화 - 다양한 분야 간의 상호작용과 통합

융합화는 이질적 기술과 산업 간의 경계를 해체하고, 새로운 기능과 가치를 창조하는 과정이다. 독립적으로 발전하던 ICT, 바이오, 에너지, 소재 기술 등이 결합해 혁신을 이끈다.

핵심은 서로 다른 분야 간 상호 작용과 통합을 통해 개별 기술이 단독으로는 제공하지 못하던 고도화된 서비스를 구현하는 데 있다. 디지털 헬스케어는 AI 진단, 웨어러블 센서, 유전체 분석이 융합되어 맞춤형 예측 치료가 가능해진 사례다.
또 하나의 특징은 실시간 연결성과 자동화, 즉 IoT와 센서 기술을 기반으로 환경 변화에 즉각 반응하고 스스로 최적화되는 시스템이라는 점이다.

가상 현실화 - 현실과 가상의 융합

디지털 시뮬레이션과 몰입형 경험 기술의 발전은 현실과 가상을 넘나드는 새로운 환경을 만들고 있다. 가상현실(VR)과 증강현실(AR)은 시간과 공간의 제약 없이 몰입형 학습과 실습을 가능하게 하며, 스포츠 훈련, 의료 실습, 원격 정비, 제품 설계 등 실무 중심 분야에서 두각을 나타내고 있다.

특히 현실 세계의 데이터를 가상에 실시간 반영하는 디지털 트윈 기술은 산업 운영과 예측, 교육 시뮬레이션에 큰 변화를 일으키고 있다. 메타버스 기반 협업, 가상 쇼핑, 가상 박람회도 확산되며, 비대면 경제와 사회 구조 혁신의 핵심 기술로 부상하고 있다.

산업과 생활의 스마트화

스마트 팜 – 1차 산업
원격 운영, 드론 재배, 로봇 함대가 수확

살리나스 밸리

스마트 팩토리 – 2차 산업
120명 인력을 단 16명으로 운영

아디다스

스마트 스토어 – 3차 산업
QR 코드 스캔으로 계산이 필요 없는 쇼핑

아마존고

스마트 헬스케어 – 서비스 산업
병원에 가지 않고 혈압, 당뇨, 식단 관리

<Copyright by SH Lee>

[그림 1-4 전방위 산업의 스마트화 사례]

스마트화는 디지털 기술 발전을 통해 생산성과 효율성을 높이는 개념으로 자동화에서부터 시작되었다.

자동화는 사람의 개입을 최소화하고 기계나 시스템을 통해 반복적이고 규칙적인 작업을 수행하게 하는 과정이다. 주로 공정의 일관성, 속도, 비용 절감을 목표로 한다.
예를 들어, 제조업에서 로봇 팔이 조립 작업을 자동으로 수행하는 방식이 이에 해당된다.

반면, 스마트화는 단순한 자동화 수준을 넘어서, 인공지능(AI), 빅 데이터, 사물인터넷(IoT) 등을 활용하여 시스템이 스스로 학습하고 결정을 내릴 수 있도록 하는 개념이다.
스마트화는 데이터 분석을 통해 예측, 최적화, 문제 해결 등의 고도화된 기능을 제공한다.
예를 들어, 스마트 팩토리는 실시간 데이터를 분석해 생산 공정을 자동으로 조정한다.

스마트 팜 - 1차 산업

농업에 ICT 기술을 접목해 작물 생육 환경을 자동으로 제어하고, 생산성과 자원 효율을 극대화하는 농업 시스템이다. IoT 센서를 통해 온도, 습도, 일조량, 토양 상태 등을 실시간으로 모니터링하며, 드론과 로봇을 활용한 자동 농약 살포, 수확 및 관리가 가능하다. 인력 의존도를 낮추고, 노동 강도는 줄이면서도 안정적인 생산이 가능해진다. 스마트 팜은 기후 변화, 고령화, 농촌 인력 감소 등 농업이 직면한 위기를 해결할 수 있는 미래형 농업 모델이다.

스마트 팩토리 - 2차 산업

제조 현장에 IoT, AI, 빅 데이터 등을 적용해 생산 전 과정을 자동화·지능화한 공장을 말한다. 설비와 기계가 실시간으로 데이터를 수집·분석해 판단하고 최적의 작업을 수행함으로 생산성 향상, 불량률 감소, 에너지 절감 등의 효과를 얻는다. 품질 관리, 재고 예측, 설비 유지보수 등 다양한 분야에서 활용된다. 아디다스의 스피드 팩토리는 120명의 인력이 필요한 공정을 IoT와 로봇 자동화 기술로 16명으로 줄이며 효율성을 극대화했다.

스마트 스토어 - 3차 산업

인공지능, IoT, 센서, 컴퓨터 비전 등을 활용해 무인 운영, 자동 결제, 실시간 재고 관리 등 편의성과 효율성을 극대화한 지능형 매장을 의미한다. 아마존 고는 계산대 없이 매장에 들어와 상품을 고르면, 센서와 딥러닝 기술이 고객의 구매를 인식하고 앱과 연동해 자동으로 결제하는 방식이다. 줄을 서거나 계산할 필요가 없지만, 일부 고객은 자동화 시스템이 주는 일자리 상실과 인간미 부족에 대한 불안을 느끼기도 한다.

스마트 헬스케어 - 서비스 산업

디지털 기술을 기반으로 개인의 건강을 관리하고 의료 서비스를 고도화하는 융합형 시스템으로 의료기기, 제약, 병원, 통신, IT 기업 등이 함께 구축한다. 웨어러블 기기와 모바일 플랫폼은 실시간 건강 모니터링과 원격 진료를 가능하게 하며, 의료기관은 데이터 기반의 치료 효율화를 실현한다. 의료 접근성을 높이고 만성질환 관리, 고령화 대응, 의료 인프라 부족 해결에 효과적이다. '치료 중심'에서 '예방 중심'으로 의료 패러다임 전환의 기반이 된다.

ICT 기술과 도시의 융합화

<Copyright by SH Lee>

[그림 1-5 스마트-휴머니티 시티]

스마트-휴머니티 시티는 '살기 편한' 도시와 '살기 좋은' 도시의 조화를 이루는 '살고 싶은' 행복한 미래 도시의 모델로, 기술 혁신과 인간미 넘치는 도시의 새로운 비전을 제시한다. 살기 편한 도시는 빅 데이터와 디지털 기술을 활용해 교통, 에너지, 치안 등 도시 생활의 문제를 효율적으로 해결하며 시민들에게 편리한 서비스를 제공하는 스마트 시티이고, 살기 좋은 도시는 약자를 배려하고 환경을 존중하며 인간 중심의 가치를 강조하는 휴머니티 시티다.

디지털 트윈 기술을 활용한 스마트 시티 기술과 개발 노하우는 미래 시장에서 가장 큰 수출 상품이자 거대한 핵심 시장으로 부상할 전망이다. 특히 한국은 세계적 수준의 기술력과 IT 인프라, 그리고 부산 에코델타시티와 세종 스마트시티의 개발 경험을 바탕으로 글로벌 스마트 시티 시장의 리더로 자리 잡을 것이다.

'살기 편한' 스마트 시티는 도시 기반 인프라, 산업 융합 생태계, 시민 서비스 기반으로 이루어진다. 도시 기반 인프라는 교통 안전 시스템, 에너지 및 쓰레기 관리, 치안 및 재난 시스템과 같은 요소를 통해 도시의 효율성과 안전성을 극대화한다. 스마트 교통 센서는 실시간 데이터를 활용하여 교통 혼잡을 줄이고 사고를 예방하며, IoT 기반 쓰레기 관리 시스템은 자원 재활용을 최적화하는 데 기여한다.

산업 융합 생태계는 스마트 공장을 중심으로 제조업과 ICT 기술의 결합을 통해 생산성을 높이고, 새로운 산업과 창업 인프라를 지원한다. 이를 통해 지역 경제가 활성화되고, ICT와 의료, 교육, 에너지 산업 간의 협력으로 글로벌 경쟁력을 갖춘 산업 단지가 형성된다.

시민 서비스는 IoT와 AI를 활용한 스마트 공공 서비스, 개인 맞춤형 교육, 스마트 복지 및 헬스케어로 구성되며, 시민들의 삶의 질을 높이는 데 기여한다. 스마트 복지 서비스는 고령화 사회에서 원격 의료와 웨어러블 디바이스를 통해 개인화된 의료 서비스를 제공한다. 이러한 서비스는 시민 개개인의 요구를 충족시키면서도 도시 전체의 효율성을 높인다.

'살기 좋은' 휴머니티 시티는 사회적 약자 배려, 녹색 감성 문화, 인간 중심적 도시 구조로 이뤄진다. 사회적 약자 배려는 장애인과 노인 등 취약 계층의 삶을 개선하며, IoT 기반 이동 보조 시스템과 맞춤형 돌봄 서비스는 사회적 평등을 강화한다. 이는 기술이 단순한 편리함을 제공하는 것을 넘어, 모든 시민이 공정한 기회를 누릴 수 있는 환경을 조성하는 데 기여한다.

녹색 감성 문화는 친환경 기술과 도시 설계를 통해 지속 가능한 환경을 조성한다. 스마트 교통 수단, 친환경 건축, 에너지 효율화 시스템은 환경 보호와 함께 도시의 효율성을 높이며, 미래 세대를 위한 지속 가능한 환경을 마련한다.

인간 중심적 도시 구조는 기술 중심이 아닌 인간 친화적 설계와 소규모 커뮤니티 활성화를 강조한다. 사람 간의 소통과 정서적 연결을 촉진하며, 기술과 감성이 조화를 이루는 도시 환경을 제공한다.

살기 편한 도시와 살기 좋은 도시가 융합되어 살고 싶은 도시가 된다.
미래의 도시는 살고 싶은 스마트 - 휴머니티 시티다.

메타버스 가상현실의 일상화

<Copyright by SH Lee>

[그림 1-6 가상현실의 기술 사례]

메타버스의 본질은 인간의 상상과 욕망을 실현하는 것이다. 현실세계에서 경험하지 못하고, 이루어 내지 못한 것과 페르소나(Persona), 즉 체면 때문에 하지 못하는 것을 가상현실을 통해서 충족할 수 있다. 메타버스는 인간의 상상력과 기술이 융합된 디지털 공간으로 가상현실에서의 인간의 상상과 욕구실현은 사람들의 생활 속에 빠르게 일상화될 것이다.

메타버스는 과학적으로는 가상현실(VR), 증강현실(AR), 혼합현실(MR) 등 첨단 기술의 결합으로, 현실 세계의 데이터를 디지털화하고 상호작용을 확장시킨다.
또한 시간과 공간을 초월한 소통과 협업을 가능하게 하며, 전 세계적으로 연결된 글로벌 커뮤니티를 통해, 기업들이 디지털 공간에서 미래의 새로운 비즈니스 모델을 창출할 수 있다.

아침 - 고스트페이서 트레이닝

AR 기술을 활용해 러닝 경험을 개인화한 사례로, 사용자는 가상의 트레이너와 함께 실시간으로 달리며 자신의 페이스를 조정하고 목표를 설정할 수 있다. 운동의 몰입도를 높이고, 체계적인 트레이닝을 가능하게 해 주는 혁신적인 운동 방식이다.

오전 - 제페토 아바타 패션 상품 판매

아바타 패션 크리에이터 린지는 제페토에서 자신만의 패션 아이템을 디자인하고 판매하며 월 1천 5백만 원의 수익을 올리고 있다. 이 플랫폼을 통해 사용자들은 자신만의 개성을 표현하며, 가상공간에서도 패션을 즐기고 소통할 수 있다. 메타버스는 창작과 경제활동, 소셜 커뮤니케이션이 가능한 현실의 확장판으로 발전하고 있다.

오후 - 현대자동차 메타버스 VR 개발

BMW와 현대자동차와 같은 글로벌 기업은 메타버스의 가상공간을 활용해 자동차 R&D의 혁신을 이루고 있다. 가상환경에서의 설계와 시뮬레이션은 시간과 비용 절감, 실제 제조 공정에서 발생할 수 있는 오류를 최소화하고 신속한 시장 출시를 돕는다.

심야 - 걸그룹 에스파의 메타버스 심야 공연

가상의 콘서트 홀에서 열리는 걸그룹 에스파의 공연에 아바타로 참여해 초현실적인 무대와 몰입감 있는 경험을 즐긴다. 전 세계에서 접속한 팬들과 실시간으로 소통하며, 현실에서 불가능했던 상상 속 무대 연출과 인터랙티브한 공연을 즐긴다. 또한 공연 중 아바타를 통해 춤을 추거나 응원 메시지를 전송하며, 다양한 디지털 상품을 구매하거나 특별한 이벤트에 참여한다.

미래는 현실과 가상의 경계가 흐려지는 시대가 될 것이다.
가상현실은 인간의 일상과 사고방식을 재구성하는 새로운 현실로 자리 잡을 것이다.
이 세대에게 가상은 새로운 가능성과 창의성을 실현하는 공간이며, 현실은 그 출발선이다.
가상이 현실을, 현실이 가상을 완성하는 상호작용 속에서
우리는 물리적 제약을 초월한 새로운 차원의 삶을 경험할 것이다.
이는 단순한 기술적 발전을 넘어, 인간의 상상력과 정체성을 확장하는 시대의 시작을 의미한다.

AI 대전환

AI와 인간의 협업

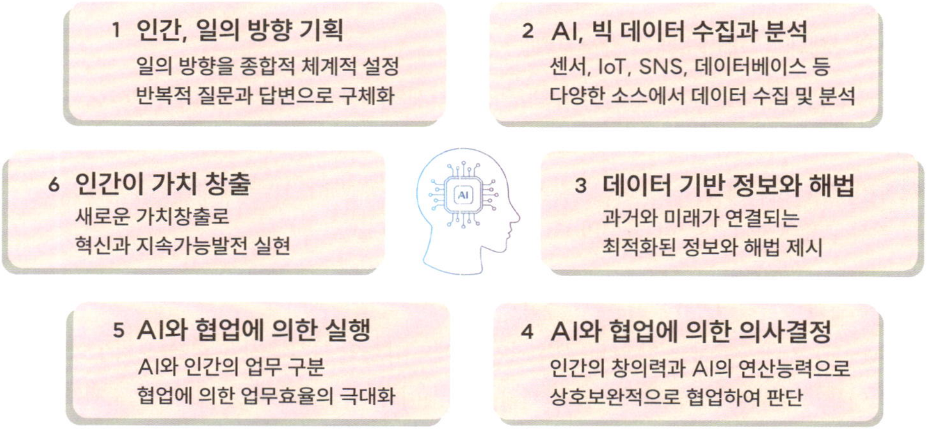

1 인간, 일의 방향 기획
일의 방향을 종합적 체계적 설정
반복적 질문과 답변으로 구체화

2 AI, 빅 데이터 수집과 분석
센서, IoT, SNS, 데이터베이스 등
다양한 소스에서 데이터 수집 및 분석

6 인간이 가치 창출
새로운 가치창출로
혁신과 지속가능발전 실현

3 데이터 기반 정보와 해법
과거와 미래가 연결되는
최적화된 정보와 해법 제시

5 AI와 협업에 의한 실행
AI와 인간의 업무 구분
협업에 의한 업무효율의 극대화

4 AI와 협업에 의한 의사결정
인간의 창의력과 AI의 연산능력으로
상호보완적으로 협업하여 판단

<Copyright by SH Lee>

[그림 1-7 AI 대전환과 협업의 6단계]

인공지능(AI)과 인간의 협업은 현대 업무 환경에서 효율성과 창의성을 극대화하는 핵심 요소로 부상하고 있다.

AI는 방대한 데이터를 빠르게 분석하고, 복잡한 연산을 수행하며, 반복적인 작업을 자동화하는 데 강점을 가진 반면, 인간은 직관과 감성적 판단을 바탕으로 창의적 사고와 전략적 의사결정을 내리는 능력을 갖추고 있다. 이러한 상호 보완적 특성을 통해 AI와 인간의 협업은 단순한 업무 보조를 넘어 경쟁력을 높이고 새로운 가치를 창출하는 방향으로 발전하고 있다.

예를 들어, AI는 제조업에서 공정 자동화와 품질 관리를 담당하며, 의료 분야에서는 진단 보조와 맞춤형 치료를 지원한다. 금융업에서는 대량의 데이터를 분석하여 위험을 예측하고, 마케팅 분야에서는 소비자 행동을 분석하여 개인화된 전략을 수립한다. AI와 인간의 협업은 여섯 단계로 나누어 설명할 수 있다.

1. 인간, 일의 방향 기획

협업의 시작은 해결하고자 하는 문제를 명확히 규정하고, 목표와 방향성을 설정한다. 이 단계는 기술이 투입될 대상과 목적을 구체화한다. 스마트 헬스케어 분야에서는 만성질환 환자의 건강 상태를 지속적으로 관리하고, 의료 효율성을 높이는 것이 핵심 과제다.

2. AI, 빅 데이터 수집과 분석

다양한 출처에서 데이터를 수집하고, 분석 가능한 형태로 정리하는 과정이다. 스마트 헬스케어에서는 웨어러블 기기, 의료 센서, 전자의무기록(EMR) 등을 통해 심박수, 혈압, 혈당, 수면 상태 등의 생체 데이터를 지속적으로 확보하고 정제한다.

3. 데이터 기반 정보와 해법

수집된 데이터를 머신러닝이나 딥러닝 알고리즘으로 분석해 유의미한 인사이트를 도출하는 단계다. 스마트 헬스케어에서는 환자의 건강 데이터를 기반으로 질병 가능성을 조기 예측하거나, 복용 알림과 같은 맞춤형 건강관리 솔루션을 제공할 수 있다.

4. AI와 협업에 의한 의사결정

이 단계에서는 AI는 의사결정의 보조 역할을 하고, 인간 전문가가 최종 판단을 한다. 의료 분야에서는 AI가 제공하는 진단 정보나 치료 추천이 의사의 의사결정을 보완하며, 더 정확하고 빠른 의료 판단을 가능하게 한다.

5. AI와 협업에 의한 실행

AI가 생성한 통찰은 조직의 다양한 기능과 부서에 연결되어야 실질적인 효과를 낼 수 있다. 스마트 헬스케어에서는 AI 분석 결과가 병원의 진료, 간호, 약제 시스템과 연계되어 통합된 치료와 환자 관리로 이어진다. 이를 통해 진료 대기 시간 단축, 의료 오류 감소 등 전반적인 서비스 품질이 향상된다.

6. 인간이 가치 창출

마지막 단계는 AI를 통해 사회적·경제적 가치를 실현하는 것이다. 스마트 헬스케어는 기술과 인간의 협업으로 단순한 치료를 넘어 질병 예방, 삶의 질 향상, 의료 접근성 제고 등 사람 중심의 지속 가능한 건강 생태계를 구축하는 데 기여한다.

AI 챗봇 원스톱 서비스

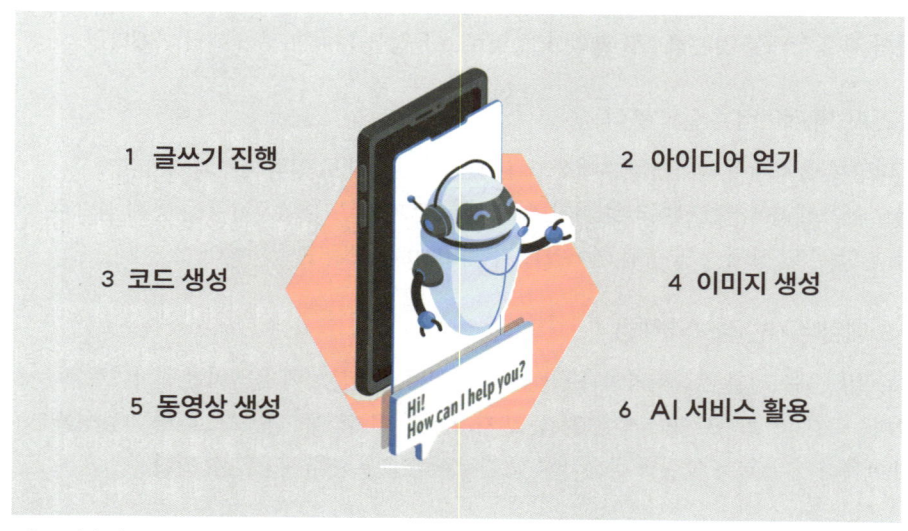

<Copyright by SH Lee>

[그림 1-8 AI 챗봇 원스톱 서비스]

생성형 AI의 등장으로 인간의 창의적 활동 영역이 근본적인 전환점을 맞고 있다. 단순한 자동화 수준을 넘어 글쓰기, 이미지 제작, 코드 작성 등 복잡하고 창의성이 요구되는 작업까지도 AI가 지원하거나 대체할 수 있게 되었다.

특히 AI 챗봇 기반의 원스톱 서비스는 사용자의 요구에 따라 글을 작성하고, 아이디어를 제시하며, 이미지와 동영상 등 다양한 콘텐츠를 생성하는 등 다방면에서 활용되고 있다. 이러한 변화는 교육, 산업, 마케팅, 예술 등 거의 모든 분야에 파급력을 미치며, 업무 효율성과 창의적 성과를 동시에 높이는 핵심 도구로 자리잡고 있다.

또한 사용자는 별도의 전문 지식 없이도 직관적인 인터페이스를 통해 AI 서비스를 활용할 수 있게 되면서, 기술의 민주화 또한 가속화되고 있다. 지금 이 순간에도 생성형 AI는 인간의 작업 방식을 재정의하고 있다.

1. 글쓰기 진행

글쓰기 영역에서 AI는 블로그, 게시물, 기사, 보고서, 제품 설명 등 다양한 문서를 신속하고 효과적으로 작성해 준다. 사용자가 간단한 개요만 입력해도 문체에 맞게 글을 확장하고 문법과 표현을 수정하며, 요약·번역까지 지원한다.

2. 아이디어 얻기

AI는 기획, 마케팅, 연구개발 과정에서 창의적인 해결책을 제시하는 브레인스토밍 도구 역할을 한다. 사용자가 특정 주제나 문제에 대한 힌트를 제공하면, AI는 다양한 각도에서 해결책이나 새로운 개념을 제안한다. 특정 타깃을 겨냥한 다양한 아이디어 탐색이 가능하다.

3. 코드 생성

개발자들은 AI를 활용해 코드 작성을 자동화하고, 효율적으로 개발 작업을 진행할 수 있다. AI는 특정 기능을 구현하는 코드 샘플을 생성하거나, 기존 코드의 오류를 검토하고 최적화한다. '파이썬 웹 크롤링 코드'처럼 간단한 명령어만으로도 필요한 코드를 제공한다.

4. 이미지 생성

이미지 생성 AI는 사용자의 텍스트 설명을 기반으로 창의적인 이미지를 만들어 낸다. 그래픽 디자인, 광고, 아트워크 제작, UI/UX 디자인 등 다양한 분야에서 활용된다. '미래 도시 풍경을 배경으로 한 SF 스타일의 삽화'를 요청하면, AI가 이미지를 자동으로 생성한다.

5. 동영상 생성

동영상 생성에서도 AI는 스크립트나 간단한 지시사항을 기반으로 애니메이션, 프레젠테이션, 영상 클립을 편집하고, 자막과 배경음악을 넣어 프레젠테이션이나 마케팅 영상 제작을 자동화한다. 음성 합성 기술을 통해 내레이션 추가도 가능해 영상 콘텐츠 제작을 단순화한다.

6. AI 서비스 활용

AI 서비스는 전 산업에서 활용되며 고객 응대 자동화, 맞춤형 마케팅, 데이터 분석 등 실질적 비즈니스 혁신을 가능하게 한다. 개인 사용자도 학습 보조, 콘텐츠 생성, 시간 절약 등의 용도로 AI를 활용하며, AI 챗봇은 고객 문의를 자동 처리하고 맞춤형 서비스를 제공한다.

챗GPT, 쇼핑의 판을 바꾼다

AI의 서비스 고도화 – 온라인 쇼핑

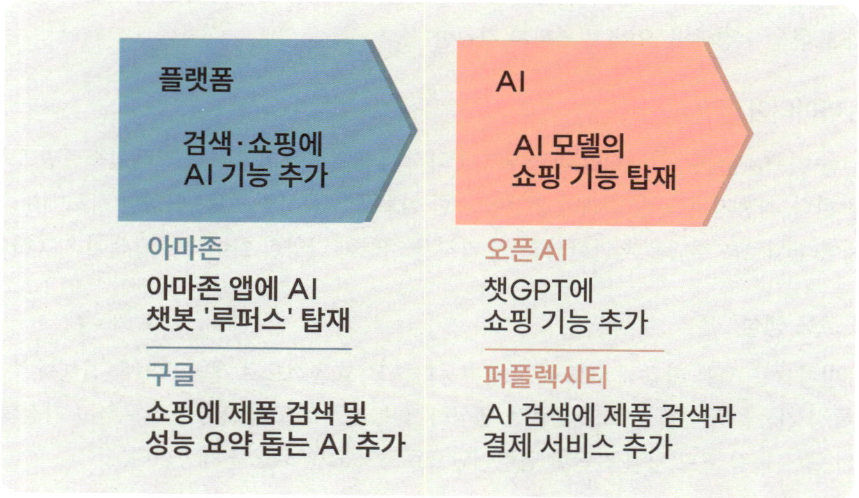

플랫폼	AI
검색·쇼핑에 AI 기능 추가	AI 모델의 쇼핑 기능 탑재
아마존 아마존 앱에 AI 챗봇 '루퍼스' 탑재	**오픈AI** 챗GPT에 쇼핑 기능 추가
구글 쇼핑에 제품 검색 및 성능 요약 돕는 AI 추가	**퍼플렉시티** AI 검색에 제품 검색과 결제 서비스 추가

[그림 1-9 AI의 서비스 고도화]

구글을 위협하고 온라인 유통을 재정의한다

AI 기업과 기존 플랫폼 기업 간의 쇼핑 AI 경쟁이 본격화되고 있다. 오픈AI와 퍼플렉시티는 AI 모델에 쇼핑 기능을 탑재하며 시장에 도전장을 내밀었고, 아마존과 구글도 AI 챗봇과 검색 요약 기능으로 대응 중이다. 향후 유통 산업은 AI 중심의 개인화 경쟁과 수익 모델 재편이 핵심 축이 될 전망이다.

2025년 4월 30일 국내 언론 보도에 따르면, 오픈AI는 자사 대표 AI 챗봇인 챗GPT에 쇼핑 기능을 탑재했다. 단순한 검색을 넘어, 사용자의 요구에 맞춰 상품을 추천하고 가격, 이미지, 리뷰, 외부 쇼핑몰 구매 링크까지 제공하는 통합 서비스를 구현한 것이다. 이 모든 과정이 자연어 기반 대화형으로 이뤄지며, 기존의 텍스트 기반 검색을 뛰어넘는다. 유료 사용자뿐 아니라 무료 사용자, 심지어 로그인하지 않은 사용자에게까지 개방했다는 점은 AI 쇼핑 시대의 대중화를 상징한다.

맞춤형 쇼핑, 온라인에서 AI 중심으로 진화

예를 들어, 사용자가 "50대 직장인 남성에게 어울리는 10만 원대 세미 캐주얼 재킷"을 입력하면, 챗GPT는 키, 연령, 직업, 예산에 맞는 제품을 추천하고 관련 정보를 함께 제공한다. AI는 이제 '취향 기반 제안'을 통해 쇼핑 파트너로서의 역할을 수행하며, 유통 산업을 본격적으로 온라인 중심의 AI 전환으로 이끌고 있다.

• 국내 유통회사 - AI 쇼핑 가이드 역할

국내 유통업계도 빠르게 반응하고 있다. 신세계라이브쇼핑은 챗GPT 기반 AI 쇼핑 시스템을 도입해, 고객의 질문에 따라 상품을 추천하고 상세히 설명하는 서비스를 제공 중이다. AI는 소비자의 요구를 능동적으로 해석하고 대응하며, 소비자에게 '무엇을 사야 할지' 방향을 제시하는 쇼핑 가이드로 기능하고 있다.

• 글로벌 빅테크의 대응 전략 - 검색의 편의성 강화

기존 빅테크들의 대응도 재빠르다. 아마존은 AI 챗봇 '루퍼스(Rufus)'를 도입해 고객 맞춤형 상품 추천 서비스를, 미국 AI 스타트업 퍼플렉시티는 플랫폼 쇼피파이와 연계해 AI 기반 검색 최적화 기술을 선보이고 있다. 방대한 데이터 기반의 고도화된 AI 모델로 검색 정확도와 편의성을 높이는 데 주력 중이다.

광고 시장의 변화, AI 최적화 시대의 서막

오픈AI는 현재 챗GPT 쇼핑 기능에 광고를 탑재하고 있지 않지만, 향후 '품위 있는 광고'를 고려하겠다고 밝혔다. 광고 도입 여부는 여전히 유동적이나, 검색 기반 광고 시장의 판도는 이미 흔들리고 있다. 실제로 많은 기업이 기존의 구글 SEO(Search Engine Optimization) 대신 'AI 최적화(AIO, AI Optimization)' 전략을 검토하고 있다. AI에 맞는 콘텐츠 구조와 대화 흐름 설계가 새로운 마케팅 전략이 되고 있는 셈이다.

AI 동반자 시대의 가속화

AI는 소비자의 질문에 답하는 수준을 넘어, 대화를 통해 취향과 니즈를 학습하고 결과를 제공하는 진정한 '쇼핑 파트너'로 발전하고 있다. 이러한 변화는 금융, 교육, 의료, 공공 서비스 등 전 산업으로 확산되며, 소비자의 의사결정을 돕는 'AI 동반자 시대'의 시작을 알리고 있다.

AI 휴머노이드의 진화 방향

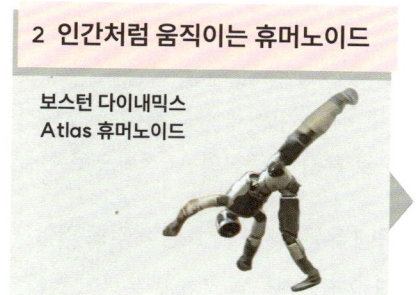

[그림 1-10 AI 휴머노이드의 발전]

AI 휴머노이드(humanoid)는 인간의 외형을 닮은 인공지능을 통해 지능적 행동과 상호작용이 가능한 로봇을 말한다.

여기에 AI 기술이 결합되면 단순한 기계가 아닌, 사람처럼 대화하고 감정을 인식하며 판단과 학습까지 수행할 수 있는 존재로 발전한다. 이들은 음성 인식, 자연어 처리, 얼굴 인식, 감정 분석 등을 바탕으로 사람과의 소통 능력을 갖추고 있으며 안내, 돌봄, 교육, 상담 등 다양한 서비스 분야에서 활용되고 있다.

AI 휴머노이드는 인간과의 상호작용을 기반으로 단순히 명령을 수행하는 기계를 넘어, 인간의 감정과 사회적 맥락을 이해하고 함께 협력할 수 있는 '사회적 존재로서의 로봇'으로 자리매김 하는 것이 궁극적인 발전 방향이라 할 수 있다.

1. 기계적으로 움직이는 휴머노이드

초기의 휴머노이드는 두 발로 움직이는 기계적 플랫폼에 불과했다. 이 단계는 인간의 보행을 구현하기 위한 동력 시스템과 균형 제어 기술 중심으로 개발되었으며, 인간처럼 걷고 서는 동작의 재현에 집중했다. 이후, 얼굴과 팔다리를 가진 외형에 모터와 센서를 탑재해 팔을 흔들고 고개를 돌리는 등의 동작을 흉내내게 되었다. 아직 인공지능이 탑재되지 않았다.

2. 인간처럼 움직이는 휴머노이드

2000년대 이후 컴퓨터 비전, 음성 인식, 센서 기술이 비약적으로 발전하면서, 사람의 얼굴이나 동작을 인식하고 간단한 명령에 반응하는 수준으로 기능이 확대되었다. 이 시기의 휴머노이드는 인간을 많이 닮은 외형과 동작을 구현하며, 한정된 상호작용이 가능해졌다. 하지만 여전히 자연스러운 대화나 감정 표현에는 제약이 많았다.

3. 얼굴과 표정을 닮은 휴머노이드

음성 인식, 자연어 처리, 머신러닝, 감정 분석 등의 기술이 휴머노이드에 적용되면서, 로봇은 사람의 말을 이해하고 감정을 읽고, 상황에 따라 자율적으로 반응하는 존재로 변화했다. 궁극적으로 인간의 감정을 가진 것처럼 느껴지는 휴머노이드로 진화하고 있다. AI가 인간의 감정 상태를 인식하고, 상황에 맞는 언어와 표정으로 반응하며, 마치 공감 능력을 가진 존재처럼 작동하는 것이다.

4. 인간의 감성을 가진 휴머노이드

이와 관련된 상상력을 잘 보여 준 사례가 바로 영화 〈Be Right Back〉이다. 이 작품은 죽은 연인의 디지털 흔적을 기반으로 만들어진 AI 휴머노이드를 통해, 인간 감정과 기술 사이의 경계가 어떻게 흐려지는지를 보여 준다. 작품 속 휴머노이드는 인간의 상실감과 외로움을 채워주는 정서적 동반자로 기능하며, 미래 사회에서의 휴머노이드 역할에 대한 깊은 통찰을 던진다.

현재의 AI 휴머노이드는 돌봄 서비스, 고객 응대, 교육 분야 등에서 점진적으로 활용 범위를 넓혀가고 있다. 인간을 보조하거나 동행하는 존재로서, 사회적·감성적 파트너로의 가능성을 향해 발전하고 있다.

AI를 위한 기본 인프라

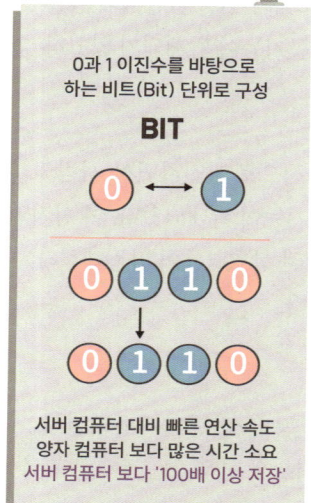

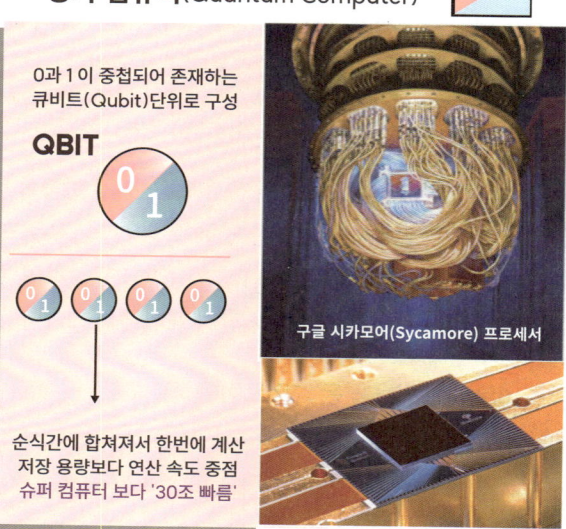

<출처: 조선일보 2025년 1월 10일자 위클리비즈>

[그림 1-11 슈퍼 컴퓨터와 양자 컴퓨터의 비교]

AI 대전환을 성공적으로 이끌기 위해서는 AI를 뒷받침하는 기본 인프라의 구축이 필수적이다. 여기에는 데이터를 모으고 가공하며 저장하는 체계, AI가 고속으로 연산할 수 있는 연산 환경, 그리고 윤리적 판단과 사회적 수용성을 확보하기 위한 제도와 문화적 기반이 모두 포함된다. 데이터, 컴퓨팅, 윤리라는 상호보완적인 세 가지 인프라가 튼튼할수록 AI는 공공의 이익을 이끄는 플랫폼으로 자리 잡을 수 있다.

이 중에서도 AI 기술의 핵심은 학습과 추론을 가능하게 하는 '연산 능력'이라고 할 수 있다. 이를 실현하기 위한 기반 인프라가 바로 컴퓨팅 기술이며, 그 발전 수준에 따라 AI의 가능성도 확장된다. 현재 컴퓨팅 인프라는 크게 세 가지로 나뉜다.

서버 컴퓨터 Server Computer - 가장 기본적인 컴퓨팅 인프라

이는 0과 1의 이진수로 구성된 '비트(Bit)' 단위를 바탕으로 동작하며, 일반적인 데이터 처리와 AI 알고리즘의 실행에 널리 활용된다. 서버 컴퓨터는 연산 명령을 순차적으로 수행하며, 제한된 속도와 저장 공간으로 인해 대규모 AI 모델 학습에는 시간과 자원이 많이 소요된다. 특히 연산이 집중되는 학습 단계에서는 수많은 반복 작업을 요구하기 때문에, 속도와 효율 측면에서 한계가 존재한다.

슈퍼 컴퓨터 Super Computer - 초고속 병렬연산으로 서버 컴퓨터 보완

슈퍼 컴퓨터는 수천 개의 CPU와 GPU를 병렬로 연결하여 복잡한 연산을 빠르게 처리한다. AI 모델의 대규모 학습이나 기후 시뮬레이션, 유전체 분석 등에서 활용되며, 병렬 처리를 통해 서버 컴퓨터보다 약 100배 이상의 속도를 낼 수 있다. 최근에는 클라우드 기반 슈퍼 컴퓨팅 플랫폼이 확대되며, 기업과 연구기관들이 고성능 연산 자원을 손쉽게 이용할 수 있게 되었다. 하지만 이 역시도 처리 가능한 복잡도의 한계가 있으며, 초거대 AI 모델의 연산 요구를 온전히 감당하기는 어렵다.

양자 컴퓨터 Quantum Computer - 주목해야 할 차세대 기술

양자 컴퓨터는 기존 비트가 아닌 '큐비트(Qubit)'를 단위로 한다. 큐비트는 0과 1이 동시에 존재하는 양자 중첩 원리를 활용하여, 같은 시간에 훨씬 더 많은 계산을 수행할 수 있다. 또한 큐비트 간의 얽힘(Entanglement) 현상을 통해 연산 속도는 슈퍼 컴퓨터보다 이론적으로 수십조 배 빠르며, 이는 복잡한 조합 최적화 문제나 신약 개발, 기후 예측 등 고차원 데이터 문제 해결에 핵심 역할을 한다.

예를 들어, 구글의 양자 컴퓨터 '시카모어(Sycamore)'는 특정 계산을 200초 만에 해결했는데, 이는 슈퍼 컴퓨터가 약 1만 년이 걸릴 연산이었다. 이는 AI에서 수백억 개 파라미터를 갖는 모델을 학습할 때, 기존보다 획기적으로 시간을 줄일 수 있음을 시사한다. 현재 양자 컴퓨터는 초기 단계로, 상용화는 제한적이지만 IBM, 구글, 마이크로소프트, 인텔 등 글로벌 기업들이 양자 기술을 적극적으로 개발 중이다. 이 기술은 궁극적으로 AI 연산을 넘어 국가 경쟁력을 좌우할 핵심 인프라가 될 것으로 평가된다.

공급망 대전환

시장 환경 변화와 공급망 재편

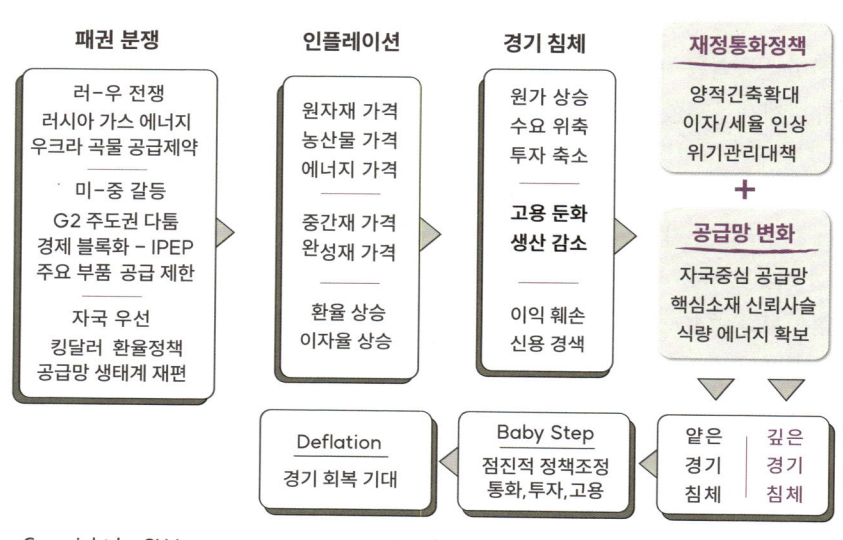

[그림 1-12 글로벌 공급망 재편과 세계 경제 영향 사례]

글로벌 경제 변화와 공급망 재편은 미중 패권 분쟁과 자국우선주의의 가장 직접적인 영향을 받는 영역이다. 이에 따라 전통적인 글로벌화에서 탈글로벌화(Deglobalization)와 지역화(Regionalization)로의 전환이 가속화되고 있다.

위 도표는 자국우선주의와 패권 분쟁, 인플레이션, 경기침체가 글로벌 경제에 미치는 복잡한 영향을 종합적으로 보여 준다. 이는 각국이 자국 중심의 공급망 재편과 핵심 자원의 확보를 강화하고, 경제 정책을 조정하며 경기 회복을 모색하는 상황을 시사한다.

그러나 이러한 변화는 글로벌 경제 협력을 약화시키고 지역 간 경제 양극화를 심화시키며, 장기적으로 새로운 경제 질서의 형성을 가속화할 것이다.

1. 패권 분쟁의 심화

러시아-우크라이나 전쟁은 가스와 에너지 공급의 불안정성을 초래하며, 글로벌 에너지 가격 상승과 경제적 긴장을 유발하고 있다. 우크라이나는 곡물 수출 주요국으로, 전쟁으로 인해 글로벌 농산물 공급망에도 충격을 주고 있다. 미중 간 패권 경쟁은 G2(미국과 중국) 간 경제 블록화를 심화시키고, 주요 부품과 원자재의 공급 제한으로 이어졌다. 이는 반도체, 희토류 등 핵심 자원의 공급망 불안정을 악화시켰고, 미국 중심의 자국우선주의을 가속화했다.

2. 인플레이션과 경기 침체

에너지 및 농산물 가격의 급등은 중간재와 완성재의 가격 상승으로 이어져 글로벌 공급망 전체에 부정적인 영향을 미치고 있다. 원가 상승과 수요 위축은 기업들의 투자를 축소시키며, 고용 감소와 생산량 하락을 유발하여 글로벌 경제는 깊은 경기 침체의 위험에 직면하고 있다. 인플레이션 억제를 위해 미국과 주요 국가들은 금리 인상과 긴축 재정 정책을 시행하고 있다. 단기적으로는 경기가 위축되고 있으나, 장기적으로 경기 안정을 목표로 한다.

4. 복합 경기 전환기

세계 경제는 패권 경쟁, 공급망 재편, 고물가·고금리 등의 복합 경기 전환기 속에서 올바른 방향을 탐색 중이다. 디플레이션 기대와 재정통화의 점진적 정책 조정이 병행되지만, 투자 위축과 고용 둔화로 인해 얕은 침체에서 깊은 침체까지 다양한 시나리오를 준비해야 한다.

3. 공급망 변화의 방향

자국우선주의의 확산으로 각국은 글로벌 공급망 의존도를 줄이고 전략 자원의 안정적 확보를 위해 리쇼어링과 지역화 정책을 강화하고 있다. 이는 반도체 중심의 'Chip 4 동맹, 광물 안보 동맹' 등 다양한 공급망 동맹으로 나타나고 있다.
핵심 소재 및 기술 확보 방안으로, 저비용 생산국 투자에서 고효율 거대 시장 국가까지 투자하는 전략으로 전환하고 있다. 또한 인플레이션 감축법(IRA)으로 자국 내 생산에 인센티브를 부여하고, 중국산 제품에는 고율 관세를 부과해 공급망에서의 중국 의존도를 낮추고 있다. 전 세계는 비용 효율성보다 공급 안정성과 동맹 기반의 전략적 협력을 핵심 가치로 삼으며, 새로운 공급망 생태계 구축에 나서고 있다.

공급망 생태계 대전환의 방향

Wave goodbye to the greatest era of globalization
and worry about what is going to take its place

[그림 1-13 공급망 대전환의 개요]

21세기 초반 세계화는 전 세계 생산과 소비를 하나로 연결하며 효율성과 비용 절감을 극대화했다. 그러나 2020년 팬데믹 이후, 글로벌 공급망은 예상치 못한 충격에 크게 흔들렸다. 이어지는 미중 갈등, 전쟁, 기후위기 등 다양한 요인이 공급망 리스크를 가시화시키며 기존의 민족주의(Nationalism), 국제주의(Internationalism), 글로벌주의(Globalism)를 거쳐서 이제는 각국이 자국의 생존과 우선순위를 앞세우는 자국우선주의(National Firstism)로 방향을 틀고 있다.

이코노미스트가 'Goodbye Globalisation'이라는 표현으로 이 전환을 상징적으로 표현한 것은, 세계 경제 구조와 글로벌 공급망 생태계가 바뀌어야 한다는 것을 시사하고 있다.

저비용 생산국 투자에서 고효율 거대 시장 국가까지

글로벌 생산기지에 대한 투자가 저비용 고효율에 집중했던 시대를 넘어 고비용이지만 거대 내수 시장을 갖춘 국가에 대한 투자가 증가하고 있다.
저비용 국가 투자에서 고비용, 고효율 거대시장 투자로 공급망 생태계가 급격히 변화하고 있다.

예를 들어, 현대자동차는 미국의 자국우선주의 정책으로 인한 높은 관세를 피하고, 고비용 구조의 수익성 문제를 해결하기 위해 미국 내 현지 생산기지를 구축하고 있다.
특히 자동화와 AI 기반 디지털 첨단기술을 활용하여 생산성과 효율성을 극대화하고 있으며, 이를 위한 전략적 행보로 AI 로봇 기업인 보스턴 다이내믹스를 인수해 자동차 생산 공정에 본격적으로 적용하고 있다.

각국의 규제 및 지원 정책 대응

각국 정부는 자국 공급망의 안정성과 회복력을 위한 전략 산업 지원과 규제를 병행하고 있다. 미국은 반도체법(CHIPS Act), 인플레이션 감축법(IRA) 등을 통해 반도체·배터리 산업에 수십억 달러 규모의 지원금을 제공하며, 특정 국가와의 거래도 제약을 둔다.
EU도 '유럽 공급망 회복력법'으로 자원·에너지·기술 분야의 자립 역량을 강화한다. 한국, 일본, 대만 등도 핵심 부품 및 원자재 확보를 위한 국산화 및 다변화 정책을 가속화하고 있다.

글로벌 공급망 산업별 대응 방향

기술 유출 방지와 자국 산업 보호를 위한 공급망이 동맹 중심으로 재편되고 있다.
단순 제조는 저비용 국가로 이동하지만, 첨단 기술과 고부가가치 제조는 미국 중심의 블록화가 본격화되고 있다. 반도체 산업은 미국 중심의 'Chip 4 동맹', 배터리와 전기차 분야는 IRA 기반 북미, 유럽 중심 공급망 체계로 전환 중이다.

AI 산업 역시 중국의 AI 기술 확산 견제를 위한 미국 중심의 주요국 간의 동맹이 형성되고, 광물과 희토류1 확보는 '광물 안보 동맹'을 통해 아프리카, 호주 등 자원국과의 협력이 확대되고 있다. 이러한 산업별 전략은 기술 자립도 확보, 국제 규범 선점까지 고려한 다층적 재편 전략으로 연결된다.

산업별 공급망 생태계 변화

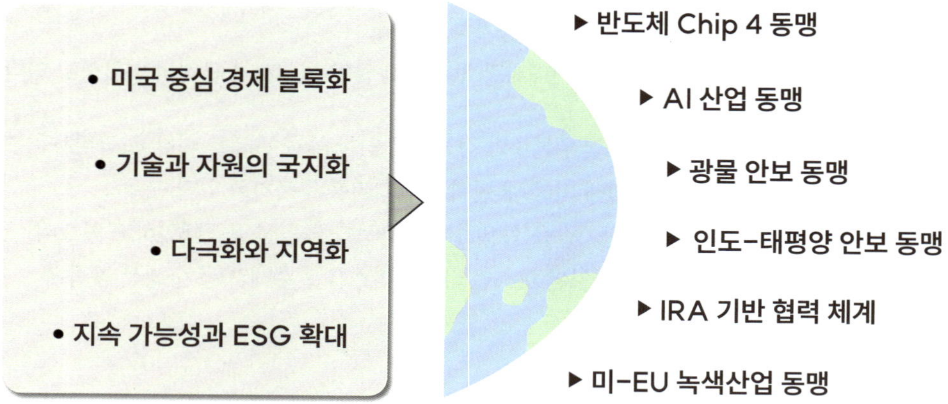

- 미국 중심 경제 블록화
- 기술과 자원의 국지화
- 다극화와 지역화
- 지속 가능성과 ESG 확대

▶ 반도체 Chip 4 동맹
▶ AI 산업 동맹
▶ 광물 안보 동맹
▶ 인도-태평양 안보 동맹
▶ IRA 기반 협력 체계
▶ 미-EU 녹색산업 동맹

<Copyright by SH Lee>

[그림 1-14 글로벌 공급망 동맹과 전망]

산업별 글로벌 생태계는 지정학적 갈등과 기술 패권 경쟁, 자원 안보 문제 등을 중심으로 점점 더 다극화와 지역화로 빠르게 재편되고 있다. 특히 미중 갈등은 반도체, AI, 5G 등 첨단 산업에서의 경쟁을 심화시키며 공급망을 미국, 대만, 일본, 한국 중심의 동맹 구조로 재정렬하고 있다. 중국은 이에 대응해 자체 기술 자립과 공급망 내재화를 가속화하고 있다.

동시에 전기차 배터리와 희토류 등 핵심 자원 분야에서도 중국 의존도를 줄이기 위한 서방 국가들의 자원 동맹이 강화되고 있다. 'Chip 4'로 대표되는 글로벌 공급망 동맹은 기술과 자원을 공유하면서 동시에 배타적 협력을 강화하는 방식으로 진화하고 있으며, 이는 경제적 국지화와 지역 간 신뢰 기반 재편으로 이어진다.

또한 공급망의 정치화와 안보화가 촉진되고 있는 것이다. 러시아-우크라이나 전쟁과 대만 해협 위기는 미국이 제조업 리쇼어링과 공급망 다변화를 추진하는 계기가 되었으며, 베트남, 멕시코 등은 새로운 생산 허브로 부상하고 있다.

반도체 산업 : 미국은 'Chip 4' 동맹을 통해 대만, 일본, 한국과 협력하며 반도체 생산과 연구개발 체계를 동맹국 중심으로 이동시키고 있다. TSMC, 삼성전자, 인텔 등 주요 기업이 미국 현지에 생산시설을 설립하며 중국과의 기술·공급망 분리하고 있다. 또한 반도체법(CHIPS Act)을 통해 생산 인센티브와 연구개발 자금을 지원하며 공급망 안보를 강화하고 있다.

AI 산업 : AI 반도체와 컴퓨팅 인프라, 데이터 통제권 확보를 중심으로 공급망 경쟁이 본격화되고 있다. 미국은 중국의 AI 기술 확산을 견제하기 위해 엔비디아 등 주요 기업의 고성능 AI 반도체 수출을 제한하고 동시에 일본, 대만, 한국 등과 AI 반도체 협력을 확대하고 있다. 유럽은 자체 AI 윤리 기준과 인프라 구축, AI 서버와 데이터 센터, 에너지·자원 확보 등의 생태계를 마련하고 있다.

희토류 및 자원 산업 : 중국은 희토류의 전 세계 생산량의 60% 이상을 차지하며, 이를 전략 자산화하고 있다. 이에 대응해 미국은 호주, 캐나다와 협력해 희토류 채굴 및 정제 설비를 확대하며 자국 중심의 자원 공급망을 구축하고 있다. 아프리카, 남미 등 신규 자원국과의 파트너십도 늘어나고 있다.

방위 산업 : 러시아-우크라이나 전쟁 이후 미국은 NATO 동맹국과의 무기 생산 협력을 확대하며, 핵심 부품과 반도체의 국산화율을 높이고 있다. 한국은 고성능 무기체계와 조선기술에서 미국의 방산 파트너로 부상하고 있다. AI, 자율 무기, 드론, 사이버 방위 기술 등 첨단 방산 기술의 공동 개발도 공급망 차원의 협력 대상이 되고 있다.

전기차 및 배터리 산업 : 미국의 IRA(인플레이션 감축법) 시행 이후 공급망 중심이 북미로 급속히 이동하고 있다. 북미 및 동맹국에서 채굴·가공된 원료를 사용한 배터리와 차량에 한해 세제 혜택이 부여되며 캐나다, 호주, 한국, 일본 등과의 공급망 협력이 확대되고 있다. 유럽 역시 자체 배터리 생태계 육성에 나서며, 기술 공동 개발과 생산 거점 분산을 병행하고 있다.

청정 에너지 및 친환경 기술 분야 : 태양광, 풍력, 수소 에너지, 탄소포집 기술 등 다양한 부문에서 공급망 다변화가 진행되고 있다. 미국은 중국산 태양광 부품 의존도를 줄이기 위해 국내 생산 확대와 동맹국 협력을 강화하고 있으며, 유럽연합(EU) 역시 재생 에너지 전환을 위한 핵심 자원의 안정적 확보에 주력하고 있다.

물류 공급망 체계의 변화

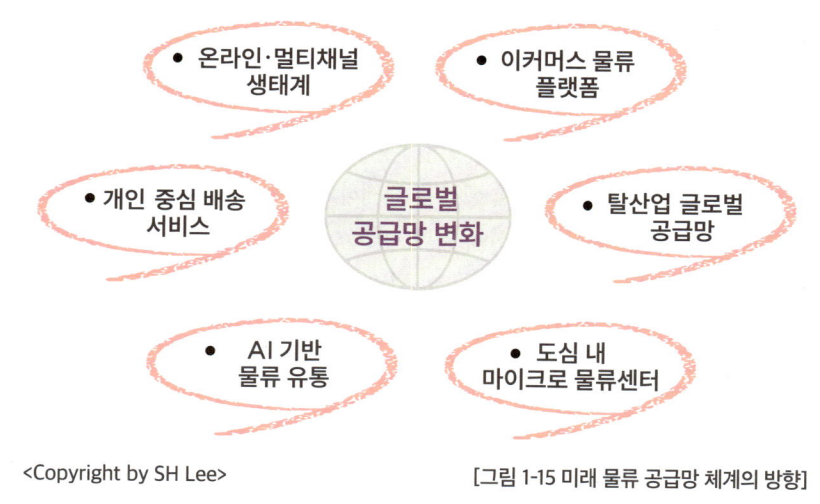

<Copyright by SH Lee>

[그림 1-15 미래 물류 공급망 체계의 방향]

글로벌 공급망은 최근 몇 년 사이 급변하는 환경 속에서 구조적 전환을 맞이하고 있다. 팬데믹, 지정학적 리스크, 기후 변화, 기술 혁신 등이 동시에 작용하면서 기존의 대량 생산-대량 유통 방식은 한계를 드러냈고, 그 결과 물류 공급망은 더욱 민첩하고, 분산적이며, 고객 중심의 방향으로 변화하고 있다. 특히 이커머스의 급성장, AI 및 데이터 기술의 접목, 개인화된 서비스 수요 확대 등은 공급망의 전반적인 패러다임을 바꾸고 있다.

이러한 변화는 단순한 운영 개선이 아니라 속도와 유연성, 연결성, 실시간성, 개인화, 기술 통합 능력 등을 핵심 경쟁력으로 삼으며, 유통·물류 생태계 전반의 체계 개편이 이뤄짐을 의미한다.

"글로벌 공급망은 현대 경제의 복잡성과 상호 의존성을 가장 잘 보여 주는 예시이다." - 폴 크루그먼

"효율적인 공급망 관리는 기업 경쟁력의 핵심 요소이다.
이를 통해 가치 사슬 전반에서 우위를 확보할 수 있다." - 마이클 포터

온라인·멀티채널 공급망 생태계 : 디지털 쇼핑 환경 확산과 함께 물류 체계의 핵심이 되고 있다. 오프라인과 온라인, 모바일을 넘나드는 소비자 구매 패턴에 대응하기 위해, 기업은 채널 간 물류 흐름을 통합하고 실시간 데이터 연동, 자동화 기술을 통해 주문부터 배송까지의 전 과정을 효율적이고 투명하게 관리하고 있다.

이커머스 물류 플랫폼 : 온라인 구매가 일상화된 오늘날, 고객 니즈의 다양화에 능동적 대응이 필요하다. AI 기반 수요 예측, 자동화 창고, 라스트마일 배송 최적화 기술이 통합된 플랫폼은 비용 절감과 서비스 향상을 동시에 달성할 수 있다. 중소 사업자도 플랫폼을 통해 효율적인 물류가 가능해지면서 생태계 전반의 경쟁력을 끌어올리고 있다.

탈산업 글로벌 공급망 : 저비용 단일 국가 의존에서 벗어나 유연성과 회복탄력성을 중시하는 방향으로 재편되고 있다. 기후 변화, 지정학 리스크, 팬데믹 등 외부 충격에 대비하기 위해 공급 거점을 다변화하고, 리쇼어링 및 니어쇼어링을 통해 리스크를 줄이고 안정성을 확보하고 있다. 이러한 변화는 글로벌 가치 사슬 재구성으로 이어지고 있다.

도심 내 마이크로 풀필먼트 센터 : 도심 지역의 빠른 배송 수요에 대응하기 위한 전략으로 주목받고 있다. 소규모 지역 거점은 물류 이동거리를 줄이고 라스트마일 효율을 극대화하며, 동시에 교통 혼잡과 탄소배출 문제도 완화할 수 있다. 당일 배송, 심야 배송 등 다양한 배송 옵션을 가능하게 하며, 고객 만족도를 크게 향상시키는 핵심 인프라로 작동하고 있다.

AI 기반 물류 유통 : 복잡한 공급망 운영을 지능화하고 예측 가능하게 만든다. AI는 교통 상황, 날씨, 주문 패턴 등을 분석해 최적의 배송 경로를 설계하며, 수요 예측을 통해 재고를 효율적으로 관리한다. 이로 인해 재고 부족이나 과잉 문제를 방지하고, 불필요한 비용을 줄이며 에너지 소비를 절감하는 효과도 동시에 거둘 수 있다.

개인 중심 배송 서비스 : 맞춤형 서비스 제공을 통해 기업의 경쟁력을 좌우한다. 고객은 배송 시간, 장소, 방식에 대해 유연한 선택을 원하며, 이에 따라 실시간 주문 확인, 위치 추적, 예약 배송, 특화 서비스 등 다양한 개인화 기능이 제공된다. 이는 단순한 제품 전달을 넘어 고객 경험을 설계하는 물류 전략으로 자리 잡고 있다.

녹색 대전환

녹색 대전환의 사상적 배경

녹색 사상의 기원을 찾아서…

BC 300년 경
(2300여년 전)

맹자 曰
자연보호 사상

'도끼로 때를 맞춰 산에 들어가면
목재를 충분히 쓸 수 있습니다.
잔 그물을 못에 넣지 않으면
물고기를 넉넉히 먹을 수 있습니다'

斧斤以時入山林 材木不可勝用也
數罟不入洿池 魚鼈不可勝食也

\<Copyright by SH Lee\>

BC 37~AD 668년 경
(2040여년 전)

사신도 (고구려 고분벽화)
자연조화 사상

'자연과 조화롭게 살아가는 불로장생의 꿈'

[그림 1-16 녹색 대전환의 기원]

녹색 대전환은 단순한 환경 보호 차원을 넘어, 인류의 지속 가능한 생존과 번영을 위한 경제·사회·환경 전반의 패러다임 전환을 뜻한다. 이는 기후위기, 자원 고갈, 생물 다양성 상실, 심각한 사회 양극화와 같은 복합적인 글로벌 위기에 대응하기 위한 전략으로, 인간 활동이 자연 환경과 조화를 이루며 지속 가능한 성장을 추구하는 것을 핵심 목표로 삼는다.

인류는 산업혁명 이후 급속한 경제 발전을 이루었지만, 그 대가로 심각한 자연 파괴와 환경 오염을 초래했다. 폭염, 산불, 가뭄, 해수면 상승 등 기후 재난은 물론, 식량·물·에너지 부족, 빈곤과 사회 갈등 같은 문제들이 전 지구적 위기로 확대되고 있다. 이러한 상황은 경제 활동이 더 이상 환경과 사회를 외면한 채 지속될 수 없음을 보여 준다.

녹색 대전환의 사상적 뿌리는 동양 고전, 특히 맹자의 자연과 공존하는 철학, 그리고 고구려 고분벽화 사신도에 담긴 자연과 조화로운 삶의 모습에서도 찾아볼 수 있다.

맹자는 "도끼로 때를 맞춰 산에 들어가면 목재를 충분히 쓸 수 있다."고 하며, 자연을 절제 있게 이용해야 지속 가능하다는 통찰을 남겼다. 맹자의 말에는 오늘날 녹색 대전환의 핵심 자원의 순환적 이용과 자연과의 공존과 맥락을 같이 하는 '자연 보호' 사상이 깊이 내재되어 있다.

고구려 고분벽화 '사신도(四神圖)'에는 자연과 조화를 이루며 불로장생을 꿈꾸는 삶의 이상이 반영되어 있다. 사신도는 동서남북을 상징하는 자연신(청룡, 백호, 주작, 현무)이 화합을 이루는 모습으로, '자연 조화'의 사상을 보여 준다. 이러한 자연관은 인간이 자연을 지배하는 존재가 아니라 자연의 일부로서 겸손하게 살아가야 한다는 동양적 생태윤리로 확장된다.

현대적 개념으로서의 녹색 대전환은 20세기 후반부터 구체화되기 시작했다. 1962년 레이첼 카슨의 『침묵의 봄』은 농약 사용으로 인한 생태계 파괴를 폭로하며 환경운동의 전환점을 만들었고, 1972년 로마클럽의 『성장의 한계』 보고서는 인구 증가, 자원 고갈, 환경오염 문제를 경고하며 환경과 경제가 분리될 수 없다는 인식을 확산시켰다.

이어서 1987년 유엔환경계획(UNEP)은 『우리 공동의 미래』 보고서를 통해 '지속가능발전' 개념을 제시했고, 이는 녹색 대전환의 사상적·정책적 기반이 되었다. 1992년 리우 지구정상회의에서는 기후 변화, 생물 다양성, 사막화 등 3대 환경협약이 채택되었으며, 2002년 WSSD에서는 지속 가능한 개발이 21세기 글로벌 전략으로 공식화되었다. 또한 2004년 유엔글로벌콤팩트(UNGC)와 'ESG'라는 개념의 등장, 2006년 '사회책임투자 원칙(PRI)' 제정은 지속 가능성과 책임 경영에 대한 인식을 가속화시켰다.

이러한 노력에도 불구하고 지구의 환경은 인간에 의해 극심하게 파괴되고 있다. 과도한 화석연료 사용, 열대우림 파괴, 농축산 메탄가스, 농경지 화학비료 살포 등으로 인해 지구 온난화가 가속화되고 결과적으로 자연재해, 삼림파괴로 산소부족, 생물멸종의 위험과 식량, 에너지, 물 등 에너지 자원이 고갈되고 있다. 이는 천재(天災)가 아니라 인재(人災)다.

지구 온난화의 결과 – 생태계 파괴

거대한 자연재해

생물의 멸종 위기

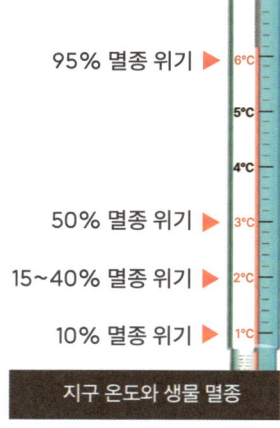

<출처: IPCC(International Plant Protection Convention)>

[그림 1-17 지구 온난화의 결과]

산불은 미국의 경우 매년 7만 건 이상이 발생하여 약 280만 헥타르 이상의 삼림이 파괴된다. 아마존 삼림은 개발과 벌목으로 인해 연간 157만 헥타르가 훼손되며, 이는 서울시 면적의 두 배에 해당된다. 아마존은 산소를 공급하는 '지구의 허파' 기능을 상실하고 있다.

대형 허리케인은 전 세계적으로 매년 6회 이상 발생하여 연간 1만 명의 사상자와 1천 억 달러 이상의 경제적 피해를 입히고 있다.
쓰나미는 세계적으로 연평균 1~2회 정도 발생한다. 2004년 인도양에서 발생했던 쓰나미는 23만 명의 사망자와 수천 억 달러의 피해를 남겼다.
사막화 역시 빠르게 진행되고 있다. 유엔사막화방지협약(UNCCD)에 따르면, 매년 약 1천2백만 헥타르의 토지가 사막화되고 있고, 이는 한국 농경지 면적의 절반에 해당한다.

생물의 멸종 위기는 지구 온도가 상승함에 따라 심화되고 있다.
지금보다 1℃ 상승하면 생물의 10%가 멸종 위기에 처하며, 2℃ 상승하면 30%, 3℃ 상승하면 50%까지 멸종할 수 있고, 6℃ 상승 시에는 지구 생명체의 95%가 멸종한다고 경고하고 있다.

'식량, 에너지, 수자원 고갈'
few FEW (Food, Energy, Water)

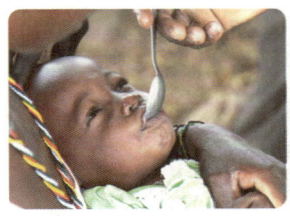

few Food

8억 1천만 명 인구가
만성적 기아 상태

<Copyright by SH Lee>

few Energy

7억 3천만 명 인구가
전기 없는 생활

few Water

34억 명 인구가
심각한 물 부족

[그림 1-18 지구 온난화의 결과]

식량 부족 현상으로 8억 1천만 명이 만성적 기아에 시달리고 있다. 이로 인한 영양 부족은 특히 아프리카와 남아시아의 어린이들에게 심각한 생존 위협이 되고 있다. 지구 평균 기온이 섭씨 1도 상승할 때마다 곡물 생산량은 3~5% 감소하는 것으로 나타나는데, 이는 연간 약 4천만 톤의 곡물 손실에 해당된다.

에너지 측면에서는 전 세계 인구의 약 7억 3천만 명이 여전히 전기가 없는 생활을 하고 의료, 교육, 정보 접근에 큰 장벽을 겪고 있다. 지구 기온이 소폭 상승하더라도 2050년까지 세계 에너지 수요가 11~27% 증가하고, 온실가스 배출 억제에 실패할 경우 에너지 수요는 최대 58%까지 증가할 것으로 예상된다.

또한 수자원 부족은 더욱 심각하다. 34억 명 이상이 깨끗한 물에 접근하지 못하며, 물 부족은 위생 문제, 질병 확산, 분쟁으로까지 이어진다. 세계은행은 기후 변화로 인한 물 스트레스가 2050년까지 일부 지역의 국내총생산을 최대 6%까지 감소시킬 수 있다고 경고하고 있다.

지구 온난화의 원인

<Copyright by SH Lee>

[그림 1-19 지구 온난화의 원인]

지구 온난화는 자연적 기후 변화라기보다는 인간의 활동으로 초래된 대표적인 인재(人災)이다.

산업화 이후 인류는 무분별한 화석 연료 사용, 무차별적인 개발, 자원 남용을 통해 대기 중 온실가스를 지속적으로 증가시켜 왔다. 이로 인해 지구의 평균기온은 지난 100년간 약 1.1℃ 상승하였고, 극심한 폭염, 산불, 가뭄, 홍수 등 이상 기후가 세계 곳곳에서 빈발하고 있다. 인간의 활동인 인재(人災)로서의 지구 온난화를 인식하는 것이 인류의 생존과 미래를 위협하는 기후위기를 극복할 수 있는 출발점이 된다.

화석 연료 사용 : 가장 큰 온실가스 배출 원인이다. 전 세계 온실가스 배출량의 약 36%가 화력 발전소와 같은 에너지 부문에서, 약 33%가 교통수단의 가솔린 및 디젤 연소에서 비롯된다. 석탄, 석유, 천연가스에 의존하는 현재의 에너지 체계는 막대한 이산화탄소(CO_2)를 배출하고 있으며, 특히 중국, 미국, 인도 등 상위 3개국이 전체 CO_2 배출량의 50% 이상을 차지하고 있다. 국제에너지기구(IEA)에 따르면, 2022년 전 세계 에너지 관련 CO_2 배출량은 약 368억 톤에 달해 사상 최고치를 기록했다.

열대우림의 벌목과 파괴 : 아마존 열대우림은 '지구의 허파'로 불리며, 이산화탄소 흡수 기능을 담당하지만, 최근에는 이 기능이 급격히 약화되고 있다. 브라질 국립우주연구소(INPE)에 따르면, 2022년 한 해 동안 아마존에서는 약 112만 헥타르의 산림이 사라졌다. 이는 한국 국토의 약 10%에 해당하는 면적이다. 이러한 산림 파괴는 목재와 가축 사육을 위한 토지 전환이 삼림파괴의 주 원인이며, 이는 이산화탄소를 흡수할 자연 공간의 상실로 이어져 온난화를 가속화한다.

농경지 화학비료 살포 : 화학비료의 주성분인 질소는 CO_2보다 최대 300배 이상 강력한 온실효과를 가진 아산화질소(N_2O)로 대기 중에 축적된다. 유엔식량농업기구(FAO)는 농업에서 발생하는 전체 온실가스 배출량 중 약 17%가 질소계 비료에서 기인한다고 발표한 바 있다. 특히 무분별한 비료 살포와 과도한 농경지 개간은 토양의 질소 순환을 왜곡하고, 이는 지하수 오염과 토양 황폐화 등 2차 환경 피해로도 이어진다.

농축산 메탄가스 발생 : 메탄은 이산화탄소보다 약 25배 강력한 온실가스가 발생하고 가축의 소화 작용(되새김), 분뇨 관리 과정에서 대량으로 배출된다. 2020년 세계 소 사육 두수는 9억 8750만 마리로, 이들이 내뿜는 온실가스가 71억톤(이산화탄소 환산)으로 전체 온실가스 배출의 14.5%를 차지한다.

소 한 마리가 연간 배출하는 메탄의 양은 약 100kg에 달하며, 소 두세 마리가 일 년 동안 내뿜는 트림과 방귀는 자동차 한 대가 배출하는 온실가스와 맞먹는다. 호주에서는 소에게 바다고리풀 사료를 먹여 가스 속 메탄을 80% 제거하는 상품 상용화를 앞두고 있다.

환경산업은 미래 신성장 동력

<출처 : 2025년 통찰경영 연구소 내부자료> [그림 1-20 미래 환경산업의 규모]

Green is Green - 그린은 돈이다

녹색은 곧 돈(USD)이 되는 시대다. 환경산업은 더 이상 비용을 수반하는 선택이 아닌, 미래를 위한 필수적이고 강력한 신성장 동력으로 자리 잡고 있다.

Green Ecomagination - 그린은 상상으로 실현한다

환경(Eco)과 상상력(Imagination)을 결합한 개념으로, 지속 가능한 미래를 위해 친환경 기술과 혁신을 통해 경제적 가치와 환경적 가치를 동시에 창출하는 접근이다.

Go-Green! - 녹색으로 가야 한다

녹색 이슈는 순수 환경산업에 국한되지 않고, 전방위 산업에 핵심 과제로 부상하고 있다. 환경산업이 미래의 신성장 동력이 되려면, 거대한 녹색 시장을 기반으로 전문 인력의 녹색 일자리를 창출하고, 시장을 선도할 녹색 기술을 개발하여 글로벌한 녹색 경쟁력을 가져야 한다.

녹색 시장

지속 가능한 제품과 서비스 중심으로 빠르게 성장 중인 전기차와 수소차는 미래 교통 시장의 중심으로, 에너지 효율성과 환경 친화적 기술을 기반으로 확대되고 있으며, 신소재 및 자원 관리 재활용 소재와 탄소 중립 제품은 기존 산업을 혁신하며, 탄소배출권 거래 시장도 지속 성장 중이다. 또한 문화·관광 산업은 친환경 관광과 문화 콘텐츠로 소비자 가치 변화에 맞춰 새로운 시장을 창출하고 있다.

녹색 기술

환경산업의 혁신을 주도하며 지속 가능한 경제 전환을 가능하게 한다. 태양광, 풍력, 수소 등 재생 에너지 기술은 에너지 시장의 탈탄소화를 이끌고 있다.
스마트 농업 기술은 물과 에너지 효율을 극대화하고 탄소 배출을 획기적으로 줄이고 있다.
스마트 그리드, ESS 에너지 저장 시스템 등을 이용하여 에너지 소비를 최적화한다.
탄소 포집과 저장 기술은 온실가스 감축 목표를 실현할 열쇠다.

녹색 일자리

탄소 중립과 지속 가능한 성장을 위한 핵심 고용 분야로 부상하고 있다. 태양광, 풍력, 수소 등 재생 에너지의 생산과 유지보수뿐 아니라, 자원 재활용, 친환경 건축, 도시 재생, 생태계 복원, 친환경 관광 등 다양한 산업에서 전문 인력이 필요하다. 이러한 일자리는 환경 보호와 경제 발전을 동시에 추구하는 새로운 고용 기회로 주목받고 있다.

녹색 경쟁력

녹색 기술과 시장 선점은 국가와 기업의 글로벌 경쟁력을 좌우하는 핵심 요소다. 탄소 중립 목표와 탄소세 도입 등 규제가 강화되면서, 녹색 기술 보유 기업이 시장에서 우위를 점하고 있다. 또한 친환경 제품과 서비스는 글로벌 시장에서 수요가 증가하고 있으며, 특히 유럽과 북미 지역에서 탄소 중립을 충족하는 제품이 높은 가치를 인정받고 있다. 각국은 녹색 기술 R&D에 집중 투자하여, 글로벌 환경 시장의 리더십을 강화하고 있다.

인구 구조 대전환

세계의 인구 현황 및 전망

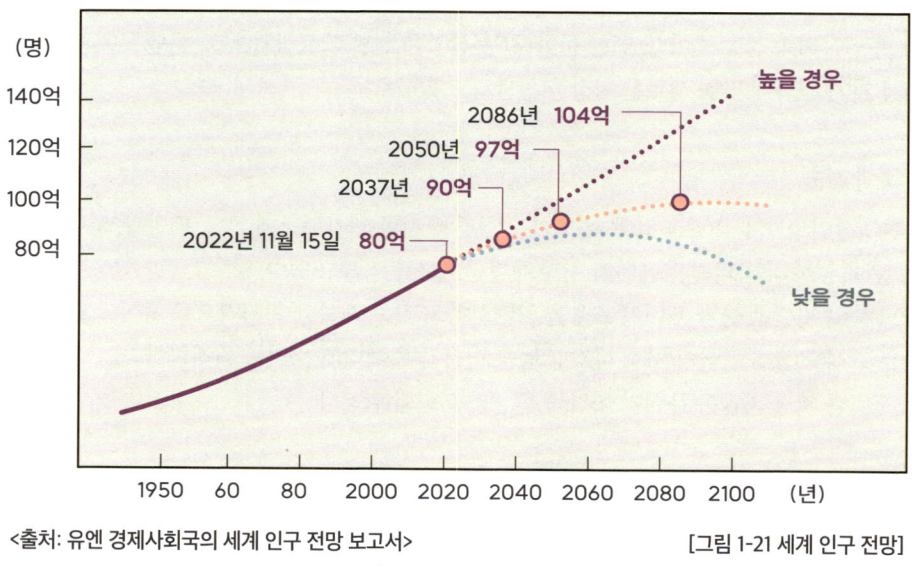

<출처: 유엔 경제사회국의 세계 인구 전망 보고서>　　　　　　　　　[그림 1-21 세계 인구 전망]

세계 인구는 역사상 가장 큰 전환기를 맞이하고 있다. 세계 인구는 2086년 104억 명으로 정점을 찍고 점차 감소할 것으로 보인다. 저출산과 고령화로 인해 생산 가능 인구 감소와 복지 부담 증가가 주요 도전 과제로 떠오르고 있다. 이러한 변화는 인구 수의 문제가 아니라 노동력 부족, 산업 구조 전환, 지역 불균형 심화 등의 사회적·경제적 변화를 초래할 전망이다.

지역적으로 세계 인구의 변화 추이를 살펴 보면, 선진국에서는 저출산과 고령화로 인구가 감소하는 반면에 아프리카는 지속적인 인구 증가를 기록하며 세계 인구의 중심으로 떠오를 전망이다. 아시아는 증가세 이후 완만한 감소하고, 유럽과 일본 등은 지속적인 감소 추세다.

인구 구조 변화는 인류에게 근본적인 질문을 던지고 있다. 과거 인구 증가는 사회 발전의 상징이었지만, 지속 가능한 발전과 환경 보호의 관점에서 더 많은 인구가 긍정적인 것인지 의문이 제기된다. 반대로 인구 감소는 출산 기피와 결혼 지연 등 개인의 자유로운 선택의 결과로 나타나며, 이는 현대 사회의 가치관이 과거와 근본적으로 달라졌음을 보여 준다.

선진국에서는 출산율 저하와 고령화로 인해 노동력 부족, 경제 성장 둔화, 복지 비용 증가의 위기가 가중되고 있다. 한국은 2024년 합계 출산율이 0.75명으로 세계 최저를 기록하며, 빠른 고령화 속도가 노동력 감소와 세대 간 갈등을 초래하고 있다. 반면, 아프리카 등 개발도상국은 젊은 인구 비율이 높아 풍부한 노동력을 활용할 가능성이 크다.

경제적으로 노동 가능 인구의 감소는 생산성 저하와 복지 비용 증가를 초래하며, 선진국의 경제 성장 둔화로 이어질 수 있다. 특히 청년층의 감소는 소비 시장 축소로 연결되며, 국가 경제에 큰 부담을 준다. 반대로, 고령화 사회에서는 실버 산업과 같은 새로운 시장이 형성되고, 인공지능(AI)과 자동화 기술 발전을 통해 노동력 부족을 보완할 기회가 생긴다. 젊은 인구가 많은 지역에서는 생산 기지와 소비 시장으로 성장할 가능성이 있다.

이런 변화에 대응하기 위해 국가, 기업, 개인의 협력이 필수적이다. 국가 차원에서는 출산율 증가와 고령화 사회에 적합한 복지 체계를 구축하고, 다문화 사회로의 전환을 준비해야 한다. 이민자와 외국인 노동자를 적극 수용하는 정책도 중요하다. 기업은 고령 인구와 청년층 모두를 위한 제품과 서비스를 개발하며, 기술 혁신을 통해 노동력 감소 문제를 해결해야 한다. 개인은 지속 가능한 소비와 세대 간 협력을 실천하며, 변화에 적극적으로 대응해야 한다.

인구 구조 변화는 위기와 기회를 동시에 제공한다. 이를 극복하기 위해선 국가와 사회가 새로운 균형점을 찾아 지속 가능한 미래를 설계해야 하며, 이러한 변화는 국제 협력과 개인의 적극적인 참여를 통해 가능하다.

한국의 인구 구조 변화 추이

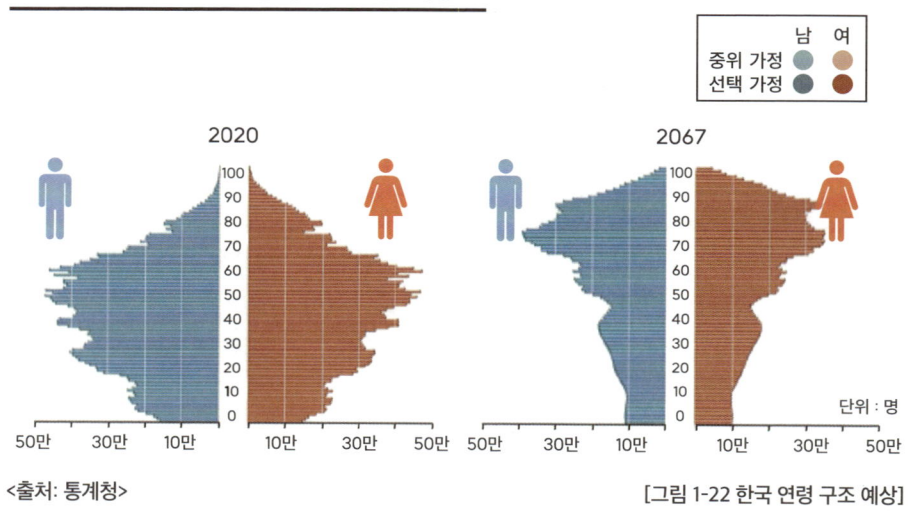

[그림 1-22 한국 연령 구조 예상]

한국 사회는 지금 '인구 절벽'이라는 거대한 변화의 경계선에 서 있다. 2020년 기준으로는 아직 피라미드형 인구 구조를 유지하고 있지만, 2067년이 되면 전혀 다른 모습의 인구 피라미드가 펼쳐질 것으로 예측된다.

한국 인구 구조의 주요 변화는 출생율 저하와 고령 인구 증가로 인한 생산 인구 감소로 요약된다. 통계청이 발표한 인구 구조 전망에 따르면, 한국은 2060년대 중반을 지나며 고령 인구가 전체 인구의 절반 가까이를 차지하게 된다. 특히 출산율이 세계 최저 수준에 머무르면서 출생아 수는 지속적으로 줄어들고, 생산 가능 인구(15~64세)는 빠르게 감소하는 반면, 65세 이상 고령 인구는 급격히 늘어나서 사회 전체가 노령화된다.

이러한 인구 구조 변화는 경제 성장 둔화, 복지 재정 압박, 노동력 부족, 지역 공동화 등 전방위적 사회 문제로 확산될 수밖에 없다. 인구 구조는 곧 한 국가의 미래를 가늠하는 가장 근본적 지표인 셈이다.

생산 가능 인구 감소는 노동력의 전반적 축소를 의미한다. 2020년 기준 한국의 생산 가능 인구(15~64세)는 전체 인구의 약 72.1%였으나, 2067년에는 46.1%로 급감할 것으로 보인다. 이는 젊은 층이 급속도로 줄어든다는 뜻이며, 경제 성장률의 하락으로 직결된다. 특히 노동집약적 산업은 인력난이 가속화되고, 군 병력 충원과 같은 국가 안보에도 영향을 준다.

초저출산은 인구 구조 불균형의 핵심 원인이다. 한국의 합계 출산율은 2024년 기준 0.75명으로 인구 유지에 필요한 2.1명에 크게 못 미치는 수준이다. 결혼 기피, 주거 불안, 높은 양육비, 불안정한 고용환경 등이 복합적으로 출산 기피 현상을 유발한다. 젊은 세대는 결혼과 출산보다 개인의 삶을 중시하는 가치관을 보이며, 정부의 출산 장려 정책 등은 효과가 미비하다.

고령 인구 증가는 복지 재정의 압박으로 이어진다. 2020년에는 65세 이상 인구 비율이 약 15.7%였으나, 2067년에는 46.4%로 전망된다. 연금, 의료, 돌봄 등 고령층을 위한 복지 지출이 폭증하고, 고령자 빈곤 문제가 심화될 수 있다. 현재 노인 빈곤율은 41.4%로 OECD 평균의 세 배에 이른다. 노인 인구의 양적 증가는 사회적 취약층 증가로 이어진다.

인구 구조 변화의 근본 원인은 경제적 불안정, 주거난, 교육비 부담, 장시간 노동과 경직된 직장 문화 등 복합적이다. 청년층은 결혼을 선택하지 못하는 현실에 직면해 있으며, 불충분한 육아 휴직과 여성 경력 단절, 보육 인프라 부족은 출산 기피로 이어진다. 또한 도시와 농촌 간 인구 이동의 불균형도 심각하여 농촌 지역은 소멸 위기에 처해 있고, 전국 228개 기초 자치 단체 중 100곳 이상이 소멸 위험 지역으로 분류되고 있다. 청년 인구 감소는 혁신·창업 기반을 약화시키고, 교육·의료·교통 등 미래 대응력도 떨어뜨리며, 세대 간 부양 불균형은 사회적 갈등과 신뢰 약화로 이어질 수 있다.

인구 구조 변화는 로봇을 포함한 노동 인구의 재정의, 돌봄 인구의 확대, 급증하는 싱글 인구, 그리고 사회 지속 가능성을 위한 적정 인구의 개념까지 함께 고려해야 한다. 이러한 특징들을 감안한 인구 관련 국가 정책, 기업의 시장 대응 전략 등이 준비되어야 할 것이다.

노동 인구 구조변화와 전망

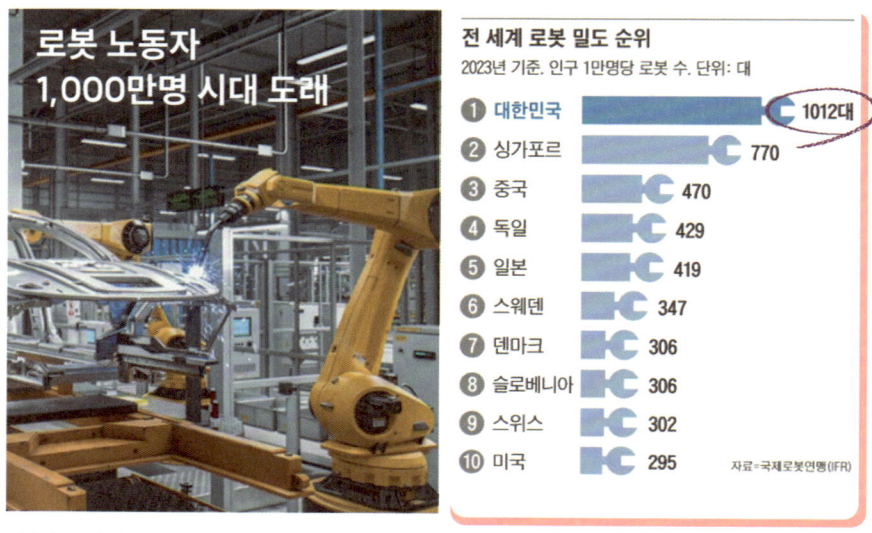

<출처: 조선일보 2025년 1월 2일자>

[그림 1-23 로봇 밀도 순위]

'로봇 인구는 노동 인구에 포함되어야 하는가?'
한국 사회는 빠른 고령화와 저출산에 따른 노동력 부족 위기에 직면해 있다. 생산 가능 인구 (15~64세)는 2020년을 기점으로 감소세에 들어섰으며, 향후 급격한 축소가 예고된다.
이에 따라 로봇과 AI 기술이 노동력 부족 문제를 보완하는 핵심 수단으로 떠오르고 있다.

로봇 노동자의 수는 급증하고 있다. 한국은 2022년 기준 제조업 노동자 1만 명당 1,012대의 산업용 로봇을 보유해 세계 최고 수준의 로봇 밀도를 기록했다. 세계 평균인 151대의 여섯 배 이상이며, 독일(429대), 일본(419대), 미국(295대) 등을 크게 앞선 수치다.
이러한 흐름은 '로봇 노동자 1,000만 명 시대'라는 새로운 전환점을 예고한다.

노동의 개념 자체도 변화하고 있다. 단순한 반복 노동은 로봇이 담당하고, 인간은 창의와 감성 중심의 역할로 이동하고 있다. 이런 맥락에서 '로봇을 노동 인구에 포함시킬 것인가'라는 질문은 더 이상 먼 미래의 담론이 아니다.

한국은 2060년에 전체 인구의 약 43%가 65세 이상 고령층이 될 것으로 전망되며, 생산 가능 인구는 현재보다 1,300만 명 가량 줄어들 전망이다. 이러한 노동력 감소의 현실적 대응책으로 부상하고 있는 로봇과 자동화에 대해 살펴 보자.

로봇과 자동화 기술이 가장 현실적인 대안으로 떠오르고 있다. 스마트 팩토리, 무인 점포, 자율주행, AI 기반 상담 시스템 등은 이미 다양한 산업에서 인간의 노동을 보완하거나 대체하고 있다. 특히 제조업, 물류, 농업, 요양 등 단순·반복 노동이나 위험한 작업 환경에서 로봇이 적극 활용되며 노동력을 보완하고 있다. 대규모 제조업의 일부 주요 공정에선 '1직원 1로봇'을 훌쩍 넘어 '1직원 N로봇' 시대에 이미 진입했다.

로봇을 노동 인구 통계에 포함할 수 있는지에 대한 논의도 필요하다. 단순히 숫자로 계산되는 노동력이 아니라, 경제 생산성 기여라는 관점에서 본다면 로봇은 '노동력 자산'으로 인정될 수 있다. 이는 노동의 정의와 통계체계, 사회보험 시스템 등 제도적 측면까지 포괄적인 재정비가 필요함을 뜻한다.

한국은 현재 로봇 활용에서 세계적 선두주자다. 제조업뿐 아니라, 돌봄 로봇, 방역 로봇, 교육 로봇, 배달 로봇 등 다양한 분야에서 로봇이 도입되고 있다. 서울 일부 요양시설에서는 치매 예방을 돕는 인지훈련 로봇이 사용되며, 대형 프랜차이즈 카페에서는 로봇 바리스타가 운영을 돕고 있다. 이처럼 로봇은 인간의 일자리를 단순히 대체하는 것이 아니라, 새로운 형태의 노동 분업과 협업 구조를 만들어가고 있다.

한국이 이러한 변화에 대응하기 위해선, 인간과 로봇의 '협력' 관계를 강화할 수 있는 윤리적·제도적 기반 마련, 로봇 활용 역량 향상을 위한 교육 시스템 정비, 노동 인구 통계와 사회보험 체계에 로봇과 자동화 기술의 영향을 반영할 수 있는 정책적 혁신 등이 필요하다.

이 과정에서 인간 중심의 가치와 기술 중심의 효율성을 어떻게 조화롭게 설계할 것인가 하는 근본적 질문에 마주서야 한다. 로봇은 이제 인간과 로봇이 함께 일하는 '하이브리드 노동 사회'의 파트너로 자리 잡아가고 있다.

한국의 적정 인구 전망

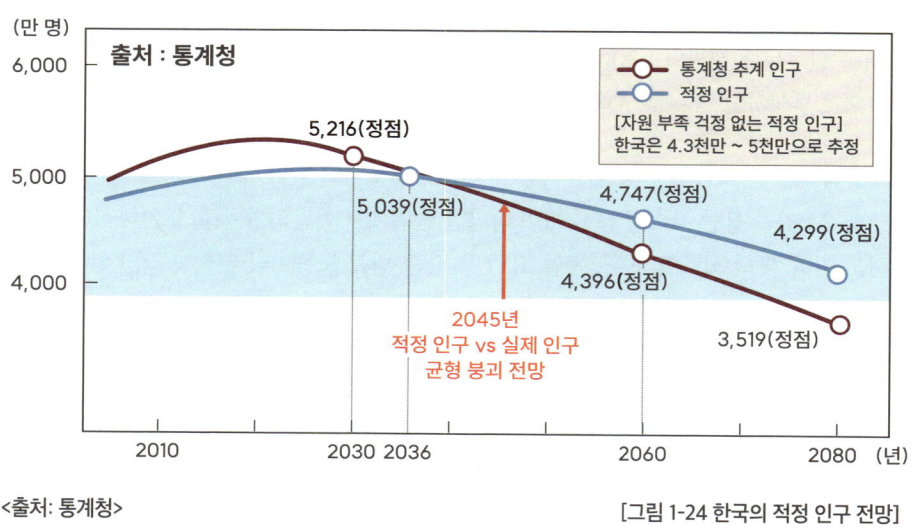

<출처: 통계청>   [그림 1-24 한국의 적정 인구 전망]

적정 인구는 한 국가 또는 지역이 보유한 자원과 사회적 시스템이 경제적·환경적으로 지속적으로 지원할 수 있는 인구 수를 말한다. 단순히 최대 수용 가능한 인구를 뜻하지 않으며, 사회의 경제적 생산성, 환경의 자원 용량, 인프라 수용 능력, 그리고 인구 구성(연령 구조 등)을 종합적으로 고려한 결과로 정의된다. 국가의 지속 가능한 발전과 사회적 안정, 경제적 활력을 위해 '적정 인구'를 유지하는 것은 대한민국의 미래를 좌우하는 핵심 요소다.

통계청에 따르면, 한국의 적정 인구는 자원 부족에 대한 부담 없이 유지 가능한 인구 규모로 약 4,300만 명에서 5,000만 명 사이로 추산된다. 그러나 현재의 저출산과 고령화 추세를 고려하면, 2045년에는 실질 인구가 적정 인구보다 낮아지는 전환점을 맞을 것으로 전망된다.

이러한 변화는 국가의 성장 기반 약화와 사회복지 재정 악화, 지역 공동화와 노동력 부족 등의 문제를 초래할 수 있다. 단순한 출산 장려가 아닌, 적정 인구 유지를 위한 종합 전략과 실행이 절실하다.

출산·육아 정책의 재설계

현재 한국의 합계 출산율은 0.75명(2024년 기준)으로 OECD 최저 수준이다. 일회성 출산 장려금이나 단기적인 육아 지원으로는 인구 문제를 해결할 수 없다. 출산과 육아를 개인의 책임으로 전가하는 구조에서 벗어나, 장기적 관점에서 주거, 교육, 보육, 경력 단절 예방 등의 정책을 통합적으로 지원해야 한다. '아이를 낳아도 안정적인 삶이 가능한 사회'를 만드는 것이 핵심이다.

고령층의 경제활동 참여 확대

노동 인구 감소를 보완할 고령층의 사회 참여를 장려해야 한다. 정년 연장, 시니어 일자리 확대, 재교육 프로그램 강화 등을 통해 고령층을 소비자이자 생산자로 재정의할 수 있다. 특히 고령 인구가 돌봄의 대상이 아니라 경제적·사회적 활동의 주체로 참여할 수 있도록 지원하는 '활동적 고령화' 정책이 중요하다. 이들의 경력과 경험이 유의미한 자산이 될 수 있다.

이민 정책의 체계화와 사회적 수용성 제고

단기적인 노동력 보완을 넘어, 장기 체류 및 귀화를 유도하는 이민정책으로 전환할 필요가 있다. 저출산과 고령화로 인한 인구 공백을 채우기 위해 외국인 이주민의 역할은 점점 더 중요해지고 있다. 이를 위해서는 체계적인 이민 제도 설계와 함께 다문화 수용성과 포용적 교육, 사회적 인식 개선이 병행되어야 한다.

기술 기반 노동력 대체 전략

생산 가능 인구가 급감하는 시대에 인공지능(AI), 로봇 자동화 등 디지털 기술은 노동력 공백을 메우는 핵심 수단이 될 수 있다. 이미 유통, 제조, 농업, 물류 등 다양한 산업에서 AI와 로봇이 현장에 적용되고 있다. 정부는 이에 대한 지원과 인프라 구축을 확대해 나가야 한다. 자동화 기술은 고령자나 여성, 장애인의 노동 시장 참여를 지원할 수 있다는 점에서 중요하다.

지역 균형과 수도권 집중 완화

지방의 인구 소멸 문제도 국가의 적정 인구 유지와 직결된다. 지역 청년의 수도권 유출을 막기 위한 지방 거점 대학 육성, 청년 주거·창업 지원, 지역 일자리 창출이 중요하다. 또한 국토 균형발전을 위한 공공기관 이전, 지방세 인센티브, 문화 인프라 확충 등의 정책도 필요하다.

사회 대전환

자본주의 5.0시대로 진입

자유시장 경제주의 Free Market	신고전주의 Neo Classical	신자유주의 Neo Liberal	포용적 자본주의 Inclusive Cap.	의식있는 자본주의 Conscious Cap.
자본주의 1.0 (1815~1930)	자본주의 2.0 (1930~1980)	자본주의 3.0 (1980~2010)	자본주의 4.0 (2010~2020)	자본주의 5.0 (2020~)
시장 중시 Adam Smith 국부론	복지 중시 Keynes 자유경제론	성장 중시 Thatcherism Reaganomics	성장과 복지 균형 Archie.B.Carrol CSR 피라미드 모델	사회책임 중시 Klaus Schwab - 세계경제포럼 -
자유방임 「간섭하지 않는다」 무절제한 방치	규제강화 「정부는 항상 옳다」 복지지향	규제완화 「시장은 항상 옳다」 성장지향	공정한 균형 성장과 복지 균형 사회에 도움	ESG 경영 환경과 사회책임 거버넌스의 조화
약육강식 정글 마켓 Jungle Market	세금 폭탄 도시 거지들 City Beggars	빈부 양극화 탐욕의 돼지들 Greedy Pigs	사회책임 따뜻한 손 Two Hands	지속 가능성 큰바위 얼굴 Great Stone Face

<Copyright by SH Lee>

[그림 1-25 사회 대전환의 배경]

자본주의 시장경제는 18세기 후반 산업혁명 이후 현재에 이르기까지 지난 200년 동안 시장 상황에 따라, '자유시장 자본주의(1.0)'에서 '의식 있는 자본주의(5.0)'에 이르기까지 다섯 번의 주요 국면을 거치며 진화해 왔다.

21세기 초, 우리는 자본주의의 새로운 전환점에 서 있다.
전통적인 이윤 중심의 자본주의는 기후위기, 사회 양극화, 디지털 격차, 팬데믹 등 복합적 위기에 직면하며 한계를 드러냈다. 이에 따라 자본주의는 더 이상 수익만을 추구하는 체제를 넘어, 환경·사회·지배구조(ESG)와 같은 가치를 반영하는 자본주의 5.0, 즉 의식 있는 자본주의 (Conscious Capitalism)로 진입하고 있다.

자유시장주의 (1815~1930) - 자본주의 1.0

아담 스미스의 '보이지 않는 손' 이론에 기반하여 시장 자율을 최우선시한 초기 자본주의 모델이다. 정부는 경제에 개입하지 않고 개인과 기업의 자유로운 경쟁을 통해 시장 질서가 유지된다고 보았다. 이 시기는 급속한 산업화와 생산성 향상이 있었지만, 노동 착취와 사회 불평등, 빈민층 확대 등 심각한 사회 문제를 동반했다.

수정자본주의 (1930~1980) - 자본주의 2.0

1929년 대공황을 계기로 시장 실패가 명확해지자, 케인스의 이론을 바탕으로 정부의 적극적인 개입과 복지 확충이 핵심이 되었다. 공공 지출 확대, 고용 안정, 조세 정책을 통해 시장을 보완하고 국민경제를 안정시키려는 시도들이 이루어졌으며, 복지국가 모델이 확산되었다.

신자유주의 (1980~2010) - 자본주의 3.0

1970년대 스태그플레이션 이후, 정부 개입을 최소화하고 시장 자율성을 회복하려는 흐름이 나타났다. 레이건과 대처의 지도 아래 규제 완화, 민영화, 감세, 복지지출 감축 정책 등을 추진한 레이거노믹스(Reaganomics)와 대처리즘(Thatcherism)은 시장의 효율성을 최우선으로 삼았다. 그러나 빈부 격차 심화, 금융화, 사회적 책임 약화 등의 문제가 반복되었고, 2008년 글로벌 금융위기로 그 한계가 드러났다.

포용적 자본주의 (2010~2020) - 자본주의 4.0

금융위기 이후 성장 중심 모델의 한계를 반성하며 등장한 체제로, 공정성, 포용성, 복지와 성장의 균형을 지향했다. 단순한 분배 확대가 아니라 사회적 약자에 대한 배려, 기회 평등, 지속 가능한 발전을 함께 추구하는 접근이다. 정부와 시장의 균형적 역할이 강조되었으며, 사회적 가치와 경제적 효율을 동시에 고려했다.

의식 있는 자본주의 (2020~현재) - 자본주의 5.0

2020년 전후에 등장한 새로운 흐름은 의식 있는 자본주의(5.0)다. 세계경제포럼(WEF)의 클라우스 슈밥(Klaus Schwab)이 제안한 이 개념은 이윤 중심의 자본주의를 넘어, ESG(환경, 사회, 지배구조)를 고려하는 경영과 사회적 책임을 강조한다. 이는 단순한 기업의 '선행'을 넘어, 자본의 흐름과 기업의 존재 목적 자체가 사회의 지속 가능성과 연결되어야 한다는 의미를 담고 있다.

갈등 극복이 발전의 원동력이 된다

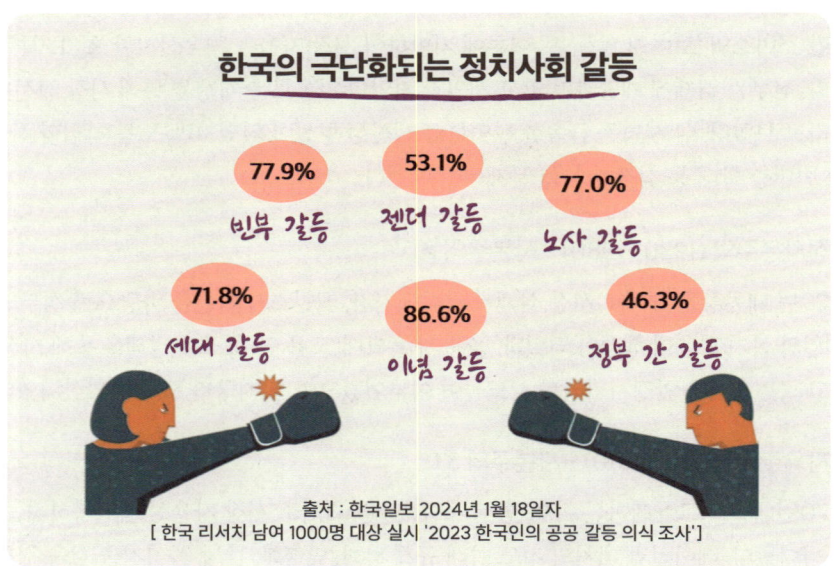

[그림 1-26 한국의 사회 갈등 의식 조사 결과]

한국 사회는 지속적으로 깊은 정치사회 갈등에 직면해 왔다.
정치사회 갈등은 권력과 자원의 분배를 둘러싼 이해관계 충돌에서 비롯되며, 조선의 당파적 갈등, 일제강점기의 친일-항일 구도, 해방 이후의 좌우 이념 대립, 그리고 산업화·민주화 과정에서 형성된 계층 간 격차 등이 복합적으로 작용해 오늘날까지 뿌리 깊은 분열의 구조를 남겼다.

특히 지역주의, 세대 갈등, 계층 간 불균형, 보수와 진보의 극단적 대립은 정치적 대표성과 사회 통합을 가로막는 요인으로 작용하고 있다. 최근 들어서는 디지털 미디어의 발달은 갈등을 더욱 복잡하고 심화 증폭시키고 있다.
사회 구성원들의 상호 이해와 존중을 바탕으로 공동체적 해결 방안을 모색할 수 있는 통합적 접근이 필요하다. 민주적 숙의와 참여를 통해 사회적 갈등을 조정하고, 사회적 약자를 포용하는 정책과 담론을 통해 갈등을 사회통합의 에너지로 전환해야 한다.

이념 갈등

'2023 한국인의 공공 갈등 의식조사'에 따르면, 응답자의 86.6%가 진보와 보수 세력 간의 이념 갈등이 심각하다고 인식했다. 이는 2019년부터 이념 갈등이 가장 심각한 갈등 유형으로 부상한 이후 정치적 대립과 사회적 분열이 이념 갈등을 더욱 심화시키고 있다.

빈부 갈등

같은 조사에서 빈부 갈등이 심각하다는 응답은 77.9%로 나타났다. 2013년 86.1%에 비해 다소 감소한 수치이지만, 여전히 많은 국민이 경제적 불평등을 중요한 사회 문제로 인식하고 있다. 소득 격차와 자산 불평등이 사회적 긴장의 원인으로 작용하고 있다.

노사 갈등

노사 갈등에 대한 인식도 여전히 높다. 통계청이 발표한 '2023 한국의 사회지표'에 따르면, 국민의 68.9%가 근로자와 고용주 간의 갈등이 심각하다고 응답했다. 노동 환경의 변화와 고용 불안정성이 지속되면서 노사 간의 대립이 계속되고 있음을 시사한다.

세대 갈등

세대 간 갈등에 대한 인식도 증가하고 있다. 같은 조사에서 국민의 55.2%가 세대 갈등이 심각하다고 응답했다. 특히 젊은 세대와 기성 세대 간의 가치관 차이와 경제적 기회에 대한 불만이 갈등의 주요 원인으로 지목된다.

젠더 갈등

젠더 갈등에 대한 인식도 주목할 만하다. '2023 한국인의 공공 갈등 의식조사'에 따르면, 남녀 갈등이 심각하다는 응답은 2013년 47.5%에서 2023년 67.2%로 크게 증가했다. 성평등에 대한 사회적 논의가 활발해지면서 남녀 간의 갈등이 부각되고 있음을 보여 준다.

정부 간 갈등

지역과 중앙 정부 간의 갈등도 중요한 사회적 이슈로 대두되고 있다. 수도권과 지방 간의 불균형 발전과 자원 배분의 불공정성에 대한 불만이 갈등의 주요 원인이다. 이는 지방 지역 주민들의 소외감을 증대시키고, 지역 간 불균형을 심화시키는 요인이 된다.

국민 의식이 바뀌어야 선진국이다

[그림 1-27 한국인의 국민 의식]

한 국가의 경쟁력을 논할 때 흔히 GDP, 수출입 규모, 산업 성장률 등 '흐름(Flow)' 지표에만 주목한다. 그러나 진정한 국력은 단기적 생산성과 성장만이 아니라, 시간이 누적되어 축적된 자산, 즉 '스톡(Stock)'의 풍요로움에서도 비롯된다.

과거 국민소득이 더 높았던 리비아보다 많은 사람이 영국을 선호했던 이유는
경제 수치 이상의 문화, 복지, 교육, 환경, 시민 의식 등 국부(國富)가 더 풍부했기 때문이다.
이것이 바로 Stock의 개념이다.

오늘날 한국은 세계 10위권의 경제력을 갖췄지만 환경, 교육, 문화, 사회 시스템 등
여러 지표에서 후진성을 면치 못하고 있다. 흐르는 소득(Flow) 못지않게 국민 의식, 사회 신뢰,
인프라, 공동체 의식 등 국가 자산(Stock)을 함께 키워야 진정한 선진국으로 도약할 수 있다.
지금 우리에게 필요한 것은, '어떻게 벌 것인가'에서 '어떤 사회를 만들 것인가'로의
인식 전환이다.

국부는 크게 두 가지 차원에서 이해할 수 있다. 하나는 일정 기간 동안 창출된 소득과 가치의 흐름인 Flow, 다른 하나는 오랜 시간에 걸쳐 축적된 국가의 자산인 Stock이다. Flow에는 국민총생산(GDP), 수출입 실적, 문화 콘텐츠 수출, 내수 소비 등의 경제활동이 포함된다. 반면, Stock은 산업 인프라, 교육과 복지 시스템, 문화 수준, 자연환경, 국민의 시민의식 등 눈에 보이지 않는 무형의 국가 자산을 포함한다.

문제는 한국 사회가 여전히 Flow 지표에 과도하게 의존하고 있다는 점이다. 한국은 세계 10위권 경제대국이지만, 환경지수는 42위에 그치고 있으며, 교육 인프라도 초등교사 1인당 학생 수가 OECD 평균보다 많고, 공공 도서관 1개당 인구 수도 현저히 높다. 반도체와 조선 산업은 세계 1위지만, 장기 실업률 또한 높으며 사회적 포용력은 낮은 수준에 머물러 있다.

국부에서 가장 중요한 무형 자산 중 하나인 '국민 의식'은 공동체를 유지하고, 사회적 신뢰를 쌓는 기반이 되며, 국가 자산의 질을 결정짓는다. 한국은 경제성장에 비해 국민 의식 수준은 상대적으로 낮다는 평가를 받고 있다. 구체적으로 아홉 가지 후진적 현상이 존재한다.

포용 부족 : 다른 생각과 의견을 가진 사람에 대한 포용할 수 있는 수용 능력이 부족하다.
배타 성향 : 외국인, 타 지역 출신, 소수자에 대한 차별과 경계심이 깊다.
예절 결여 : 공공장소에서의 질서 무시, 말투와 태도의 무례함이 일상화되어 있다.
배려 결핍 : 타인을 고려하지 않는 이기적인 행동이 만연하다.
우기기 법 : 억지를 부려 우겨서 여론을 주도하면 법이 될 수 있다.
왕따 문화 : 학교, 직장, 지역사회 등에서 특정한 개인을 따돌리는 문화가 존재한다.
짜탕 문화 : 사회 곳곳에 짜고치는 고스톱으로 한탕하는 마피아적 카르텔이 있다.
떼한민국 : 제도적 해결보다는 여론 몰이와 집단 행동에 의존한다.
인종 차별 : 외국인 노동자, 이주민들의 언어, 문화, 외모에 대해 편견과 배제로 대우한다.

국가든, 기업이든, 개인이든, 단기 성과(flow)에만 매몰되면 내부 자산(stock)의 약화로 미래의 지속 가능성은 위협받는다. 한국은 지금 국민소득뿐 아니라 국민의식이라는 자산을 함께 키워야 할 시점이다. 이것이야말로 진정한 국부를 완성하는 길이다.

한국병 고치면 한강의 기적은 다시 온다

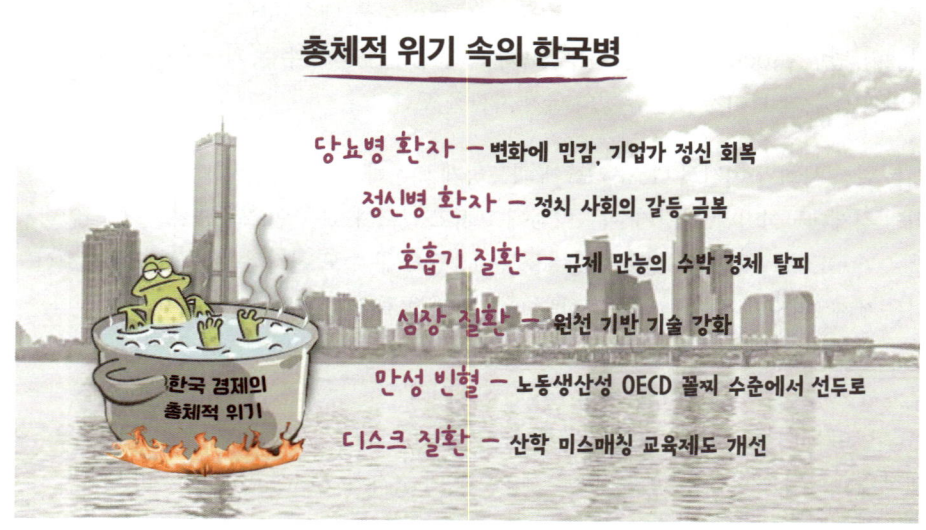

<Copyright by SH Lee>　　　　　　　　　　　　　　　　　[그림 1-28 고질적 한국병]

'한강의 기적'으로 불릴 만큼 전 세계가 놀란 대한민국의 산업화는 짧은 시간에 이뤄낸 눈부신 경제 성장이다. 그러나 지금 대한민국은 성장의 후유증 속에 구조적 한계에 부딪혀 있다.
고물가·저성장·고령화·저출산이라는 복합 위기와 함께 사회 곳곳의 병리 현상이 누적되어 '한국병(Korean Disease)'이라는 고질적 증후군으로 나타나고 있다.

이는 1980년대 영국이 겪었던 '영국병(English Disease)'과 유사하다.
당시 영국은 저생산성과 파업, 사회갈등으로 국가 경쟁력을 상실했으나, 마가렛 대처 수상의 강력한 개혁과 구조조정을 통해 이를 극복하였다.

지금 대한민국은 점점 뜨거워지는 물 속에서 안일하게 있는 '끓는 물 속의 개구리'와 같다.
국가적 체질 개선 없이는 현재의 침체를 벗어나기 어렵다.
이제는 '위기의식(Sense of Crisis)'과 '긴박감(Sense of Urgency)'을 가지고 여섯 가지 한국병에 대한 정확한 진단과 처방을 내리고, 수술까지 해야 하는 것이 우리의 시대적 사명이다.

'당뇨병 환자'는 변화에 둔감해진 한국 기업 환경을 상징한다. 한국의 중소기업 디지털 전환율은 17.4%로 OECD 평균(26.5%)에 한참 못 미친다. 글로벌 환경 변화에도 민첩하게 대응하지 못하며, 특히 중소·중견기업의 혁신 역량은 정체 상태에 머물러 있다. 이는 기술 투자 및 경영 마인드 쇠퇴에서 비롯된다. 변화에 민감하고 기업가 정신의 회복이 필요하다.

'정신병 환자'는 정치·사회 갈등을 나타낸다. 2023년 한국 사회의 갈등 비용은 GDP의 약 27% 수준으로 OECD 최고 수준이다. 정치 이념·세대·젠더 갈등은 여론의 양극화와 사회 통합 저해로 이어진다. 국민의 72%가 "정치가 사회 발전을 가로막고 있다"고 인식한다는 조사가 이를 뒷받침한다. 정치 사회의 갈등 극복을 위한 국민통합 정책이 필요하다.

'호흡기 질환'은 숨통을 조이는 과잉 규제를 의미한다. 세계은행이 발표한 '기업환경지수'에서 한국은 2020년 기준 5위에서 23위로 하락했다. ICT, 바이오, 모빌리티 등 신산업에서 규제 샌드박스의 실효성이 낮고, 창업과 신기술 실증 테스트가 어려운 현실이 성장의 숨통을 막고 있다. 규제 만능의 수박경제에서 탈피해야 한다.

'심장 질환'은 기술의 심장인 원천기술과 기초연구 기반의 취약성을 지적한다. 한국의 R&D 투자 규모는 GDP 대비 세계 2위(4.9%)지만, 기초과학 비중은 전체의 19.5%로 선진국 대비 낮다. 미국은 약 30%, 독일은 27%에 이른다. 기술 자립도가 낮은 분야는 반도체 장비, 바이오 원천 소재, 배터리 핵심 소재 등이다. 원천 기반 기술 강화에 투자해야 한다.

'만성 빈혈'은 생산성 저하를 상징한다. 한국의 노동생산성은 2023년 기준 OECD 평균의 81% 수준에 불과하며, 특히 서비스업은 미국의 55% 수준에 그친다. 한편, 청년 체감 실업률은 23.5%에 달하고, 고령층 취업자 중 73%가 비자발적 고용(생계형)으로 나타나며, 생산성 기반이 취약함을 보여 준다. 노동생산성을 세계 수준으로 끌어올려야 한다.

'디스크 질환'은 교육과 산업 현장의 미스매칭을 말한다. 2022년 기준, 대졸자 중 36%가 '전공과 무관한 직업'에 종사하고 있으며, 고졸 취업률은 17% 수준에 불과하다. 반면 중소기업의 채용 미충원율은 20% 이상으로, 뽑고 싶어도 사람이 없다는 호소가 계속되고 있다. 한국 직업교육 훈련의 기업 만족도는 OECD 국가 중 최하위권이다. 산학 매칭 교육제도로 탈바꿈해야 한다.

트렌드 변화

트렌드 변화 여섯 가지

<Copyright by SH Lee>

[그림 1-29 트렌드 변화 여섯 가지]

트렌드(Trends)는 특정 시점에서 최소 3년 이상에 걸쳐 지속되고 반복되는 변화와 흐름을 의미한다. 이는 인간의 가치관과 행동, 새로운 사회 규범과 기술, 사고방식이 확산되는 과정을 보여 주며, 시장의 수요와 공급, 기술 발전, 사회적 책임 등을 통해 미래의 방향성을 제시한다.

디지털 전환과 팬데믹 이후 변화한 삶의 방식의 특징은 자기 삶을 주체적으로 설계하려는 개인 중심과 효율성과 감성 사이에서 균형을 추구하는 소비 문화의 부상으로 요약할 수 있다.

위의 여섯 가지 트렌드에서, '나만의 자아실현 생활'과 '나홀로 핵개인 생활'은 개인주의의 강화와 독립된 라이프 스타일의 확대를 의미하며, '따라 하는 디토 소비'와 '우물형 양극화 소비'는 소비자 심리와 가치관의 다원화를 반영하며, '소규모 메타니티 경제'와 '전방위 돌봄 경제'는 공동체와 돌봄의 확장을 포함한다. 이들은 모두 현대 사회가 직면한 다양성과 자기 표현 욕구, 지속 가능성에 대한 관심을 보여 주는 새로운 경향이다.

나만의 자아실현 생활

개인의 성취와 취향을 중심에 둔 라이프 스타일이 확산되고 있다. 취미 기반의 1인 창업, 자기 계발 콘텐츠, '셀프 인테리어' 등은 자기만의 삶을 꾸려나가려는 욕구에서 비롯된다. 이는 자기 효능감을 추구하는 소비로 이어지며, 콘텐츠, 교육, 리빙 산업에서 큰 영향을 미친다.

나홀로 핵개인 생활

1인 가구의 증가와 함께 독립을 중시하는 생활 형태가 정착되었다. 혼밥·혼술, 1인 가전, 미니멀 라이프 등이 대표적이다. 배달, 스마트 홈 기술의 발달은 이 흐름을 가속화하고 있다. 기업은 서비스를 설계할 때 개인 중심의 편의성과 프라이버시를 핵심 요소로 삼고 있다.

따라 하는 디토 소비

자신의 취향을 찾기보다 검증된 취향을 따라가는 '디토(ditto)' 소비가 확산되고 있다. SNS의 인기 콘텐츠나 제품을 따라하며 구매하는 방식으로, Z세대의 소비 패턴에서 두드러진다. 이 흐름에 맞춰 인플루언서 마케팅과 '밈 콘텐츠'를 적극 활용하고 있다.

우물형 양극화 소비

한편에서는 가치 소비와 명품 소비가 강화되고, 다른 한편에서는 초저가, 생필품 중심의 실속 소비가 확대되는 양극화 현상이 심화되고 있다. 한 사람 소비 안에서 '명품백과 다이소'가 공존하며, 아낌없이 투자하는 분야와 최대한 절약하는 분야에서 선택적 소비를 한다.

전방위 돌봄 경제

육아, 간병, 정신건강, 반려동물 케어 등 '돌봄'이 경제의 중요한 축으로 부상하고 있다. 고령화와 1인 가구 증가로 인해, 돌봄 서비스 관련 산업도 급성장하고 있다. IT 기반 돌봄 로봇, 원격 의료, 플랫폼 기반 간병 서비스는 전방위 돌봄 경제의 구체적 사례다.

소규모 메타니티 경제 - METANITY (Meta와 Community의 합성어)

소수 단위의 공동체, 즉 작은 관계망 속에서 일상과 경제 활동을 영위하는 방식이 확산되고 있다. 메타니티는 '작지만 친밀한 공동체'라는 의미로 로컬 마켓, 마을 공유 공간, 협동조합 등이 포함된다. 이러한 경제 모델은 지역 재생과 사회적 가치 창출로도 연결된다.

트렌드 변화 1
나만의 자아실현 생활

◯ **취향 소비 커스터마이징(Customizing)**

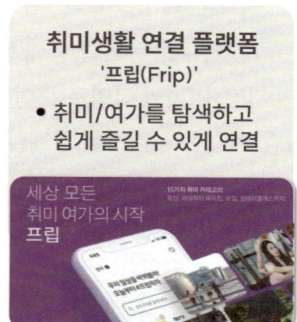

<Copyright by SH Lee>

[그림 1-30 트렌드 변화 : 나만의 자아실현 생활]

디깅 소비와 개인화 트렌드

'나만의 자아실현 생활'은 소비자가 자신의 취향, 가치, 경험을 중심으로 삶의 만족과 정체성을 추구하는 소비 및 라이프 스타일 트렌드를 말한다.

특히 MZ 세대를 중심으로 확산되고 있는 디깅(Digging) 소비는 단순한 물건 구매를 넘어 자신만의 관심 분야를 깊이 파고들며 정체성과 개성을 표현하는 방식으로 자리 잡고 있다. 이는 가성비보다 '취향 저격'과 '의미 소비'를 중시하는 흐름으로 이어지며, 음악·식사·패션·취미 등에서 커스터마이징 서비스가 확대되고 있다.

사회적으로는 자기표현의 욕구 증대와 디지털 기술 발전이 결합해 소비 주체의 역할을 강화하고 있으며, ESG와 연계된 지속 가능한 소비 문화로도 진화하고 있다.
이에 따라 기업은 정교한 데이터 분석과 맞춤형 상품 제공 전략으로 고객의 취향과 감성을 존중하는 차별화된 브랜드 경험을 설계해야 한다.

트렌드 변화 2
나 홀로 핵개인 생활

주문 배달형 간편식

○ **핵개인 가구 라이프 스타일**

시니어 쉐어하우스

AI 도움 로봇 생활 서비스

개인 운동, 혼밥/혼술 문화

<Copyright by SH Lee>

[그림 1-31 트렌드 변화 : 나홀로 핵개인 생활]

1인 가구 시대의 새로운 일상과 과제

'나 홀로 핵개인 생활'은 1인 가구의 증가에 따라 독립적인 생활방식을 추구하며 형성된 신(新)소비·생활 트렌드다.

한국의 1인 가구 비중은 2024년 현재 35%를 넘어섰고, 특히 60세 이상 고령층에서도 1인 가구가 급증하고 있다. 시장의 중심축으로 성장하고 있는 1인 가구의 증가에 따라 개인적 편리성이 어느 때보다 강조되고 있다. 이에 맞춰 주거, 식사, 운동, 반려동물, 배달 등 다양한 분야에서 맞춤형 서비스 수요가 확대되고 있다. AI 기반 로봇, 헬스케어 기기, 스마트 홈 등의 기술이 일상에 깊숙이 스며들며 핵개인 생활도 확장되는 추세다.

이 트렌드는 편리성과 자기 주도적 삶을 중시하는 사회 분위기를 반영하는 동시에, 사회적 고립과 돌봄 공백 등의 문제를 동반한다. 따라서 기업은 정서적 만족과 안전을 보장할 수 있는 서비스를 개발해야 하며, 정부는 고독사 방지와 사회 연대를 위한 정책을 병행할 필요가 있다.

트렌드 변화 3
따라하는 디토 소비

사람 디토
'나의 가치관과 얼마나 일치하는 사람인가?' 판단에 따라 추종
- 미국 팝스타인 '올리비아 로드리고'의 스탠리 텀블러

⬢ You Choose, I'll Follow '디토 소비'
맹목적으로 따라 하는 것과 달리,
나의 가치관에 맞는 대상을 찾고
그 의미를 받아들이는 주체적 추종의 소비

콘텐츠 디토
영화/드라마의 유행을 추종
- 오징어 게임 이후 한국행 항공권 검색 급증

커머스 디토
특정 버티컬 플랫폼을 추종
- 트레이더 조 (에코백)의 특정한 색채, 디자인 선호

<Copyright by SH Lee>

[그림 1-32 트렌드 변화 : 따라하는 디토 소비]

집단 선호와 유행을 통해 소속감을 찾는 새로운 소비 트렌드

'디토 소비(Ditto Consumption)'는 자신만의 취향보다 타인의 선택을 따르며 집단 내 소속감을 추구하는 새로운 소비 트렌드다. 소비자가 최신 유행과 집단 선호를 따르며 자신이 사회적 흐름에 동참하고 있음을 표현하는 방식이다.

유튜브, SNS, OTT 플랫폼에서 인기 있는 인물, 콘텐츠, 제품을 그대로 따라 구매하거나 사용하는 경향으로, "요즘 다 이거 쓰던데?"라는 말이 상징처럼 쓰인다. 개인의 불확실성과 선택 부담을 줄이고, 유행에 편승함으로 안정감을 느끼려는 심리에서 비롯된다.
디토 소비는 사회적 연대와 공감 욕구를 반영한 현상으로, MZ세대 사이에서 더욱 활발하다.

기업은 이러한 트렌드를 반영해 '같은 듯 다른' 차별화된 제품군과 마케팅 전략을 개발하고, 대중적 감성과 결합된 확장 가능한 브랜드 경험을 설계해야 한다. 이 트렌드는 집단성에 기댄 소비를 통해 새로운 시장을 창출할 가능성을 시사한다.

트렌드 변화 4
우물형 양극화 소비

⬢ **'우물(Well)형 소비'**
고가와 저가를 뒤섞는 크로스 소비

1000원이라도 아끼고자 점심을 구내식당에서 먹지만
디저트는 고급 카페에서 비싼 돈을 내고 즐긴다!

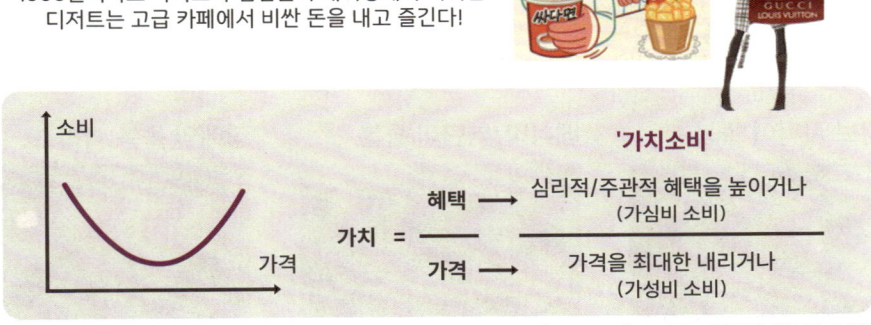

<Copyright by SH Lee>

[그림 1-33 트렌드 변화 : 우물형 양극화 소비]

'가치'와 '가성비'가 교차하는 시대

'우물형 양극화 소비'란 고가와 저가 상품을 동시에 소비하는 경향으로, 중간 가격대의 제품은 외면받고 양극단으로 수요가 집중되는 소비 패턴을 말한다. 소비자들은 고급 제품은 품질과 경험에, 저가 제품은 경제성에 중점을 두는 양극화된 소비 패턴을 보이고 있다.

소비자들은 심리적 만족과 자아표현을 위해 프리미엄 제품에는 아낌없이 투자하는 반면, 일상재나 효율성이 중요한 제품은 철저히 가격 대비 가치를 따진다. 이는 단순한 절약이나 과시욕을 넘어서, '어디에 얼마를 쓰느냐'에 대한 소비자의 뚜렷한 판단 기준을 보여 준다.

사회 전반의 경제 불안, 개인화된 가치관의 확산이 그 배경이다.
기업은 양극화된 니즈에 맞춰 고급 제품에서는 품질과 경험을, 저가 제품에서는 경제성을 극대화하여 고급화 전략과 초가성비 제품을 동시에 준비해야 한다. 특히 소비자 경험을 중심으로 명확한 제품 포지셔닝을 구축하는 것이 중요하다.

트렌드 변화 5
전방위 돌봄 경제

노인 돌봄 서비스

액티브 시니어 돌봄

<Copyright by SH Lee>

베이비/어린이 돌봄

장애인 돌봄 서비스

[그림 1-34 트렌드 변화 : 전방위 돌봄 경제]

복지와 디지털 산업의 융합이 만들어 낸 신경제 모델

'전방위 돌봄 경제'란 고령화 사회와 1인 가구 증가, 돌봄 인력 부족 등의 사회 구조적 변화 속에서 전 생애 주기를 아우르는 다양한 돌봄 서비스를 산업화하고 기술과 접목해 성장시키는 새로운 경제 흐름이다.

액티브 시니어, 장애인, 아동, 노인 등 각 대상별로 맞춤형 돌봄 수요가 급증하고 있으며, 이는 단순한 복지를 넘어 기업의 신사업 기회로 확장되고 있다. 특히 AI, IoT 등 디지털 기술 기반 스마트 헬스케어와 결합되며 돌봄 산업은 고부가가치 서비스로 진화 중이다.

돌봄 경제의 정착을 위해선 공공과 민간이 협력할 수 있는 제도적 인프라 구축, 돌봄 노동의 가치를 사회적으로 인정하는 문화 형성, 건실한 재정 구조 마련, 정부·지자체·가족 간 역할 분담이 필수적이다. 또한 돌봄 서비스의 표준화 및 품질관리 체계 도입, 스마트 돌봄 기술의 활용 확대, 돌봄 사각지대 해소, 전문 인력의 체계적 양성과 처우 개선 등도 뒤따라야 한다.

트렌드 변화 6
소규모 메타니티 경제

소통을 위한 소소한 모임

오프라인 동호회 모임

<Copyright by SH Lee>

아파트 단지 내 소규모 커뮤니티 공간

온라인 소규모 커뮤니티

[그림 1-35 트렌드 변화 : 소규모 메타니티 경제]

관계 중심의 커뮤니티 경제

'소규모 메타니티'란 관심사와 가치를 공유하는 소규모 집단이 중심이 되어 유대감과 신뢰를 기반으로 형성된 커뮤니티 경제를 뜻한다. 메타니티(MetaNity)는 Meta와 Community(공동체)의 합성어이다.

이는 단순한 취미나 활동의 공유를 넘어 디지털 플랫폼과 결합한 오프라인 공동체 커뮤니티로 확장되고 있다. 아파트 단지, 동호회, 온라인 커뮤니티 등이 대표적이다.
소비자는 대규모 시장보다 소규모 공동체에서 더 깊은 소속감과 만족, 신뢰를 느낀다.
이는 지역 경제와 사회적 연대를 강화하는 원동력이 된다.

기업은 고객이 속한 커뮤니티와 지속적으로 소통하고 맞춤형 서비스를 제공하는 방식으로 충성도를 높여야 한다. 앞으로는 브랜드가 지역 또는 취향 기반의 공동체와 어떻게 연결되느냐가 경쟁력을 좌우할 중요한 요소가 될 것이다.

현상과 변화를 바라보는 시선이
운명을 결정한다

세상을 보는 시선

둘러 보는 시선
과거를 돌아보는 조명력(Hindsight),
현재를 직시하는 현시력(Eyesight),
미래를 상상하는 선견력(Foresight),

이 모든 시선을 아울러
둘러 보는 시선이
통찰력(Insight)을 가져온다.

달리 보는 시선
애플의 핵심가치는
'일 할 때마다 달리 보라'는
'Think Different'이다.

개인용 컴퓨터와 아이폰을
탄생시켜, 세상을 바꾸는
창조력의 샘물이 된 것이다.

멀리 보는 시선
긍정의 시선으로 멀리 보고
결코 포기하지 않으면
이루지 못할 일은 없다.

숲속의 두 갈래 길에서
사람이 가지 않은 길을 택해
나는 운명을 축복으로 이끌었다.

높이 보는 시선
보이지 않는 높은 것을 보아야 한다.
비전은 크고 머리가 쭈뼛 서고
담대한 'BHAG' 목표이다.
Big, Hairy, Audacious Goal

그런 저런 작은 목표를
비전이라 부르지 않는다.

건너 보는 시선
아픔을 겪은 사람만이
아픔을 이해할 수 있다.

상대방 입장에 건너가 보는
이타적인 시선이
작은 도움이 되어
더 나은 세상을 만든다.

깊이 보는 시선
우물을 깊게 파려면
넓게 파지 않으면 안 된다.

着眼大局 着手小局
착안할 때는 크고 넓게 보고
착수할 때는 작은 일부터 시작하라.

What
II 비전과 목표

인문으로 꿈꾸고
과학으로 관리한다.

크고 담대한 꿈을 이루는
측정 가능한 목표를 세운다.

How
III 이기는 전략

먼저 이기고, 나중에 싸우는
선승구전의 경영 전략이다.

이기는 환경과 조건을 만들면,
싸워서 반드시 이긴다.

When
I 변화의 물결

경영은 변화를
찾아내면서 시작한다.
변화에 대응하고
변화를 기회로 활용한다.

Why
IV 행동방식

핵심 가치를 바탕으로 한
조직문화와 일하는 방식이다.
한방향 몰입을 이끌어 내고
전략의 실행을 가속화시킨다.

통찰경영

Who
VI 됨됨이 리더십

덕목이 지식과 행동의 근본으로
사람들을 한마음으로 이끈다.
리더십의 마지막 열쇠는
리더의 됨됨이다.

Where
V 환경과 사회

작은 도움이
더 나은 세상을 만든다.
ESG 활동으로 신뢰를 높여
지속 가능한 성장을 한다.

What

II. 비전과 목표

인문으로 꿈꾸고, 과학으로 관리한다

비전과 목표 수립

목표의 설정과 관리

1 고객 만족
2 인프라 구축
3 경쟁력 강화
4 인재 육성
5 환경·사회 기여
6 재무적 성과

| 이승한
| 김연성
| 이평수

비전과 목표 수립

목표의 의미와 유형

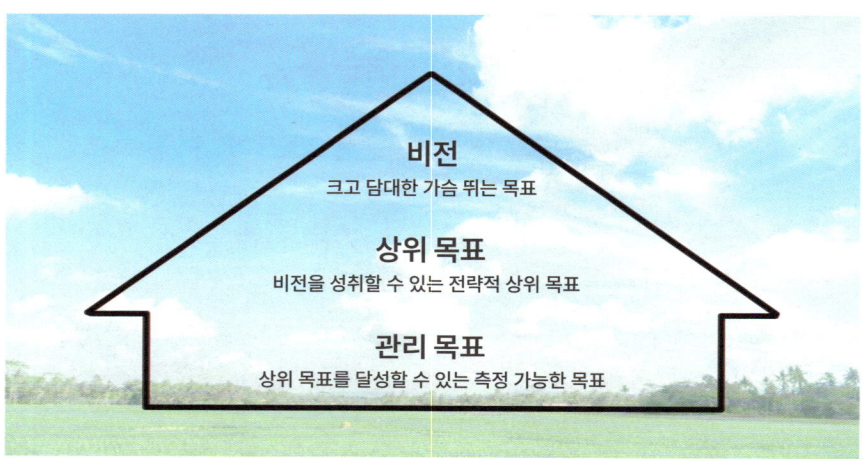

<Copyright by SH Lee>   [그림 2-1 변화의 유형]

목표(目標)란 개인이나 조직이 원하는 상태나 성과를 이루기 위해 설정한 지향점을 말한다. 한자로는 '눈 목(目)'과 '표할 표(標)'로 구성되어, 바라보는 방향이나 도달하고자 하는 지점이다. 목표는 크게 비전, 상위 목표, 관리 목표의 세 가지로 구분된다.

비전은 조직이 바라는 높은 미래상이며, 상위 목표는 그 비전을 실현하기 위한 전략적 방향이고, 관리 목표는 이를 실행하고 측정 가능한 수준으로 구체화한 것이다.

비전은 일반적으로 정성적인 의미로 '어떤 존재가 되는가?' 하는 'To-Be'으로 표현하지만, 정량적인 의미로 '어떤 일을 할 것인가?' 하는 'To-Do'으로 표현하여 실행을 강조할 수 있다. '세계 초일류 기업'은 정성적인 비전이고, '국내 시장 점유율 50% 달성'은 정량적인 비전이다.

상위 목표와 관리 목표는 측정 가능한 정량적인 목표로 '어떤 일을 할 것인가?' 하는 'To-Do'의 의미다. 매출 10% 증가, 혹은 체중 5kg 감량처럼 수치로 측정 가능한 목표다.

비전 Vision

비전은 조직이 장차 이루고자 하는 미래의 청사진이다. 변화 중심 비전은 혁신과 변화를 추구하며 현 상태를 뛰어넘는 목표를 강조하는 반면, 운영 중심 비전은 현재 사업의 지속과 효율성 향상에 초점을 둔다. 진정한 비전은 평범한 범위를 넘어서는 상상을 요구한다(Look beyond the Obvious). 여기에는 기업이 장기간에 걸쳐 달성하고자 하는 거대한 도전 목표인 BHAG(Big, Hairy, Audacious Goal, 크고, 섬뜩하고, 담대한 목표) 개념이 반영된다.
이러한 담대한 목표 설정은 구성원들에게 강력한 영감을 불어넣어, 겉보기에 불가능해 보이는 일조차 실현 가능한 도전으로 바꾸는 추진력이 된다.

상위 목표 Strategic Goal

상위 목표는 비전을 실행 가능한 전략으로 구체화한 것으로, 조직이 중장기적으로 달성하고자 하는 핵심 목표들을 말한다. 이는 비전을 실현하기 위해 설정된 전략적 지향점으로, 고객 만족, 경쟁력 강화, 사회공헌 등 지속 가능성 요소를 반영하며 조직의 장기 성장을 위한 밑그림을 그리는 역할을 한다. 상위 목표가 명확하고 비전과 일관되게 정렬될 때 조직은 효율적으로 자원을 배분하고 우선순위를 결정할 수 있다.

관리 목표 Measurable Objectives

관리 목표는 실질적 실행 단계에서 달성해야 할 구체적이고 측정 가능한 목표를 뜻한다. 이는 KPI(Key Performance Index)와 같이 수치화된 지표로 정의되며, 성과를 정량적으로 파악할 수 있게 한다. 피터 드러커는 "측정할 수 없으면 관리할 수 없다"고 강조했다.
이 말처럼 측정가능한 관리 목표를 통해서만 조직은 진행 상황을 추적하고 효과적으로 통제 및 개선할 수 있다. 관리 목표는 상위 목표를 실행 단계에서 뒷받침하는 역할을 한다.

착안대국 착수소국(着眼大局 着手小局)

바둑에서 유래한 표현으로, 착안할 때는 대국적으로 생각하고 멀리 보면서 포석하고,
착수할 때는 작은 형세를 세밀히 살펴 한수 한수에 집중함으로써
부분적인 성공을 모으고 키워 승리에 이른다는 말이다.
판 전체를 보는 안목(大局)과 개별 수를 두는 세밀함(小局)을 동시에 갖추라는 의미다.

글로 쓴 목표가 성공의 첫걸음

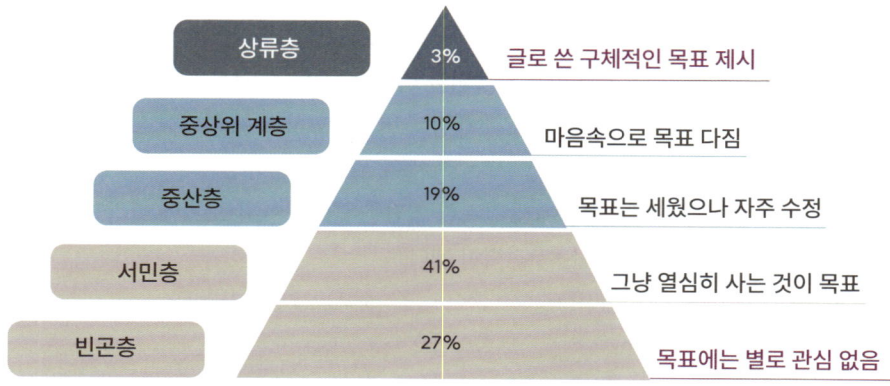

[그림 2-2 목표 설정의 중요성]

위의 표는 예일대학교에서 22년 간 진행한 성공에 대한 연구 결과로 목표를 갖는 것이 개인의 성공과 삶의 만족도에 미치는 영향을 다루고 있다.
이 연구는 1950년대 초에 졸업한 남성들을 대상으로 삶의 목표, 성취도, 행복, 직업적 성공, 인간관계 등을 22년 동안 추적하여 삶을 재조사한 것이다.

전체 중 3%만이 구체적인 목표를 글로 작성했으며, 이들은 그렇지 않은 중산층보다 재산은 10배, 소득은 20배, 사회적 영향력은 30배에 달하는 성과를 이룬 것으로 나타났다.

목표를 마음 속에만 둔 10%, 자주 수정하거나 흐릿한 19%, '그저 열심히 살자'는 41%, 목표조차 없는 27%와는 뚜렷한 차이를 보인다. 즉, 구체적이고 가시화된 목표 설정이 삶의 질과 성공에 결정적이라는 사실을 시사한다.

**나아갈 목표 항구가 없으면 잔잔한 파도에도 표류하게 되고,
나아갈 목표 항구가 있으면 태풍이 불고 큰 파도가 쳐도 항해하게 된다.**

목표를 글로 쓰는 사람은 자기 삶의 설계자다

목표를 글로 쓰는 사람과 그렇지 않은 사람은 삶의 방향성과 결과에서 뚜렷한 차이를 보인다. 목표를 글로 써서 사는 사람은 하루를 무의미하게 보내지 않고, 자신의 삶을 설계하듯 구체적인 방향성을 가지고 행동한다. 그들은 자신의 존재 이유를 인식하고, 시간과 에너지를 올바른 방향성으로 전략적으로 이용한다. 이는 반복되는 일상 속에서도 동기부여를 유지하게 하고, 지속적인 성장과 성취를 가능하게 한다.

반면, 목표를 글로 쓰지 않는 사람은 환경에 수동적으로 반응하며, 의욕과 집중력이 낮고 삶의 방향이 불분명하다. 동기부여가 약하며, 바쁘게 살지만 성과는 누적되지 않고 쉽게 지치며 반복적인 일상에 갇히는 경향이 있다.

목표를 글로 쓴다는 건 자신과 세계를 연결하는 '선언'이자 '계약'이다

성공한 이들은 우연히 이룬 것이 아니라, 의식적으로 목표를 선언하고 추적한 사람들이다.
오프라 윈프리는 힘든 환경 속에서도 매일 자신의 꿈과 목표를 기록하는 일기를 통해 현실을 바꾼 유명인이다.
"내가 원하는 삶을 글로 쓴 순간, 우주는 그것을 향해 움직이기 시작했다"고 말하며 글로 쓰는 행위가 현실을 끌어당기는 촉매가 되는 것을 강조했다.
배우 짐 캐리는 무명 시절 자기가 쓴 1,000만 달러 수표를 지갑에 넣고 매일 상기했고 결국 그 액수의 출연료를 받게 되었다. 비전의 시각화가 현실을 이끈 사례다.

"인간은 지향이 있는 한 방황한다." - 요한 볼프강 폰 괴테

이 말은 언뜻 모순적인 비문으로 보인다.
지향점이 있다면 흔들리거나 방황하지 않아야 할 것처럼 느껴지기 때문이다.

그러나 방황은 단순히 혼란이나 방향 상실을 의미하는 것이 아니다.
방황은 자신의 한계를 넘어 더 나은 길을 모색하고, 성장과 변화를 위한 중요한 과정이다.

이는 고정된 상태에 안주하지 않고 끊임없이 질문하고 탐구하며 목표를 향해 나아가는 역동적 움직임을 내포한다. 방황 속에서 우리는 새로운 가능성을 발견하고, 스스로의 지향점을 더욱 명확히 다질 수 있다.

목표 수립을 위한 보편적 프레임워크

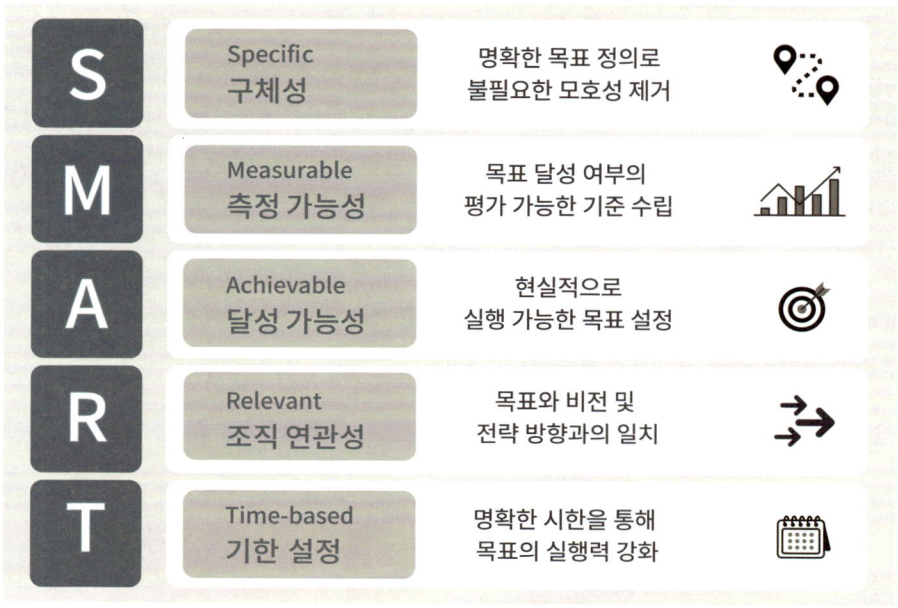

[그림 2-3 목표의 수립 과정]

목표를 효과적으로 설정하고 실행으로 옮기기 위해서는 단순한 열망이나 바람 이상의 체계적인 접근이 필요하다. 이때 활용할 수 있는 것이 구조적 틀인 프레임워크(Framework)다. 프레임워크란 복잡한 사고나 실행을 구조화하고 체계적으로 정리해 주는 틀로서, 목표 설정에서도 매우 유용하게 작용할 수 있다.

좋은 목표란 단지 '무엇을 이루고 싶다'는 바람을 넘어, 언제, 어떻게, 어떤 방식으로 이룰 것인가에 대한 명확한 기준을 포함해야 한다. 이를 가능하게 해주는 것이 프레임워크다.

이 틀을 사용하면 목표가 애매하거나 막연한 상태에서 벗어나, 구체적이고 실천 가능한 상태로 정제된다. 또한 구성원 간의 인식 차이를 줄이고, 성과를 측정할 수 있는 기준을 마련하는 데도 효과적이다.

SMART 프레임워크는 효과적인 목표 수립을 위한 체계적인 접근 방식으로 다섯 가지 기준으로 구성된다. Specific(구체성), Measurable(측정 가능성), Achievable(달성 가능성), Relevant(조직 연관성), Time-based(기한 설정)다. 이 프레임워크는 목표를 추상적인 개념에서 구체적이고 실행 가능한 형태로 전환하여, 조직 전체가 한 방향으로 나아가게 한다.

Specific : 구체성은 목표를 명확히 정의하고, 모호성을 제거하여 실행 가능성을 높인다. 구체적인 목표는 명확한 방향성을 제시하여 비전을 현실화하는 역할을 한다.

Measurable : 측정 가능성은 목표 달성 여부를 평가할 수 있는 기준을 제공한다. 진행 상황을 지속적으로 모니터링하며, 필요에 따라 조치를 취하거나 계획을 조정할 수 있다. 측정은 개선의 출발이다.

Achievable : 달성 가능성은 목표가 현실적으로 설정되었는지를 뜻한다. 조직의 자원과 역량을 고려한 목표를 설정함으로써, 도전적이면서도 실행 가능한 과제로 성과를 극대화할 수 있다.

Relevant : 조직 연관성은 목표가 조직의 비전 및 전략적 방향성과 일치하도록 돕는 요소다. 모든 목표는 조직의 장기적 비전과 연계되어야 하며, 목표들 간의 일관성을 유지하고 조직 전체가 동일한 방향으로 움직일 수 있도록 한다.

Time-based : 기한 설정은 목표가 명확한 마감 개념을 가지도록 하여 실행력을 강화한다. 조직 내 구성원들에게 시간적 긴박감을 부여하고, 목표 달성에 대한 책임감을 명확히 한다.

이러한 프레임워크는 목표를 수립하고 실행하는 전 과정에서 일관성과 집중력, 성과에 대한 추적 가능성을 높여준다. 이는 개인의 자기 계발이나 조직의 전략 수립 등 어떤 맥락에서도 강력한 실행 툴로 활용될 수 있다.

목표를 이루고 싶다면 좋은 의지 만큼이나 좋은 프레임워크가 반드시 필요하다.

비전의 의미

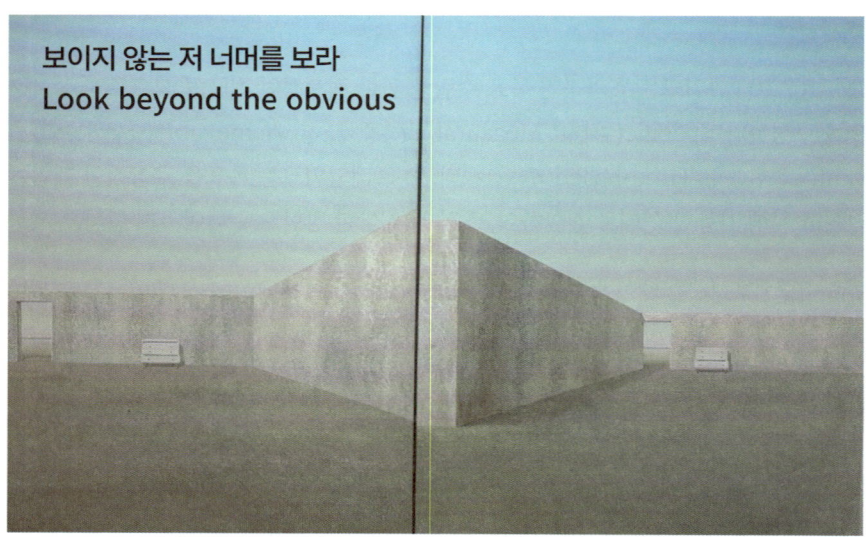

<출처 : 반미령 화백 '신세계를 꿈꾸며'> [그림 2-4 비전의 의미]

비전(Vision)은 개인이나 조직이 장기적으로 이루고자 하는 미래의 바람직한 모습을 말한다.
단순한 꿈이나 희망을 넘어 생각을 행동으로 이끌어 주는 방향과 동기를 제공하고
단순한 목표나 수치 이상의 개념으로 존재 이유와 방향성을 담은 이상적 미래상이다.

인류의 역사는 인간의 상상과 생각을 현실로 만들어 온 과정이다.
하늘을 날고자 했던 상상이 비행기를 만들었고
별을 향한 동경이 우주선을 쏘아 올렸던 것처럼
더 나은 사회를 꿈꾼 비전이 인류의 제도와 문화를 바꾸어 왔다.

개인에게 비전은 삶의 방향성을 제시해 주고, 지속적인 성장의 원동력이 된다.
기업에게 비전은 단기 목표를 넘어 왜 존재하는지, 어디로 가는지를 설명해 주는 나침반이다.
명확한 비전이 있는 개인이나 조직은 위기 속에서도 중심을 잃지 않고,
변화 속에서도 일관된 선택을 할 수 있다.

비전은 보이지 않는 저 너머를 보는 것이다

그림 속 풍경은 언뜻 보기엔 막혀 있는 공간처럼 보이지만, 자세히 들여다보면 보이지 않는 경계 너머로 열린 문과 하늘이 존재한다. 현실 속의 벽에만 갇혀 있다면 놓치게 되는 무한한 가능성을 찾아낼 것을 암시한다.

비전은 기존 질서를 넘어 새로운 세상을 꿈꾸는 것이다

비전이란 지금 보이는 현실의 틀 안에 머무르지 않고, 그 너머를 보는 힘이다. 현재의 한계나 조건을 넘어서, 아직 도달하지 못한 미래를 먼저 상상하고 설계하는 것이다. 그래서 비전은 불확실한 시대일수록 더욱 중요해진다. 외부의 변화가 빠를수록 안에서 지켜야 할 본질은 더욱 뚜렷해야 하기 때문이다.

비전은 지금의 나를 넘어선 '되려는 나'를 향한 선언이다

진정한 비전은 '무엇을 할 것인가'보다 '왜 존재하는가'에 대한 질문에서 출발한다. 겉으로 보이는 목표나 수치가 아니라, 존재의 본질과 목적에 대한 깊은 통찰에서 비롯되는 것이다. 이 통찰은 삶이나 조직의 방향성을 잡아주고, 위기 속에서도 나아갈 이유를 제공한다. 비전은 결국 자기 이해에서 시작된 내면의 선언이다.

비전은 사람들을 연결하는 보이지 않는 힘이다

혼자만의 꿈은 실행되기 어렵지만, 공유된 비전은 공동체의 에너지를 하나로 모아 준다. 비전은 사람들에게 '함께 가야 할 이유'를 만들어 주며, 구성원 각자의 일에 의미를 부여한다. 그래서 위대한 조직일수록 비전을 전파하고 체화하는 데 공을 들인다.

비전은 인간의 상상을 통찰력을 통해서 구현시킨다

예술가가 빈 공간에서 아름다움을 발견하듯, 리더와 창조자는 평범한 현실 속에서 의미와 가능성을 본다. 오늘 우리가 처한 경계와 벽은 때로는 거대한 현실처럼 보이지만, 상상력으로 그 벽 너머의 가능성을 그려내고, 통찰력으로 그 가능성 속에서 본질을 포착해 현실의 제약을 넘어서 미래를 설계할 수 있다.

"인류의 역사는 인간의 상상과 생각을 현실로 만들어 온 과정이다." - SH Lee

인문학으로 보는 비전 수립
(상상력 기반의 연역적 접근)

1900년 파리 박람회에서 만화가들이 상상한 미래 모습
(100년 뒤인 서기 2000년)

스마트 농장 – A Very Busy Farmer

스마트 교실 – At School

드론 소방수 – Aerial Fireman

드론 운전수 – Aero-Cab Station

[그림 2-5 1900년 파리 만국박람회에서 소개된 100년 후 세상을 상상한 만화]

상상력은 새로운 가능성을 떠올리는 능력이고,
연역적 사고는 그 가능성을 논리적으로 현실에 연결한다.

비전 수립은 조직이나 개인이 추구하는 미래의 방향성과 목적을 명확히 설정하는 창조적 과정이다. 이때 가장 핵심적인 요소는 상상력이다. 상상력은 현재의 제약을 뛰어넘어 가능성의 미래를 그려내는 능력이며 비전의 출발점이다. 이러한 상상력이 현실화되기 위해서는 연역적 접근이 필요하다.

연역적 접근은 조직이 지향하는 가치, 존재 이유 등 상위 개념에서 출발해 이를 바탕으로 구체적인 전략과 실행 방안으로 전개하는 사고 방식이다. 이때 상상력은 미래의 가능성을 열고, 연역은 그 가능성을 현실과 연결하는 다리가 된다.
인문학적 관점에서의 비전 수립은 통찰을 바탕으로 한 상상력을 연역적으로 구체화하는 과정을 중시한다. 이는 구성원 모두에게 참여의 동기를 부여한다.

1900년 파리 만국박람회(Exposition Universelle)에서는 100년 후인 2000년의 세상을 상상한 흥미로운 그림들이 소개되었다. 이 그림들은 프랑스 상업 예술가 장 - 마르크 코테와 그의 동료들이 1899년부터 1910년 사이에 제작한 'En L'An 2000'(2000년의 프랑스) 시리즈의 일부로 100년 후인 지금, 그 당시에 상상하던 꿈같은 생각들이 역사 속에서 현실화되고 있다.

스마트 농장 Smart Farm

농부가 기계를 활용해 농사를 짓는 그림이다. 현재는 스마트 농업이 발전하여 드론, IoT, 자율주행 트랙터가 도입되었으며, 데이터 기반 농업으로 생산성이 향상되었다.

스마트 교실 Smart Class

학생들이 헤드폰을 쓰고 기계를 통해 학습하는 그림이다. 오늘날 온라인 교육과 AI 맞춤형 학습이 이를 실현했으며, VR·AR 기술로 가상 교실이 보편화되고 있다.

드론 소방관 Drone Fireman

하늘을 나는 소방관이 화재를 진압하는 장면이다. 현대에는 소방 드론과 로봇이 고층 화재나 산불에서 활약하며, 원격 조종 기술을 활용해 소방 안전을 강화하고 있다.

드론 택시 Drone Taxi

공중을 나는 택시가 도시를 이동하는 장면이다. 오늘날 도심 항공 모빌리티(UAM)가 개발 중이며, 자율주행 항공기와 드론 택시가 가까운 미래에 상용화를 앞두고 있다.

Big 크고
Hairy 섬뜩하고
Audacious 담대한
Goal 목표

BHAG는 조직 구성원들에게 영감을 주고 상상할 수 있는 크고, 섬뜩하고, 담대한 조직의 비전으로 현실적 한계를 뛰어넘는 혁신을 가능하게 한다.
이러한 거대한 비전도 전략적 상위 목표와 측정 가능한 구체적 관리 목표에 의해 한 단계 한 단계씩 실천해 나갈 수 있다.
BHAG 는 짐 콜린스(Jim Collins)가 주창한 조직의 비전에 관한 이론이다.

과학으로 보는 비전 수립
(데이터 기반의 귀납적 접근)

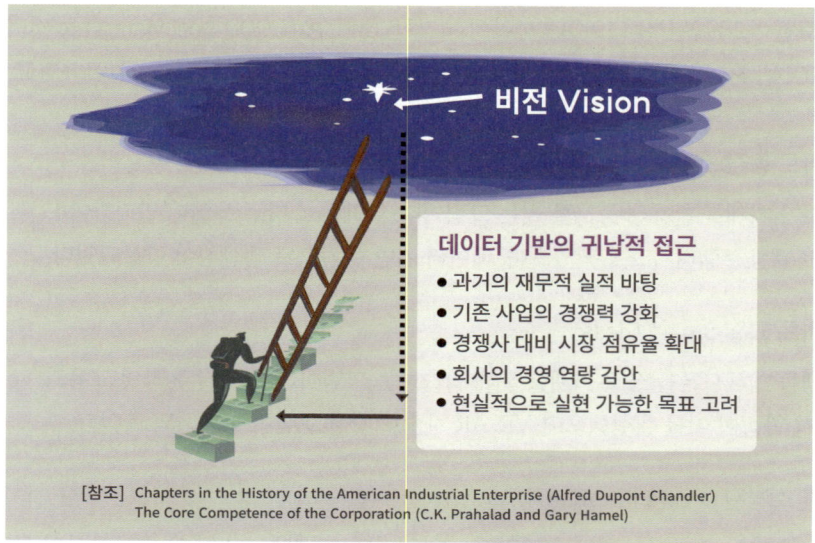

[그림 2-6 데이터 기반의 귀납적 접근]

과학적 비전 수립은 경험적 데이터와 실적을 기반으로 실현 가능한 목표를 설정한다

비전 수립의 또 다른 방법은 구체적인 운영 실적을 바탕으로 비전을 도출하는 것이다.
이때 중요한 것은 사실, 경험, 실적 등의 데이터이며, 이를 바탕으로 미래의 방향을 추론하는
귀납적 접근이 적용된다.

귀납적 접근은 구체적인 사실, 경험, 운영 데이터를 분석하여 결론을 도출하며,
나아가 미래의 방향성과 기회를 추론하는 사고 방식이다.
과학으로 비전을 수립하는 것은, 추상적이거나 비현실적 목표보다는 구체적이고 실현 가능한
비전을 도출하는 귀납적 방법을 말한다.

위의 그림에서 별은 비전이라는 목표를 상징하며, 사다리는 실적과 데이터를 기반으로
한 단계씩 쌓아가는 전략적 접근을 나타낸다.
운영 중심의 귀납적 접근은 별을 향해 사다리를 놓는 접근법이다.

과거의 재무적 실적 바탕

지금까지 달성한 재무적 성과와 실적을 기반으로 분석하여, 현재의 강점과 약점을 파악한다. 비전은 이상적이지 않고, 현실적으로 달성 가능한 수준으로 설정된다. 예를 들어, 매출 성장률과 시장 점유율 데이터를 통해 미래의 구체적 성장 목표를 제시할 수 있다.

기존 사업의 경쟁력 강화

현재 조직이 보유한 핵심 역량과 기존 사업 영역에서의 경쟁 우위를 분석한다. 잘하는 부분에 초점을 맞추면서 경쟁력을 강화하는 방향으로 설계된다. 예를 들어, 특정 제품군의 기술적 우위를 기반으로 새로운 시장을 개척하는 비전을 설정할 수 있다.

경쟁사 대비 시장 점유율 확대

경쟁사와의 성과 데이터를 비교 분석하여 시장에서 개선할 수 있는 점을 파악한다. 경쟁사 대비 유불리한 점을 명확히 인식하고 시장 점유율 확대를 비전의 일부로 설정한다.

회사의 경영 역량 감안

조직의 자원, 기술, 인력 등을 현실적으로 평가하고 반영한다. 과도한 목표를 설정하는 것을 방지하며 실행 가능성을 높인다. 예를 들어, 현재 보유한 기술력과 예산 규모 내에서 확장 가능한 신사업 목표를 설정할 수 있다.

현실적으로 실현 가능한 목표 고려

설정된 비전이 실현 가능하도록 구체적인 실행 계획과 연계한다. 데이터 기반 분석으로 단기, 중기, 장기의 목표를 세분화하고, 단계적으로 실행 가능한 로드맵을 설계한다.

아마존은 실적 기반으로 미래 가능성을 현실로 만들어가는 대표적인 귀납적 접근 기업이다.
창업 초기부터 데이터를 기반으로 한 귀납적 전략 수립을 지향했다.
작은 실험을 통해 패턴을 도출하고, 이를 기반으로 비전을 설정한 후 실행에 옮긴다.
프라임 서비스, AWS, 예측 배송, 알렉사 등 모든 사업은 데이터 분석에서 출발했다.

 **삼성의 비전 사례**

반도체와 전방위 산업의 비전

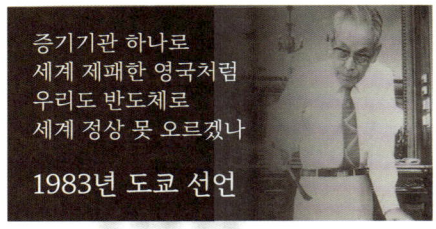

증기기관 하나로
세계 제패한 영국처럼
우리도 반도체로
세계 정상 못 오르겠나

1983년 도쿄 선언

사업보국(事業報國)의 꿈

- 반도체는 국가를 위한 내 마지막 사업으로 미래의 대들보가 될 사업입니다.
- 반도체산업을 성공시켜야만 한국의 첨단산업을 꽃 피울 수 있다고 확신합니다.

  - 1983년 2월 8일, 이병철 회장 -

삼성은 국내에서는 최초로
세계에서는 네 번째로
첨단기술의 핵인 반도체를 개발하였습니다.

삼성은 퍼스널컴퓨터, 로보트 산업에
앞장서고 있으며, 정밀산업의 극치인
항공기엔진 생산에도 성공하였습니다.

국토가 좁고 자원이 빈약한 우리로서는
고도의 첨단기술개발이 시급한 과제입니다.

삼성은 우리 모두의 염원인
선진한국을 앞당기기 위해
첨단기술입국에 기여하고 있습니다.

삼성은 전자, 식품, 섬유, 제지, 기계, 정밀,
환경 등의 연구소를 통해
우리 상품의 품질을 높임은 물론,
첨단기술의 세계를 개척하고 있습니다.

도쿄 선언 후 1983년 5월 중앙일간지 광고

[그림 2-7 삼성의 비전(1)]

삼성의 비전은 창업자인 이병철 회장의 '사업보국' 철학에서 시작해, 시대적 요구에 따라 이건희 회장의 '사업부국'을 거쳐 지금의 '인류사회 공헌'으로 진화해 왔다.

이병철 회장은 '사업보국' 철학을 바탕으로, 기업 경영이 단순한 이윤 추구를 넘어 국가와 사회 발전에 기여해야 한다고 강조했다. 그는 국가와 국민이 필요로 하는 전방위 산업을 최초로 시작하여 한국 경제발전의 발판이 되는 인프라를 만들었다.

1983년에는 도쿄 선언을 통해 '반도체로 세계 정상에 오르겠다'는 목표로 미래 산업에 도전했다. 당시 기술적·경제적으로 큰 위험이 따르고, 정부와 경제 단체, 전문가들의 반대가 있었지만, 그는 상상력과 확고한 신념, 대담한 비전으로 반도체 투자를 추진했다. 그 결과, 삼성은 세계 시장을 선도하며 국가 경제에 기여하는 기업으로 성장했다.

세계 초일류 기업의 비전

1993년 프랑크푸르트 선언

삼성은 말기 암환자이자, 당뇨병 환자다.

현장에 나사가 굴러다녀도 줍는 사람 없고, 3만 명이 만들고, 6천 명이 고치러 다니는 '비효율, 낭비적, 무감각한 회사'다.

세기말적 변화에 대한 두려움으로 등에서 식은 땀이 난다.
지금은 잘 해보자고 할 때가 아니라 죽느냐 사느냐 갈림길에 서 있는 때다.
"2등 정신을 버려야 한다."

[그림 2-7 삼성의 비전(2)]

1993년, 이건희 회장은 프랑크푸르트 선언에서 '마누라와 자식 빼고 다 바꿔라'는 신경영 철학을 통해 파괴적 혁신을 이끌며 삼성을 '세계 초일류 기업'으로 탈바꿈시켰다.

이는 한국의 기업인들이 세계 초일류 기업, 세계 일등이라는 의식을 갖게 만드는 엄청난 자극과 이정표가 되었다. 이 시기에 삼성은 제품 품질 혁신과 글로벌 브랜드 가치를 강화하며 반도체, 가전, 모바일 분야에서 세계적 선두주자로 성장했다.

지금은 '인재와 기술을 바탕으로 최고의 제품과 서비스를 통해 인류 사회에 공헌한다'는 비전을 중심으로, 삼성이 지속 가능한 미래로 나아가도록 이끌고 있다.
보이지 않는 기술, 제품 뒤에서 작동하는 혁신적 기술을 통하여 삼성이 시장에서의 초격차를 유지할 수 있도록 집중하고 있다.

Ⅱ. 비전과 목표

 현대자동차 비전 사례

산업 독립에서 인류 진보까지

<Copyright by SH Lee>

[그림 2-8 현대 자동차의 인간 중심 모빌리티 비전]

1967년 출범한 현대자동차의 비전에 내포한 일관된 철학은
'산업을 통해 국가에 기여하고, 인간 중심 기술을 실현'하는 것이다.

현대자동차는 초기에는 국가 산업 자립의 상징이었고, 현재는 글로벌 미래 모빌리티 생태계 설계자로 자리매김하고 있다. 현대 자동차는 이제 인류의 삶을 혁신적으로 진보시키는 기업으로 자리 잡고 있으며, '더 나은 미래'를 향해 끊임없이 나아가고 있다.

현대자동차는 1967년, 자동차 산업이 전무하던 대한민국에서 '산업 독립'이라는 꿈을 안고 출발했다. 자동차가 없던 시절, 자체 설계 능력도 없는 불모지에서 국산 기술로 자동차를 만들겠다는 '사업보국(事業報國)' 정신을 세웠다. 이는 현대자동차 비전의 출발점이었다.

1975년, 자체 개발 승용차 '포니'가 탄생하면서 본격적인 '국산화' 시대를 열었다.
포니는 자동차 기술자 양성, 부품 국산화, 수출 기반 마련 등 제조업을 통해 국가 경제를
견인하려는 현대 자동차의 철학이 현실로 나타난 사례. '국가 자립형 산업구조 확립'이라는
현대 자동차 비전의 1단계였다.

1990년대에 들어서 현대차는 '글로벌 시장'이라는 새로운 무대에 도전한다.
'새로운 생각, 새로운 가능성(New Thinking, New Possibilities)'이라는 슬로건 아래, 기술·디자인
혁신, 글로벌 생산기지 확대 전략을 추진하며 현대 자동차의 비전은 세계를 향해 확장됐다.
미국, 유럽 시장에 진출 후, 초기에는 품질과 브랜드 신뢰도 한계로 어려움을 겪었다.
그러나 2000년대 초, 북미에서 '10년 보증 프로그램'을 도입해 품질 신뢰를 회복하고,
북미 품질 평가에서 1위를 차지하면서 '글로벌 브랜드'로 변모했다.

2010년대에 현대 자동차는 또 한 번 큰 전환점을 맞는다.
'인류를 위한 진보(Progress for Humanity)'라는 비전 아래, 지속 가능한 모빌리티 생태계'를
설계하는 기업으로 변신했다. 전기차 전용 브랜드 '아이오닉', 수소차 '넥쏘', 도심항공모빌리티
(UAM) 사업 등 친환경 모빌리티 솔루션을 선도하며 기술을 인간과 지구를
위한 방향으로 활용하는 철학을 실천하고 있다.

2020년대에 접어들면서 '소프트웨어 중심 자동차 기업'이라는 비전을 내세워 또 한 번
진화를 선언했다. 차량을 '플랫폼'으로 인식하고, 소프트웨어를 통해 기능을 확장시키는
전략이다. 동시에 수소 사업 부문 'HTWO'를 출범시키고, 수소 경제 선도 기업으로 자리 잡았다.

2024년 CES에서는 로보틱스, 우주 이동수단 등 미래형 모빌리티 플랫폼을 공개하며,
자동차를 넘어선 이동성과 에너지의 통합 플랫폼 비전을 본격화했다.

글로벌 기업의 비전

세계적인 기업들의 비전은 단순히 기업의 목표를 넘어, 사회와 인류의 미래를 변화시키는 강력한 동기를 제공한다. 이 기업들의 비전은 사회적 가치와 지속 가능성을 중시하며, 인류에 기여하고 지구 환경을 보호하여 더 나은 미래를 만들겠다는 대담한 목표의식을 담고 있다.

글로벌 한국 기업의 비전

기업	비전
삼성전자	우리는 인재와 기술을 바탕으로 최고의 제품과 서비스를 창출하여 인류사회에 공헌한다. We dedicate our talent and technology to creating superior products and services that contribute to a better global society.
현대자동차	함께 앞으로 나아가다. Together for a better future.
LG에너지솔루션	에너지로 세상을 깨우다. Empower Every Possibility.
CJ제일제당	건강, 즐거움, 편리를 창조하는 글로벌 생활문화기업 Forward thinking lifestyle company inspiring a new life of health, happiness, and convenience
카카오	새로운 연결, 더 나은 세상 Connect Everything
쿠팡	고객이 '쿠팡 없이 어떻게 살았을까'라고 생각하는 세상을 만든다. Creating a world where customers think, 'How did I ever live without Coupang?'
SM 엔터테인먼트	지속 가능한 문화산업의 글로벌 선구자 Global Pioneer for Sustainable Cultural Industry

[그림 2-9 글로벌 한국 기업의 비전]

🏠 글로벌 다국적 기업의 비전

기업	비전
Apple (애플)	To create the best products on earth, and to leave the world better than we found it. 지구상에서 최고의 제품을 만들고, 우리가 발견한 세상보다 더 나은 세상을 남긴다.
Tesla (테슬라)	To accelerate the world's transition to sustainable energy. 세계의 지속 가능한 에너지로의 전환을 가속화한다.
Google (구글)	To organize the world's information and make it universally accessible and useful. 세상의 정보를 체계화하여 모두가 접근하고 유용하게 사용할 수 있도록 한다.
Microsoft (마이크로소프트)	To help people throughout the world realize their full potential. 전 세계 모든 사람이 자신의 잠재력을 최대한 발휘할 수 있도록 돕는다.
Amazon (아마존)	To be the most customer-centric company on the planet, creating a place where people can find and discover everything they want to buy online. 지구상에서 가장 고객 중심적인 기업이 되어, 사람들이 온라인에서 구매하고 싶어 하는 모든 것을 찾고 발견할 수 있는 곳을 만든다.
Disney (디즈니)	To make people happy. 사람들을 행복하게 만든다.
Coca Cola (코카 콜라)	Refresh the world, Make a difference. 세상을 새롭게 하여 다르게 만든다.
NASA (나사)	To land humans on the Moon and return them safely to Earth within the next 10 years 앞으로 10년 안에 인간을 달에 착륙시키고 무사히 귀환시킨다.

[그림 2-10 글로벌 다국적 기업의 비전]

목표의 설정과 관리

상위 목표의 설정

비 전
전략적 상위 목표

| 고객 만족 | 경쟁력 강화 | 인프라 구축 | 인재 육성 | 환경·사회 기여 | 재무 성과 |

[그림 2-11 전략적 상위 목표]

전략적 상위 목표는 조직이 비전을 구체적으로 실행하기 위해 설정하는 핵심 목표로, 비전 실현을 위한 중요한 중간 단계다. 이러한 목표는 조직의 운영, 성장, 지속 가능성을 모두 아우르는 다양한 측면에서 설정되며, 구체적이고 실현 가능한 형태로 정의된다.

[고객 만족]   고객의 기대를 충족하거나 초과하여 제품과 서비스 품질을 유지하고, 고객 경험을 개선해 고객의 충성도와 시장 점유율을 확대한다.

[경쟁력 강화] 구매, 공급망, 생산, 판매 등 핵심 업무 영역에서의 효율성을 높여 비용 절감, 품질 향상, 고객 가치를 제공하며 시장 우위를 확보한다.

[인프라 구축] IT 시스템, 물류 인프라, 빅 데이터 분석 능력 등 기술적·물리적 자원을 체계적으로 확보해 효율적인 운영과 시장 변화 대응력을 강화한다.

[인재 육성]   우수 인재의 채용과 역량 개발을 통해 충성도와 몰입도를 높여 기업의 경쟁력과 혁신 동력을 강화한다.

[환경·사회 기여] 환경 보호와 사회에 대한 책임, 투명한 거버넌스를 조화롭게 통합한 ESG 경영으로 지속 가능한 성장을 이루어 낸다.

[재무 성과]   매출 증가, 이익 극대화, 부채 감소, 자금 수지 개선 등을 통해 성장성, 수익성, 재무 안정성을 실현한다.

측정 가능한 관리 목표의 설정

스티어링휠 모델은 전략적 상위 목표를 측정 가능한 관리 목표로 세분화하여 성과를 평가할 수 있는 모델이다.

목표 달성 현황을 시각적으로 표현하여 관리자가 실적 진척도를 직관적으로 파악하고 신속한 조치를 취할 수 있게 한다.

고객 만족
1. 시장 점유율
2. 품질 경쟁력
3. 가격 경쟁력
4. 가용 재고(율)
5. 직원 친절도
6. 고객 편의성

경쟁력 강화
1. 생산성 효율
2. 제품 불량률
3. 납기 준수율
4. 재고 회전율
5. 안전 준수율
6. 물류 손익률

인프라 구축
1. AI 협업 인프라
2. 디지털 인프라
3. 디지털 인재 역량
4. R&D 인프라
5. 공급망 시스템
6. ESG 시스템

인재 육성
1. 직원 만족도
2. 직원 교육 만족도
3. 핵심 인력 양성률
4. 직원간 신뢰와 존중
5. 상사 코칭률
6. 퇴직률

환경·사회 기여
1. CO_2 배출 절감률
2. 쓰레기 줄이기
3. 사회적 약자 도움
4. 지역사회 고용 창출
5. 협력업체 만족도
6. 거버넌스 시스템

재무 성과
1. 매출 성장률
2. 미래 사업 투자
3. 이익 성장률
4. 투자 수익률
5. 부채 비율
6. 총자산 회전율

[그림 2-12 측정 가능한 36가지 관리 목표 사례]

측정 가능한 관리 목표의 평가

<Copyright by SH Lee>   [그림 2-13 스티어링휠 평가 모델]

경영 목표의 평가방법은 로버트 S. 케플란이 개발한 BSC(Balanced Scorecard)를 바탕으로 글로벌 기업들에 의해서 스티어링휠 평가 방법으로 도입되어 왔다. 이 방법은 상위 목표를 달성하기 위해, 측정 가능한 관리 목표를 설정하고 성과를 측정하고 평가하는 목표관리 방법이다.

스티어링휠 평가 모델에서 사용하는 BGAR(Blue, Green, Amber, Red)은 성과 수준을 색으로 구분하는 시각적 평가 도구로 한눈에 평가항목의 상황을 알 수 있게 해 준다.
Blue는 목표 초과 달성(탁월), Green은 목표 달성(정상), Amber는 개선 필요(주의), Red는 목표 미달(위험)을 나타낸다. Red나 Amber 지표는 실행계획(Action Plan)을 수립해 개선하고, Blue 지표는 모범 사례로 선정하여 타 부서와 공유하는 등의 활용으로 조직내 성과 진단의 공통 언어로 활용할 수 있다. 각 부문별로 연간(FY) 및 분기(Q1~Q4) 성과를 BGAR로 표시해 관리를 체계화하기에 조직의 실행력을 높이고, 빠른 조치를 가능하게 한다.

스티어링휠 모델을 효과적으로 이용하는 방법을 6가지로 나눠 알아본다.

1. 관리 목표의 주요 영역을 정한다

조직의 핵심 목표를 설정하고 전략별 중요도를 고려해 주요 영역을 정한다. 고객, 인프라, 인재, 재무 등의 핵심 분야를 선정하고, 기업이 성장할 수 있도록 하는 기초를 다지는 작업이다.

2. 주요 영역별로 측정 가능한 세부 목표를 정한다

각 영역별 목표를 정량적으로 측정하는 KPI를 설정한다. 예를 들어, '고객 만족도 90% 이상 유지' 같은 구체적인 목표를 정한다. 이렇게 하면 실적을 객관적으로 평가할 수 있다.

3. 월별, 분기별, 연간으로 나눠 지속 평가한다

목표가 효과적으로 실행되는지를 확인하기 위해 정기적인 평가 프로세스를 운영한다. 매월, 분기별, 연간 단위로 실적을 검토하고, 데이터 기반 분석을 통해 성과를 측정한다. 이를 통해 실적의 흐름을 파악하고, 장기적으로 조직의 성과를 지속적으로 개선할 수 있도록 한다.

4. 평가의 방법을 색상 코드로 시각화한다

성과를 보다 쉽게 파악하기 위해 색상 코드를 활용하여 시각화한다. 평가 결과는 Blue(초과 달성), Green(목표 달성), Amber(계획 미달), Red(심각한 미달)로 구분하여 실적을 한눈에 확인하도록 하고 이를 통해 신속한 의사 결정과 필요한 조치를 취할 수 있도록 한다.

5. 평가 결과에 따라 신속히 개선한다

Amber와 Red 상태의 영역에 대해 문제의 원인을 분석하고, 구체적인 개선 전략을 실행한다. 부족한 부분을 보완하기 위해 실행 가능한 해결책을 제시하여 개선을 추진한다. 이를 통해 성과가 미달된 영역에서는 목표를 달성할 수 있도록 한다.

6. 시장과 고객의 변화에 따라 새로운 목표를 설정한다

시장의 변화에 따라 목표를 지속적으로 조정해야 한다. 정기적인 리뷰를 통해 목표와 전략을 재평가하고, 필요시 새로운 목표를 설정하여 변화에 민첩하게 대응하게 한다.

고객 만족 목표 관리

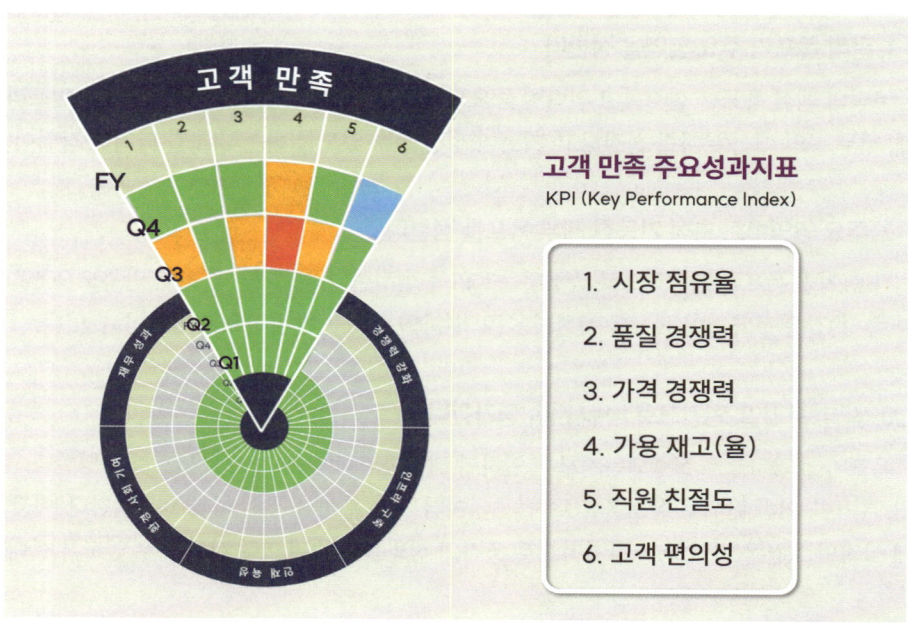

<Copyright by SH Lee>   [그림 2-14 스티어링휠 모델: 고객 만족]

고객 만족은 기업의 경쟁력 강화를 위한 핵심 전략적 목표다. 고객의 기대를 충족하고 긍정적인 경험을 제공하는 것은 신뢰 구축과 장기적 관계 형성의 기반이 된다.

'고객 만족' 영역은 1분기, 2분기 동안 여섯 개의 KPI가 Green 상태를 유지하며 양호한 실적을 보였으나, 3분기에 일부 지표가 Amber와 Red로 변하며 실적이 하락했다.
특히 시장 점유율, 가격 경쟁력, 직원 친절도에서 부진한 성과가 확인되었으며,
이는 외부 경쟁 심화, 가격 전략 부적합, 고객 접점에서의 서비스 저하 등이 원인일 가능성이 있다. 4분기에는 개선 조치가 효과를 발휘하여 KPI가 다시 Green과 Blue로 회복되었다.

이러한 분석을 통해 경영진은 성과 하락 시점의 원인을 조기에 파악하고, 적시 조치를 취하는 중요성을 확인할 수 있다. 정기적 모니터링과 협업을 통해 실적 변동에 유연하게 대응하는 체계 구축이 장기적 성공의 열쇠다.

1. 시장 점유율

조직의 제품이나 서비스가 전체 시장에서 차지하는 비중으로, 고객 만족도가 높을수록 시장에서의 영향력과 경쟁우위가 강화된다. 이는 소비자 신뢰와 충성도를 높이고, 브랜드 인지도와 입소문 효과와도 밀접하게 연결되어 장기적 시장 지배력 확보에 기여한다.

2. 품질 경쟁력

제품이나 서비스 품질이 경쟁사 대비 우수성을 나타내며, 고객 기대를 충족하거나 초과 달성하는 데 중요한 역할을 한다. 이는 내구성, 성능, 안전성 등 다양한 품질 요소를 포함하며 고객 만족과 재구매 의도를 강화하며, 브랜드 신뢰도를 높이고 가격 경쟁력도 보완한다.

3. 가격 경쟁력

제품이나 서비스 가격이 경쟁사 대비 얼마나 경제적이고 합리적인지를 평가하며, 고객의 구매 결정에 큰 영향을 미친다. 동일한 카테고리와 포지셔닝에 있는 상품에 대해 가장 경쟁력 있는 가격으로 고객에게 제품과 서비스를 제공하는 차별화 전략으로 고객 충성도를 확보한다.

4. 가용 재고(율)

고객이 필요로 하는 제품을 원하는 시점에 공급할 수 있는 능력을 평가하며, 공급망 관리의 효율성을 나타낸다. 즉시 제공 가능한 재고는 구매 경험을 개선하고, 고객 이탈을 방지하는 요소다. 특히 계절 상품, 한정판 제품 등의 판매 성공률을 높이는 핵심 지표로 작용한다.

5. 직원 친절도

고객 서비스에서 직원의 친절도와 전문적인 대응력을 평가한다. 이는 고객 경험의 질을 좌우하는 지표이다. 직원의 태도와 서비스 품질은 고객의 신뢰와 만족도를 높이며, 긍정적인 브랜드 이미지를 형성한다. 고객 응대 표준화, 정기 교육 프로그램 등이 지원되어야 한다.

6. 고객 편의성

제품 구매나 서비스 이용의 간편성과 효율성을 평가하며, 고객의 시간과 노력을 최소화 하는 데 중점을 둔다. 사용의 용이성, 접근성, 주문 및 결제 과정의 간소화 등을 포함하며, 반복 구매를 유도하는 핵심 요인이다. 디지털 전환/모바일 UX 수준 등도 주요한 판단 기준이다.

경쟁력 강화 목표 관리

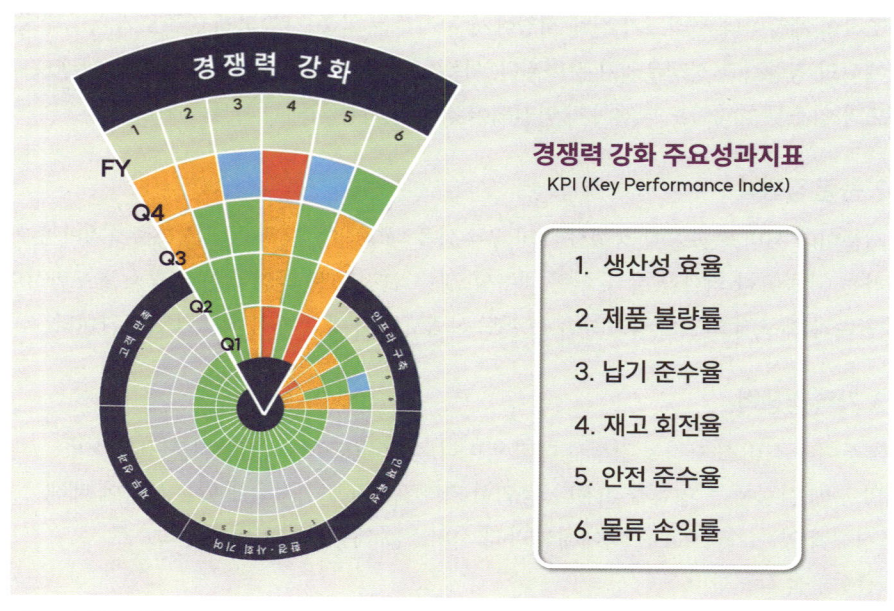

<Copyright by SH Lee>

[그림 2-15 스티어링휠 모델: 경쟁력 강화]

경쟁력 강화는 지속 가능한 성장을 위한 기업의 핵심 과제다.
이를 통해 기업은 경쟁사보다 한발 앞서 나가며, 변화하는 시장 요구를 능동적으로 충족시킬 수 있다.

1분기에는 일부 지표가 Red 상태로 부진했고, 특히 재고 회전율과 물류 손익률에서
성과 저하가 두드러졌다. 2분기 이후에는 대부분 Amber로 개선되었으나 안정적이지 못했고,
4분기에는 일부 지표에서 Blue로 전환되며 회복세를 보였다. 1분기의 낮은 재고 회전율과 물류 손익률은 운영 비효율과 원가 관리 부족을 나타낸다.
이후 납기 준수율과 안전 준수율에서의 Blue 성과는 체계적 개선 조치의 결과로 보인다.

경쟁력 강화를 위해 초기 문제 지표의 원인 분석과 해결이 중요하다. 재고 관리 최적화와 물류 효율성 개선을 통해 Green 또는 Blue 상태를 유지할 필요가 있다.

1. 생산성 효율

단위 시간당 생산되는 제품 또는 서비스의 양을 측정하며, 작업 효율성과 자원의 최적 활용 정도를 평가한다. 이는 기업 운영의 효율성을 극대화하는 데 중요한 기준이다. 높은 생산성 효율은 인건비 절감과 고객 대응 속도 향상에도 직접적인 영향을 미친다.

2. 제품 불량률

생산된 제품 중 결함이 발생한 비율을 나타내는 지표로, 품질 관리의 효과성을 평가한다. 낮은 불량률은 고객 신뢰를 높이고 생산 비용 절감 및 수익성 강화에 기여한다. 이는 브랜드 이미지 제고와 사후 처리 비용 감소로 이어져 장기 경쟁력을 확보할 수 있다.

3. 납기 준수율

고객에게 약속한 납기일을 지키는 비율로, 공급망의 신뢰성과 고객 만족도를 평가한다. 높은 준수율은 고객 충성도를 강화하고 시장 경쟁력을 높인다. 납기 신뢰 확보는 반복 주문과 계약 유지에 결정적인 요소가 되며, 공급 안정성을 상징한다.

4. 재고 회전율

보유 재고가 일정 기간 동안 얼마나 자주 판매되고 교체되는지를 나타내는 지표로, 재고 관리 효율성과 자원 활용도를 평가한다. 높은 회전율은 비용 절감과 고객 수요 충족을 동시에 달성한다. 재고 부담을 줄이고 현금 흐름을 개선며, 유연한 생산 운영을 가능하게 한다.

5. 안전 준수율

작업 현장에서 안전 규정을 준수하는 비율로, 근로자 보호와 운영 안정성을 평가한다. 높은 준수율은 사고를 줄이고, 지속 가능한 작업 환경을 유지하는 데 기여한다. 이는 기업의 사회적 책임 이행에도 부합하며, 생산 차질 위험을 최소화하는 기반이 된다.

6. 물류 손익률

물류 운영의 수익성과 비용 효율성을 나타내는 지표로, 운송, 보관, 배송 등 전반적인 물류 활동의 효과를 평가한다. 기업의 수익성 강화와 운영 최적화에 기여한다. 물류 손익률 향상은 전체 공급망 비용의 절감과 함께 배송 속도 향상 등으로 고객 만족도 증대와 직결된다.

인프라 구축 목표 관리

<Copyright by SH Lee>

[그림 2-16 스티어링휠 모델: 인프라 구축]

인프라 구축은 기업의 안정성과 효율성을 뒷받침하는 핵심 기반이다. 제대로 설계된 인프라는 내부 자원과 외부 환경을 유기적으로 연결하며, 변화에 민첩하게 대응할 수 있게 한다.

1분기에는 AI 협업 인프라와 디지털 인재 역량이 Red 상태로 부진했으며, 나머지 항목도 Amber로 다소 미흡한 실적을 보였다. 2분기에는 개선 조치로 대부분 Amber로 상승했으나 안정화되지는 못했다. 3분기에는 디지털 인프라와 시스템 인프라가 Green으로 회복되었으며, 4분기에는 시스템 인프라가 Blue로 진입하는 등 지속적인 개선이 이루어졌다.

초기의 Red와 Amber 상태는 인프라 투자와 실행 부족을 시사하며, 효과적인 개선 조치와 체계적 실행이 필요하다. 특히 AI 협업과 디지털 인재 역량 강화가 중요해진다.

1. AI 협업 인프라

인공지능 기술을 활용한 협업 플랫폼과 시스템의 구축 수준을 평가하며, 조직 내 AI 기반 의사결정과 업무 자동화를 촉진하는 역할을 한다. 이는 효율적인 데이터 활용과 혁신적인 협업 환경 조성에 기여하며, 또한 외부 파트너와의 실시간 협업 체계를 가능하게 한다.

2. 디지털 인프라

기업의 디지털 전환을 지원하는 네트워크, 클라우드, 데이터 센터 등의 물리적 및 가상 인프라를 의미하며, 안정적이고 확장 가능한 디지털 생태계를 구축하는 데 중점을 둔다. 또한 사이버 보안, 데이터 백업, 재해복구 시스템 등을 포함한 통합 인프라 전략이 필수적이다.

3. 디지털 인재 역량

디지털 기술을 활용할 수 있는 직원들의 역량 수준과 교육 프로그램의 효과를 평가한다. 이는 디지털 전환의 성공 여부를 좌우하는 핵심 요소로, 조직 경쟁력을 강화한다. 특히 직무 맞춤형 교육과 현장 중심 실습 기회 제공은 인재 양성의 실효성을 높인다.

4. R&D 인프라

신기술 개발과 혁신을 지원하는 연구개발 시설, 도구, 프로세스를 포함하며, 기술 경쟁력을 높이고 지속적인 혁신을 가능하게 하는 기반을 제공한다. 동시에 외부 연구기관과의 협력 및 오픈 이노베이션 추진도 핵심 R&D 전략으로 주목받고 있다.

5. 공급망 시스템

기업 운영 전반에 통합적이고 효율적인 IT 시스템의 구축 상태를 평가하며, 데이터 통합과 운영 효율성을 높이는 데 기여한다. 또한 공급망의 리스크를 사전에 감지하고 대응할 수 있는 모니터링 체계도 포함된다. 나아가 자동 발주 시스템, 물류 추적 기술 등을 통해 공급망의 가시성을 강화하고, 외부 충격에도 탄력적인 운영 체계 구축도 중요하다.

6. ESG 시스템

환경, 사회, 지배구조(ESG) 관리를 지원하는 시스템의 구축 및 활용 수준을 평가하며, 지속 가능한 경영과 규제 준수, 기업 이미지 제고에 도움을 준다. ESG 정보의 정량적 측정과 투명한 공시 시스템 구축은 투자자 신뢰 확보에도 기여한다.

인재 육성 목표 관리

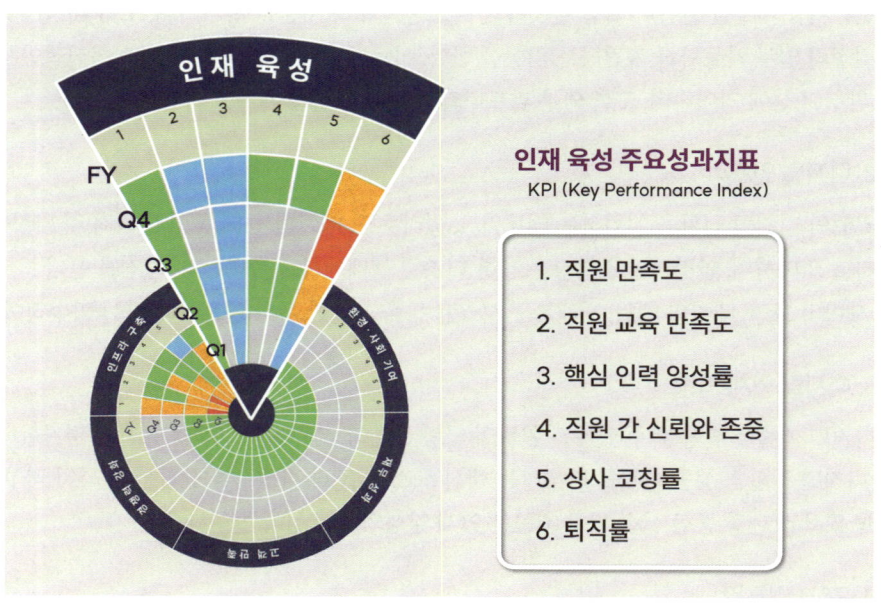

<Copyright by SH Lee>   [그림 2-17 스티어링휠 모델: 인재 육성]

인재 육성은 조직의 지속적인 혁신과 성장을 가능하게 하는 핵심 동력이다. 조직은 적합한 인재를 채용하고, 이들의 역량을 체계적으로 개발하며, 공정한 보상과 경력 개발을 통해 장기적인 동기 부여와 유지를 실현해야 한다.

전반적으로 직원 만족도와 핵심 인력 양성률은 Blue와 Green을 유지하며 긍정적인 성과를 보였으나, 퇴직률은 3분기에 Red로 악화되었다가 4분기에 Amber로 다소 개선되었다. 이는 직원 이탈 증가로 인한 인적 자원의 불안정을 나타낸다.

퇴직률 관리가 핵심 과제로, 이탈 원인을 심층 분석해 경쟁력 있는 보상 체계와 근무 환경 개선을 추진해야 한다. 동시에 핵심 인력 양성과 상사 코칭률 같은 긍정적인 지표를 더욱 강화해 직원 몰입도를 높이고 조직 안정성을 유지하는 것이 중요하다.

1. 직원 만족도

직원들의 조직 내 업무 환경, 복지, 성장 기회 등의 만족도를 측정하는 지표로, 업무 몰입도와 충성도를 평가한다. 높은 만족도는 생산성과 조직 안정성을 높인다. 조직 내 커뮤니케이션, 리더십 신뢰 수준, 심리적 안전감 등도 반영되며, 장기적 조직 몰입도에 기여한다.

2. 직원 교육 만족도

교육 및 훈련 프로그램에 대한 직원의 만족도, 학습 효과와 직무 능력 향상에 미친 영향을 측정한다. 교육의 실효성과 현업 적용 가능성, 커리큘럼의 현장 적합성까지 고려한다. 이는 조직의 교육 투자가 직원 성장에 얼마나 기여했는지를 보여 준다.

3. 핵심 인력 양성률

조직의 미래를 이끌어갈 핵심 인력을 성공적으로 육성한 비율을 나타내며, 인재 육성 전략의 효과성을 평가한다. 평가 기준은 성과, 리더십 잠재력, 전사적 시야 등 다면적 기준으로 적용된다. 이는 조직의 지속 가능성과 경쟁력을 강화하는 핵심적 요소다.

4. 직원 간 신뢰와 존중

조직 내 협업을 촉진하는 직원 간의 신뢰와 존중 수준을 평가한다. 긍정적인 조직 문화, 업무 효율성과 직원 만족도에 직간접적으로 영향을 미친다. 조직 내 심리적 안정감, 다양성과 포용성 인식 수준도 포함되어야 하며, 갈등 발생률 감소에도 기여할 수 있다.

5. 상사 코칭률

상사가 직원들에게 피드백과 조언을 제공하며 성장을 지원하는 빈도를 평가하는 지표로, 리더십의 질과 직원 개발 지원의 수준을 나타낸다. 직원 역량 강화에 중요한 역할을 한다. 정기적 일대일 면담, 역량 진단 연계 여부 등도 함께 고려되며, 조직의 성장 문화 확산과 연계된다.

6. 퇴직률

일정 기간 동안 조직을 떠난 직원 비율이다. 인재 유출 위험과 조직의 안정성을 평가하는 데 활용된다. 낮은 퇴직률은 직원 만족도와 조직의 매력도를 반영한다. 연령별·직급별 분석이 병행되면 더 정밀한 원인 진단이 가능하며, 조직의 인재 유지 전략에도 시사점을 제공한다.

환경·사회 기여 목표 관리

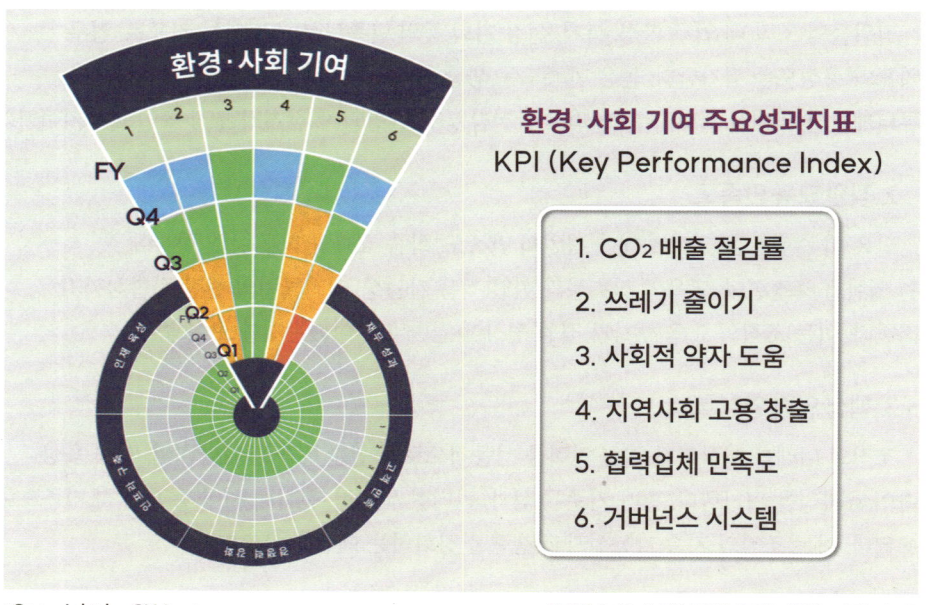

<Copyright by SH Lee>

[그림 2-18 스티어링휠 모델: 환경·사회 기여]

환경·사회 기여는 기업이 지속 가능성과 사회적 책임을 동시에 실현하기 위한 핵심이다. 탄소 감축에서부터 사회적 가치 창출까지, 기업의 현재와 미래를 연결하는 중요한 축이다.

1분기에는 일부 지표가 Red로 부진했고, 2분기부터 Amber와 Green 상태로 점진적으로 개선되며 4분기에는 대부분의 KPI가 Green 또는 Blue로 개선되었다. 초기 부진은 CO_2 배출 절감 및 쓰레기 줄이기와 사회적 약자 도움 지표에서의 부진한 활동과 미흡한 협력업체와의 관계 형성이 원인일 수 있다. 이후 개선은 체계적인 목표 관리와 실행 강화의 효과로 판단된다.

ESG 성과는 협력업체 및 지역사회와의 유기적 관계가 중요하다.
초기 실행 전략의 정교화와 투명한 커뮤니케이션을 통해 지표를 꾸준히 개선하고, Blue 수준의 목표를 안정적으로 유지할 수 있는 장기적 접근이 필요하다.

1. CO_2 배출 절감률

운영 과정에서 발생하는 탄소 배출량을 줄이는 비율로, 기후 변화 대응과 환경 보호에 대한 노력을 나타낸다. 에너지 효율 개선과 재생 가능 에너지 사용 확대를 통해 달성한다. 탄소 국경세 등 글로벌 규제에 대응하고, 공급망 전반의 저탄소 전환에도 기여하는 지표다.

2. 쓰레기 줄이기

기업의 폐기물 관리 수준을 평가하며, 쓰레기 발생을 줄이고 재활용률을 높이는 활동을 포함한다. 자원 효율성을 높이고 환경 부담을 줄이는 데 기여한다. 사내 폐기물 분리수거 체계 강화, 포장재 개선, 원자재 절감 활동 등 전사적 자원순환 구조 고도화와도 연결된다.

3. 사회적 약자 지원

취약 계층에게 실질적 지원을 제공함으로 사회적 불평등을 완화하고 포용적 성장을 촉진하는 ESG 활동이다. 이를 위한 지역 밀착형 파트너십 구축으로 교육, 의료, 생활지원 프로그램 등을 운영하며, 소외 계층의 자립과 삶의 질 향상을 목표로 한다.

4. 지역사회 고용 창출

지역사회 내 일자리 제공을 통해 경제적 안정과 지역 발전에 기여하는 활동이다. 이를 위해 현지 인력 채용, 창업 지원, 지역 특화 사업 등을 추진하며, 지역사회와의 지속 가능한 협력 관계를 구축하는 것을 목표로 한다. 지역 공동체 회복력 강화에도 도움이 된다.

5. 협력업체 만족도

공급망 내 협력업체와의 관계를 평가하며, 공정한 거래와 상호 신뢰를 기반으로 한 협력 수준을 측정한다. 이는 공급망의 지속 가능성과 안정성을 강화한다. 기술 이전, 공동 개발 등 상생 활동이 협력업체의 경쟁력 제고로도 이어진다.

6. 거버넌스 시스템

기업의 의사결정 구조와 투명성을 평가하며, 윤리적 경영, 주주와의 소통, 내부 규정 준수 등을 포함한다. 이는 신뢰받는 기업 운영의 기반을 제공한다. 이사회 다양성 확보, 감사 기능 강화, ESG 경영 내재화 수준 등을 통해 지속 가능한 지배구조로 진화할 수 있다.

재무 성과 목표 관리

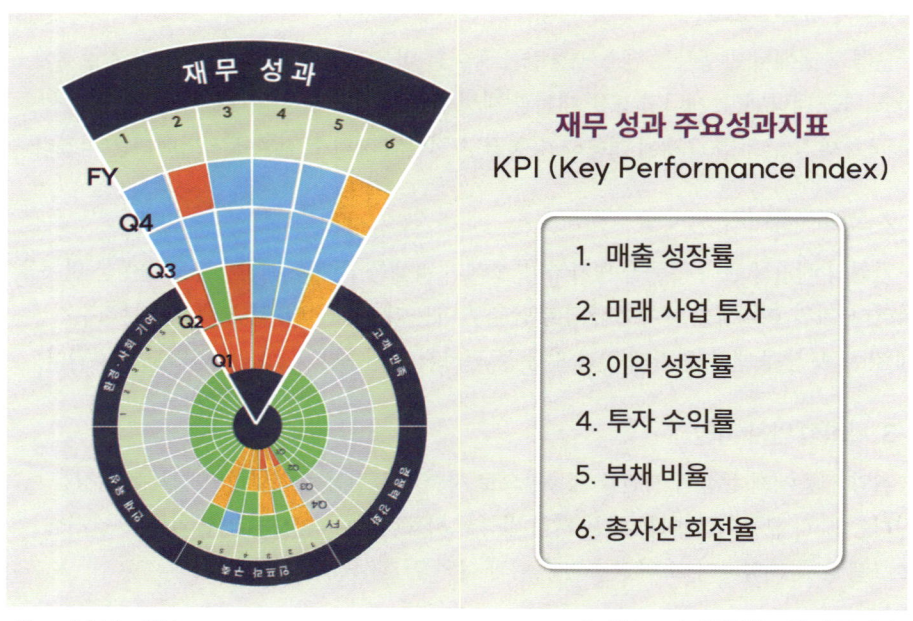

<Copyright by SH Lee>   [그림 2-19 스티어링휠 모델: 재무 성과]

재무 성과는 기업의 모든 활동이 숫자로 나타나는 명확한 결과물이다. 매출과 이익, 자산 등 재무 지표는 기업의 건강 상태를 보여 주는 동시에 미래를 설계하는 중요한 지표다.

1분기에는 미래 사업 투자와 총자산 회전율에서 Red를 기록하며 부진했고, 매출 성장률과 이익 성장률도 Amber에 머물렀다. 2분기 이후 매출 성장률은 Green으로 회복되었고, 3~4분기에는 Blue로 상승했다. 미래 사업 투자는 점진적으로 개선되어 4분기에는 Green을 기록했다. 초기 Red는 전략적 투자 부족과 자산 활용 비효율로 인해 발생한 것으로 보이며, 개선 조치 후 매출 성장률과 투자 수익률이 긍정적으로 변화했다.

매출 성장세를 유지하면서 전략적 투자 비중을 확대하고, 자산 회전율 관리로 안정적 재무 구조를 확보하고, 미래 사업 투자와 자산 활용의 효율성을 지속적으로 개선해야 한다.

1. 매출 성장률

기업 매출의 전년 대비 증가한 비율을 나타내는 지표로, 시장 점유율 확대와 고객 수요 충족 정도를 평가한다. 매출 성장률은 기업의 외형 성장과 시장 경쟁력을 반영한다. 이를 통해 제품 포트폴리오의 성과, 판촉 전략의 효과, 신규 고객 확보 능력까지 종합적으로 평가한다.

2. 미래 사업 투자

미래 성장을 위한 신규 사업이나 R&D에 투입된 자본의 비율로, 기업의 혁신 역량과 장기적인 경쟁력 확보를 위한 노력을 평가한다. 지속 가능한 성장을 위한 필수적인 요소로, 투자 항목의 적합성과 타이밍, 상용화 가능성 등 미래 사업의 전략적 실행력도 함께 판단한다.

3. 이익 성장률

전년 대비 기업의 순이익 증가율을 측정하며, 수익성을 강화하기 위한 경영 효율성과 비용 절감 성과를 평가한다. 이는 기업의 재무적 안정성과 경영 성과를 종합적으로 보여 준다. 이익률과 함께 분석하면 수익의 질과 지속성도 판단할 수 있다.

4. 투자 수익률 ROI

투자에서 발생한 수익의 비율을 나타내며, 자본 사용의 효율성과 투자 성과를 평가한다. 높은 투자 수익률은 경영진의 의사결정 능력을 반영하는 중요한 지표다. ROI는 개별 프로젝트의 실행력뿐 아니라 전체 포트폴리오의 재무 건전성에 미치는 파급 효과도 함께 보여 준다.

5. 부채 비율

총 자산 대비 부채의 비율을 측정하며, 기업의 재무 건전성과 채무 상환 능력을 평가한다. 적정한 부채비율은 재무 위험을 줄이고 투자자 신뢰를 강화한다. 업종 평균 대비 수준이나 장단기 부채 비중도 함께 고려되며, 재무 유연성과 위기 대응력 판단의 근거가 된다.

6. 총자산 회전율

기업의 총 자산이 매출을 창출하는 데 얼마나 효율적으로 사용되는지를 나타낸다. 지분의 효율성과 운영 성과를 평가한다. 높은 회전율은 자산 활용의 효율성을 의미한다. 동일 업종과의 비교로 경쟁력 수준을 가늠할 수 있으며, 성장 단계별 전략 방향 수립에도 활용된다.

스티어링휠의 목표 관리 사례

스티어링휠 평가 관리
Steering Wheel Evaluation

주요 성과 지수
Key Performance Index (KPI)

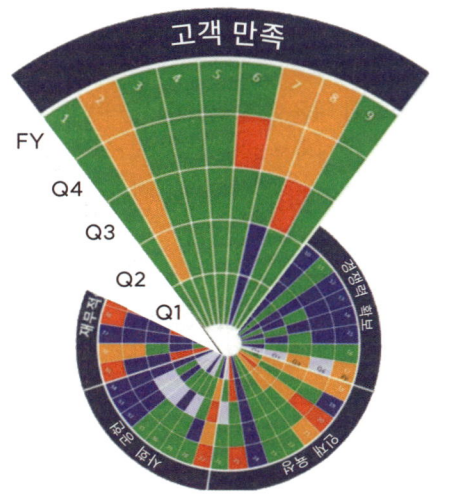

1. 시장 점유율
2. 멤버십 카드 가입 및 활용율
3. 가격 경쟁력
4. 생활용품 경쟁력
5. 신선식품의 품질 경쟁력
6. 가용재고 여부(만족도)
7. 직원 친절도
8. 계산대 대기열
9. 쇼핑 환경 경쟁력

[그림 2-20 테스코의 목표 관리 사례]

'세계 최고 수준의 유통회사가 된다'는 TESCO의 경영 목표와 비전은 단순히 시장 점유율 확대를 넘어, 경영의 질적 수준에서도 세계적인 기업으로 도약하겠다는 강한 의지를 담고 있다.

영국 최고의 유통회사 테스코는 1990년대 후반, 시장 점유율을 확대하기 위해 스티어링휠 목표 관리 모델을 도입했다. 초기에는 유통산업에 맞는 고객, 운영, 직원, 재무 이 네 가지 영역으로 적용하여 사용했다. 이후 고객 만족, 경쟁력 강화, 인프라 구축, 인재 육성, 환경·사회, 재무 성과 등의 여섯 가지 영역으로 확대한 스티어링휠 모델로 진화시켰다.

이는 미래 변화에 대응하고 전방위 산업에 적용할 수 있는 통합적 모델로 평가받고 있다.

테스코 (TESCO) 의 스티어링휠 목표 관리

테스코는 스티어링휠 모델을 도입하여 고객 만족, 경쟁력 강화, 인프라 구축, 인재 육성, 환경·사회 기여, 재무 성과 여섯 가지 핵심 목표를 설정하고 이를 체계적으로 관리했다.

예를 들어, 고객 만족과 관련된 주요 KPI로는 시장 점유율, 멤버십 카드 가입 및 활용률, 가용재고 여부, 직원 친절도, 계산대 대기열 관리 등이 있다. 멤버십 카드 가입 및 활용률은 고객과의 유대감을 형성하며 충성도를 높였고, 가용재고 여부는 고객이 원하는 상품을 적시에 제공해 쇼핑 만족도를 높였다. 직원 친절도는 고객과의 접점에서 신뢰와 감동을 이끌어 냈으며, 계산대 대기열 관리는 쇼핑의 편리함과 효율성을 강화하는 데 기여했다.

스티어링휠 모델은 이러한 KPI를 기반으로 고객 만족 목표의 성과를 정량적으로 평가하며, 대시보드를 통해 성과을 실시간으로 모니터링했다. 예를 들어, 계산대 대기열이 황색으로 표시될 경우, 추가 인력 배치나 시스템 개선을 통해 문제를 해결했다. 이러한 체계적인 관리 시스템은 고객에게 일관된 긍정적 경험을 제공하는 데 중요한 역할을 했다.

테스코의 이러한 스티어링휠 목표 관리 방법을 응용한 홈플러스는 1999년 12위에서 출발해 불과 10년 만에 매출 12조 원을 달성하며 국내 유통 시장의 선두주자로 성장했다.

테스코는 비전 변화에 따라 스티어링휠 목표 관리의 초점을 조정하며, 조직의 성장과 사회적 책임을 동시에 달성하기 위해 노력했다. 초기에는 매출 확대와 시장 점유율 증대에 중점을 두었지만, ESG 경영을 목표 관리의 핵심 축으로 확대했다.

이러한 변화는 존경받는 기업으로 성장하기 위한 전략적 기반을 강화한 결과다. 이러한 접근은 테스코가 경제적 성과를 넘어 지속 가능한 발전과 사회적 책임을 이행하는 기업으로 자리매김하는 데 중요한 역할을 했다.

IBM의 목표 관리 사례

단계	기간	주요 관리 목표	주요 KPI
창립 및 성장 초기	1910s~1950s	기술 혁신, 시장 개척	R&D 투자, 신제품 출시 수, 고객 확보율
성장 및 성숙	1960s~1980s	메인프레임 시장 지배, 서비스 강화	시장 점유율, 서비스 품질, 운영 효율성
도전 및 재조정	1990s	PC 사업 적용, 비용 절감, 사업구조 재조정	비용 절감율, 조직 효율성, 사업부문 매출 비중 변화
전환기	2000s	서비스 중심 비즈니스 모델, 클라우드 데이터 서비스	소프트웨어 매출, 서비스 계약 수, 클라우드 서비스 성장율
혁신 및 쇄신	2010s~현재	클라우드, AI, 하이브리드 클라우드 혁신	하이브리드 클라우드 매출, AI 서비스 성과, ESG 목표 달성

<Copyright by SH Lee>

[그림 2-21 IBM의 성장 단계와 목표 관리의 변화]

IBM은 창립 초기부터 비전 중심 목표를 설정하고 관리해 왔다.
20세기 중반, CEO 토마스 왓슨 주니어는 'Think'라는 철학을 강조하며 조직 내 창의적 사고를 촉진했다. 1990년대, CEO 루 거스너는 고객 중심 전략을 도입하여 하드웨어에서 소프트웨어 및 서비스로 사업을 전환했다.

현재 IBM은 AI, 클라우드, 퀀텀 컴퓨팅을 핵심 전략으로 설정하며, 100년이 넘는 긴 시간 동안 시대적 변화와 기술 발전에 유연하게 대응하며 글로벌 IT 산업의 선두주자로 자리 잡았다.

짐 콜린스는 '좋은 기업에서 위대한 기업으로(From Good to Great)'라는 개념에서 일관된 비전과 단계적 목표의 중요성을 강조했는데, 이는 IBM의 지속적인 혁신 전략과 연결된다.

IBM의 성장 단계와 목표 관리의 변화

IBM은 초기 단계에서 기계 제조와 프로세스 자동화를 통해 운영 효율성을 높이는 데 주력했으며, 연구개발(R&D)을 통해 신제품을 출시하며 시장 개척에 나섰다.
1950년대까지 IBM은 전자 계산기와 같은 기업용 기계를 공급하며 컴퓨터 기술의 개척자로 자리매김하고 안정적인 성장을 이루었다.

1960~80년대에는 메인프레임 컴퓨터와 소프트웨어 사업을 확장하며 목표 관리를 시장 점유율 확대와 서비스 강화로 전환했다. 메인프레임 컴퓨터를 통해 기업 데이터 처리 요구를 충족시키며 시장 지배력을 강화했다. 이 시기 IBM은 생산성과 효율성을 높이며 IT 업계의 리더로 자리매김했다.

1990년대에는 PC 시장 경쟁과 사업 구조 재조정이라는 도전에 직면했다. 비용 절감과 조직 효율성 강화를 목표로 대대적인 구조 조정을 단행했고, 기존 하드웨어 중심 사업에서 소프트웨어와 서비스로 포트폴리오를 재조정했다. IBM은 하드웨어 의존도를 줄이고 IT 서비스 중심으로 변화를 모색했다.

2000년대는 IBM의 전환기로, 소프트웨어 및 서비스 중심 비즈니스 모델로 본격 전환했다. IT 서비스와 컨설팅을 강화해 기업 고객들에게 종합적인 솔루션을 제공했으며, 클라우드 컴퓨팅과 데이터 분석에 집중 투자했다. IBM은 하드웨어에서 소프트웨어 및 서비스 중심 기업으로 성공적으로 전환했다.

이후, IBM은 AI와 클라우드, 특히 하이브리드 클라우드에 집중하며 혁신을 지속해 왔다. 2018년 레드햇(Red Hat)을 인수해 오픈 소스와 클라우드 기술을 강화했으며, Watson AI와 IBM Cloud를 주요 성장 동력으로 삼았다.
이러한 전략으로 IBM은 하드웨어 중심 기술 회사에서 클라우드와 AI 중심의 디지털 혁신 회사로 탈바꿈하며 새로운 성장 동력을 확보했다.

인생의 목표도 경영처럼 스티어링휠로 관리한다

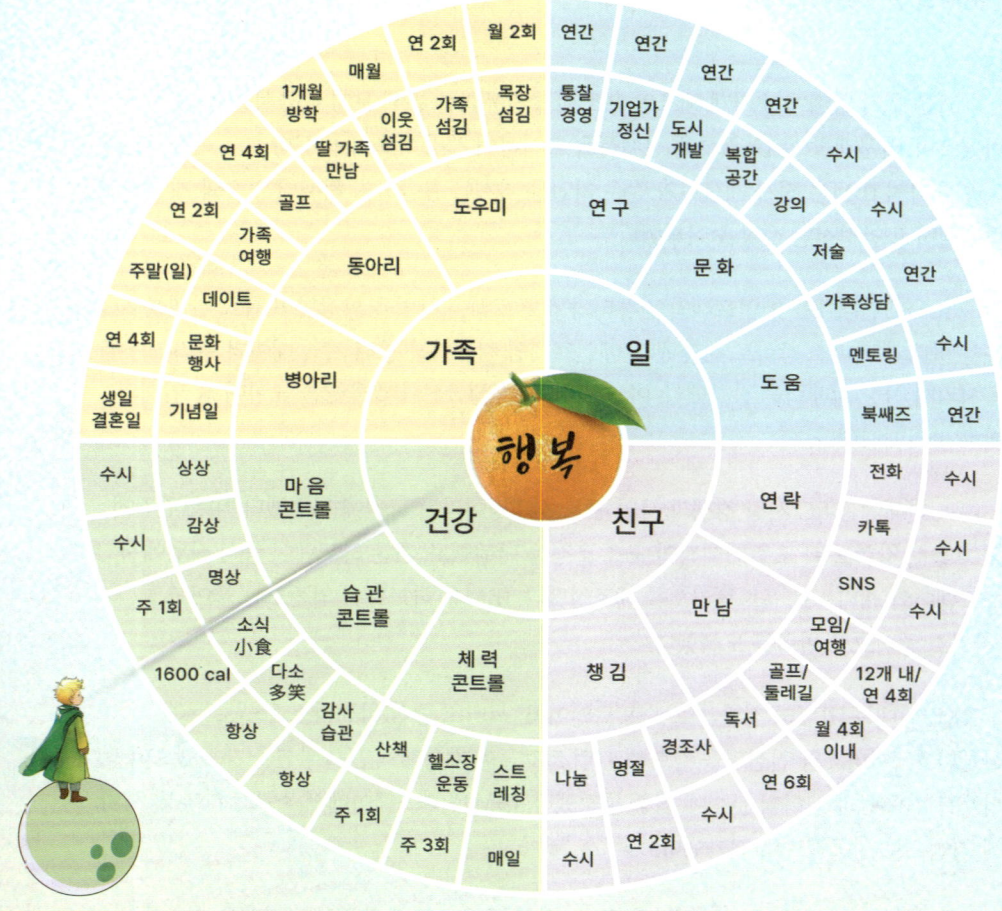

인생을 운전하는 것은 자동차를 운전하는 것과 같다.
자동차가 목적지에 도달하기 위해서는 올바른 방향으로 조향과 네 개의 바퀴가 고르게 작동해야 하듯, 마찬가지로 인생도 삶의 네 가지 영역을 조화롭게 관리해야 한다.
'인생 스티어링휠'의 개념이 탄생한 동기다.

인생 스티어링휠은 삶을 네 개의 바퀴(건강, 일, 가족, 친구)로 나누고, 그 중심에 '행복의 가치'라는 운전대를 두어 삶의 방향성과 균형을 스스로 조정하게 하는 삶의 주도권 모델이다. 앞바퀴인 건강과 일은 실천의 추진력을 상징하며, 건강은 모든 행동의 기반이고, 일은 자아실현과 경제적 지속성을 의미한다. 뒷바퀴인 가족과 친구는 감정적 에너지의 원천이자 삶의 안정감을 제공하는 근원이다. 스티어링휠 모델은 이 네 가지 삶의 축을 구체적인 실천 항목으로 구체화하여 자신의 현재 상태를 점검하고 목표에 맞게 보완할 수 있게 돕는다.

스티어링휠은 인생의 방향성을 결정짓는다. 그것은 바로 '가치'다. 어떤 사람은 돈을, 어떤 사람은 의미를, 또 어떤 이는 공동체 기여를 추구하며 운전대를 쥔다. 중요한 것은 그 방향이 자신에게 진정한 의미가 있느냐는 것이다. 그래서 건강, 일, 가족, 친구라는 네 축은 자신이 추구하는 가치와 연결되어야 한다.

그렇다면 어떻게 이 네 바퀴를 잘 굴릴 수 있을까? 가족은 일상 속 소통과 관심으로, 친구는 연락과 만남 그리고 챙김으로, 건강은 습관과 체력 관리로, 일은 지속적인 자기 계발과 몰입으로 다져져야 한다.

무엇보다 중요한 것은 삶의 균형이다. 가족, 일, 친구, 건강이라는 인생의 네 바퀴는 결코 같은 무게를 지니지 않는다. 가족, 일, 친구는 고무공과 같다. 잠시 떨어뜨려도 다시 튀어 오를 수 있는 회복력을 갖는다. 하지만 건강은 유리공이다. 한 번 놓치고 떨어뜨리면 깨어지고 다시는 원래대로 돌아가지 않을 수 있다. 건강이라는 유리공을 지키면서, 고무공처럼 탄력 있게 삶의 다른 영역들과 균형을 이룰 때 비로소 우리는 일터에서의 성취, 가정의 따뜻함, 사회적 관계 속의 인정과 삶의 지속 가능성을 함께 누릴 수 있다.

궁극적으로 인생 스티어링휠은 혼자 잘 사는 법이 아니라, 함께 행복해지는 길을 제시한다. 혼자 느끼는 기쁨보다, 함께 나누는 기쁨이 더 깊고 지속된다. 여러분이 몰고 가는 인생 자동차가 자신뿐 아니라 이웃과 사회, 다음 세대까지 따뜻하게 데려가는 길이 되기를 바란다. 이제 여러분 삶의 스티어링휠을 점검하고, 새로운 여정을 떠나보자.

How
III 이기는 전략

먼저 이기고, 나중에 싸우는
선승구전의 경영 전략이다.

이기는 환경과 조건을 만들면,
싸워서 반드시 이긴다.

Why
IV 행동 방식

핵심 가치를 바탕으로 한
조직문화와 일하는 방식이다.
한방향 몰입을 이끌어 내고
전략의 실행을 가속화시킨다.

What
II 비전과 목표

인문으로 꿈꾸고
과학으로 관리한다.
크고 담대한 꿈을 이루는
측정 가능한 목표를 세운다.

통찰경영

Where
V 환경과 사회

작은 도움이
더 나은 세상을 만든다.
ESG 활동으로 신뢰를 높여
지속 가능한 성장을 한다.

When
I 변화의 물결

경영은 변화를
찾아내면서 시작한다.
변화에 대응하고
변화를 기회로 활용한다.

Who
VI 됨됨이 리더십

덕목이 지식과 행동의 근본으로
사람들을 한마음으로 이끈다.
리더십의 마지막 열쇠는
리더의 됨됨이다.

How

III. 이기는 전략
먼저 이기고, 나중에 싸운다

경영 전략의 의미와 흐름

이기는 경영 전략

　1 차별화 전략
　2 창조 전략
　3 혁신 전략
　4 역량 전략
　5 협업 전략
　6 신뢰 전략

이기는 경영 전략 36계

이승한
김연성
이성호

경영 전략의 의미와 흐름

전략이란 무엇인가?

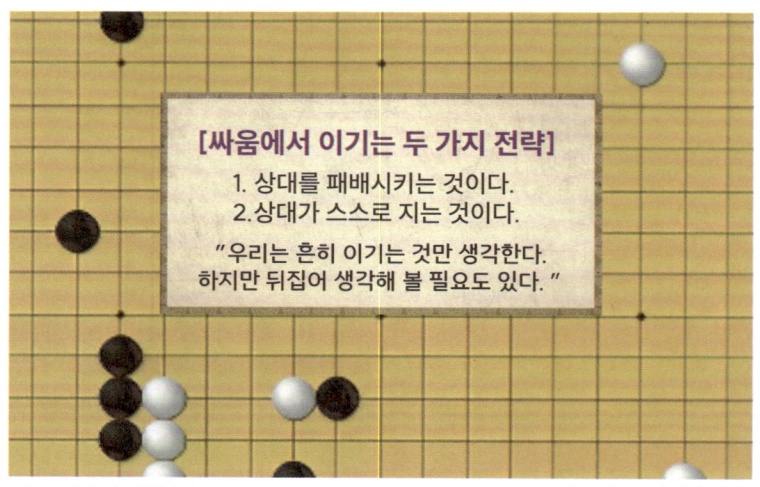

<Copyright by SH Lee>   [그림 3-1 전략의 정의]

전략의 어원은 그리스어 strategia에서 유래했으며, stratos(군대)와 agein(이끌다)의 합성어로 '군대를 이끄는 기술'을 의미하며, '전쟁의 기술(Art of War)'이라고 한다.

서양은 구조적이고 체계적인 지휘와 전술을 통해 전쟁을 결정적으로 끝내는 데 중점을 두고, 동양은 전쟁을 피하거나 최소화하려는 지혜와 조화를 강조한다.
두 관점 모두 현대 경영 전략, 국가 운영, 군사 전략 등에 깊은 영향을 미쳤으며,
오늘날에도 동양의 유연성과 서양의 체계성을 결합한 접근이 효과적임을 보여 준다.

제갈량의 북벌 정책으로 여러 차례의 전쟁을 겪으면서,
사마의는 당대 최고의 전략가인 제갈량의 탁월한 능력을 깨닫고 싸우지 않기로 결심한다.
전투의 역량에서는 제갈량이 앞섰지만, 전쟁의 역량에선 사마의가 앞섰다.
사마의가 싸움에 나서지 않자, 제갈량은 싸우지 않기로 결정한 상대를 '이길 수는' 없었다.
제갈량은 전투에선 이겼지만 전쟁에서는 졌다.
사마의가 제갈량을 패배시킨 것이 아니라, 제갈량이 사마의에게 진 것이다.

인류의 역사는 끊임없는 도전과 선택의 연속이었다. 불확실한 미래를 앞에 두고 누군가는 위험을 감수하고, 누군가는 안전을 추구했다. 고대 전쟁터에서 지휘관이 휘두르던 깃발과 현대 기업의 회의실에서 울리는 키보드 소리 사이에는 수천 년의 간극이 존재하지만, 그 근본에는 하나의 질문이 흐른다. '어떻게 승리할 것인가?, 어떻게 목표를 이루고 비전을 실현할 것인가?'

전략은 단순히 목표를 향해 나아가는 계획을 넘어, 목표를 달성하고 더 나아가 이기는 길을 설계하는 지혜의 산물이다. 때로는 장군의 전술이 되어 전쟁을 승리로 이끌었고, 때로는 지도자의 비전이 되어 나라를 번영으로 인도했으며, 때로는 기업의 혁신이 되어 변화를 주도해 왔다.

전략이 없다면 비전은 희망에 그치고, 목표는 이룰 수 없는 꿈으로 남을 것이다. 역사 속에서 뛰어난 전략은 승리를 만들고, 평범한 전략은 현실에 머물게 했다. 이기는 전략은 단순히 경쟁을 피하거나 생존하는 것이 아니라, 최적의 경로를 찾아 비전을 현실로 만들고 목표를 달성하는 힘이다. 이는 장기적 관점에서 큰 그림을 그리되, 현재의 상황을 냉철히 분석하고 변화에 적응하며 끊임없이 혁신을 추구하는 과정이기도 하다.

결국 전략은 더 나은 미래를 상상하고 그 비전을 이뤄내기 위한 인간의 의지이자 지혜의 집약체다. 비전을 현실로, 목표를 승리로 바꾸기 위해 우리는 전략을 어떻게 세우고, 어떻게 실행해야 하는가? 전략 챕터에서는 비전과 목표를 달성하는 이기는 전략에 대해 알아본다.

"전략이 없는 목표는 단지 소원일 뿐이다." - 앙투안 드 생텍쥐페리

"리더십은 방향을 제시하는 것이고, 전략은 그 길을 찾는 것이다." - 존 코터

"전략이란 자원을 올바른 곳에 집중하는 예술이다." - 잭 웰치

"경쟁우위는 선택에서 비롯된다. 모든 것을 잘하려 해서는 안 된다." - 마이클 포터

"탁월한 전략은 복잡함 속에서 단순함을 찾아내는 것이다." - 스티브 잡스

동서양의 전략을 보는 관점

	서양	동양
중심 철학	구조적 계획, 체계적 자원 활용	조화, 지혜, 최소한의 희생
목표	전쟁 승리로 정치적 목표 달성	싸우지 않고 이기는 것
전술	병력 집중, 정면 대결, 기동성	심리전, 약점 공략, 지형 활용
접근법	조직적이고 체계적인 실행	융통성과 유연성을 중시
대표 사례	칸나이 전투 / 전쟁론	적벽대전 / 손자병법

<Copyright by SH Lee>　　　　　　　　　　　　　　　　　　　[그림 3-2 동서양 전략의 비교]

군대와 전쟁에서의 전략(Strategy)은 동양과 서양에서 각기 다른 철학적·문화적·실천적 관점에서 발전했다. 동양은 주로 조화와 지혜를 강조하며 전쟁을 피하거나 최소한의 자원으로 승리를 달성하려는 접근법을 취한 반면, 서양은 구조적이고 체계적인 계획을 통해 전쟁의 승리를 추구하는 경향이 강했다.

[서양 전략 사례]
칸나이 전투(기원전 216년, 제2차 포에니 전쟁) - 카르타고의 명장 한니발이 로마군을 완벽하게 포위·섬멸한 전투. 로마는 8만의 대군을 밀집 대형으로 정면 돌파를 시도했으나, 한니발은 중앙으로 로마군을 유인하고, 기병이 측면과 후방을 포위하는 양익포위 전술로 포위망을 구축했다. 이 전투에서 로마군 약 5~6만 명이 전사했다.

[동양 전략 사례]
적벽대전(208년, 위·촉, 오 삼국 시대) - 조조의 대군에 맞서 손권과 유비는 동맹을 맺고, 불리한 지형 조건과 바람을 역으로 활용하여 화공(火攻)으로 승리한다. 이는 지형과 심리전을 활용한 조화를 중시하는 동양 전략의 전형적인 사례다.

서양에서의 전쟁 전략 - 계획과 구조

그리스는 군사적 승리를 위해 자원과 병력을 조직적으로 활용하는 것을 중시한다. 로마는 군사적 효율성과 조직력을 바탕으로 전략을 실행한다. 로마군의 구조적 전투 방식은 현대의 군사 전략의 토대가 되었다. 클라우제비츠의 전쟁 전략의 개념은 전쟁을 '정치의 연장'으로 간주하며, 국가의 목표를 달성하기 위한 수단으로 발전했다.

[클라우제비츠의 전쟁론]
- 전쟁은 정치의 연속이다.
- 모든 전쟁은 정보전에서 시작된다.
- 단순함이 최고의 전략이다. 불확실성을 없애라.
- 기습은 전쟁의 본질이다.
- 힘의 집중이 승리의 열쇠이며, 가장 약한 고리를 먼저 공략하라.

동양에서의 전쟁 전략 - 조화와 지혜

『손자병법(孫子兵法)』은 동양 전쟁 전략의 대표적 고전으로, 손자는 "싸우지 않고 이기는 것이 최고의 전략"이라고 강조한다. 이는 전쟁의 본질을 정치적·경제적·심리적 요인과 연결하여 자원의 최소화를 추구한다. 동양의 전략은 도(道)와 조화, 자연과 인간의 조화를 중요하게 여기며, 전쟁에서도 이 조화를 깨지 않는 방법을 선호한다. 무리한 전쟁보다는 적의 약점을 이용하거나 외교적 해결책을 모색한다.

[손무의 손자병법]
- 적을 알고 나를 아는 자는 백번 싸워도 위태롭지 않다.
- 빠른 결정이 승리를 가져오고, 지체는 패배를 부른다.
- 약점을 강점처럼 보이게 하고, 강점을 약점처럼 숨겨라.
- 적이 지치기를 기다리고, 지형을 이용하는 자가 전쟁을 이긴다.

이순신 장군의 이기는 전략

'선승구전 - 先勝求戰'

먼저 이기고, 나중에 싸운다.
Win First, Fight Later

판옥선
배 바닥이 넓고 소나무 선체 견고
속도는 느리지만 빠른 회전 가능
화포 28개 설치 – 원거리 공격

1 차별화

주력선 세키부네
배 바닥이 좁고 뾰족한 협저선
속도는 빠르지만 회전에 불리
함포 장착과 원거리 화력전에 취약

화포
화포 사거리 최장 600m 조총 압도
각궁 사거리 100m 분당 20회 발사

조총
100m 살상 거리 분당 2~3회 발사
20% 병력이 조총수

거북선
지붕에 철판 씌워 방어력 제고
용머리로 화포 발사
깊숙히 침투 후 적선 격파

2 창조

장군선 아다카부네
배 바닥이 좁고 뾰족한 협저선
속도는 빠르지만 회전에 불리
단조로운 등선육박 전술 구사

학익진(鶴翼陣)
학의 날개 모양, 반원 형태 배치
전력의 열세를 뒤바꾸는 전법

3 혁신

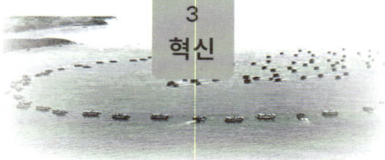

백병전(白兵戰)
직선형으로 배를 배치해 접근
조총과 왜도로 백병전 전개

4 역량

5 협업

6 신뢰

고강도 집중 훈련
학익진 위한 판옥선 운행 훈련
300m 화포 쏘기 집중 훈련
세 배 빠른 100m 활쏘기 집중 훈련

협업으로 군량미 조달
군민이 협업하여 둔전 개발
수확량 공유시스템 도입
삼도수군 협력으로 승전

살신구국의 애국심
그릇된 왕명을 거역, 투옥됨
장수와 병졸, 백성들이 한마음으로
목숨을 건 애국심으로 나라를 구함

<Copyright by SH Lee>

[그림 3-3 이순신 장군의 이기는 전략]

차별화 전략 : 판옥선 vs 세키부네 / 화포 vs 조총

조선의 판옥선(板屋船)은 배 바닥이 넓고 안정성이 뛰어나며, 소나무 원목으로 만들어 충격에도 강했다. 다층 구조로 방어에 유리하고, 함포를 다량 장착하여 장거리 전투에 적합했다. 반면 일본의 세키부네(關船)는 협저선으로 바닥이 좁고 속도는 빠르지만 화포 장착이 어렵고 삼나무로 만들어 충격에 약했다.

조선 수군은 화포를 활용하여 300~600m 거리에서, 각궁으로 100m 거리에서 분당 20회 정도 발사하며 공격한 반면, 일본군은 조총으로 100m 이내의 사거리에서 공격했지만 발사 속도가 느리고 연속 사격이 어려워 공격에 불리했다.

창조 전략 : 거북선 vs 아다카부네

거북선은 지붕에 철판을 씌워 적의 접근을 차단하고 적선 깊숙이 침투해 근거리에서 화포를 집중 발사해 적선을 격파했다. 반면 일본의 장군선 아다카부네는 외형은 웅장하나 방어력이 약하고 백병전에 집중된 구조로, 조선 수군의 원거리 화포전 앞에 무력화되었다.

혁신 전략 : 학익진 vs 백병전

이순신 장군은 학익진(鶴翼陣)을 활용하여 적을 중앙으로 유도한 후 포위 공격을 가하는 전략을 펼쳤다. 반면 일본군은 장사진(長蛇陣)을 형성하여 직선 배치로 접근한 후, 배에 올라타 백병전(白兵戰)을 벌이는 전술을 사용했으나 조선 수군의 함포 공격에 약점을 보였다.

역량 전략 : 고강도 집중 훈련 vs 전투 경험에 의존

조선 수군은 판옥선 운항, 원거리 화포 사격, 빠른 연속 사격 훈련 등의 고강도 집중 훈련을 통해 조직적인 전투 수행이 가능했고, 일본군과의 해전에서 우위를 점할 수 있었다. 반면 일본군은 개별 전투 경험(칼 싸움, 조총 사격)에 의존하며 조선군의 전술에 대응하기 어려웠다.

협업 전략 : 협업으로 군량미 조달 vs 현지 약탈

조선군은 백성들과의 협력을 통해 군량미 조달 체계를 구축하여 전투를 지원하고 병사들의 사기를 유지했다. 반면 일본군은 현지 약탈로 보급을 해결하려 했으나, 조선 수군의 해상 차단으로 인해 장기전에서 어려움을 겪었다.

신뢰 전략 : 살신구국의 애국심 vs 장수 간 개별주의

이순신 장군은 살신구국(殺身救國)을 강조하며 공정한 군율과 원칙을 적용하여 병사들과의 신뢰를 형성했다. 반면 일본군은 장수 간 개별주의가 강해 자신의 공적을 우선시하며 조직적인 협력을 어렵게 했다.

이기는 경영 전략
여섯 가지 이기는 경영 전략

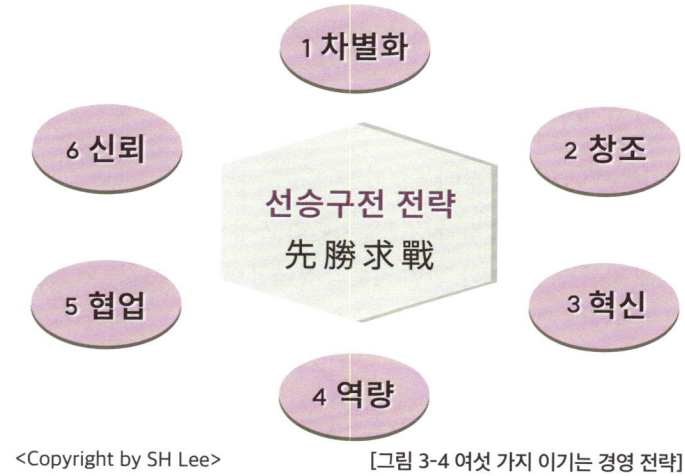

<Copyright by SH Lee>   [그림 3-4 여섯 가지 이기는 경영 전략]

이순신 장군의 선승구전 전략은 '먼저 이길 준비를 한 뒤 싸움에 나선다.'는 뜻으로
이 여섯 가지 전략은 현대의 경영 전략에 그대로 적용할 수 있다.

차별화 Differentiation 전략 : 치열한 경쟁시장에서 다르게 싸워서 이기는 전략이다
품질, 가격, 구색, 트렌드, 속도, 편의성 이 여섯 가지 요소가 경쟁사 대비 극한의 차별화로
절대적인 경쟁 우위를 확보하는 전략으로 초격차 전략(Ultimate Differentiation)이라고도
한다. 이 중 한 가지라도 극한의 차별화를 하지 못하면, 블랙홀에 빠져 시장에서 사라질 수 있다.
M. E. Porter(1980), Competitive Strategy : Techniques for Analyzing Industries and Competitors 등

창조 Creation 전략 : 싸우지 않고 이기거나, 덜 싸워서 이기는 전략이다
경쟁이 치열한 레드오션(Red Ocean) 시장에서 새로운 가치와 수요를 창출하여
경쟁자가 없는 블루오션(Blue Ocean) 시장을 개척하는 데 초점을 맞춘다.
이 전략은 기업이 창조를 통해 고객에게 새로운 가치를 제공하여,
경쟁시장에서 싸우지 않고 이기거나, 덜 싸워서 이기는 전략이다.
W. Chan Kim & R. Mauborgne, (2005) Blue Ocean Strategy / (2017) Blue Ocean Shift

혁신 Innovation 전략 : 원가 경쟁력을 확보하여 시장에서 이기는 전략을 지원한다

경영의 전방위 분야에서 점진적 변화가 아닌 비약적 변화(Step Change)이거나 파괴적 변화(Disruptive Change)를 통하여, 특히 원가 경쟁력을 획기적으로 확보하여 시장에서의 차별화 전략과 창조 전략 등 이기는 전략을 지원하고 가속화한다.

M. E. Porter(1985), Competitive Advantage: Creating and Sustaining Superior Performance; C. M. Christensen(1997), The Innovator's Dilemma 등

역량 CapaCibility 전략 : 한계 이상의 성장을 결정하는 경영 인프라다

역량(CapaCibility) 전략은 인적 역량(Capability)과 물적 역량(Capacity)이 결합된 용어로 기업이 성장의 한계를 넘어서 지속 가능한 성장을 할 수 있는 기본적인 경영의 인프라다.

E. Penrose(1959), The Theory of the Growth of the Firm; R. Rumelt(1984), "Towards a Strategic Theory of the Firm"; J. Barney(1990), Firm Resources and Sustainable Competitive Advantage; C.K. Prahalad & Gary Hamel(1990), "The Core Competence of the Corporation"; D. J. Teece, G. Pisano, and A. Shuen(1997), "Dynamic Capabilities and Strategic Management 등

협업 Collaboration 전략 : 조직의 능력을 확장시켜 더 큰 규모의 경제를 실현한다

기업이 외부 파트너, 고객, 공급업체, 심지어 경쟁사와의 협력을 통해 경쟁 우위를 확보하고 혁신을 이루는 데 초점을 맞춘다. 협업 생태계 전략은 불확실한 경영 환경에서 경쟁 우위를 확보하고 규모의 경제를 실현할 수 있는 중요한 기반이다.

H. Chesbrough(2003), Open Innovation; R. Adner(2012), The Wide Lens; J. Hagel III, J. S. Brown & L. Davison(2008), Shaping Strategy in a World of Constant Disruption 등

신뢰 Trust 전략 : 한계 이상의 성장을 가능하게 한다

이해 관계자인 고객, 직원, 파트너, 지역사회, 국가, 주주의 신뢰를 끊임없이 향상시키는 장기적 접근 방식으로, 궁극적으로는 고객의 충성도와 브랜드 가치를 높인다.

F. Fukuyama(1995), Trust; K. L. Keller(1998), Strategic Brand Management; D. A. Aaker(1998), Managing Brand Equity; R. M. Morgan & S. Hunt(1994), "The Commitment-Trust Theory of Relationship Marketing"; I. Nonaka & H. Takeuchi(1995), The Knowledge-Creating Company; T. H. Davenport & L. Prusak(1998), Working Knowledge; V. Kumar(2008), Managing Customers for Profit; D. Coyle(2018), The Culture Code 등

제1편 차별화 전략 - Black Hole

<Copyright by SH Lee>   [그림 3-5 Black Hole 차별화 전략 모델]

치열한 경쟁시장에서 극한의 차별화로 싸워서 이기는 전략이다

평범한 차별화로 어설픈 경쟁력을 추구하다가는 금세 블랙홀에 빠져 사라질 수 있다.
'극한의 차별화'란 품질, 가격, 편의성, 속도 등 어느 특정 분야에서 압도적 우위를 확보하여
고객이 즉각적으로 감지하고, 열광하며, 대체 불가능한 수준까지 끌어올리는 것으로
'초격차'라고도 불린다. 하나라도 극한의 차별화를 만들지 못하면 기업은 시장에서 사라진다.

차별화 개념에서 유의할 점은, 시장에서 직접 경쟁이 되지 않는 다른 포지션에 있는 하이엔드와
로우엔드 상품의 품질과 가격, 서비스 등의 경쟁력을 직접 비교해서는 안 되는 것이다.
예를 들면, 포지션이 다른 구찌 상품과 유니클로의 품질과 가격 등을 직접 비교할 수는 없다.

품질 Finest : 최고 품질의 제품과 서비스를 통해 소비자의 신뢰를 구축한다. 엄격한 품질관리와 연구개발에 집중하며, 고급 원자재 사용, 정밀한 제조 공정을 통해 차별화를 시도한다. 명품 브랜드나 하이엔드 전자제품에서뿐만 아니라, 로우엔드 제품에서도 같은 카테고리 내에서 최고의 품질을 추구한다. 품질이 곧 브랜드 가치와 기업 신뢰도를 결정하는 중요한 요소다.

가격 Cheapest : 동일한 카테고리와 포지셔닝에 있는 상품에 대해 가장 경쟁력 있는 가격으로 고객에게 제품과 서비스를 제공하는 전략이다. 소비자의 가격 민감도를 고려해 최적의 가격을 유지하면서도 품질을 일정 수준으로 유지해야 한다. 또한 지나친 가격 인하로 브랜드 가치가 훼손되지 않도록 유의해야 하며, 고객이 가격 대비 만족을 충분히 느낄 수 있도록 가격 설정에 전략적 정교함이 필요하다.

구색 Broadest : 고객이 원하는 다양한 제품과 서비스를 결품 없이 제공하는 전략으로, 소비자의 선택권을 넓혀 맞춤형 소비를 가능하게 한다. 대형 쇼핑몰, 전자상거래 등 플랫폼에서 고객이 원하는 다양한 제품을 한 곳에서 구매할 수 있도록 한다. 이를 통해 고객은 다양한 옵션을 비교하며 최적의 제품을 선택할 수 있으며, 기업은 고객 만족도를 높이고 충성도를 강화할 수 있다.

트렌드 Hottest : 최신 트렌드에 맞춰 제품과 서비스를 빠르게 업데이트하는 전략이다. 빠른 시장 조사와 기획을 통해 신선한 제품을 제공하며, 패션, 화장품, 테크 업계에서 중요하다. 트렌드 변화에 민감한 고객층을 공략하며, 빠르게 변화하는 소비 패턴에 적응할 수 있는 유연한 생산 및 유통 시스템이 필수적이다.

속도 Quickest : 신속한 제품 공급과 서비스 제공을 핵심 가치로 삼는다. 빠른 배송, 즉각적인 고객 지원을 도입해 소비자의 시간을 절약할 수 있도록 한다. 온라인 쇼핑몰의 당일 배송, 패스트푸드 업계의 신속한 주문 처리 등이 대표 사례다. 즉각적인 대응 능력이 중요하며 서비스 속도를 유지하면서도 품질을 확보하는 것이 관건이다.

편의 Easiest : 소비자가 쉽게 이용할 수 있도록 편리함을 극대화하는 전략이다. UX 개선, 직관적인 인터페이스, 간편 결제 등을 도입해 소비자가 번거로움 없이 원하는 것을 이용할 수 있도록 한다. 모바일 간편 결제 서비스, 원클릭 주문 시스템, 음성 인식 기반 쇼핑 서비스 등이 대표적이며, 사용자의 경험을 단순화하여 접근성을 높이는 것이 핵심이다.

1계 - 품질 차별화 전략

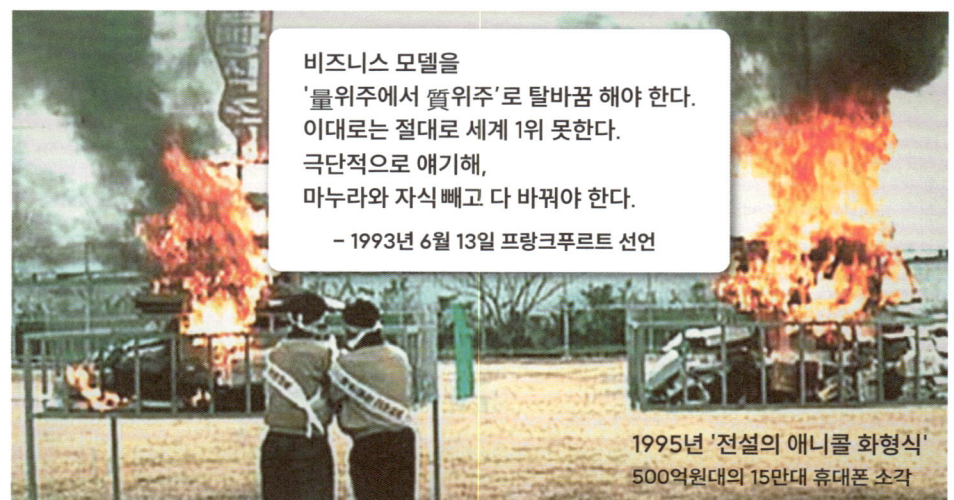

[그림 3-6 삼성전자의 품질 차별화 전략]

삼성 - 양에서 질로 '비즈니스 모델의 파괴적 전환'을 통해 초일류 기업 실현

"현장에서 나사가 굴러다녀도 줍는 사람이 없고, 3만 명이 제품을 만들면 6천 명이 수리하러 다녀야 하는 비효율, 낭비, 무감각이 만연한 회사다. 삼성은 말기 암환자이자, 당뇨병 환자다. 이대로는 절대 세계 1위 못한다."

"마누라와 자식 빼고 다 바꿔라"라는 이건희 회장의 비유는 삼성의 임직원들에게 위기의식과 절박감을 불러일으키기 위한 극약 처방이었다.

삼성전자는 1993년 이건희 회장의 '프랑크푸르트 신경영 선언'을 통해 비즈니스 모델을 '양보다 질로' 파괴적으로 전환했다. 당시 삼성의 제품들은 글로벌 시장에서 기술력과 품질 면에서 경쟁력을 잃고 있었으며, 초일류 기업으로 도약하기 위해 근본적인 변화가 필요했다. '애니콜 화형식'은 이를 상징한다. 500억 원 규모의 불량 휴대폰 15만 대를 공개 소각했다.

이러한 품질 초격차 전략은 삼성전자가 반도체 사업 진출 후 10년째인 1994년에 세계 최초로 256MD램 반도체를 개발하고, D램 반도체, 낸드 플래시, AI폰, 폴더블폰, 바이오 시뮬레이터, 암 전문병동, 초고층 빌딩 등 세계 1등 상품군을 확보하는 초일류기업이 되는 초석이 되었다.

볼보 – '극한의 안전'이라는 품질 기준을 통해 자동차 시장에서 독보적 위치 점유

1927년 창립 이후 볼보(Volvo)는 '안전'이라는 품질 요소를 브랜드의 절대적 가치로 설정한다. 볼보는 강력한 차체를 포함하여 각종 안전장치를 장착하고, 에어백, 커튼형 에어백, 사각지대 경고 시스템 등 여러 안전 기술을 세계 최초로 상용화한다. 안전 중심으로 디자인과 가격을 포기하고, 그 포기가 회사의 발전을 이끌어 왔다.

볼보의 품질 차별화 전략은 고객이 볼보를 선택하는 순간, 단지 자동차가 아니라 가족과 자신을 보호하는 가치를 구매한다는 인식를 만들었다. 이런 깊이 있는 품질 차별화는 가격이나 일시적인 트렌드를 넘어서는 브랜드 충성도를 이끌어 냈다.

"자동차는 사람이 운전한다. 볼보에서 제작하는 모든 것은 안전이라는 지상 과제를 기본으로 만들어지고 있다. 이는 영원히 지속될 것이다."
볼보 창립자가 각인한 이념은 90년간 흔들리지 않고 이어지고 있다.

한국콜마 – '맞춤형 품질 차별화'로 글로벌 화장품 회사들의 파트너로 자리매김

한국콜마(Kolmar Korea) 역시 품질을 중심에 둔 차별화 전략을 통해 글로벌 ODM (제조자 개발 생산) 분야에서 독보적인 입지를 다졌다. 특히 두 가지 중요한 원칙을 철저히 지키며 고객과의 품질 차별화에 대한 신뢰를 구축했다.

첫 번째 원칙은 '하나의 처방을 다른 고객과 공유하지 않는 맞춤형 생산'이다. 이는 동일한 포뮬러나 제품 구성을 다른 고객사에 재사용하지 않고, 고객별로 전용 솔루션을 개발하는 전략이다. 이 원칙은 제품 경쟁력을 유지하는 동시에, 고객사들에게 독자적 제품 차별화를 가능하게 해주었다.

두 번째 원칙은 '고객 정보를 절대 노출하지 않는다'는 것이다. 한국콜마는 생산을 의뢰한 고객사의 제품 정보나 개발 전략을 외부에 공개하지 않으며, 심지어 자체 브랜드 사업 제안조차 거절해 왔다. 실제로 기술력과 생산력을 갖췄음에도 자체 브랜드 론칭 대신 '고객사와 경쟁하지 않는다'는 원칙을 지켜왔고, 이는 고객사로부터 깊은 신뢰를 얻는 데 결정적 역할을 했다.

2계 - 가격 차별화 전략

[그림 3-7 다이소의 극한의 가격 차별화 전략]

가격 차별화 전략은 동일한 카테고리 시장에서 동일한 포지셔닝에 있는 상품에 대해 극한의 가격 차별화로 경쟁우위를 확보하는 전략이다.

다이소 - 극한의 가격 차별화로 국민 가게 이미지 브랜딩

다이소는 1997년 설립해, 2015년 1조 원, 2024년 4조 원의 매출을 달성하며 국내 생활용품 시장에서 독보적인 위치를 차지하고 있다. 경쟁의 핵심은 '균일가' 정책의 초저가 전략으로, 다양한 상품을 5백 원~5천 원이라는 파격적인 가격대로 소비자가 부담 없이 구매 가능케 한 것이다. 가격대별 매출 구성비는 5백원~2천 원 50%, 2천 원~3천 원 30%, 3천 원~5천 원 20%로 추정된다.

다이소의 극한의 가격 차별화는 1) 대량 구매 시스템, 2) 독점적 구매 공급망, 3) 가장 저렴한 글로벌 소싱 네트워크, 4) 자체 물류 시스템으로 물류 비용 감소, 5) 효율적 매장 운영으로 비용 절감 등의 방법으로 실현된다. 이러한 전략은 다이소가 단순한 균일가 생활용품 전문점이라는 이미지를 넘어, '가성비 높은 생활용품의 원스톱 쇼핑 공간'이라는 브랜드 이미지를 심었다.

유니클로 - 가성비 높은 제품 제공으로 브랜드 신뢰

유니클로는 '고품질 기본 아이템'을 대량 생산해 낮은 원가를 달성하고, 시즌별·라인업별로 가격을 세분화해 차별화 전략을 구사한다. 특히 저가의 의류 브랜드 카테고리에서 품질의 차별화를 이뤄 '고품질=고가'라는 시장 인식을 깨고, 소비자에게 가격 대비 높은 가치를 제공함으로 브랜드 신뢰를 강화하였다.

'고품질 × 합리적 가격' 전략 : 브랜드 슬로건처럼 '옷을 통한 생활의 질 향상'을 목표로, 고품질 제품을 합리적인 가격에 제공하는 전략을 일관되게 유지한다. 고급 소재를 사용하면서도 명품 브랜드에 비해 훨씬 저렴한 가격에 판매하여 '고품질=고가'라는 통념을 깨뜨렸다.
기본 상품 중심의 대량 생산 → 규모의 경제 실현 : 트렌드에 민감한 패션보다는 기본 아이템을 대규모로 생산해, 원가를 절감하고, 절감한 비용을 소비자에게 돌려주는 구조를 만들었다.
시즌성 가격 차별화 : 시즌 초 출시 가격은 기본적으로 합리적이나, 시즌 후반에는 대규모의 세일/가격 인하를 통해 재고를 빠르게 소진해, 초기 소비자와 가격 민감한 소비자 모두를 포섭한다.

스타벅스 - 프리미엄 가치에 기반한 가격 차별화

스타벅스의 가격 전략은 프리미엄 가격에 적합한 가치를 제공하는, 체계적인 가격 차별화 정책으로 설계되어 있다.

프리미엄 포지셔닝 : 스타벅스는 자신을 '커피 판매점'이 아니라 '프리미엄 경험 제공 브랜드'로 정의한다. 즉, 단순한 음료가 아니라, 매장 환경, 서비스, 개인 맞춤, 라이프 스타일을 함께 판매한다. 이로써 가격이 비싸더라도, 소비자는 단순한 커피가 아니라 '편안한 공간, 자기만의 시간, 브랜드 경험에 대한 대가를 지불한다'고 느낀다.
다양한 제품 라인업(가격 구간 확장) : 한 매장 안에서도 4천 원대부터 8천 원대까지 다양한 가격대 제품을 제공하여 소득 수준, 기호에 따라 선택하였다.
지역별/국가별 맞춤 가격 : 지역별 구매력, 임대료, 브랜드 인지도 등을 고려하여 지역별 차등 가격 정책을 운영한다. 예를 들어, 한국 스타벅스는 미국보다 다소 비싼 가격대가 형성되어 있지만, 한국 시장에서는 프리미엄 가치에 대한 수용도가 높기 때문에 이를 유지한다.

3계 - 구색 차별화 전략

[그림 3-8 아마존의 구색 차별화 전략]

구색(Range)은 상품이나 서비스의 폭과 깊이를 의미하며, 폭은 제품군의 다양성, 깊이는 특정 제품군 내 다양한 옵션을 뜻한다. 아마존은 폭과 깊이를 극대화해 고객이 원하는 모든 제품을 제공하며, 코스트코는 폭을 줄이고 깊이를 강화해 구매를 유도하는 차별화 전략을 활용한다.

아마존 - 원하는 상품을 얻을 수 있는 최선의 선택지

아마존은 전자기기, 패션, 도서, 식료품 등 다양한 카테고리의 약 20억 개 이상의 방대한 상품 구색을 갖추어, 소비자에게 폭넓은 선택지를 제공하여, 플랫폼 경쟁력을 강화한다.

아마존의 구색 선정은 철저한 데이터 분석과 소비자 수요 기반으로 이루어진다.
판매자들은 검색 알고리즘에 최적화된 상품 정보를 입력하고, 가격 경쟁력과 리뷰 평가 등을 고려해 리스팅을 조정한다. 또한 자체 알고리즘을 활용해 인기 상품을 우선 노출하고, 소비자 행동 데이터를 분석해 맞춤형 추천을 제공한다. 이를 통해 소비자는 원하는 제품을 신속하게 찾을 수 있으며, 판매자는 효율적으로 매출을 극대화할 수 있다.

이케아 IKEA - 구색과 체험 공간의 결합을 통한 차별화

이케아(IKEA)는 가구 카테고리에서 구색(Range) 차별화 전략의 대표적 성공 사례로 꼽힌다. 이케아는 기본형부터 고급형까지 다양한 가격대와 디자인 가구 및 인테리어 제품을 제공하며, DIY 조립 방식을 통해 경제성과 맞춤형 구성을 극대화했다. 매장에는 약 9,500여 개의 제품이 구비되어 있으며, 주요 가구와 인테리어 카테고리만 50여 가지에 이른다. 이 폭넓은 선택지는 다양한 소비자층을 아우르며, 고객에게 '자신만의 공간을 꾸밀 수 있다'는 경험 가치를 제공한다. 40개 이상의 쇼룸에서는 단순 진열을 넘어 고객이 직접 생활 공간을 체험할 수 있다. 이케아가 단순 가구 판매를 넘어 '생활방식 제안'까지 확장하는 기반이 되었다.

특히 이케아는 몰입형 체험 공간 전략을 통해 구매 전환율을 비약적으로 끌어올렸다. 매장 내 동선도 체험과 탐색을 극대화하도록 설계했는데, 매장당 평균 체류 시간이 약 3시간에 달할 정도다. 실제 매장에서는 거실, 침실, 주방 등 실제 생활 공간을 연출하여 소비자가 제품을 자연스럽게 경험하도록 한다. 이는 고객이 제품을 물건이 아닌 '삶의 일부'로 인식하게 하며, 구매 욕구를 자극하는 데 결정적 역할을 한다.

넷플릭스 Netflix - 다양한 취향을 아우르는 컨텐츠 라이브러리로 개인화

넷플릭스는 '구색(Range) 차별화 전략'을 스트리밍 콘텐츠 산업에 성공적으로 적용한 대표적 사례다. 넷플릭스는 다양한 국가, 다양한 장르, 다양한 취향을 만족시키는 광범위한 콘텐츠 포트폴리오를 구축했다. 현재 넷플릭스는 약 190개국 이상에서 서비스를 제공하며, 2024년 기준 자체 제작(오리지널) 콘텐츠만 2천 편 이상, 전체 콘텐츠 수는 5천 편 이상에 이른다. 장르 또한 드라마, 영화, 다큐멘터리, 애니메이션, 리얼리티쇼 등 수십 가지로 세분화되어 있다.

넷플릭스는 구색 확대뿐만 아니라 몰입형 콘텐츠 체험을 위해 맞춤형 추천 알고리즘을 적극 활용한다. AI 기반 추천 시스템은 이용자의 시청 이력과 선호도를 분석하여 개인화된 콘텐츠 큐레이션을 제공한다. 특히 오프라인 체험 없이도 '다음 회 자동 재생', '인터랙티브 스토리텔링', '초고화질 스트리밍' 등을 통해 몰입형 콘텐츠 소비를 극대화했다. 단순한 콘텐츠 제공을 넘어, '취향 맞춤 엔터테인먼트'라는 새로운 소비 방식을 만들어 냈고, 기존 TV와 영화관 중심의 콘텐츠 소비 방식을 완전히 재정의했다.

4계 - 트렌드 차별화 전략

<출처 : 무신사 뉴스룸>　　　　　　　　　　[그림 3-9 무신사의 트렌드 차별화 전략]

무신사 – '핫한 문화'를 연결하는 트렌드 허브

무신사는 2024년 기준 약 5,300억 원의 매출을 기록하며 국내 패션 플랫폼 중 독보적인 성장세를 이어가고 있다. 무신사의 유행 차별화 전략의 핵심은 'MZ세대의 감각과 속도를 선도하는 트렌드 큐레이션'이다. 유행을 포착하고 재해석해 새로운 문화와 스타일을 제안하는 역할까지 수행한 것이다. 특히 스트리트 패션, MZ세대 문화, 한정판 소비 심리를 결합해 유행을 스스로 만들어냈다.

무신사는 자체 브랜드(MU)의 론칭, 유명 신진 디자이너 브랜드와의 독점 계약, 한정판 상품 기획 등을 통해 차별화된 상품 구색을 선보였다. 또한 매주 업데이트되는 신상품, 트렌드를 반영한 큐레이션 추천, 소셜 커뮤니티 기반 소비자 소통을 통해 빠른 피드백과 반영을 가능하게 했다. 특히 무신사는 '새로운 브랜드를 발굴하고 키운다'는 전략적 방향성을 통해, 단순 판매 채널을 넘어 한국 패션 생태계의 트렌드 메이커로 자리 잡았다. 2024년 기준 무신사 플랫폼에는 8천개 이상의 브랜드가 입점해 있으며, 그중 무신사 스탠다드 등 자체 브랜드의 성장률은 전년 대비 20% 이상 증가했다.

올리브영 - 'K-뷰티 트렌드'의 기획자

올리브영은 국내 H&B(Health & Beauty) 시장을 선도하며, 유행 차별화 전략을 통해 소비자 니즈에 가장 빠르게 반응하는 플랫폼으로 성장했다.
핵심 포인트는 '초기 트렌드 상품 선점'이다. 스킨케어, 메이크업, 건강기능식품 등 다양한 카테고리에서 K-뷰티 유행을 주도하며 빠르게 확장했다. 2023년 올리브영은 연매출 약 3조 3,000억 원을 기록했고, 입점 브랜드 수는 약 1천개를 넘겼다. 자체 기획 상품(PB) 개발과 신생 브랜드 발굴을 통해 전국 1,300여 개 매장과 온라인몰에 빠르게 전개했으며, 특히 '랭킹존', '신상품존' 같은 매장 구성은 소비자들에게 유행 상품을 직관적으로 경험하게 했다.

성공 요인은 '올리브영에서 유행이 시작된다'는 인식을 심어준 데 있다. 큐레이션과 추천, 체험 중심 전략은 MZ세대의 강력한 충성도를 끌어냈다. 또한 온·오프라인 연계(O2O) 전략과 빠른 리테일 혁신을 통해 유행 감지→상품 기획→매장 론칭까지의 속도를 업계 평균보다 훨씬 단축시켰다. 이로써 올리브영은 단순한 H&B 매장을 넘어 '트렌드를 창출하는 브랜드'로 자리 잡았다.

나이키 - 스포츠를 넘어 문화로, 유행을 창조하는 브랜드

나이키는 '스포츠 정신'과 '문화 감성'을 결합하여 새로운 트렌드를 스스로 창조하는 데 주력했다. 즉, 소비자가 제품을 통해 자신의 정체성과 라이프 스타일을 표현할 수 있도록 설계했다. 여기에는 세 가지 주요 성공 요인이 있다.

첫째, '문화와 스포츠의 융합'이다. 나이키는 스포츠 정신을 바탕으로 거리 문화, 힙합, 예술 등 다양한 사회적 코드와 결합해 신제품을 만들어냈다. 에어조던, 덩크, 트래비스 스캇 등과의 콜라보 제품 등은 하나의 문화현상으로 소비자들에게 받아들여졌다.
둘째, '디지털 경험 혁신'이다. 나이키는 SNKRS 앱, 디지털 매장 '나이키 라이즈', 가상 운동 커뮤니티 구축을 통해 오프라인과 온라인을 유기적으로 연결했다. 소비자가 어디에서든 나이키 브랜드를 경험하는 옴니채널 전략을 강화하여 디지털 세대의 몰입을 이끌어 냈다.
셋째, '감성적 브랜드 스토리텔링'이다. 나이키는 소비자가 '나만의 이야기'를 입을 수 있도록 정체성과 라이프 스타일을 제안했다. 'Just Do It' 같은 슬로건은 도전과 열정이라는 감정적 메시지를 각인시켰다.

5계 - 속도 차별화 전략

<출처 : 데일리 펌>　　　　　　　　　　[그림 3-10 쿠팡 로켓배송의 속도 차별화 전략]

쿠팡 - '로켓배송'으로 시장을 재편하다

쿠팡은 고객이 주문한 상품을 당일 또는 다음 날 배송하는 서비스인 '로켓배송'이라는 이름 아래, 국내 유통업계에 '하루배송', '당일배송'이라는 새로운 기준을 정립했다.
쿠팡 속도 차별화의 핵심은 자체 물류 네트워크 구축이다. 외부 택배사에 의존하는 대신, 쿠팡은 풀필먼트 센터와 자체 배송 인력인 '쿠팡맨'을 대규모로 확충했다. 2024년 기준 쿠팡은 30개 이상의 메가 물류센터를 운영하며, 전체 매출의 70% 이상이 로켓배송 상품에서 발생한다.

쿠팡은 또한 AI 수요 예측 시스템을 통해 인기 상품을 미리 물류 거점에 배치함으로써 주문과 동시에 발송이 가능한 체계를 갖췄다. 이처럼 '예측 기반 재고 배치'와 '라스트마일(last-mile) 혁신'이 결합돼 쿠팡은 소비자에게 '빠름'을 일상화했다. 2024년 매출 30조 원으로 국내 이커머스 시장 점유율 30% 이상을 차지하고 있다.
쿠팡은 속도가 신뢰가 되고 신뢰가 점유율로 이어진 대표적 사례다. 제품이나 서비스 그 자체보다 고객의 시간을 절약해 주는 가치를 팔았고, 그것이 곧 시장을 장악하는 가장 강력한 무기가 되었다.

페덱스 – '하룻밤 배송'으로 물류의 혁신을 이끌다

페덱스는 1973년 'Overnight Delivery(하룻밤 배송)' 개념을 처음 도입하며 글로벌 물류 시장에 충격을 주었다. 속도 차별화의 핵심은 허브 앤 스포크(Hub and Spoke) 시스템 구축이었다. 모든 소포를 한 곳(허브)으로 집결 후 분산시켜 이동 경로를 최적화하고 시간 단축을 극대화했다.

또한 페덱스는 항공기를 자체 보유해 운송 시간의 독립성을 확보했으며, 물류 IT 시스템 혁신으로 배송 추적을 실시간으로 가능하게 했다. 이처럼 하드웨어(비행기, 허브 시스템)와 소프트웨어(IT 네트워크) 양면 혁신을 통해, 빠른 배송이라는 신뢰를 구축했다. 현재 페덱스는 하루 평균 1,200만 개 이상의 소포를 처리하며, 2024년 기준 매출은 920억 달러를 기록했다.
페덱스는 속도와 신뢰를 결합해 글로벌 물류의 표준을 새롭게 정의했다.

페덱스의 사례는 빠름은 곧 신뢰를 낳고 신뢰는 점유율과 지속 성장으로 이어짐을 보여 준다. 즉 속도는 단순한 경쟁우위를 넘어 새로운 시장 질서를 창조하는 힘이라는 점이다.

스페이스X – '로켓 재활용'으로 우주 개발 속도를 열 배 끌어올리다

스페이스X는 '빠른 반복 발사'라는 새로운 패러다임으로 우주 산업의 속도 혁명을 이끌었다. 속도 차별화 전략의 핵심은 로켓 재활용이다. 과거에는 로켓을 1회 사용 후 폐기했지만, 스페이스X는 '팰컨9(Falcon 9)' 부스터를 수직 착륙시키고 수십 회 재활용할 수 있도록 개발했다.

이와 함께 스타링크(Starlink) 프로젝트를 통해 초고속 위성 인터넷 네트워크를 구축하면서, 발사 빈도를 월 5~6회 수준으로 끌어올렸다. 2024년 기준 스페이스X는 연간 100회 이상 발사를 달성했고, 발사 비용을 경쟁사 대비 60% 이상 절감했다. 이는 기존 우주 발사의 속도와 비용 구조를 완전히 재편한 것이다.

또한 스페이스X는 개발과 발사를 병행하는 애자일(Agile) 개발 방식을 도입, 실패를 두려워하지 않고 빠른 반복 학습을 통해 로켓 품질을 향상시켰다. 그 결과, 2024년 스타쉽(Starship) 발사 성공과 함께 화성 이주 프로젝트에도 본격 시동을 걸었다.
이는 속도 혁신이 산업 전체를 어떻게 뒤바꿀 수 있는지를 잘 보여 준다.

6계 - 편의 차별화 전략

[그림 3-11 카카오톡의 편의 차별화 전략]

카카오 - '모든 생활을 한 손에' 연결한 편의 생태계

카카오는 메신저 기반 플랫폼을 넘어, 사용자의 일상 전체를 연결하는 슈퍼앱(Super App) 전략을 통해 편의 차별화의 정수를 보여주었다. 단순 기능을 개선하는 것을 넘어 고객의 삶과 연결되는 깊은 가치를 창출해 내는 편의성을 구현한 것이다.

카카오톡을 중심으로, 택시 호출(카카오T), 모바일 결제(카카오페이), 송금, 쇼핑, 예약, 상담, 심지어 은행과 보험 서비스까지 일상 대부분의 활동을 하나의 앱 안에서 해결할 수 있도록 했다.

핵심 포인트는 "멀리 갈 필요 없는 즉시 접근성"이었다. 사용자는 별도의 앱을 설치하거나 복잡한 절차를 밟을 필요 없이, 카카오톡 친구 목록이나 채팅방에서 바로 택시를 부르고, 송금하고, 쇼핑할 수 있게 됐다. 특히 간편결제 / 송금 기능은 모바일 금융 생활을 혁신적으로 변화시켰다.

카카오는 또한 '알림톡', '채널 추가' 기능 등을 통해 기업과 고객 간 소통도 혁신했다. 2024년 기준, 카카오페이는 월간 활성 사용자(MAU) 4천만 명을 넘었고, 카카오T는 누적 호출 수 10억 건을 돌파했다. 카카오의 편의 차별화는 "고객의 손에 모든 일상을 쥐어주는 독보적 전략"이다.

챗GPT - 질문 하나로 세상을 열다

챗GPT는 AI 대중화의 선두주자로서, 복잡한 정보 탐색과 지식 획득 과정을 단순화하여 편의 차별화를 실현했다. 사용자는 더 이상 검색창에 수십 개의 키워드를 조합하거나 방대한 자료를 뒤질 필요가 없다. 하나의 질문만 던지면 원하는 것을 얻을 수 있다.
핵심 포인트는 '검색의 불편을 대화형으로 대체' 한 것이다. 자연어 처리(NLP) 기술을 기반으로, 사용자 질문의 뉘앙스를 이해하고 맥락에 맞는 답변을 제공함으로 인간과 대화하듯 정보를 주고받을 수 있게 만들었다. 기존 검색 엔진 대비 압도적인 편의성과 몰입감을 제공했다.

챗GPT는 끊임없는 데이터 학습을 통해 품질을 개선하고, 개인화된 답변을 강화하며, 플러그인 연동을 통해 기능 확장을 이어가고 있다. 예를 들어, 여행 플래너, 코딩 어시스턴트, 작문 도우미 등 다양한 영역에서 전문 서비스를 제공한다. 2024년 기준, 챗GPT는 월간 사용자 수 2억 명을 돌파하며 글로벌 AI 서비스 중 최단기간 성장을 기록했다.
챗GPT의 성공은 "질문 하나로 세상을 열어주는 초편의화 전략"의 위력을 증명했다.

당근마켓 - 가장 가까운 거래, 가장 쉬운 연결

당근마켓은 지역 기반 중고거래 플랫폼으로 시작하여, 초간편 로컬 커뮤니티 서비스로 편의 차별화를 이뤄냈다. 핵심은 사용자가 복잡한 인증 절차나 택배 포장을 거치지 않고, 동네 이웃과 손쉽게 물건을 사고팔 수 있도록 만든 것이다. '동네 거래를 생활의 연장선으로 자연스럽게 녹여낸 것'이다. 위치 기반 매칭 시스템을 도입하여, 거주지 반경 6km 이내 이웃들과만 연결되도록 했다. 이로 인해 사기 위험을 최소화하고, 거래 속도와 신뢰를 동시에 확보했다.

또한 채팅 기반 거래 시스템을 채택해, 전화번호 공유 없이 소통하고 거래할 수 있게 했다. 더 나아가 '당근알바', '동네생활' 등 로컬 커뮤니티 기능을 확장해, 이웃 간 정보 교류와 일자리 연결까지 서비스 영역을 넓혔다. 2024년 기준, 당근마켓의 월간 사용자 수는 1억 8백만 명에 달하며, 중고거래 시장을 넘어 지역 생활 플랫폼으로 진화하고 있다.

당근마켓의 편의 차별화 전략은 "가장 가까운 사람과 가장 쉽게 연결하는 초간편 로컬화"라는 점에서 빛난다. '편리함'이 곧 '이웃 신뢰'로 이어지고, 이것이 다시 거래 활성화와 플랫폼 확장으로 이어진 선순환 구조를 만들어냈다.

제2편 창조 전략 - Blue Ocean

[그림 3-12 Blue Ocean 창조 전략 모델]

싸우지 않고 이기거나 덜 싸워서 이기는 전략이다

경쟁이 치열한 시장, 레드오션(Red Ocean)에서 벗어나 새로운 시장과 기회를 발굴하여 경쟁 없는 시장, 블루오션(Blue Ocean)을 창조하는 접근방식이다. 이를 통해 기업은 고객에게 새로운 가치를 제공하고 경쟁을 하지 않고 성장을 추구한다.

이 전략은 단순히 시장 점유율 경쟁에 초점을 맞추는 것이 아니라, 새로운 가치를 창출하여 새로운 수요를 형성하고 창의적인 방식으로 기존 한계를 뛰어 넘는 것을 목표로 한다.

또한 창조 전략은 고정관념을 끊임없이 의심하고 고객 니즈와 시장 구조를 재정의한다. 탈경쟁을 통해 기존의 경쟁 구도 자체를 무의미하게 만들고 본질을 새롭게 재구성하는 데 초점을 맞춘다. 파괴적 혁신을 통해 기존 시장의 경계를 허물어 새로운 공간을 창출한다. 이는 결국 시장을 새롭게 만들고 세상을 다시 그리는 대담한 도전이 된다.

시장 창조 전략 : 기존에 존재하지 않던 시장을 개척하거나, 새로운 고객층을 발굴하여 경쟁 없는 새로운 공간을 창출한다. 기존 고객의 요구를 재해석하거나 새로운 트렌드를 반영하여 달성할 수 있다. 이를 통해 완전히 새로운 수요를 창출하고, 후발 경쟁자에 대한 진입 장벽을 세운다.

상품 창조 전략 : 기존 시장에서 볼 수 없었던 독창적이고 혁신적인 상품을 개발하여 시장의 판도를 바꾼다. 이는 고객의 문제를 새로운 방식으로 해결하거나, 완전히 새로운 경험을 제공하는 제품일 수 있다. 단순한 기능을 넘어 감성적 만족과 문화적 코드를 동시에 충족시키는 상품을 창조하는 전략이다.

서비스 창조 전략 : 고객 맞춤형 서비스나 기존에 없던 고유의 서비스를 창출하여 고객 만족도를 극대화하고 차별화를 꾀한다. 고객의 숨겨진 니즈를 발굴하거나 기존 서비스의 질을 혁신적으로 향상시키는 것이 포함된다.
서비스 품질을 경험 가치 중심으로 전환해 장기적 충성도를 구축하는 전략이다.

시공간 창조 전략 : 제품 또는 서비스가 전달되는 장소나 환경, 즉 공간 또는 시간을 혁신적으로 바꾸어 경쟁우위를 확보한다. 새로운 유통 경로, 혁신적인 물리적 또는 디지털 장소, 새로운 시간 창조 등을 활용해 고객 경험을 극대화한다.
비즈니스 모델 자체를 시간과 공간의 혁신으로 재구성하는 접근이다.

기술 창조 전략 : 신기술 개발 및 적용을 통해 기존 제품이나 서비스를 뛰어넘는 혁신적인 가치를 제공한다. 인공지능, 블록체인, IoT 등의 첨단 기술을 활용해 시장에서 독보적인 위치를 확보할 수 있다. 기술 그 자체를 차별화 요소로 삼아 새로운 산업 규칙을 주도하는 전략이다.

채널 창조 전략 : 다양한 채널을 통합하여 고객이 원하는 방식으로 제품과 서비스를 제공하며, 고객 접근성을 높이고 일관된 브랜드 경험을 제공한다. 디지털 및 오프라인 채널을 융합한 새로운 비즈니스 모델을 포함한다.
채널 간 경계를 허물고, 언제 어디서나 일관된 가치를 전달하는 데 초점을 둔다.

7계 - 시장 창조 전략

<출처 : 한국교육신문>　　　　　[그림 3-13 태양의 서커스 블루오션 창조 전략]

태양의 서커스 – '프리미엄 공연 예술'로 블루오션 시장을 창조하다

태양의 서커스(Cirque du Soleil)는 전통 서커스 산업이 쇠퇴하던 시기에 등장해, '프리미엄 공연 예술'이라는 완전히 새로운 시장을 창조했다. 기존 서커스가 동물 쇼와 저렴한 티켓 중심으로 운영되던 것과 달리, 태양의 서커스는 동물을 배제하고 인간 퍼포먼스, 스토리텔링, 예술적 연출을 결합해 서커스의 개념을 고급화했다.

전략의 핵심은 '고객 기대를 재정의'하는 데 있었다. 단순한 재미 제공을 넘어 감동과 예술적 감성까지 아우르는 새로운 공연 경험을 설계했다. 실행 방법으로는 공연 하나하나를 독립적인 브랜드로 구축하고, 티켓 가격을 기존 서커스 대비 3~4배 높여 프리미엄 포지셔닝을 확립했다. 이 과정에서 연극, 뮤지컬, 콘서트 관객층까지 새로운 고객군을 유치하는 데 성공했다. 전 세계 6개 대륙, 수천만 명의 관객을 사로잡으며 서커스를 엔터테인먼트 예술로 승격시켰다.

시장 창조 전략의 본질은 '존재하지 않는 시장'을 상상하여, 기존 시장에서
점유율을 높이는 것이 아니라 아예 경쟁자가 없는 블루오션 시장을 만들어내는 것이다.

구독 경제 - 소유 대신 경험을 소비하는 시대

구독 경제는 제품이나 서비스를 소유하지 않고 정기적으로 이용하는 경제 모델이다. 소비자가 '구매' 대신 '경험'을 중요시하게 되면서 급속도로 성장했다. 2024년 기준 글로벌 구독 경제 시장 규모는 약 1조 5천억 달러를 넘어섰다. 구독 경제는 구매-소비-폐기 중심의 전통적 소비 패턴 자체를 변화시켜 산업 지형을 뒤흔들고 있다.

대표 사례로 넷플릭스, 아마존 프라임, 스포티파이가 있다. 넷플릭스는 월 정액제를 통해 '콘텐츠 무제한 스트리밍'이라는 새로운 가치를 제안했고, 아마존 프라임은 배송, 콘텐츠, 쇼핑, 클라우드 서비스를 통합해 '구독을 통한 생태계 락인'을 구축했다.

'고객과 지속적 관계 맺기'가 핵심으로 지속적 콘텐츠 업데이트, 맞춤형 추천 알고리즘, 멤버십 혜택을 통해 고객 충성도를 강화하고 있다. 데이터 기반 개인화와 정서적 유대감을 동시에 강화해 '구독이 끊을 수 없는 습관'이 되도록 만들고 있다.

돌봄 경제 - 인간 중심의 새로운 가치 시장

돌봄 경제는 사회적 가치 창출과 기업 성장이라는 두 가지 목표를 동시에 달성하는 새로운 시장 모델이다. 건강, 복지, 교육, 고령화 대응 등 인간의 삶의 질 향상과 관련된 서비스를 핵심으로 삼는 시장이다. 고령화, 저출산, 1인 가구 증가, 사회적 돌봄 수요 확산이 시장 창출의 배경이다.

'삶의 질(Quality of Life)을 파는 비즈니스'가 전략의 포인트로 고객의 삶을 실질적으로 개선하는 솔루션 제공이 비즈니스의 핵심이다. 글로벌 돌봄 경제 규모는 2030년까지 8조 달러 이상으로 성장할 전망이다.

미국의 스타트업인 Honor는 고령자 돌봄 서비스를 IT 기술과 매칭하여 제공하고, Care.com은 가정 내 돌봄 인력을 연결해주는 글로벌 플랫폼을, 한국의 케어닥은 고령자 요양 매칭 플랫폼 등을 제공한다. 데이터 기반 고객 매칭, 개인별 맞춤형 돌봄 설계, 심리적인 신뢰 형성을 위한 플랫폼 브랜딩 강화 등을 기반으로 성장 중이다.

8계 - 상품 창조 전략

[그림 3-14 통신기기의 상품 창조 단계]

상품 창조 전략이란 단순히 기존 제품을 개선하는 수준을 넘어, 고객의 상상을 뛰어넘는 새로운 가치와 시장을 창출하는 경영 전략이다. 이는 경쟁을 피하고 스스로 규칙을 새로 만드는 창조적 파괴를 의미한다. 기업은 상품 창조를 통해 기술, 디자인, 사용 경험을 혁신하며 시장의 패러다임 자체를 바꾼다.

전화기의 진화 과정은 이러한 상품 창조 전략의 상징적 사례다. 1876년 벨의 전화기 발명으로 커뮤니케이션 혁신은 본격화되었다. 이후 유선 전화, 무선 전화, 블랙베리, 스마트폰에 이르기까지 전화기는 시대마다 '새로운 상품의 탄생'을 통해 세상을 다시 그려왔다.

전화기 발명과 아날로그 시대

1876년 알렉산더 벨이 세계 최초의 전화기를 발명하며 인류는 소리로 직접 연결되는 커뮤니케이션 혁명을 맞이했다. 이후 1919년 다이얼 방식 전화기, 1963년 버튼식 전화기가 등장하며 통신의 속도와 사용 편의성이 대폭 향상되었다.

스마트폰 발명과 디지털 시대

1988년 무선 전화의 등장, 1990년 피처폰, 2002년 블랙베리의 업무용 스마트폰 출시는 통신의 자유를 비약적으로 확장시켰다. 그리고 2007년 스티브 잡스가 공개한 아이폰은 전화기의 개념을 근본적으로 바꿔 놓았다. 전화는 단순한 통화 수단을 넘어, 인터넷, 음악, 사진, 금융, 쇼핑, 소셜미디어를 모두 담는 '모바일 라이프 플랫폼'으로 진화했다. 2008년에는 삼성의 갤럭시 시리즈 출시로 안드로이드 진영이 확산되면서 스마트폰은 세계인의 일상이 되었다.

AI 만물폰 IoE Phone 시대로 진입

2021년 AI폰이 출시되면서 현재 우리는 'AI 만물폰' 시대로 진입하고 있다. AI 만물폰은 AI를 핵심 엔진으로 삼아, 모든 사물과 연결되어 생활 전반을 하나의 디바이스로 관리하고 제어할 수 있게 만든 초개인화된 스마트 디바이스를 말한다. 즉, 미래의 전화기는 '전화' 기능을 넘어 사물인터넷(IoT), AI, AR/VR, 헬스케어, 금융 등 모든 생활 요소와 연결된 'All-in-One 스마트 인터페이스'가 된다. 더 이상 물리적 폼팩터에 갇히지 않고 유연하게 변형되고 상황에 맞게 스스로 최적화되는 진화형 플랫폼이 될 것이다.

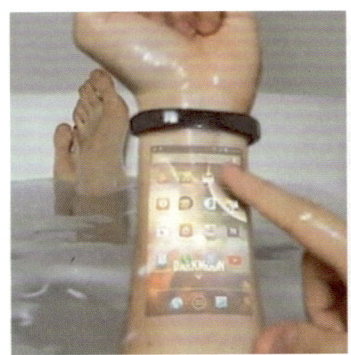

9계 - 서비스 창조 전략

[그림 3-15 카카오톡 선물하기의 서비스 창조 전략]

카카오톡 선물하기 - 가장 편리하게 빠른 감동을 준다

카카오톡 선물하기는 고객이 '번거롭지 않게', '즉시', '감동을 담아' 선물할 수 있도록 설계하여 서비스 차별화에 성공했다.
사용자는 상대방의 생일 알림, 대화 중 상황에 맞춰 몇 번의 터치로 선물을 보내고, 받은 사람도 바로 수령할 수 있다. 배송지 입력 없이 모바일 교환권을 이용하거나, 상대방이 직접 수령 정보를 입력하는 간편한 시스템도 구축했다.

사용자의 80% 이상이 20~40대로 트렌디한 라이프 스타일 서비스로 자리잡았다.
브랜드 스토어, 프리미엄 선물관 등을 통해 고급화도 병행하며 국내 선물하기 시장에서 70% 이상의 점유율을 차지하고 있다.
이러한 차별화 전략에 힘입어 카카오톡 선물하기가 포함된 톡비즈니스 커머스 분야의 매출은 '24년 연간 9천 1백억 원의 성과를 기록했다.

자포스 Zappos - 서비스를 넘어 감동을 판다

온라인 신발·의류 판매업체인 자포스는 '제품이 아니라 감동을 판다'는 문화로 서비스 차별화를 성공시킨 대표적인 기업이다. 고객 서비스 자체를 기업의 존재 이유로 만들어서 자포스의 브랜드 정체성으로 삼았다.

핵심 포인트는 '고객 기대를 초월하는 서비스'다. 예를 들어, 고객 상담원에게 전화가 오면, 시간 제한 없이 필요한 모든 지원을 아끼지 않는다. 기록된 최장 상담 시간은 10시간이 넘는다. 제품이 품절일 경우에도, 경쟁사의 재고를 확인해 고객에게 알려 주는 '신뢰 최우선' 정책을 시행했다. 무료 반품 기간을 365일로 설정하고, 어떤 이유로든 무료 교환·환불이 가능하도록 했다. 고객에게 신뢰를 얻는 것이 곧 장기적 수익으로 이어진다는 철학을 실천한 것이다.

이러한 고객 서비스 전략으로 자포스는 고객 충성도와 만족도를 측정하는 지표인 NPS (Net Promoter Score)에서 매년 65점 이상의 높은 수준을 기록하고, 재구매율이 75%에 달한다.

아마존 프라임 Amazon Prime - 시간과 편의를 사고, 충성심을 얻다

아마존 프라임은 월 구독료를 지불하면 빠른 배송(Prime Delivery), 영화·음악 스트리밍(Prime Video, Prime Music), 전용 할인 혜택(Prime Day) 등의 서비스를 통합 제공하는 프로그램이다. 이는 '프라임이 없으면 불편하다'는 생각을 고객들에게 심어 주었고, 아마존의 장기 충성도와 시장 지배력을 강화하는 결정적 요인이 되었다.

성공의 핵심 포인트는 '올인원(All-in-One) 고객 경험'이다. 고객은 물건을 주문하고 수령하는데 걸리는 시간, 여러 스트리밍 서비스를 각각 구독해야 하는 번거로움, 할인 혜택을 따로 찾는 수고로움을 한 번에 없앨 수 있다. 아마존은 1일 무료 배송, 2시간 내 즉시 배송 (Prime Now) 같은 극단적인 배송 속도를 무기로 내세웠다. Prime Video, Prime Music 콘텐츠 강화에도 막대한 투자를 해서 고객 체류 시간을 늘리고, 추가 구독을 유인했다.

2024년 기준, 전 세계 프라임 회원 수는 2억 명을 넘었으며, 프라임 가입자는 비가입자보다 연간 구매액이 두 배 이상 높다는 조사 결과도 있다.

10계 - 시공간 창조 전략

[그림 3-16 복합문화공간 북쌔즈의 시공간 창조 전략]

시공간 창조 전략은 고객의 시간과 공간을 절약하고 확장하여 삶의 순간을 더 풍요롭게 한다. 북쌔즈(Booksays)는 '책이 말하다'라는 뜻으로, 다양한 생각과 문화적 경험을 동시에 열어 주는 복합문화공간으로 새로운 라이프 스타일을 제안한다. 북쌔즈는 2018년, 하버드 비즈니스 스쿨 학생들의 FGI(Focus Group Interview) 벤치마킹 대상으로 선정되어 3개월 동안 프로젝트를 수행한 결과, 규모는 작지만 글로벌 최고의 복합문화공간으로 평가받았다.

북쌔즈 - 하루를 제안하는 '라이프 스타일 공간' _ 학(學), 휴(休), 동(動), 감(感), 공(共), 신(新)

아침에는 클래식 음악과 함께 커피를 마시며 인문학·과학 강연을 듣고, 점심에는 사람들과 담소를 나누며 휴식한다. 오후에는 비즈니스 미팅, 저녁에는 공연, 강연, 출판 기념회 등이 열린다. 주말에는 공부와 도서를 즐기는 공간으로 변모한다.

북쌔즈 - 호기심을 불러일으키는 '갸우뚱' 문화융합 공간

한눈에 규정할 수 없는 복합적 매력을 가진 '가우뚱 공간'이다. 외관은 유럽 클래식 감성이 물씬 풍기지만, 내부로 들어서면 콘서트홀, 책방, 카페, 포럼, 미팅룸, 촬영 스튜디오 등 다양한 공간이 하나로 어우러진다. 마치 런던의 고풍스러운 서재와 현대적인 카페 문화, 공연예술 공간이 융합된 느낌을 준다. 편안함과 품위를 동시에 갖췄다.

북쌔즈 - 한 자리에서 이뤄지는 원스톱 서비스 공간

스타벅스나 예술의 전당 같은 공간과 다른 점은 한자리에서 다양한 경험을 즐길 수 있는 원스톱 서비스다.
스타벅스에서 커피는 마실 수 있지만 강연이나 공연을 듣기는 어렵다.
예술의 전당에서는 공연은 볼 수 있지만, 편안한 모임이나 독서를 즐기기는 쉽지 않다.
북쌔즈는 도심의 한 공간 안에서 강연, 미팅, 문화 행사, 나눔 활동이 자연스럽게 연결된다.

북쌔즈는 편안함과 품위를 갖춘 원스톱 서비스 공간으로, 북쌔즈를 찾는 고객들에게 다양한 하루의 일상을 제공하며, Every Little Help 작은 도움을 주는 역할을 하고 있다.

에어비앤비 - 숙박 공간의 재정의와 확장

에어비앤비의 시공간 창조 전략의 핵심은 '여행'이라는 전통적 개념을 '살아보는 경험'으로 상품화함으로써 공간과 시간을 새롭게 창조하고, 여행 시장 자체를 아래의 네 가지 차원에서 재정의했다는 점이다.

지역적 전략 : '가까운 곳으로 가자'는 캠페인처럼 접근성을 높이고,
로컬 호스트와 지역 이벤트 참여를 통해 현지 문화 체험을 강화했다.
시간적 전략 : 다양한 숙박 일정과 시간 제약 없는 예약 시스템으로
여행 계획의 유연성과 수월함, 선택의 폭을 높였다.
현지 경험 강화 전략 : 호텔 객실 대신 지역 분위기를 살릴 수 있는 공간을 제공하고,
재미를 느낄 수 있는 커뮤니티 참여를 촉진해 현지 생활을 경험하게 했다.
기술적 전략 : 온라인 플랫폼과 데이터 분석을 통해 개인화된 서비스를 제공하고,
공유경제 모델을 통해 개인 공간 활용과 호스트 경제활동을 활성화했다.

이처럼 에어비앤비는 '공간'을 새롭게 열고, '시간'을 확장하며, '삶의 방식'을 변화시킨 결과, 숙박 공유를 넘어 여행, 일상, 커뮤니티를 연결하는 글로벌 플랫폼으로 성장할 수 있었다.

11계 - 기술 창조 전략

기술 패권 경쟁을 주도할 12대 국가 전략 기술

분야	세부 기술
반도체 디스플레이	고집적·저항기반 메모리 고성능·저전력 인공지능 반도체 전력반도체 반도체 첨단패키징 차세대 고성능 센서 프리폼 디스플레이 무기발광 디스플레이 반도체·디스플레이 소·부·장
이차전지	리튬이온전지 및 핵심소재 차세대 이차전지 소재·셀 이차전지 모듈·시스템 이차전지 재사용·재활용
첨단 모빌리티	자율주행시스템 도심항공교통(UAM) 전기·수소차
차세대 원자력	소형모듈형원자로(SMR) 선진원자력시스템·폐기물관리
첨단 바이오	합성생물학 유전자·세포 치료 감염병 백신·치료 디지털 헬스데이터 분석·활용
우주항공 해양	대형 다단연소사이클 엔진 우주관측·센싱 달착륙·표면탐사 첨단 항공가스터빈 엔진·부품 해양자원탐사
수소  H₂	수전해 수소생산 수소저장·운송 수소연료전지 및 발전
사이버 보안	데이터·AI 보안 디지털 취약점 분석·대응 네트워크·클라우드 보안 산업·가상융합 보안
인공지능 AI	효율적 학습 및 AI 인프라 고도화 첨단 AI 모델링 안전·신뢰 AI 산업활용·혁신 AI
차세대 통신 6G	5G고도화(5G-Adv) 6G 오픈랜(Open-RAN) 5G·6G 고효율 통신부품 5G·6G 위성통신
첨단로봇 제조	로봇 정밀제어·구동 부품·SW 로봇 자율이동 고난도 자율조작 인간·로봇 상호작용 가상 제조
양자	양자컴퓨팅 양자통신 양자센싱

<출처 : 삼성반도체 뉴스룸>

[그림 3-17 12대 국가 전략 기술]

기술 창조 전략이란 기존의 한계를 뛰어넘는 새로운 기술로 산업과 사회 전반에 변화를 일으키는 전략이다. 새로운 기술로 기존 질서를 재정의하고 새로운 시장과 규칙을 창출한다. 블록체인 기술은 이러한 기술 창조 전략의 정의에 맞는 사례로, 거래의 신뢰와 투명성을 새롭게 설계하여 공급망/금융··공공 시스템 등이 기존 판을 바꾸고 있다.

블록체인 기술 - 블록체인은 산업의 신뢰를 고도화하는 기술이다

블록체인은 거래나 정보를 중앙 기관 없이도 안전하게 기록하고 공유할 수 있도록 설계된 분산형 디지털 장부 기술이다. 이 기술은 모든 참여자가 동일한 정보를 나눠 갖고, 승인된 거래만 순차적으로 '블록'에 담아 '체인'처럼 연결하여 위·변조를 방지하고 안전한 거래를 담보하고 신뢰를 자동화한다.

블록체인 기술이 적용되는 분야의 실제 사례를 알아 보자.

초연결 지능화 분야에서는 암호기술과 결합해 개인 정보를 관리할 수 있어, 맞춤형 서비스 제공의 핵심 기반이 된다. 핀테크에서는 송금 수수료를 줄이고 거래 속도를 높여 글로벌 금융의 편의성을 획기적으로 높인다. 에너지 신산업 분야에서는 탄소배출권 및 신재생 에너지 거래의 투명성과 정산의 신뢰도를 높여 탄소 중립 시장의 기반 기술로 활용된다.

스마트 시티에서는 지역화폐 유통과 주민투표 결과의 위·변조 방지를 통해 행정 투명성과 시민 신뢰를 향상한다. 스마트 공장에서는 스마트 계약을 통해 해외 구매 계약을 자동화하고 위·변조를 방지하여, 공급망의 안정성과 비용 절감 효과를 극대화할 수 있다.

스마트 팜 분야에서는 농축산물의 이동 경로와 생산 이력을 실시간으로 기록해 소비자가 믿고 구매할 수 있는 신뢰 기반을 마련해 준다. 블록체인 기반 축산물 이력 관리는 사육부터 판매까지 모든 단계를 투명하게 기록·공유하여 데이터 조작을 원천 차단한다. 소비자는 이력 정보를 실시간으로 확인하고, 문제 발생 시 기존 6일의 추적 시간이 10분 이내로 단축된다.

블록체인 적용 분야

금융	비상장 주식 거래 실손 보험금 청구	의료	개인 의료정보 관리 유전체 정보 공유	콘텐츠	디지털 음원 유통 사진 저작권 관리
공공	전자 증명서 인증 온라인 투표	유통	개인 통관 다이아몬드 유통	에너지	이웃 간 전력 거래 전기자동차 충전

12계 - 채널 창조 전략

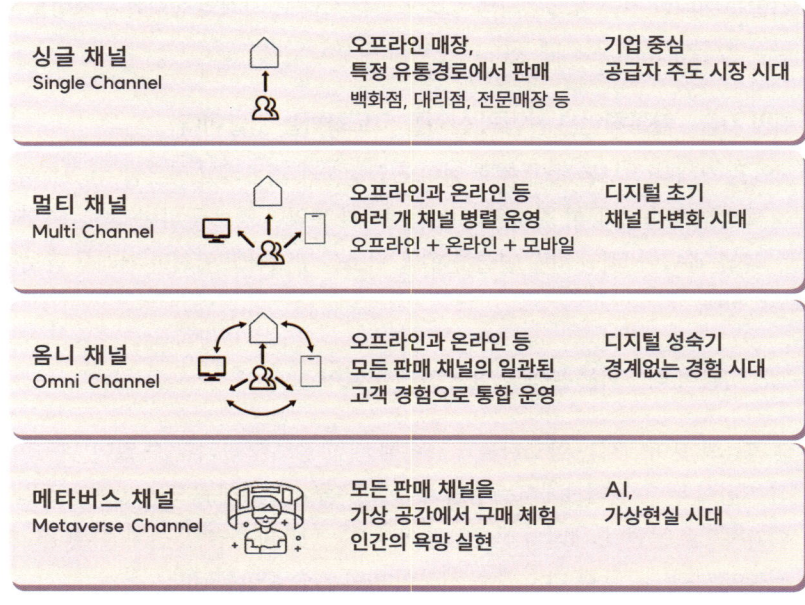

[그림 3-18 채널 창조 단계]

채널 창조 전략은 유통 채널을 단순한 판매 경로가 아닌, 고객 경험을 혁신하는 초연결 네트워크로 진화시키는 과정이다. 이는 공급자 중심에서 고객 중심으로, 물리적 공간에서 가상 공간으로 확장되며, 단절된 구매 여정에서 끊김 없는 몰입형 경험으로 발전하는 경로를 따른다.
채널 창조 전략은 어디서, 언제, 어떻게가 아니라, 어떤 경험을 제공할 것인가에 대한 기업의 새로운 경영 과제다.

싱글 채널 Single Channel - 공급자 주도 시장 시대

오프라인 매장 또는 하나의 특정 유통 경로를 통해 제품을 판매하는 방식이다.
기업 중심의 공급자 주도 시장으로, 제품이 매장에만 있으면 고객이 방문해 구매하는 구조다.

- 백화점/대리점/전문매장 등 전통적 오프라인에 기반
- 유통 구조가 단순하고 관리가 쉬움
- 고객 접점이 제한적으로 기업 중심 판매 전략이 용이함

멀티 채널 Multi Channel - 디지털 초기, 채널 다변화 시대

오프라인과 온라인 등 여러 개의 채널을 병렬적으로 운영하여 판매하는 방식이다. 디지털 시대 초기에 등장하여 고객 선택권이 늘어났다. 그러나 고객 경험은 여전히 단절되어 있었고, 경쟁이 심화되면서 채널 다변화 필요성이 대두되었다.

- 오프라인 매장 + 온라인 쇼핑몰 + 모바일 앱 등 복수 채널 운영
- 고객은 원하는 채널을 선택하지만, 채널 간 연결성은 약함
- 기업은 채널별로 별도 전략·관리 필요

옴니 채널 Omni Channel - 디지털 성숙기, 경계없는 경험 시대

모든 판매 채널(오프라인, 온라인, 모바일 등)을 하나의 일관된 고객 경험으로 통합하는 전략으로, 단순히 채널을 늘리는 것이 아니라, '고객 중심'으로 모든 채널을 연결하여, 언제 어디서나 자연스럽게 쇼핑이 가능한 채널이다.
아마존, 스타벅스, 이마트, 무신사 등이 대표적이다.

- 온라인·오프라인 데이터 통합(CRM, POS, ERP 연동)
- 모바일 앱에서 주문하고 오프라인 매장에서 픽업 (BOPIS) 가능
- 채널 간 경계 없이 매끄럽고 원활한 경험 제공

메타버스 채널 Metaverse Channel - AI, 가상현실 시대

가상 공간(메타버스)에서 브랜드와 고객이 몰입적 상호작용을 하며 제품을 체험, 구매하는 차세대 채널이다. 미래 유통은 물리적 공간에 갇히지 않고, 고객이 몰입하는 가상 공간까지 확장된다. 구매가 아니라 경험을 파는 방향으로 진화한다. 2025년 향후에는 메타버스, XR AI 기반의 초개인화 + 초몰입 채널 시대로 본격 진입할 가능성이 높다.

- 아바타를 통한 가상 매장 체험, 제품 착용·사용 시뮬레이션
- 디지털 자산(NFT), 가상 통화로 결제
- 쇼핑의 엔터테인먼트화, 게임화

제3편 혁신 전략 - TOWBID

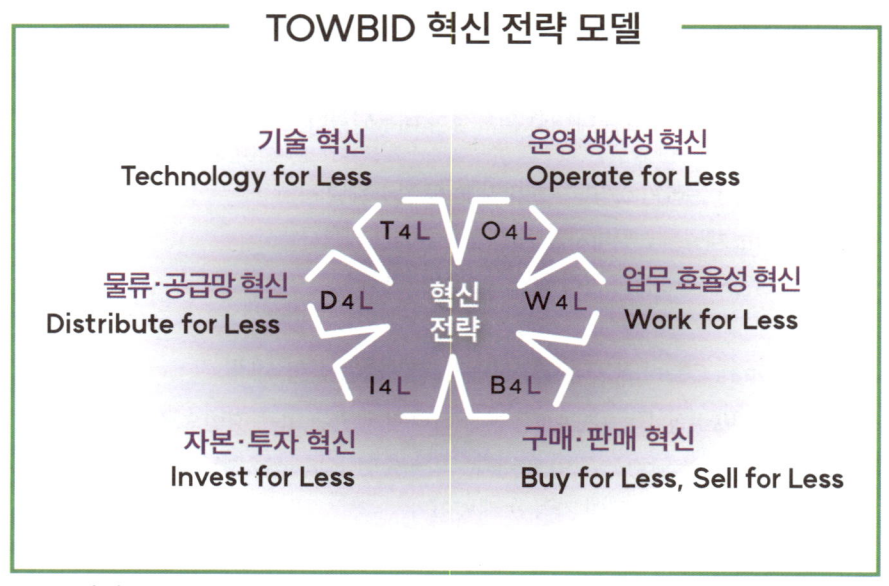

[그림 3-19 TOWID 혁신 전략 모델]

진정한 혁신은 점진적으로 보다는 파괴적으로 이뤄져야 한다

혁신 전략은 경영 전방위 분야에서 '더 적은 비용과 더 높은 가치'를 창출하기 위해 기존의 프로세스와 구조를 근본적으로 개선하는 경영 전략이다. 이는 기술, 운영 생산성, 업무 효율성, 구매·판매, 자본·투자, 물류·공급망 등 경영 전반에 걸쳐 적용되어야 한다.

혁신 전략은 시장을 공략하는 차별화 전략, 창조 전략과 달리, 내부 기업의 운영 효율을 높이고 원가 경쟁력을 강화하는 데 초점을 둔다. 단순한 비용 절감에 그치지 않고, '더 적은 자원으로 더 큰 성과를 창출하는 구조적 전환'을 지향한다는 점이 핵심이다.

한정된 자원으로 최대의 성과를 이끌어 내는 구조를 만들어 기업의 체질과 경쟁력을 강화하고 지속 성장의 토대를 구축한다.

T4L, 기술 혁신 – 기술로 할 수 있는 일은 반드시 기술을 사용한다

기존의 기술 한계를 뛰어넘어 더 적은 비용으로 더 높은 성능과 가치를 높이고 프로세스를 혁신하는 것이다. 이는 신기술 개발만 아닌, 기존 기술의 구조를 개선하거나, 더 효율적인 신공정을 도입해 경쟁 우위를 확보하는 것도 포함한다.

O4L, 운영 생산성 혁신 – 더 적은 자원으로 더 큰 결과를 만들어 낸다

동일한 시간과 자원으로 더 많은 결과를 창출하는 운영의 혁신을 의미한다. 프로세스 개선, 자동화, 인공지능 기반 최적화 등이 대표적 방법이다. 생산성 혁신은 원가를 낮추고, 낭비를 제거하며, 경쟁사의 추격을 따돌리는 속도를 만들어 낸다.

W4L, 업무 효율성 혁신 – 불필요한 일을 없애면 효율이 따라온다

업무 방식 자체를 획기적으로 개선하여 낭비 없는 일 처리, 최소 자원으로 최대 성과를 추구한다. 이는 빠른 의사결정과 실행으로 조직 문화, 협업 방식, 데이터 활용, 디지털 업무 전환 등 경영 전반을 스마트하게 재설계하는 것이다.

B4L·S4L, 구매·판매 혁신 – 구매를 잘해야 판매 경쟁력이 생긴다

구매는 더 싸고 전략적으로, 판매는 더 빠르고 효율적으로 이루어지도록 혁신하는 것이다. 구매 혁신은 원가 절감과 공급망 안정성 확보를 목표로 하고, 판매 혁신은 시장 반응 속도를 높이고 채널 효율을 극대화하는 데 중점을 둔다.

I4L, 자본·투자 혁신 – 기반 기술 투자를 잘못하면 회사는 망한다

제한된 자본을 최대한 효율적으로 배분하고, 최소 리스크로 최대 수익을 추구하는 것이다. 먼저, 밸류 엔지니어링(Value Engineering)을 통해 매장·공장·설비 등의 고정자산 투자를 최소화해야 한다. 그리고 리스크 분석을 통해 ROI(투자수익률)를 극대화한다.

D4L, 물류·공급망 혁신 – 공급망 전체를 아우르는 물류 생태계 전체를 혁신한다

단순 협력이나 배송 최적화를 넘어, 생태계 전체의 생산성과 민첩성을 극대화하는 전략이다. 공급망 최적화, 파트너사와의 신뢰 구축, 플랫폼 생태계 조성 등이 핵심이다. 네트워크 연결성과 속도가 시장 지배력을 결정한다.

13계 - 기술 혁신 전략

테슬라의 기술 혁신

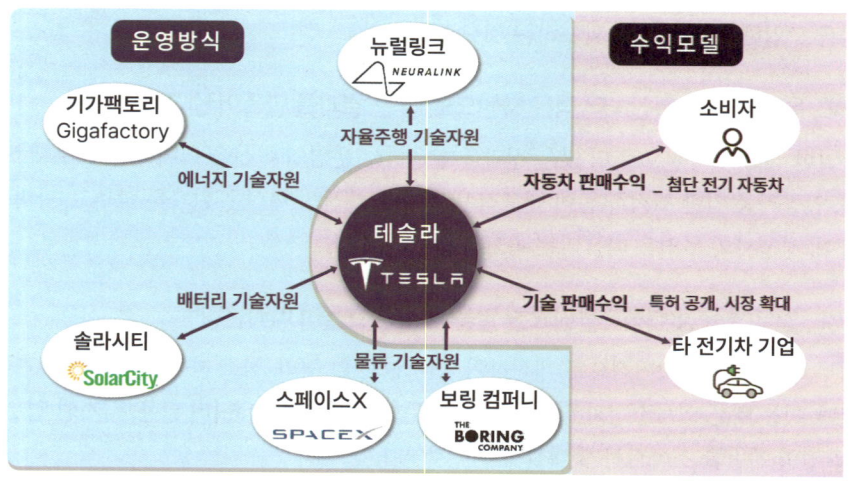

[그림 3-20 테슬라 기술 혁신 모델]

기술 혁신 전략은 기존 공정과 시스템의 비효율을 제거해 비용을 줄이고, 고객이 체감하는 가치를 높이며, 기술과 운영을 구조적으로 최적화하여 지속 성장을 이끄는 전략이다.

테슬라 Tesla - 전기차 기술을 고도화하고 플랫폼 생태계를 형성하다
테슬라는 단순한 전기차 제조를 넘어, 기술 혁신을 비즈니스 모델 자체를 혁신하는 전략적 무기로 삼으며 에너지 종합 플랫폼 기업으로 진화하고 있다.

우선, 전기차 생산을 중심으로 자가 기술 내재화를 추진해 기가팩토리를 통한 배터리 원가 절감과 공급 안정성을 확보했으며, 이는 대중화 전략의 핵심이 되었다. 또한 2016년 솔라시티를 인수해 태양광 패널, 에너지 저장장치, 충전 인프라를 통합하고, 전기차-배터리-에너지 생산을 하나의 생태계로 연결했다. 테슬라는 이를 통해 고객 락인(Lock-in)과 수익 다각화를 동시에 달성했으며, 단일 제품이 아닌 산업 전체를 장악하는 방향으로 비즈니스를 확장했다.
이 전략은 시장 진입 장벽을 높이고, 규모의 경제와 기술 우위를 동시에 강화하는 효과를 가져왔다.

TSMC - 반도체 설계와 제조의 분업 모델로 시스템 반도체 시장을 확장하다

TSMC는 오직 시스템 반도체 제조라는 전문 영역에서 시장 생산이 아닌 주문 생산 모델로 고객사가 원하는 품질 혁신을 극대화한다.

1987년, 모리스 창은 칩을 설계하는 회사가 직접 공장을 운영하지 않아도 되는 혁신적인 '팹리스-파운드리' 분업 모델을 제시했다. 이 덕분에 수많은 스타트업과 기술 기업들이 자유롭게 뛰어들 수 있었고, 반도체 시장은 폭발적으로 성장했다. TSMC는 오직 제조에만 집중하며 5nm, 3nm 같은 초미세 공정 기술을 선도했다. 이 과정에서 매출의 상당 부분을 꾸준히 연구개발과 설비에 투자하며 경쟁자들과의 격차를 벌려 왔다.

TSMC의 혁신은 크고 거창한 변화를 외치는 것이 아니다. 아주 구체적이고 정교하게 '제조의 효율성'을 극대화하며 고객사가 창조와 차별화를 할 수 있도록 뒤에서 뒷받침해 왔다. 덕분에 애플, 엔비디아, AMD 같은 기업들이 최고의 칩을 만들 수 있었고, 산업 전체가 한 단계 도약할 수 있었다.
결국 TSMC는 '작은 영역에서의 깊은 혁신'이 어떻게 산업 전체를 움직일 수 있는지를 보여 주는 살아 있는 사례가 되었다.

딥마인드 Deep Mind - 딥러닝 알고리즘 개발로 AI 시대를 열다

딥마인드의 기술혁신 전략은 복잡하고 시간이 오래 걸리는 문제를 인공지능(AI)으로 빠르고 싸게 푸는 데 초점을 맞췄다. 과거에는 인간이 오랜 시간 동안 연구해야 했던 분야들 — 예를 들어 바둑, 단백질 구조 예측, 에너지 최적화—을 딥마인드는 딥러닝과 강화 학습 알고리즘을 통해 단축하고 비용을 획기적으로 낮췄다.
대표적으로, 바둑 프로그램 AlphaGo는 수천 년 동안 인간만이 해온 창의적 판단을 AI로 가능하게 했고, 단백질 구조를 예측하는 AlphaFold는 신약 개발 시간을 수십 배 줄였다.

딥마인드의 전략은 단순하다. 복잡한 문제를 AI에게 스스로 경험하고 학습하게 한 뒤, 인간보다 더 빠르게 최적의 해답을 찾아내게 한다. 게임(바둑, 체스)을 훈련장 삼아 알고리즘을 연마하고, 그 기술을 현실 문제(과학 연구, 에너지 절감)로 확장한 것이다. 실제로 구글 데이터 센터에서는 딥마인드의 AI가 냉방 시스템을 제어해 에너지 사용량을 40% 줄였다.

14계 - 운영 생산성 혁신 전략

[그림 3-21 현대자동차 싱가포르 글로벌 혁신 센터의 운영 생산성 혁신 전략]

현대자동차 - 초대형화, 스마트화, 가상화로 생산 혁신을 이룬다

운영 생산성 혁신 전략은 불필요하거나 낮은 생산성을 유발하는 요소를 과감히 제거하고, 모든 업무를 표준화 및 단순화하여 효율성을 극대화하는 것이다.

현대자동차의 생산성 혁신 전략의 키워드는 '초대형화, 스마트화, 가상화'다.

초대형화_하이퍼캐스팅 기술 : 차체를 대형 부품으로 일체화하여 부품 수를 줄이고 조립시간을 단축해서 비용 절감과 품질 일관성 향상을 동시에 달성한다.
스마트화_이포레스트 : AI와 빅 데이터 기반의 지능형 스마트 팩토리로, 생산 자동화와 에너지 효율화를 실현하여 불량률 감소와 생산성 극대화를 이룬다.
가상화_메타팩토리 : 메타버스 기반 가상 공장에서 설계·운영 전 과정을 사전 시뮬레이션하여 오류를 줄이고 초기 투자 비용을 절감하며, 시장 변화에 민첩하게 대응한다.

유통 회사의 스태프 스케쥴링 Staff Scheduling

스태프 스케쥴링은 유통 매장에서 계산대 혼잡도를 줄이기 위한 생산성 혁신 전략이다. 'One in Front'가 목표로 한 사람이 계산할 때, 한 사람 이상 대기하는 사람이 없도록 하는 것이다.

연간 52주를 요일별, 시간대별로 캐셔 운영 데이터를 분석하여 한 사람 이상 대기하는 사람이 없는 최적의 근무 스케줄을 적용하여 고객 대기 시간을 대폭 줄이고 줄 없는 계산대를 구현했다. 결과적으로 고객 만족도 향상은 물론, 12% 캐셔 급여 인상을 하고도 인력 감축과 함께 12% 원가 절감이라는 효과를 달성했다.

현재는 AI가 현장 상황을 실시간 감지해 자동 조정하는 예측형 스마트 스케쥴링으로 진화 중이다. 이를 통해 인건비 절감과 동시에 고객 대기 시간 단축, 직원 만족도 향상까지 이뤄낼 수 있다. 월마트, 타겟, 테스코 등 글로벌 리테일 기업들도 AI 알고리즘으로 매장별/시간대별 고객 흐름, 날씨, 프로모션 영향 등을 분석한다. 계산대/매장 청소/물류 재고 등의 필요 인력을 예측하고, 직원 선호도와 법적 근로시간 조건까지 반영한 자동화된 근무표를 실시간으로 생성하고 있다.

도레이 - 에너지 효율과 공간적으로 생산성 극대화

도레이는 화학·섬유·소재 산업을 선도하는 일본의 글로벌 기업이다. 전자/자동차/의류 등 첨단 산업의 기초가 되는 소재는, TV의 평판 LCD과 유니클로의 히트텍 등을 가능하게 한다. 도레이는 에너지 효율화와 공정 혁신을 중심으로 급배기 열교환 개선, 스팀트랩 이중화, 천장 폐열 재활용 등 현장 중심의 에너지 절감 설비 혁신을 이뤄 냈다.

자체 개발한 '에너지 시각화 시스템'을 통해 공장 내 설비별 에너지 사용량을 실시간 모니터링하며 낭비를 줄였고, ERP 시스템과 연동해 생산 계획, 자재 관리, 품질 보증까지 전체 공정의 데이터를 통합 관리하고 있다. 이로써 업무 프로세스를 표준화하고, 불필요한 자원과 시간 낭비를 줄이며 내부 생산성을 크게 향상시켰다.

최근 도레이는 탄소 중립 실현을 위한 고기능 필름, 수처리 멤브레인 등 차세대 소재에 집중하고 있다. 또한 생산 공정의 디지털 전환(DX)도 병행하며 기술, 에너지, 디지털을 융합한 전방위적 생산성 혁신으로 미래형 소재 기업의 경쟁력을 확보해 가고 있다.

15계 - 업무 효율성 혁신 전략

[그림 3-22 원스톱 의사결정을 통한 효율성 혁신 전략]

원스톱 의사결정 체계는 복잡한 승인 절차를 줄이고, 신속한 판단과 실행을 연결해 조직 효율성을 극대화하는 혁신 전략이다. 특히 다음 두 가지 구조에서 뚜렷한 효과를 발휘한다.

첫째, 새로운 투자나 전략 사업 추진 시, 투자(IMG)-운영(OMG)-영업(TMG)-혁신(IMG)-인사(PMG)-경영평가(MRG) 등 전 부문 전문가가 초기 단계부터 함께 참여해 결정한다. 이 방식은 사업 흐름 전체를 고려해 빠르게 결론을 도출하고, 실행 단계에 부서 간 엇갈림을 방지하는 데 탁월하다.

둘째, 일상적인 비즈니스 운영에서는 단일 기능 전문가 그룹이 빠른 판단과 실행을 담당한다. 복잡한 결재 절차 없이 영업 프로모션, 생산 일정 조정, 인력 운영 같은 실무를 민첩하게 처리할 수 있다. 디지털 협업 툴을 통한 실시간 정보 공유도 의사결정 속도를 높인다.
원스톱 의사결정 체계는 조직을 통합해서 민첩하게 한 방향으로 움직이게 하는 실행력 중심의 경영을 뒷받침하는 핵심 수단이 된다.

"기업이 망하는 가장 큰 이유는 잘못된 의사결정이 아니라,
 결정을 미루거나 타이밍을 놓치는 것이다."   - 피터 드러커

SAP의 ERP - 실시간 데이터 통합 운영으로 빠른 의사결정 지원

ERP(Enterprise Resource Planning, 전사적 자원관리)는 기업의 전반적인 기능을 하나의 통합 플랫폼에서 실시간으로 연결하고 표준화하는 시스템이다. SAP는 전 세계 ERP 시장의 약 35%를 점유하며 업계 1위권을 유지하고 있다.

SAP는 기업의 경영방식과 일하는 방식 전반을 구조적으로 혁신하는 전략을 추구한다. 특히 도입 전부터 표준 프로세스를 정립하고, 조직 문화와 실행 방식까지 정렬함으로 시스템 도입 효과를 극대화한다. 또한 데이터 중복을 줄이고, 모든 부서가 동일한 정보를 실시간 공유함으로 전략 실행의 일관성을 확보한다. SAP는 현재 인공지능과 자동화 기술을 결합한 지능형 ERP 시스템으로 진화하고 있다.

느린 의사결정, 복잡한 조직 구조, 중복된 보고, 부서 간 갈등, 수작업 중심의 업무 등으로 비효율적인 기업은 SAP, ERP 효율성 전략을 적용해서 복잡한 업무 흐름을 단순화하고 실시간 데이터 기반의 의사결정과 빠른 실행 등으로 운영의 효율성을 이룰 수 있다.

마이크로소프트의 SaaS - 클라우드 기반의 업무·데이터·커뮤니케이션의 통합

SaaS(Software as a Service)는 개별 소프트웨어를 설치하지 않고도 클라우드에서 바로 사용하도록 지원하는 시스템이다. 마이크로소프트는 업무용 생산성 툴 시장에서 압도적 1위(마켓쉐어 50%)를 차지하며, 디지털 전환 시대에 맞도록 '일하는 방식'을 혁신하고 있다.

핵심은 업무·데이터·커뮤니케이션의 통합과 반복 업무의 자동화를 통한 실행력 강화다. Microsoft 365, Teams, Dynamics 365, Power Platform 등은 SaaS기반으로 제공되며, 조직 내 협업, 데이터 분석, 업무 자동화를 하나의 플랫폼에서 통합한다. 업무 중복이 제거되고, 보고·의사 결정이 자동화되며, 업무 속도와 실행력이 향상된다. 특히 Power Platform은 비개발자도 앱을 설계할 수 있어, 조직 전체가 디지털 중심의 업무 방식으로 생산성을 올릴 수 있게 한다.

SaaS는 설치와 유지관리 부담 없이 빠르게 도입할 수 있으며, 자동 업데이트로 최신 기능을 유지한다. 사용량 기반 과금으로 비용 효율성을 높이고, 클라우드 기반 협업으로 업무 속도와 유연성을 동시에 확보할 수 있다.

16계 - 구매·판매 혁신 전략

구매를 잘 해야 판매를 잘 할 수 있다

[그림 3-23 월마트 EDLP의 구매·판매 혁신 전략]

구매·판매 혁신 전략은 효율적이고 전략적인 구매로 판매를 극대화하는 전략이다. 이를 위해 공급망 구조, 유통 방식, 고객 경험을 전략적으로 설계하여 구매와 판매의 경쟁력을 확보해야 한다.

월마트 - EDLP와 EDLC로 가격 신뢰와 비용 효율을 동시에 실현

EDLP는 고객에게 항상 낮은 가격을 제공하여 가격 신뢰를 확보하는 전략이다.
일시적인 할인 대신 지속적인 저가 정책을 통해 고객의 반복 구매를 유도한다.
이를 위해 월마트는 공급업체와의 대량 직거래, 유통 단계 축소, 대규모 중앙 물류센터 운영, RFID 기반 재고관리 등을 통해 공급망 효율을 극대화했다.

EDLC는 내부적 운영 비용을 최소화해 EDLP를 지속 가능하게 돕는 비용 혁신 전략이다.
물류 경로 최적화, 자동 발주 시스템, 인력 운영 효율화 등은 EDLC의 핵심 수단이다.

이 두 전략은 고객 가치와 기업 수익을 동시에 충족시키는 구조적 시스템으로 작동하며, 월마트를 글로벌 유통 강자로 만든 핵심 요인이 되었다.

코스트코 - 하나를 팔되, 최고품을 가장 저렴한 가격에

코스트코는 품목 수 최소화, 대량 집중 구매, 유통 마진 최소화의 전략 중심으로 구매와 판매 양쪽에서 모두 효율성을 극대화하고 있다.

코스트코는 약 3천~4천개 품목으로 상품 구색을 제한하고, 각 품목마다 대량 구매를 통해 제조 원가에 가까운 가격으로 공급한다. 품질 면에서도 자체 브랜드 커클랜드(Kirkland) 처럼 고품질로 고객의 구매 만족도를 높이고 있다. 가성비 기반 구매 집중 전략이다.

판매 측면에서는 저마진 원칙을 고수한다. 마진은 상품당 15% 이내로 최소화하되, 연회비 기반의 회원제를 도입해 안정적인 수익원을 확보하고, 구매량과 충성도를 동시에 끌어올린다. '자주 오는 고객보다, 믿고 오래 다니는 고객'을 키우는 전략이다. 여기에 간소화된 매장 구성, 박스 단위 진열, 인력 최소화 등 운영 효율화로 비용을 줄이고 고객 가치는 높인다.

애플 - 프리미엄 가치 유지형 유통 전략

애플의 구매/판매 전략은 가격 경쟁이 아닌 프리미엄 가치 기반의 전략이다. 이를 위해 애플은 생산부터 유통까지의 수직적 통합을 통해 제품의 품질, 가격, 고객 경험을 일관되게 관리하는 구조를 구축했다.

구매 측면에서는 TSMC, 폭스콘 등 핵심 공급업체와의 장기 계약과 선지급 방식으로 안정적인 부품 수급과 원가 통제력을 확보하며 수직 통합을 통해 품질을 관리한다. 판매 측면에서는 Apple Store(자사 매장) 중심의 직접 유통 구조와 소수로 엄선된 리셀러 (공식판매점)을 운영해 고객 경험을 통제하고 할인 없는 프리미엄 시장을 유지한다. 유통 확장 대신 통제를 통해 브랜드 충성도를 강화하는 접근법이다.

애플은 고객이 어디서, 어떻게, 무엇을 느끼며 구매하는지까지 설계하며, 구매에서 생태계 참여로 이어지는 관계를 구축한다. 이를 통해 고객 충성도, 프리미엄 이미지, 유통 효율성을 동시에 높인다.
이는 구매/판매 혁신이 반드시 저가 전략에만 국한되지 않고 브랜드 전체를 관리하며 성공한 상징적 사례다.

17계 - 자본·투자 혁신 전략

	매출			매출	
Green		49%	**첨단소재**		32%
	영업 이익	11%		영업 이익	67%

EV 배터리/수소/재생에너지/
환경 솔루션 등 친환경 사업 확대

고성능·저전력 반도체/실리콘 웨이퍼/
특수가스/동박 등 소재 사업 강화

	매출			매출	
Digital		17%	**Bio**		2%
	영업 이익	18%		영업 이익	4%

유무선 통신 인프라/
ICT서비스, 데이터센터 등 AI Infra

뇌전증 중심 혁신 신약 개발/
합성 API/CGT CDMO 사업 강화

<출처 : SK주식회사 기업 가치 제고 계획(2024년 1월)>   [그림 3-24 SK주식회사의 자본·투자 혁신 전략]

투자 혁신은 미래 성장 가능성이 높은 분야에 전략적으로 자본을 배치해, 외부 성장을 선도하고 사업 구조를 재편함으로 신사업 창출과 리스크 분산을 동시에 실현하는 자본 운용 전략이다.
자본 혁신은 고정된 자산과 자본 구조를 재설계해 수익성과 자산 효율을 극대화하고, 유휴 자본을 전략적으로 재배치함해서 기업의 재무 건전성과 지속 가능성을 높이는 자본 효율성 전략이다.

SK 그룹 - 선택과 집중, 미래 성장축에 자본을 재배치하는 전략적 투자

SK그룹이 219개 계열사를 통제 가능한 범위 내로 축소하는 대대적인 구조조정에 나섰다.
무분별한 확장과 대규모 투자 손실로 인한 위기의식에서 비롯된 결정이다.

AI·반도체, 그린·바이오를 양대 축으로 삼되, 투자는 영업이익률 67%에 달하는 첨단소재(반도체)와 Digital(AI·ICT)에 집중하고 상대적으로 수익성과 중복이 큰 Green(배터리, 에너지, Bio) 부문은 통합·축소 방침을 취하고 있다.
SK그룹의 투자 혁신은 수익률, 사업 정렬, 경영구조 단순화를 통해,
즉, 핵심 사업과 무관한 투자는 정리하고 고수익 미래 분야에 자본을 재배치하여
자본의 질적 전환과 수익 극대화를 동시에 추구하는 전략이다.

화이자 - 대형 M&A 기반의 외부 혁신 확장

화이자는 내부적인 R&D만으로는 지속적인 성장이 어렵다는 판단 아래, M&A 중심의 투자 혁신 전략을 본격화하고 있다. 이는 혈전증 치료제인 엘러퀴스 등의 블록버스터급의 신약 특허 만료와 코로나19 백신 수요 감소 이후, 수익 공백을 자본 재배치로 돌파하려는 구조적 투자 전환 전략이다.

2022년에는 바이오헤이븐 파마슈티컬스(Biohaven Pharmaceuticals)를 약 15조 원에 인수하여 편두통 치료제 시장을 강화했으며, 같은 해 글로벌 블러드 테라퓨틱스(Global Blood Therapeutics)를 약 7조 원에 인수하여 희귀 질환 분야에서 입지를 확대했다.

이러한 전략은 내부 개발(R&D투자)보다는 외부 혁신 기술을 M&A를 통해 신속하게 확보해 미래 가치를 선점하는 데 있다. 화이자의 투자 혁신은 미래를 예측 중심이 아닌 선점 중심으로 대응하며, 제약산업의 시간 리스크를 기회로 바꾸고, 연구 중심 기업이 '성과 중심 투자 회사'로 진화하고 있음을 보여 준다.

스페이스X - 우주산업을 민간 투자와 자체 수익 구조로 자립

스페이스X는 항공우주산업의 고정비·공공 의존 구조를 탈피해, 민간 자본 중심의 자립형 우주 산업 구조를 구축하고 있다.

NASA와 방산기업들이 정부 발주와 예산에 의존해 온 반면, 스페이스X는 상업용 발사체(팔콘9), 스타링크 위성 인터넷 등 자체 수익 모델을 바탕으로 자본을 선순환 구조로 설계했다. 이는 기술개발과 서비스 수익을 연결해, 민간이 스스로 우주 인프라를 기획·개발·운영하는 구조를 만든 혁신적 사례다. 로켓 재사용률, 발사 비용 단가 절감, 위성 네트워크 구축 속도는 모두 자본 회전율을 높이는 핵심 지표다.

우주 기술을 투자 대상으로 만든 이 전략은 고정비 집약 산업에서도 자산을 유동화하고, 공공 의존 없이 자립할 수 있는 민간 중심의 자본 구조 전환을 보여 준다. 자산 중심 산업에서도 민첩한 자본 회전이 가능함을 보여 주는 상징적 사례다.

18계 - 물류·공급망 혁신 전략

[그림 3-25 풀필먼트 물류센터의 물류·공급망 혁신 전략]

물류·공급망 혁신은 상품을 창고에 보관하고 운송하는 기능 중심의 체계를 넘어 속도와 정확성, 유연성이라는 세 가지 핵심 전략을 중심으로 진화하고 있다.

AI 로봇 기반의 풀필먼트 고도화

풀필먼트 혁신은 단순 물류 기능을 뛰어넘어 주문부터 배송, 반품까지의 프로세스를 통합적으로 관리하는 자동화 시스템 중심으로 발전하고 있다. 창고의 개념이 아닌, 소비자의 구매 패턴을 분석하고 그에 맞춘 재고 분산, 예측 배송, 포장 자동화, 반품 회수 등 전방위적 통합 운영을 뜻한다. 배송 속도와 정확성을 높인다.

쿠팡은 전국 각지에 물류 센터를 분산 배치하고, AI 기반 수요 예측 시스템을 통해 주문 전에 이미 출고 준비를 완료하는 능동형 물류 구조를 갖추었다. 아마존은 로봇 기반 창고 시스템과 무인 드론 배송, 자체 풀필먼트 네트워크를 통해 빠르고 정확한 물류 경쟁력을 확보하고 있다.

무인 창고 자동화, 로봇 피킹 기술, IoT 기반 실시간 위치 추적 등도 상용화 중이며, 향후에는 고객의 행동 데이터를 기반으로 초개인화된 마이크로 풀필먼트 시스템이 확산될 전망이다.

소비자의 요구에 즉각 대응하는 개인 중심 온디맨드 물류 서비스

온디맨드 물류는 고객이 원하는 시간, 장소, 방식에 맞춰 상품을 실시간으로 제공하는 초개인화 기반 유통 구조다. 기업은 고객 행동 데이터를 분석해 수요를 예측하고, 도심 내 마이크로 풀필먼트 센터에 상품을 사전 배치한다. 동시에 AI 기반 경로 최적화와 자동 배차 시스템을 활용해 배송 속도를 극대화한다.

이러한 변화는 물류비가 집중되는 라스트 마일 구간의 혁신으로 이어진다. 자율주행 로봇, 드론 등 첨단 배송 수단은 시공간 제약을 줄이며, 무인 배송 기술은 중간 단계가 간소화된 빠른 응답을 가능하게 한다.

요기요 익스프레스, 배민 B마트처럼 고객 주문 시 인근 배송 인력을 호출하고 최적 경로를 자동 설정하는 온디맨드 호출 시스템도 효율적이다. 아울러, 편의점·지하철역·주거 단지 등에 생활권 마이크로 거점을 설치해 반경 1~2km 내에서 수분 내 상품 수령이 가능하게 한다.

온디맨드 물류는 기술과 인프라의 유기적 결합을 통해 고객의 시간과 상황에 최적화된 생활형 유통망을 실현하며, 빠른 속도를 넘어 고객에 얼마나 유연하게 반응할 수 있는지가 미래 물류 경쟁력을 결정짓는다.

변화 중심의 공급망 유연성 확보 전략

글로벌 공급망은 이제 기업들에게 과거의 생산성 중심의 '정시 생산(Just-in-time)' 방식에서 벗어나 다양한 돌발 상황에 대비하는 '정시 대응(Just-in-case)' 체계로의 전환을 요구한다. 이를 위해서는 공급망 유연성 확보가 필요하다.

공급망 다변화 : 특정 국가나 지역 의존도를 낮추는 전략으로, 애플은 중국 중심에서 인도·베트남 등으로 생산 기반을 분산시키고 있다.

디지털 기반의 스마트 SCM Supply Chain Management 전략 : AI, IoT, 블록체인 등을 활용해 공급망의 실시간 상태를 관리한다. 월마트는 블록체인을 통해 식품 유통의 투명성과 추적성을 강화하고, UPS는 차량 경로 최적화를 통해 연료 소모를 줄인다.

ESG 기반의 물류 전략 : CJ대한통운은 전기 배송 차량을 확대하고 친환경 포장재를 도입하며 탄소 배출 추적 시스템을 운영한다.

제4편 역량 전략 - CapaCibility

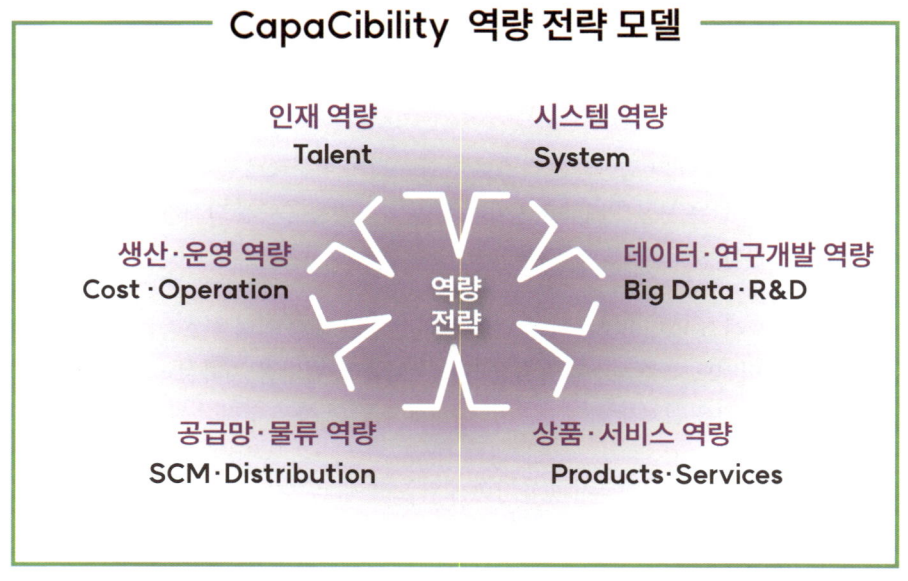

[그림 3-26 CapaCibility 역량 전략 모델]

역량 CapaCibility은 기업 성장의 한계를 결정하는 경영의 기본 인프라다
CapaCibility는 기업 전체의 경영 인프라로 '역량의 그릇'을 의미한다.
물류 공급망, 시스템 등의 '물적 역량'을 뜻하는 Capacity와
기술 인재 등의 '인적 역량'을 뜻하는 Capability의 합성어다.

사람의 역량을 말할 때, 우리는 그릇이 큰 사람, 작은 사람으로 이야기한다.
기업도 역량의 그릇이 큰 기업, 작은 기업이 있다. 그릇이 큰 기업은 더 높은 목표를 가지고,
더 넓은 글로벌 시장에 도전할 수 있다.

기업은 인적 역량과 물적 역량의 조화를 통해 경영의 인프라를 구축하여 한계를 넘는
지속 가능한 성장을 도모할 수 있다. 역량의 그릇에 따라 성장의 한계가 정해진다.

인재 역량 Talent : 기업의 핵심 자산인 인적 자원의 역량 개발 전략이다. 인재를 발굴하고 육성하여, 기업의 경쟁력을 강화한다. 리더십 개발, 직무별 전문성 강화, 조직 문화 개선 외에도 구성원 간 협력과 창의성을 촉진하는 환경을 조성하는 데 주력한다.

시스템 역량 System : 기업의 운영과 관리를 지원하는 정보 시스템 및 프로세스의 효율화 전략이다. 업무 생산성과 정확성 향상을 목표로 한다. ERP, CRM, AI 기반 데이터 관리 시스템 구축 외에도, 디지털 전환을 통해 업무의 민첩성과 유연성을 높인다.

데이터·연구개발 역량 Big Data·R&D : 혁신과 데이터 기반 의사결정을 위한 빅 데이터 활용 및 연구개발 전략이다. 시장 변화에 신속히 대응하고 새로운 가치 창출을 목표로 한다. 데이터 분석 플랫폼 구축, AI 및 머신러닝 활용 외에도 기술 트렌드를 선도하는 지속적 연구가 필요하다.

상품·서비스 역량 Products·Services : 소비자의 요구에 부응하는 고품질 상품 및 서비스를 개발한다. 차별화된 상품과 서비스를 통해 고객 만족 극대화를 목표로 한다. 상품 포트폴리오 최적화, 서비스 품질 관리 외에도 고객 경험을 혁신하는 UX/UI 디자인 개선에 주목한다.

공급망·물류 역량 SCM·Distribution : 원활한 자재 조달과 제품 유통을 위한 공급망 관리를 의미한다. 비용 효율화 및 공급망 투명성 향상이 목표다. 물류 최적화, 공급업체 관리 외에도 글로벌 공급망 리스크를 예측하고 지속 가능한 공급망 구축에 주력해야 한다.

생산·운영 역량 Cost·Operation : 생산 및 운영 과정에서의 비용 절감과 서비스 품질 관리 전략을 의미한다. 운영 효율성을 높이고 비용 대비 가치 극대화를 목표로 한다. Lean 생산 방식 도입, 프로세스 자동화 외에도, 친환경 생산 및 ESG 요소를 고려한 운영 혁신이 요구된다.

RBV(Resource-Based View)에 따르면 기업이 보유한 자원이
VRIO 기준(Valuable, Rare, Inimitable, Organized)을 만족할 경우 경쟁 우위를 창출하게 된다.

19계 - 인재 역량 전략

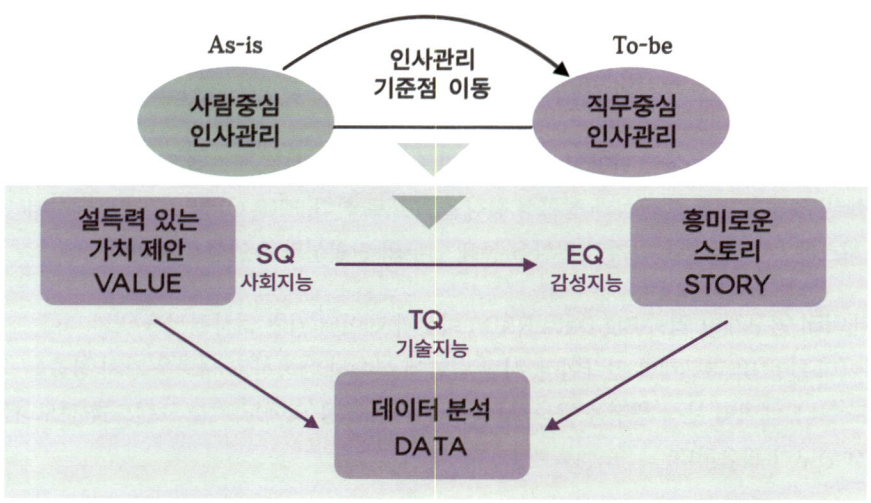

[그림 3-27 미래의 인사 관리]

미래의 인사관리는 사람 중심에서 직무 중심으로 이동하는 패러다임 전환을 요구한다.
기존에는 인사관리가 연공서열, 인간관계, 포괄적 평가에 기반해 왔다면,
이제는 '무엇을 할 수 있는가'라는 직무 역량 중심의 관리로 변화하고 있다.
이러한 전환은 인재를 선발하고 관리하는 기준점을 '사람의 특성'에서 '직무 요구와 기여도'로
이동시킨다. 이를 위해 인재 역량 전략도 함께 진화해야 한다.

핵심은 세 가지 지능의 통합이다.
첫째, 사회지능(SQ)은 조직 안팎에서 협력하고 설득하며, 가치를 창출하는 능력이다.
둘째, 감성지능(EQ)은 공감과 소통을 바탕으로 흥미로운 스토리와 인간관계를 형성하게 한다.
셋째, 기술지능(TQ)은 데이터를 기반으로 분석하고, 기술 트렌드를 해석하는 능력이다.

이 세 가지 지능은 각각 설득력 있는 가치 제안(Value), 감동을 주는 스토리(Story),
정교한 데이터 분석(Data)과 연결되며, 전략적 인재로 성장하기 위한 기반을 형성한다.
결국 인재 역량 전략은 변화하는 인사관리 체계에 맞춰, 직무에 기여하는 통합적 역량을 강화하는
방향으로 정렬되어야 한다.

How to Recruit - 인재의 탕평 채용

채용 단계에서는 단순 인력 충원이 아니라 미래 성장 가능성까지 보는 눈이 필요하다. 데이터 기반 평가, 채용 브랜딩 강화, 가치관과 문화 적합성을 고려해 '함께 성장할 사람'을 찾는다. 사람을 뽑는 것이 아니라 가능성을 뽑는 것이다.

How to Develop - 인재의 육성 관리

육성 단계는 인재를 조직성과로 연결하는 전략적 투자다. 맞춤형 성장 로드맵 설계, 다양한 직무 경험(로테이션), 리더십 조기 육성, 꾸준한 피드백 시스템이 중요하다. 인재는 방치하면 사라진다. 키우고, 도전 기회를 주고, 끊임없이 성장시키는 것이 핵심이다.

How to Retain - 인재의 몰입 유지

유지 단계에서는 '왜 이곳에 남아야 하는가'를 인재 스스로 답할 수 있어야 한다. 커리어 성장 경로를 보여 주고, 공정한 성과 보상과 함께 몰입할 수 있는 심리적 안전성을 제공해야한다. 직장은 단순한 일터가 아니라, 함께 꿈을 키우는 무대가 되어야 한다.

구글의 인재 전략은
'최고의 인재를 뽑고, 자율성과 성장을 주며, 조직의 몰입을 이끌어 낸다'에 초점이 맞춰져 있다.

채용 Recruit에서는 '스펙'보다 문제 해결 능력, 창의성, 협업 능력을 중시하며, 다면적 심층 인터뷰와 데이터 기반 평가를 통해 문화적 적합성까지 검증한다.

육성 Develop에서는 '70:20:10 학습 모델'을 적용해 현업 경험(70%), 피드백·코칭(20%), 공식 교육(10%)을 조합한다. 직원 주도의 커리어 개발, 직무 순환, 20% 자율 프로젝트 같은 성장 프로그램이 특징이다.

유지 Retain에서는 '심리적 안전성'과 '의미 있는 일'을 강조하는 문화 조성을 중요시 한다. 수평적 소통, 투명한 경영, 데이터 기반 성과 관리가 신뢰를 강화한다.

구글의 인재 전략의 성공요인은 탁월한 인재를 선별하는 기준을 명확히 하고, 자율과 몰입을 통한 고성과 문화를 체계적으로 설계해 충성도 있는 직원을 양성하고 확보했다는 점이다.

20계 - 시스템 역량 전략

<출처 : 조선일보>　　　　　　　　　　　　　　　　[그림 3-28 스마트 매장 시스템]

시스템 역량 전략은 기업 운영의 효율성을 극대화하고, 신속하고 정확한 의사결정을 지원하기 위해 정보 시스템과 프로세스를 강화하는 전략이다. 조직 내 데이터, 정보, 기술을 체계적으로 관리하여 업무 생산성을 향상하고, 변화하는 시장 환경에 빠르게 대응할 수 있도록 한다.

무인 점포는 POS와 연동된 셀프 계산기, AI 기반 CCTV, 출입 인증 시스템, 실시간 재고 모니터링 등의 기술이 결합되어 운영된다. 본사와의 실시간 연결을 통해 매장 운영 상황을 원격으로 통제할 수 있으며, 자율주행 로봇 배송, 자동 발주 시스템과도 연계되어 있다. 이를 통해 매장 운영자는 인건비 부담 없이 24시간 점포를 운영할 수 있고, 본사는 운영 효율성과 통제력을 강화할 수 있다. 또한 모바일 앱으로 할인 쿠폰, 포인트 적립, 멤버십 서비스를 제공하여 고객 맞춤형 쇼핑 환경을 조성하며, 비대면 쇼핑 활성화로 운영 효율성이 증가하고, 고객 경험이 개선되고 있다.

테슬라 - 하드웨어가 아닌, 소프트웨어로 달리는 공장

테슬라는 자동차 산업에서 보기 드문 전사 시스템의 완전 통합형 기업이다. 차량 제조, 소프트웨어 업데이트, 고객 서비스, 생산 공정, 공급망 운영까지 모두 자체 개발한 통합 시스템으로 운영된다. 이러한 전략의 출발점은 '기계 중심의 공장'이 아니라 '데이터 중심의 공장'이라는 점이다.

테슬라 공장은 기계가 아니라 데이터 중심으로 운영되며, 자체 MES(제조실행시스템)와 자체 AI 알고리즘을 접목해 불량률을 줄이고, 병목 구간을 실시간으로 조정한다. 차량은 하드웨어 완성 후에도 OTA(Over-The-Air) 업데이트를 통해 차량 성능을 무선으로 향상하고 고객의 주행 데이터를 실시간 수집해 소프트웨어 품질 개선에 활용한다. 공정과 물류 역시 디지털트윈과 AI 분석으로 최적화되고 자동 창고 운영까지 연동해 공장 전체가 하나의 소프트웨어처럼 작동한다. 테슬라는 기계 위에 소프트웨어를 얹는 방식이 아니라, 처음부터 하드웨어와 소프트웨어를 융합 설계하여 유연한 변경, 신속한 확장, 맞춤형 기능 구현이 가능하다. 이는 제품과 운영을 모두 디지털로 설계한 제조-서비스 일체형 산업의 미래 모델이다.

팀코러스 - 원전 산업 전 주기의 통합 시스템

팀코러스(Team KORUS)는 한국 원자력 산업의 글로벌 경쟁력을 높이기 위해 출범한 전략적 산업 연합체로, 한수원·두산에너빌리티·한전기술 등 민간 기업과 정부기관, 미국 웨스팅하우스 등이 함께한다. 이 연합체는 단순 수출 협력체를 넘어, 수주부터 설계·제조·시공·운영·정비까지의 전 주기를 하나의 시스템으로 통합하는 전략을 추진한다.
특히 원전은 60년 이상 운영되는 초장기·초복합 프로젝트로 수많은 기업과 기술이 정밀하게 연결되어 있어 단일 기업이 감당하기 어렵고, 전 주기를 통합하는 연합체 시스템이 필수적이다. 이러한 점을 고려할 때, 설계 표준화, 기자재 정합성, 품질관리, 정보 공유, 규제 대응 등을 시스템 단위로 묶는 것이 핵심 경쟁력이다.

팀코러스는 각 참여 기관의 역할을 명확히 하되, 공동 브랜드, 통합 창구, 실시간 데이터 연동 체계를 운영해 해외 발주처에 'One Korea 시스템'으로 응답한다. 전통적 개별 수주 방식의 비효율성을 극복하고, 한국형 원전 시스템과 SMR 수출 경쟁력을 높였다. 팀코러스의 역량 전략은 한국 원자력 산업을 '각개 기업 경쟁'에서 '국가 단위 원팀 시스템'으로 전환했다는 점에서 산업 전체의 전략적 구조 혁신이라 할 수 있다.

21계 – 연구개발 역량 전략

순위	기업	R&D 투자액	국가	전년비	R&D 집중도	CAPEX
1	알파벳	225억	미국	6.0%	15.1%	182억
2	화웨이	175억	중국	6.7%	15.7%	54억
3	마이크로소프트	169억	미국	7.5%	12.3%	169억
4	삼성전자	159억	한국	5.1%	9.0%	302억
5	애플	153억	미국	15.6%	6.8%	60억
6	페이스북	150억	미국	35.6%	21.5%	123억
7	폭스바겐	139억	독일	-2.9%	6.2%	113억
8	로슈	113억	스위스	3.9%	20.8%	33억
9	인텔	111억	미국	1.5%	17.4%	116억
10	존슨앤존슨	100억	미국	7.1%	14.7%	27억

[그림 3-29 2021년 글로벌 기업별 연구개발 투자 순위]

연구개발 역량 전략은 기업이 기술 혁신과 미래 성장 동력을 확보하기 위해 R&D에 체계적이고 지속적으로 투자하고, 이를 특허, 제품, 서비스 등으로 전환해 시장 경쟁력을 확보하는 전략으로, 기술 선도와 사업화의 연결이 핵심이다.

글로벌 R&D 상위 기업의 전략 비교

R&D 투자 전략은 산업별·기업별 기술 구조와 시장 포지션에 따라 뚜렷한 차이를 보인다. 알파벳과 화웨이는 AI, 자율주행, 반도체 자립 등 미래 기술에 공격적으로 투자하며 기술 주권과 시장 선도를 추구한다.

마이크로소프트는 플랫폼 중심 전략과 연계해 R&D를 강화하고, 애플은 사용자 경험에 초점을 맞춘 고밀도 R&D 전략을 펼친다. 하드웨어 기업은 원천 기술 축적 중심으로, 플랫폼 기업은 고객 사용 경험 개선 중심으로 R&D 투자비를 집중한다.

삼성전자는 하드웨어 기반의 원천기술과 특허 중심의 전략을 구사하며 R&D 역량을 기업의 미래 수익을 창출하는 투자 자산으로 간주한다.

삼성전자의 R&D 투자 전략

삼성전자는 2023년 R&D에 28.3조 원을 투자하며 국내 1위를 기록했다. 이는 LG전자(4.2조), SK하이닉스(4.1조) 등 경쟁사 대비 6~7배에 달하는 규모로, 기술 리더십 유지와 미래 신사업 선점을 위한 전략적 결정이다.

삼성의 R&D 전략은 첫째, 기술 초격차 유지를 위한 대규모 장기 투자로 반도체, 스마트폰, AI, 6G 등 핵심 분야의 선도 기술 확보에 집중한다. 둘째, 글로벌 분산 연구 거점 운영이다. 미국, 유럽, 인도 등에도 연구소를 설립해 글로벌 인재와 협업한다. 셋째, 지식재산(IP) 기반 경쟁력 확보다. 삼성전자는 2023년 미국 특허 등록 6,165건으로 세계 1위를 기록했다.

이러한 전략은 R&D를 제품 혁신, 시장 확대, 브랜드 신뢰, 고객 락인 전략과 연결하는 통합 프레임워크로 기능한다. 또한 미래 불확실성에 대비한 기술 포트폴리오 다각화 전략으로 해석된다. 삼성전자의 사례는 R&D 투자 규모 자체가 경쟁 우위의 핵심이 될 수 있음을 보여 주며, 글로벌 기업과 비교할 때도 투자 집중도와 기술 자산화 속도 면에서 세계 최고 수준임을 보여 준다.

[2023년 대기업 R&D 투자] (단위: 원)

기업	투자액
삼성전자	28.3조
LG전자	4.2조
SK하이닉스	4.1조
현대자동차	3.9조
기아	2.6조
LG디스플레이	2.4조
LG화학	2.1조
네이버	2.0조
현대모비스	1.6조
카카오	1.2조

<출처: CEO 스코어>

[미국 특허 등록 상위 기업]

순위	기업명	'23년 등록수
1 (-)	삼성전자	6,165
2 (▲5)	퀄컴	3,854
3 (-)	TSMC	3,687
4 (▼2)	IBM	3,658
5 (-)	캐논	2,890
6 (▲6)	삼성디스플레이	2,564
8 (▼2)	LG전자	2,296
17 (▲7)	기아	1,536
18 (▼1)	현대자동차	1,534
30 (▼2)	SK하이닉스	873

[그림 3-30 삼성전자의 연구개발 역량 전략]

22계 - 상품·서비스 역량 전략

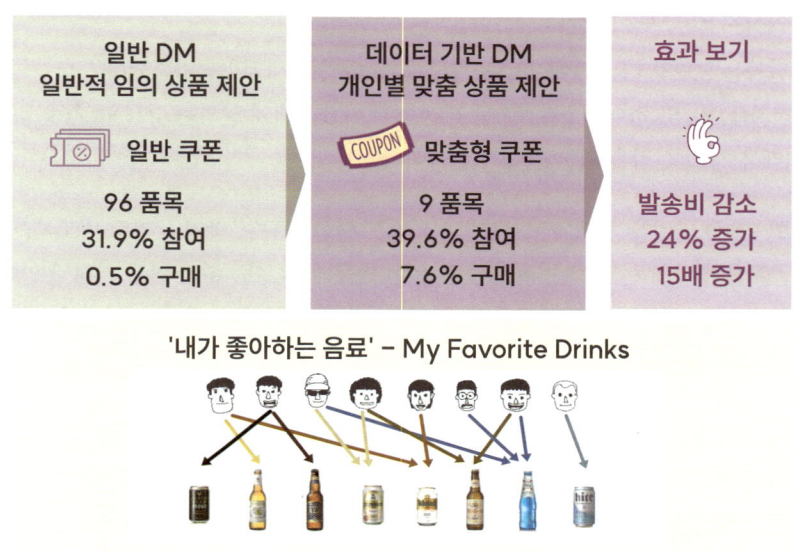

[그림 3-31 고객 맞춤형 제품의 상품·서비스 역량 전략]

상품·서비스 역량 전략은 품질 향상을 넘어, 고객 중심의 관점에서 상품의 설계, 개발, 서비스 운영 등 전체 프로세스를 통합적으로 강화하는 전략이다. 이 전략이 작동할 때, 상품·서비스는 '제품'에서 '시장'으로 확장되고, 한 번의 거래가 평생의 관계로 발전할 수 있다.

데이터 기반 서비스 전략 - 감(感)에서 데이터로

고객의 행동, 거래, 이용 패턴, 외부 환경 데이터 등을 정량적으로 수집·분석하여 상품 및 서비스의 기획, 제공, 개선 전 과정에 데이터를 중심축으로 활용하는 전략이다. 이 전략의 핵심은 실시간 데이터로 고객의 행동을 빠르게 읽고, 서비스를 개인화하는 것이다. 기업은 데이터 분석 기반의 고객 맞춤형 전략을 통해 마케팅 비용을 최적화하면서도 만족도와 매출을 동시에 극대화할 수 있다.

위의 사례에서 일반 DM 방식에서는 96개 품목을 제안했으나, 데이터 분석을 활용한 맞춤형 DM에서는 9개 품목만을 추천해 87개 품목의 발송 비용을 절감했다. 그 결과 고객 참여율이 24% 증가했으며, 고객 구매율도 15배 증가했다.
이는 단순한 상품 제안보다 개인 맞춤형 마케팅이 높은 반응과 구매로 이어진다는 점을 입증한다.

플랫폼화 전략 - 제품 판매에서 플랫폼 생태계로

단순히 제품 하나를 잘 만드는 것이 아니라, 고객과 서비스, 파트너가 서로 연결되고 함께 성장하는 구조를 만드는 전략이다. 그 목적은 고객을 오래 머물게 하고, 다양한 서비스를 하나의 공간에서 경험하게 하며, 이를 통해 기업 수익을 다양화하고 시장 영향력을 확대하는 것이다.

이제 고객은 단일 제품보다 연결되고 편리한 서비스 경험을 원한다.
또한 제품 간 경쟁보다 생태계 간 경쟁이 더 치열해졌기 때문에 기업은 자신만의 플랫폼을 구축해 시장에서 우위를 점해야 한다.
성공적인 플랫폼 전략을 위해서는 명확한 핵심 기능 구축, 사용자와 파트너의 용이한 참여, 다양한 서비스와 기능의 유기적 연결, 사용자 데이터의 효과적 활용 구조 등이 필요하다.

예를 들어, 토스는 간편 송금에서 출발해 대출, 투자, 보험 등으로 금융 서비스를 확장했고, 애플은 하드웨어에 앱스토어, 결제, 콘텐츠까지 연결해 강력한 생태계를 구축했다. 이들은 '상품을 파는 회사'에서 '서비스가 연결되는 환경을 설계하는 회사'로 전환했다.

사용자 경험 중심 전략 - 기능에서 고객의 감성 디자인으로

사용자 경험 중심 전략은 제품이나 서비스의 성능과 가격만으로 경쟁하는 것을 넘어, 고객이 그것을 사용하는 전 과정에서 느끼는 편의, 감정, 만족을 중심에 두고 설계하는 전략이다. 디지털 기술의 확산과 소비자 기대 수준의 급격한 상승은 고객의 선택 기준을 바꾸어 놓았다. 이제 사람들은 기능이 좋은 제품보다 '나를 배려한 경험'을 제공하는 브랜드를 선택한다. 이에 따라 기업은 구매 전-중-후의 모든 접점에서 직관성, 일관성, 감성적 연결을 고려해야 한다.

예컨대, 애플은 누구나 쉽게 쓸 수 있는 직관적 디자인으로 사용자 진입 장벽을 낮췄고, 무신사는 웹과 앱에서 일관된 인터페이스를 제공해 혼란을 줄였다. 에어비앤비는 감성적 호스트 소개와 후기 중심 구성으로 사용자 신뢰를 쌓는다. 고객 여정 맵(Journey Map) 설계, UI·UX 테스트, 고객 피드백 반영, 옴니채널 일관성 확보 등이 이를 뒷받침하는 실행 방법이 된다. 이 전략은 고객 충성도, 브랜드 호감도, 재구매율, 입소문을 유도하며, 모방이 어려운 감성적 차별화 자산으로 작동한다.

23계 - 공급망·물류 역량 전략

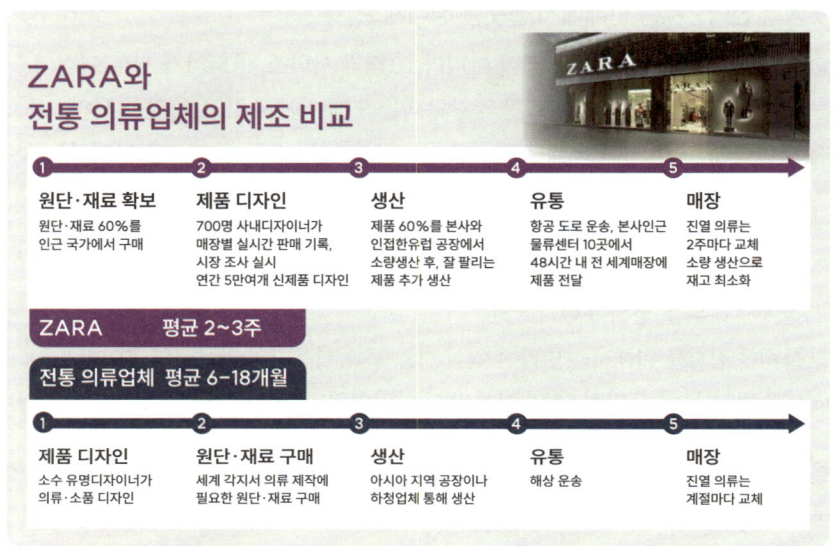

[그림 3-32 인디텍스의 공급망·물류 역량 전략]

공급망·물류 역량 전략은 제품이나 서비스가 원재료 단계부터 최종 소비자에게 도달하기까지의 전 과정을 신속하고 효율적으로 연결·운영·관리할 수 있는 조직의 역량을 강화하기 위해 단순한 물류 효율화가 아닌, 조달-생산-재고-배송-반품 등 전방위적인 가치 사슬을 최적화하는 전략이다.

자라 (인디텍스) - 빠른 재고 회전, 짧은 생산 주기, 중앙 집중형 물류 운영

자라는 패션 산업의 느리고 예측 중심이었던 공급망을 빠르고 반응 중심의 공급망으로 전환했다. 디자인을 하고 구매를 하는 전통적 방식과 달리 원단과 재료를 미리 확보한 상태에서 디자인해 생산 시간을 단축한다. 또한 제품의 60%를 본사와 가까운 지역에서 제조하여 신속한 시장 반응에 대응한다. 전 세계 10개의 물류 센터를 활용하여 항공·도로 운송을 최적화하고, 48시간 내에 매장에 신제품을 공급한다. 이는 2주마다 신제품을 출시하는 '초단기 생산 주기'를 운영하며, 트렌드 및 소비자의 수요를 즉각 반영할 수 있도록 한다.

자라의 사례는 공급망이 단순히 '배송과 재고'의 문제가 아니라, 트렌드 대응력, 고객 만족, 수익성, 브랜드 이미지까지 좌우하는 전략적 무기임을 보여 준다.

아마존 – 글로벌 물류 네트워크, 속도 중심의 공급망

아마존의 전략은 제품 탐색부터 고객의 문 앞까지 연결된 속도 중심의 세 단어로 요약된다.

Faster : 이틀 배송을 넘어 당일·2시간 내 배송을 가능케 하는 초고속 풀필먼트 시스템
Closer : 고객과 가까운 곳에 수천 개의 지역 물류 거점을 배치하여 물리적 거리를 최소화
Smarter : AI와 빅 데이터로 수요 예측, 재고 배치, 배송 경로를 최적화

자체 보유한 풀필먼트 센터에서 제품을 포장·출하하고, '아마존 물류망'과 제휴 운송망을 통해 고객에게 전달한다. 이 과정에서 로봇 피킹, 자동 분류기, 드론·로봇 배송 시스템 등 첨단 기술을 적극 활용하고, 마이크로 풀필먼트 전략으로 도심 속에 작고 민첩한 물류 거점을 설치해 초근거리 배송을 실현한다.

또한 FBA(Fulfillment by Amazon) 서비스를 통해 외부 판매자도 아마존의 물류 인프라를 이용할 수 있게 하면서, 플랫폼 기반 물류 생태계로 확장했다. 물류 네트워크가 아마존 산업 전체의 핵심 경쟁력이 된 것이다. 그 결과 아마존은 '배송이 빠른 브랜드'가 아니라, '속도를 설계하는 기업'으로 자리 잡았다.

현대글로비스 – 공장에서 고객까지 하나로, 통합 물류 관리

현대글로비스는 현대자동차의 부품 및 완성차 유통을 담당하는 글로벌 물류 전문 기업으로 제품이 생산되어 고객에게 전달되기까지의 공급망 전 과정을 통합적으로 설계하고 운영하는 역량을 갖춘 종합 물류 기업으로 진화하고 있다. 특히 IT 시스템 기반의 정밀 공급과 복합 운송 전략을 운영하며, 북미·유럽·아시아에 물류 거점을 구축해 글로벌 SCM을 최적화한다.

차별화 요소는 생산라인과 연결된 제조 특화형 설계 물류, 실시간 운송·재고·비용을 관리하는 자체 IT 시스템, 해상·육상·철도의 복합 운송 네트워크와 글로벌 거점 운영, 고객사와 함께 전체 유통 흐름을 설계·운영하는 파트너십이다. 이러한 역량으로 현대글로비스는 현대차 그룹을 넘어 외부 고객으로도 확장되고 있으며 전략적 물류 파트너로 자리매김하고 있다.

24계 - 생산·운영 역량 전략

[그림 3-33 JIT 제조 시스템의 생산·운영 역량 전략]

생산·운영 역량 전략은 제품 생산과 공급을 효율화해 생산성, 품질, 납기, 비용을 최적화하는 전략으로, 제조 현장의 운영 방식을 체계화하고, 공급망·설비·인력·정보를 통합함해서 운영 효율성과 고객 만족을 동시에 달성한다.

도요타 - JIT (Just-In-Time)

JIT은 필요한 제품을 필요한 시점에 필요한 양만큼 생산하는 방식으로, 단순한 재고 전략이 아닌 공정 흐름, 조직 문화, 협력 생태계까지 아우르는 전사적 운영 철학이다. 필요한 부품을 필요한 시간에 필요한 만큼만 공급받아 낭비를 제거하고 흐름을 최적화하여 비용 절감과 품질 향상을 동시에 달성하는 데 초점을 둔다.

JIT는 효율적이지만, 공급망이 끊기면 생산 차질의 위험이 있으므로 협력업체와의 긴밀한 협력, 유연한 공급망 구축, 예기치 않은 수요 변화에 대한 대응 전략이 필수다. 또한 생산 현장의 시각화된 정보 흐름, 자동화 설비와 간편화된 공정이 통합적으로 작동한다. 그 결과 생산 리드타임은 짧아지고, 불필요한 재고와 비용이 줄어든다. 도요타는 Kaizen (지속적 개선)과 Kanban(시각적 관리 시스템)을 함께 운영하며 JIT의 효과를 극대화하고 있다.

TSMC - 파운드리 기반의 초정밀 생산 전략

TSMC는 고객 설계 기반의 반도체를 생산하는 파운드리 선구자로, 고성능·초미세 공정 수요 증가에 따라 정밀성, 유연성, 품질, 속도를 동시에 실현하는 운영 전략을 구축해 왔다. 생산 운영 역량은 정밀도와 유연성의 공존, AI 기반 자동화를 통한 스마트팹 구축에 중심을 둔다.

핵심 전략은 GIGAA, 즉 Globalization - 글로벌 생산 거점 확장, Integration - 공정 간 기술 통합, Green manufacturing - 친환경 생산, Automation - 전 공정 자동화, AI control - AI 기반 품질 제어로 요약되며, 전사적 운영의 정밀 제어를 가능하게 한다.

특히 클린룸 환경의 정밀 유지, 실시간 품질 모니터링, 디지털 트윈 기반 시뮬레이션 운영 등은 3nm 이하 공정에서도 최고 수준의 수율을 유지한다. 이에 따라 고객 맞춤형 공정 설계와 대량 생산 간 균형을 유지하면서도 AMD, NVIDIA, 애플 등 첨단 기술 고객사와의 파트너십을 강화해 세계 시장 점유율 60% 이상을 확보하고 있다. 이제 TSMC의 생산 역량은 기술 집약형 공장을 넘어, 고객 요구의 실시간 구현 시스템 전략으로 진화하고 있다.

LG전자 - 제조 현장을 데이터 중심의 지능형 시스템으로 전환

LG전자는 복잡해지는 제품군, 짧아지는 제품 수명 주기, 글로벌 수요 변동에 대응하기 위해 생산 현장의 디지털 전환을 추진했다. 이를 통해 정밀성과 유연성을 확보하고, 전 세계 공장의 운영 효율을 높이는 전략적 전환이 시작되었으며 생산 속도 향상, 품질 안정성 확보, 에너지 효율 개선이라는 성공적인 효과를 얻고 있다. 핵심 전략은 세 가지로 요약된다.

- 스마트 팩토리 구축으로 IoT와 센서를 활용해 생산 데이터의 실시간 수집, 자동 제어
- 디지털 트윈 기반 생산 시뮬레이션을 통해 신제품 양산 전에 생산 공정의 가상 검증 최적화
- AI 및 빅 데이터 활용 품질 관리 체계로 불량 예측, 공정 간 상관관계 분석을 통한 수율 제고

이를 적용한 창원의 '스마트파크'는 생산성이 20% 이상 향상되고 에너지 효율도 개선되었다. LG전자의 생산 운영 전략은 생산 효율성 제고를 넘어, 제품 품질의 일관성과 고객 만족도를 동시에 향상시키는 기반이 되었다. 이는 디지털 역량을 갖춘 기술 기반 제조기업으로 도약을 가능하게 했고, 궁극적으로는 데이터와 기술에 기반한 실시간 의사결정 체계를 확립함으로써 운영 경쟁력을 더욱 갖추게 되었다.

제5편 협업 전략 - Shared Growth

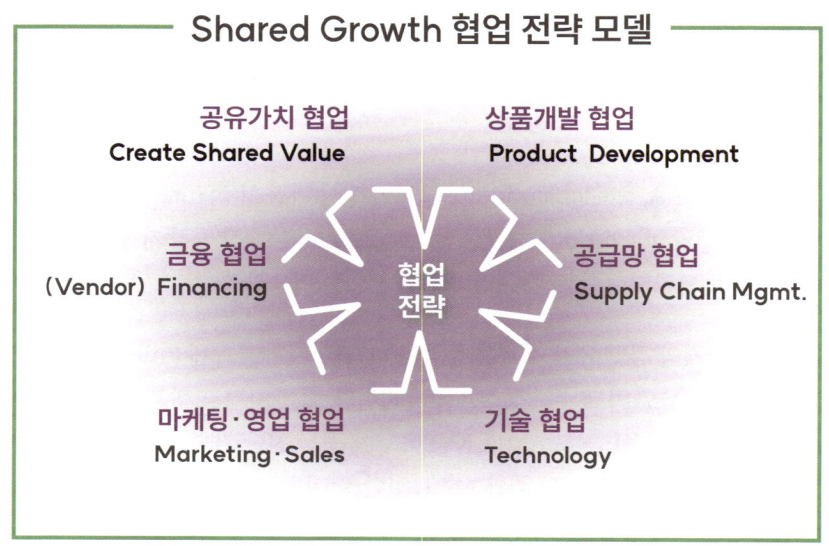

[그림 3-34 Shared Growth 협업 전략 모델]

협업 전략은 조직의 능력을 확장해서 더 큰 규모의 경제를 실현한다

불확실한 경영 환경에서는 조직 내의 자원을 활용한 **규모의 경제**(the Economy of Scale)를 추구하는 것만으로는 성장을 담보하기 어렵다.

기업은 외부 파트너, 고객, 공급업체, 심지어 경쟁사와도 전략적 협력을 통해 **협업의 경제**(the Economy of Collaboration)를 구축해야 한다. 다양한 파트너들과의 협업을 기반으로 생태계를 확장하고, 예측 불가능한 시장에서도 탄력성과 적응력을 높일 수 있다.

협업 전략은 시장에서의 거래 비용을 절감하고, 외부 자원을 결합해 경쟁우위를 강화하며, 네트워크를 통한 기회 확보, 경쟁자와도 협력해 공동 이익을 추구하는 게임이론에 이론적 기반을 둔다. 협력과 연결을 통해 생존을 넘어 새로운 기회를 창출하는 것이 오늘날 기업 경영의 핵심 과제가 되고 있다.

공유 가치 협업 전략

공유 가치 협업 전략은 협력 관계를 통해 경제적 이익과 사회적 가치를 동시에 창출한다. 고객, 파트너사, 지역사회가 함께 장기적인 가치를 창출하도록 설계하며, 기업의 지속 가능 경영과 연계된다.

상품개발 협업 전략

상품개발 협업 전략은 파트너사 간 기술력과 노하우를 결합해 혁신적인 제품을 공동 개발한다. 유통업체와 제조업체 간 PB 상품 개발, 자동차 제조사와 부품사의 차세대 차량 공동 개발이 대표 사례이고, 개발 리스크 분산과 시장 반응 속도 향상이 장점이다.

공급망 협업 전략

공급망 협업 전략은 공급망의 효율성과 탄력성을 높이기 위해 협력한다. 원자재 조달, 생산 최적화, 물류 공동화 등을 통해 비용을 절감하고 리스크를 분산한다. 이를 통해 공급망 안정성 확보와 위기 상황 대응력을 동시에 강화할 수 있다.

기술 협업 전략

기술 협업 전략은 신기술을 개발하거나 기술 혁신을 가속화하기 위해 기업 간 공동 연구개발을 진행하는 방식이다. 자율주행차 개발, 바이오 신약 연구, 반도체 미세공정 개발 등 첨단 산업 분야에서 긴밀한 기술 동맹을 통해 성과를 창출한다.

마케팅·영업 협업 전략

마케팅·영업 협업 전략은 브랜드 간 공동 마케팅, 공동 프로모션을 통해 고객층을 확장하고 시장 점유율을 높인다. IT 기업과 패션 브랜드, 식음료와 스포츠 브랜드의 콜라보 사례처럼, 상호 보완적 강점을 결합하여 새로운 시장 기회를 창출한다.

금융 협업 전략

금융 협업 전략은 협력사의 자금 조달과 운영 안정성을 지원해 상생 기반을 강화하는 방식이다. 저리 대출, 납품대금 선지급, 지불 조건 완화, 공동 금융 상품 개발 등을 통해 협력사의 재무 부담을 줄이고, 재무 건강성을 지원하며, 장기적 파트너십을 유도한다.

25계 - 공유 가치 협업 전략

[그림 3-35 홈플러스 공유 가치 협업 전략]

공유 가치 협업 전략은 기업 활동에서 협력업체와 함께 의미 있는 가치를 만드는 것이다. 기업은 제품이나 서비스를 만드는 과정에서 파트너와 함께 목표를 세우고, 서로 이익이 되도록 협력한다.

홈플러스 - 못생긴 배추 프로젝트

유통업과 농가가 함께 수익을 창출하며 폐기 농산물 문제를 해결한 공유 가치 협업 전략이다.

외형이 울퉁불퉁하거나 잎이 벌어진 배추는 상품성 부족으로 전체 수확량의 20~30%가 유통되지 못하고 폐기되어 왔다. 홈플러스는 이러한 농산물을 선별해 정상 가격의 절반 수준인 약 980원에 판매하고, 해당 수익을 농가와 공유하는 구조를 만들었다. 그 결과, 농가는 버려질 작물에서 추가 수익을 얻고, 소비자는 저렴한 가격에 배추를 구매할 수 있게 되어 생산자와 유통업, 소비자 모두에게 이익이 돌아가는 구조가 완성되었다.

이는 유통업체가 공급 단계의 손실을 최소화하며 생산자와 협업해 새로운 가치를 만들어 낸 공유 가치 협업 전략의 실질 모델이다.

포스코건설 - 녹색 산업으로 폐광 지역 재생

포스코건설은 2020년부터 폐광 지역의 생활 여건을 개선하고 일자리 창출을 목표로 '도시혁신스쿨' 도시 재생 프로젝트를 시작했다.

석탄 산업이 몰락한 강원도 폐광 지역에 포스코는 친환경 철강 생산 설비와 그린 벤처 인큐베이팅 허브를 구축하며 지역 재활성화에 나섰다. 이 과정에서 지방자치단체, 주민 협의체, 대학, 사회적 기업들과 협업해 단순한 공장 유치가 아니라, 지역사회 중심의 자립 생태계와 녹색 일자리 창출에 초점을 맞췄다.

포스코는 폐열 회수, 탄소포집 기술 등 탄소 중립 철강 공정을 현지에 도입하고, 지역 인력을 우선 채용하는 고용 전략을 병행했다. 이를 통해 ESG 경영 실천과 탄소 감축 이미지를 얻었고, 지역은 일자리, 기술, 교육, 정주 기반이 복원되는 실질적 혜택을 경험했다. 이 프로젝트는 포스코의 핵심 역량을 지역 발전 전략에 집중해서 지역사회 성장이라는 공유가치를 함께 만들어 간 사례다.

네슬레 - 커피 농가 지원으로 브랜드 신뢰 제고

네슬레는 2010년부터 '네스카페 플랜'을 통해 커피 농가를 지원하고 있다. 이 플랜을 통해 농부들에게 친환경 재배법, 품질 향상 기술 등을 교육하고, 공정 거래 기반의 안정된 유통망을 제공하여 농가의 소득을 높이고 커피 산업의 지속성을 높이고 있다. 2022년에는 '2030 네스카페 플랜'을 발표하며, 재생 농업 촉진, 탄소 배출 감축, 농민 생활 개선 등 ESG 기반 목표를 확대했다.

이보다 앞선 2004년부터 '카페 프랙티스' 프로그램을 운영하며, 커피 산업에 얽힌 수익 불균형, 아동 노동, 환경 파괴 같은 구조적 문제 해결에 나섰다. 농가와의 직접 계약, 교육, 품질 인증 시스템 등을 통해 농민에게는 안정된 수입을, 네슬레에게는 고품질 원두 확보라는 상호 이익을 제공하고 있다. 커피 한 잔 뒤에 있는 공급망의 사회적 문제를 개선하고자 시작된 이 전략은 현재 30만 농가 이상에 적용되었다.

26계 - 상품 개발 협업 전략

<출처 : KBS 뉴스>　　　　　　　　　　　　[그림 3-36 K-팝의 상품 개발 협업 전략]

K-팝의 협업 전략 - 참여형 글로벌 콘텐츠 생태계

K-POP은 더 이상 한 명의 천재 작곡가가 이끄는 단순한 창작이 아니다. 오늘날의 K-POP 히트곡은 수많은 작곡가, 프로듀서, 안무가, 디자이너, 마케팅 전문가들이 동시에 참여하는 집단 창작 시스템을 통해 완성된다. 예컨대 BTS의 '불타오르네'는 여섯 명의 작곡가가, 에스파의 '스파이시'는 일곱 명의 작곡가가 협업해 만든 결과물이다. 하나의 곡에 열 명 이상이 참여하는 이 방식은 음악을 하나의 '상품'으로 기획하고 설계하는 전략적 협업의 결정체다.

초기 K-팝은 국내 팬 중심의 아이돌 중심 문화로 시작됐지만, 점차 국경을 넘는 협업 전략을 통해 글로벌 문화산업의 중심축으로 자리 잡았다. 협업 전략은 단순한 피처링이나 공동 제작을 넘어, 팬덤과 브랜드, 기술, 플랫폼, 글로벌 기업까지 아우르는 다차원적 형태로 진화하고 있다. 이는 전통적 제작 방식의 틀을 깨고, 전 세계 팬과 함께 만드는 '참여형 글로벌 콘텐츠 생태계'라는 방향성을 제시한다. K-팝은 이제 글로벌 문화 네트워크를 구축하는 문화 산업 전략 플랫폼으로 진화하고 있다.

K-팝의 협업 전략은 1세대~3세대 아이돌의 성장과 함께 진화해 왔다.

1세대는 국내 중심의 콘텐츠 생산과 라디오, TV를 통한 확산에 그쳤지만, 2세대부터는 일본, 중국, 동남아 시장을 타깃으로 지역적 협업이 확대되었다. 3세대에 접어들며 방탄소년단(BTS), 블랙핑크 같은 글로벌 슈퍼스타들이 등장하면서 글로벌 협업 전략으로 진화했다.

BTS는 미국 빌보드 차트를 겨냥해 작곡가 및 프로듀서와 협업하고, SNS에서 팬과 소통하는 전략을 통해 미국 시장을 공략했다. 블랙핑크는 유튜브, 틱톡 등 디지털 플랫폼에서 글로벌 팬덤과 즉시 연결되는 구조를 만들며 서구 대중음악과의 벽을 낮췄다. K-팝이 단순한 수출 콘텐츠가 아니라, 글로벌 문화 교류의 주체로 바뀐 것이다.

이러한 전략은 기술과 플랫폼의 진보와도 연결된다. 메타버스, 버추얼 아이돌, AI 작곡가와의 협업, 팬 참여형 콘텐츠 기획이 활성화되며, 콘텐츠 생산 주체가 더욱 다변화되고 있다. 에스파의 메타버스 공연, 하이브의 팬 플랫폼 '위버스' 등이 그 예로, 이는 음악산업이 단방향 소비에서 쌍방향 제작으로의 전환을 의미한다.

K-팝 협업 전략의 핵심 포인트는 다음과 같이 정리된다.

1. 글로벌 현지화 전략 Localization through Collaboration
현지 언어, 스타일, 문화에 맞춘 글로벌 아티스트와의 협업을 통해 문화 장벽을 자연스럽게 넘는다. 단순한 피처링이 아니라, 공동 스토리텔링 구조를 형성하는 것이 중요하다.

2. 플랫폼 기반 확장 전략 Platform-driven Expansion
유튜브, 위버스, 틱톡 등 글로벌 플랫폼과의 협업으로 유통과 팬덤 형성을 동시에 이룬다. 이는 기존 음악 시장의 중개자를 넘어서는 B2F(Business to Fan) 전략이다.

3. 브랜드와의 감성적 동맹 Emotional Branding Collaboration
패션, 뷰티, 게임, 식음료 기업들과의 협업을 통해 음악을 넘어 일상의 경험으로 확장한다. BTS와 맥도날드, 블랙핑크와 아디다스 등의 사례가 대표적이다.

4. 테크놀로지 융합 전략 Technology Collaboration
AI, 메타버스, NFT, 증강현실 기반 콘텐츠 제작 등 첨단 기술과의 협업을 통해 음악 경험의 공간을 재정의한다. 이는 팬들의 몰입도와 참여도를 획기적으로 높이는 방식이다.

앞으로 K-팝의 협업 전략은 콘텐츠의 질뿐만 아니라 제작 과정과 스토리, 가치를 중요시하는 Z세대와 알파세대에 맞춰, 공감 기반 협업과 윤리적·콘텐츠 생산도 중요하게 다룰 것이다.

27계 - 공급망 협업 전략

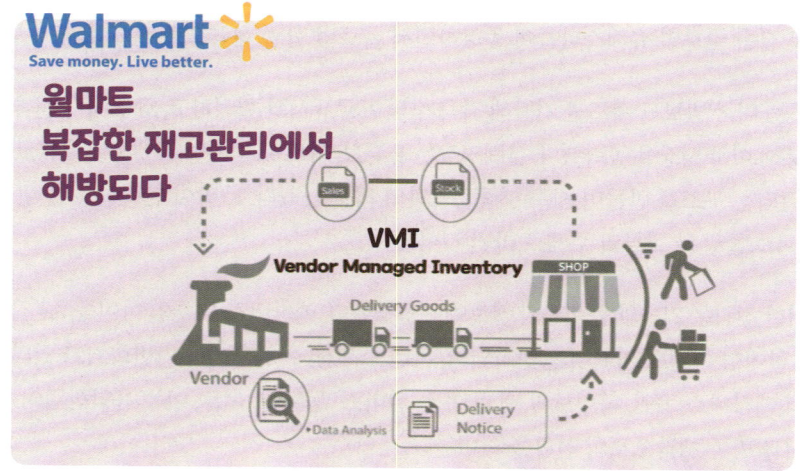

[그림 3-37 월마트의 공급망 협업 전략]

공급망 협업 전략은 공급업체, 제조사, 물류 기업 등과 전략적 파트너십을 맺고, 정보와 수요 예측, 생산 계획 등을 실시간 공유하여 공급망 전체를 연결하고 효율성을 높이는 협업 중심의 운영 전략이다.

월마트 - 공급자 주도형 VMI 협업 전략

월마트는 공급망 효율화를 위해 공급자 중심의 VMI(Vendor Managed Inventory) 전략을 도입했다. 이는 전통적인 유통업체 주도 방식이 아니라, 공급업체가 직접 재고를 관리하고 보충하는 협업 체계다. 월마트는 POS 데이터를 공급사와 실시간으로 공유하고, 공급사는 이를 기반으로 판매 흐름과 재고 소진 속도를 분석해 제품을 직접 보충한다.

이 과정에서 양측은 수요 예측, 발주 타이밍, 물류 최적화 등에 있어 정보와 실행 권한을 공유하며, 월마트는 납품처가 아닌 공동 운영 파트너로서 공급사를 대우한다.
초기에는 P&G, 존슨앤존슨 등 글로벌 기업이 참여했지만, 현재는 중소 공급사까지 확장됐다. 이 전략은 재고 비용 20~30% 절감, 결품률 감소, 납기 단축 등의 효과를 가져왔고, 공급사 역시 예측 생산과 공급 안정성을 확보할 수 있었다. 월마트의 VMI는 정보 공유와 실행 협업을 통한 수평적 공급망 혁신의 사례로, 유통 산업의 협력 패러다임을 바꾼 전략으로 평가받는다.

아마존과 P&G - 물류 공동화 기반 제휴 모델

아마존은 글로벌 소비재 대기업 P&G와 협업해 공급망의 한계를 뛰어넘는 혁신적 협업 모델을 구현했다. 아마존의 물류 창고 내부에 P&G가 직접 '소형 팩토리' 또는 재포장·배송 거점(micro-fulfillment node)을 설치해 공급과 판매의 경계를 제거한 것이다. P&G는 아마존의 실시간 주문 데이터를 바탕으로 아마존 창고에서 직접 제품을 패키징하고, 재고를 보충하며, 배송 준비까지 수행한다.

이 전략은 단순한 공급-소매 관계가 아닌, 공간과 데이터를 공유하는 통합 운영 방식으로, 기존의 공급-유통 이원화 구조를 넘어, 한 공간에서 실시간 협업이 이뤄지는 통합 공급망 모델로 진화했다. 양사는 단순 납품 관계가 아닌 공동 운영자이자 데이터 공유 파트너로서 수요 변화에 실시간 대응하고 불필요한 물류 단계를 제거할 수 있었다.

실행 결과, 재고 회전율이 높아지고 배송 리드타임은 단축되었으며, 특히 '다시 사는 상품'의 충성 구매 전환율이 높아지는 효과도 발생했다. 또한 불필요한 물류 이동을 줄여 공급망 탄소 배출도 감소하는 ESG 효과도 입증되었다. 이 협업은 물류 거점과 생산 기지를 융합한 하이브리드 SCM 모델로, B2B-물류의 새로운 전환점이 되었다.

로슈 Roche - 글로벌 동시 생산을 위한 상시 파트너십

로슈는 스위스 바젤에 본사를 둔 글로벌 헬스케어 기업으로, 항암제·면역 치료제·분자 진단 분야에서 세계적 선도 기업이다. 치료제와 진단기기를 통합하는 정밀 의료에 강점을 가지고 있으며, 코로나19 팬데믹 당시 PCR 진단 키트 및 항체 검사 제공을 통해 전 세계 공공 의료 대응에 핵심적인 역할을 했다.
로슈의 공급망 협업 전략은 다층적이고 통합적인 구조를 기반으로 하며, 단순 거래 관계를 넘어 공급업체와의 실시간 정보 공유, 성과 연계, 리스크 분산 등의 전략을 펼친다.

대표적인 협업 플랫폼인 iCollab/GEP Nexxe는 전 세계 협력사들과의 디지털 연결을 통해 공동 의사결정과 예측 기반의 생산계획 수립이 가능하다. 또한 Moderna·Regen eron 등과의 글로벌 제약 파트너십을 통해 백신·치료제 공동 개발과 유통까지 연계하고 있다.

로슈는 생산시설 확충, 에너지 효율화, 공급 리스크 대응 등을 통해 파트너와 상생하는 지속 가능한 공급망을 구축 중이며, 이 협업 구조는 안정적인 공급, 제품 품질 제고, 글로벌 보건 기여라는 세 가지 측면에서 강력한 효과를 발휘하고 있다.

28계 - 기술 협업 전략

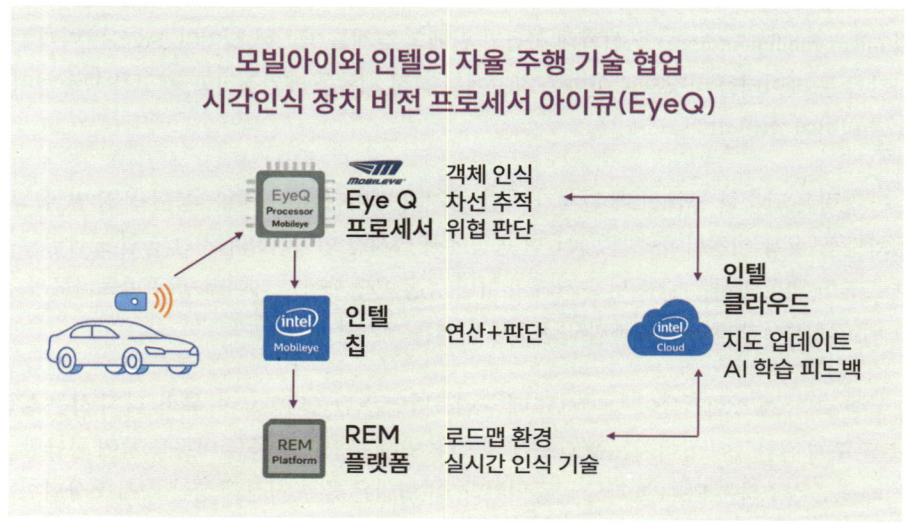

<출처 : 매일경제>　　　　　　　　　　[그림 3-38 모빌아이와 인텔의 기술 협업 전략]

모빌아이 × 인텔 - 자율 주행 기술의 융합 진화

모빌아이(Mobileye)와 인텔(Intel)의 기술 협업은 자율 주행 자동차 산업에서 대표적인 전략적 기술 융합 사례로 꼽힌다. 이 협업은 자율 주행을 구현하기 위한 시각 인식, 연산, 지도 구축, 클라우드 분석까지 아우르는 통합 플랫폼 기반의 기술 생태계 구축을 목표로 한다.

핵심은 모빌아이의 시각 인식 기술(Vision-based Perception)과 인텔의 고성능 컴퓨팅 역량을 결합한 전방위 자율 주행 시스템이다. 모빌아이는 자율 주행차가 도로를 인식하고 판단하는 데 필요한 '눈' 역할을 수행하는 카메라 기반 시각 인식 장치에 특화된 기업이다. 그 중심에는 자사의 대표적 칩셋인 EyeQ 시리즈가 있다.

EyeQ는 단순한 비전 프로세서를 넘어, AI 기반의 객체 인식, 차선 추적, 보행자 식별, 거리 계산, 위험 판단 등을 실시간으로 수행하며 차량이 주변 상황을 인식하고 반응하게 만든다. 이 칩은 저전력 고성능을 동시에 갖춘 것이 특징으로, 카메라에서 받은 데이터를 자체적으로 처리하고, 인텔 CPU 및 GPU와의 연동을 통해 보다 복잡한 연산과 통합 판단이 가능하다.

인텔은 EyeQ 시스템을 자사의 엣지 컴퓨팅 기술과 클라우드 데이터 분석 플랫폼과 연결하여, 실시간 지도 구축, 경로 최적화, 데이터 학습까지 통합된 처리를 가능하게 했다. 두 기업은 센서-판단-연산-지도-학습-업데이트에 이르는 완전한 자율 주행 기술 체인을 확보했다. 이 협업에서 중요한 전략적 요소는 크게 세 가지로 요약된다.

    1. 역할 기반의 기술 분업 : 모빌아이는 인식 및 판단 알고리즘, 인텔은 고성능 연산과 하드웨어 최적화에 집중함으로 서로의 전문성을 극대화한다.
    2. REM Road Experience Management 기반 협업 : 주행 중 수집된 데이터를 클라우드로 전송해 실시간 고정밀 지도를 구축하고, 이를 다시 차량에 제공하는 지속적 데이터 순환 구조가 구현되었다. 이는 글로벌 스케일의 지도 플랫폼 구축을 가능하게 한다.
    3. 신뢰 기반의 기술 원칙 : 모빌아이는 기술 속도보다 윤리와 안전 중심 철학을 고수하며, 테슬라와의 결별 사례처럼 기술의 남용을 경계한다.

GE × MS - 산업 IoT를 위한 디지털 트윈 협업 전략

    GE는 항공기 엔진, 발전 설비, 의료 기기 등 중공업 중심의 제조업 강자로 알려져 있지만, 최근에는 디지털 전환과 산업용 사물인터넷(IIoT)을 중심으로 사업을 혁신하고 있다.

GE는 마이크로소프트(MS)와의 기술 협업을 통해 디지털 트윈 중심의 운영 모델을 구축했다. 양사의 협업은 GE의 산업 기계 데이터와 마이크로소프트의 클라우드 플랫폼 '애저(Azure)'를 결합하여, 실제 장비의 동작과 상태를 가상으로 복제하는 디지털 트윈 시스템을 구현한 것이 핵심이다. 이를 통해 발전소, 항공기, 의료 장비의 예측 정비, 실시간 모니터링, 성능 최적화가 가능해졌다. GE는 자사 플랫폼인 Predix를 통해 산업 데이터를 수집하고, MS는 Azure를 통해 데이터 분석, 시뮬레이션, AI 기반 의사결정 지원을 담당한다. 이러한 기술 협업은 제조업의 패러다임을 '제품 판매'에서 '서비스와 솔루션 중심의 디지털 산업 플랫폼'으로 바꾸고 있다.

    GE는 자사 플랫폼인 Predix를 통해 산업 데이터를 수집하고, MS는 Azure를 통해 데이터 분석, 시뮬레이션, AI 기반 의사결정을 지원한다. 이러한 기술 협업은 제조업의 패러다임을 '제품 판매'에서 '서비스와 솔루션 중심의 디지털 산업 플랫폼'으로 바꾸는 핵심 동력이 되었다.

29계 - 마케팅·영업 협업 전략

[그림 3-39 오피스디포 X 이마트24 영업 협업 전략]

마케팅·영업 협업 전략은 두 개 이상의 기업이 각자의 고객, 유통 채널, 브랜드 파워, 데이터 또는 공간 등을 결합해 판매 기회를 창출하거나 브랜드 가치를 상승시키는 전략적 제휴 방식이다. 협업은 광고 연합, 채널 융합, 고객 경험 연계, 제품 공동 개발, 플랫폼 공유 등으로 확장되고 있다.

오피스디포 × 이마트24

오프라인 유통 혁신을 실험하는 실용 협업

오피스디포와 이마트24의 협업은 유통 업계에서 드물게 시도된 '이종 업태 간 숍인숍(shop-in-shop)' 모델로, 오피스디포 매장 내 유휴 공간을 활용해 이마트24 셀프 매장을 입점시킨 것이 핵심이다. 고객은 사무용품 구매 중 식음료·생활 상품도 원스톱으로 구매하고, 셀프 계산대에서 직접 결제하여 인건비를 절감하고 운영 효율도 높였다.

2020년 여의도점을 시작으로 역삼점까지 확장되었으며, 30~50㎡면 도입 가능한 점에서 전국 확대 가능성도 높다. 편의점은 소형 점포를 확보하고, 오피스디포는 공간 효율과 추가 수익을 확보해서 공간·운영비·고객 니즈를 입체적으로 연결한 협업 구조다.
아직 대중화되진 않았지만, 유휴 자산을 실용적 방식으로 전환한 '실험형 협업 전략'의 실질적 사례다. 유통업 전반에 협업의 스펙트럼을 넓히는 시사점을 제공한다.

하이네켄 × 유튜브
브랜드 정체성과 디지털 감성을 연결한 문화적 협업

전통 맥주 브랜드인 하이네켄(Heineken)은 급격하게 변화하는 소비자 트렌드, 특히 디지털 네이티브 세대의 미디어 소비 방식 변화에 대응해 새로운 마케팅 전략을 모색했다. 결과적으로 유튜브 플랫폼과의 전략적 협업을 통해 콘텐츠 중심 마케팅으로 전환하는 데 성공하였다. 젊은 세대와의 감성적 접점을 확보하고 브랜드에 대한 정서적 호감과 몰입을 유도하는 데 성공한 하이네켄과 유튜브의 협업 전략은 세 가지로 요약할 수 있다.

브랜드를 콘텐츠처럼 녹여 낸 '맥락 기반 브랜딩'이다

하이네켄은 사람들이 좋아하는 유튜브 콘텐츠(음악, 축구, 감성 영상 등)에 자연스럽게 등장한다. 소비자는 광고를 '보는' 것이 아니라, 콘텐츠를 '경험'하는 과정 속에서 브랜드를 함께 느끼게 된다. 이는 브랜드가 콘텐츠 소비의 흐름 안에 숨어들어 강한 인상을 남기는 방식이다. F1 경기 영상 콘텐츠에서 광고가 아닌 배경 요소처럼 자연스럽게 노출되도록 구성해, 팬들이 '광고'가 아닌 '경험' 속에서 브랜드를 인식한 경우가 이에 해당한다.

젊은 세대의 감성과 문화에 맞춘 '디지털 공감 마케팅'이다

하이네켄은 '보링폰'(Boring Phone, 디지털 디톡스 캠페인), 음주운전 예방 광고 등 사회적 메시지를 유머와 감성으로 풀어내는 방식을 활용했다. 브랜드는 재미와 의미를 동시에 전달하며, 젊은 소비자의 지지와 감정적 연결을 이끌어 냈다. 디지털 중독 시대를 풍자한 '보링폰' 캠페인은 아무 기능도 없는 '지루한 휴대폰'을 만들어, 디지털 디톡스를 유쾌하게 알리며 하이네켄의 감성적 브랜드 이미지를 강화했다.

'세대 연결성'과 '문화 감수성'을 동시에 강화한 전략적 협업이다

하이네켄은 프리미엄 맥주 브랜드로서의 정체성을 유지하면서도, 유튜브라는 젊은 플랫폼을 활용해 전통과 트렌드를 연결했다. 브랜드 '시대에 뒤처지지 않고 감각적이며, 공감할 수 있는 존재'로 인식시켰다. '운전자 역할을 맡은 친구를 응원하자'는 메시지를 유머러스하게 전달해 젊은 층의 공감을 얻고 책임 있는 음주 문화를 세련되게 알리는 데 성공한 경우가 이에 해당한다.

30계 - 금융 협업 전략

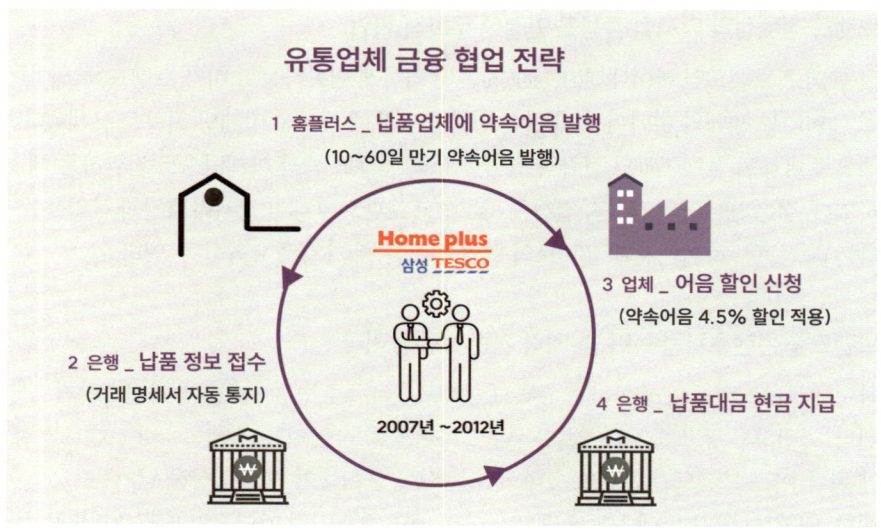

[그림 3-40 삼성 테스코의 금융 협업 전략]

금융 협업 전략은 기업이 외부 금융기관과 협력하여 자금 흐름을 전략적으로 설계함으로써 협력사의 유동성 확보, 금융 비용 절감, 공급망 안정성 제고 등을 도모하는 방식이다. 이를 통해 기업은 협력사에 저리 대출, 지불 조건 완화, 금융 상품 연계 등의 수단을 제공하고, 협력사는 재무 부담을 줄이고 안정적으로 운영할 수 있다.

대표적인 유형에는 구매 기업의 신용을 기반으로 납품업체가 조기에 자금을 확보하는 공급망 금융(Supply Chain Finance), 대기업이 출연한 자금을 활용해 중소 협력사에 저리 대출을 지원하는 동반성장펀드, 대기업이 협력사 대출 시에 보증 역할을 수행해 주는 협력사 대출 보증 프로그램, 핀테크 기반 후불결제와 실시간 대출, 매출채권 유동화(Factoring) 등이 있다.

이러한 전략은 협력사의 자금 유동성을 개선하고, 기업의 지속 가능성과 상생 경영을 동시에 실현하는 수단으로 주목받고 있다.

삼성테스코 - 조기 현금화 유동성 지원

삼성테스코가 추진한 금융 협력 전략은 협력사의 자금 조달과 운영 안정성을 동시에 지원하는 선진적 공급망 금융(Supply Chain Finance) 모델이다. 이 전략은 2007년부터 2012년까지 삼성테스코 시절에 운영되었으며, 6개 주요 은행과의 제휴를 통해 약 6,200개 납품업체에 총 5,000억 원 규모의 리볼빙 한도를 제공하는 구조로 설계되었다.

핵심 작동 방식은 크게 세 단계로 이루어진다.

첫째, 삼성테스코는 납품 업체에 10~60일 만기의 약속어음을 발행하며, 이는 삼성테스코의 신용을 바탕으로 한 지급 보증 수단으로 기능한다.

둘째, 발행된 어음 정보와 거래 데이터는 자동으로 제휴 은행에 전송되며, 은행은 이를 실시간으로 수신하여 납품 업체에 현금 지급 가능 여부를 판단한다.

셋째, 납품 업체는 해당 어음을 기반으로 은행에 할인율 4.5%로 현금화를 신청하고, 조기에 대금을 수령한다. 이 할인율은 삼성테스코의 우량한 신용 등급을 반영한 낮은 금리로, 일반 금융 대비 우대 조건이다.

이 전략의 결과로 납품 업체는 조기 현금 확보를 통해 재무 유동성을 강화하고, 삼성테스코와의 거래 지속성을 높일 수 있다. 삼성테스코는 안정적 납품망을 유지하고 공급망 신뢰도를 강화할 수 있으며, 제휴 은행은 신용 위험이 낮은 우량 기업을 대상으로 안정적인 대출 수익을 얻는 구조를 확보하게 된다.

토스 toss - 생활 밀착형 기업과의 협업

핀테크 기업 토스는 단순 송금 앱에서 금융 슈퍼앱으로 성장하며, 다양한 비금융 산업과의 협업을 통해 '생활 밀착형 금융 전략'을 전개하고 있다. 유통, 공공기관, 헬스케어 등 다양한 영역의 고객 접점과 데이터를 금융 서비스에 통합하여 자연스럽게 금융을 스며들게 하는 '삽입형 금융(Embedded Finance)' 형태로 확장 중이다.

CU와는 편의점 결제 데이터를 바탕으로 할인·포인트·광고 기반 금융 상품을 연결하고, 서울시·정부와는 공공요금 통합 시스템을 구축해 디지털 시민 플랫폼으로의 입지를 넓혔다. 또한 헬스케어 스타트업과는 건강 데이터를 기반으로 보험·건강 리워드 등의 맞춤형 금융 생태계를 형성하고 있다.

제6편 신뢰 전략 - Trustmarks

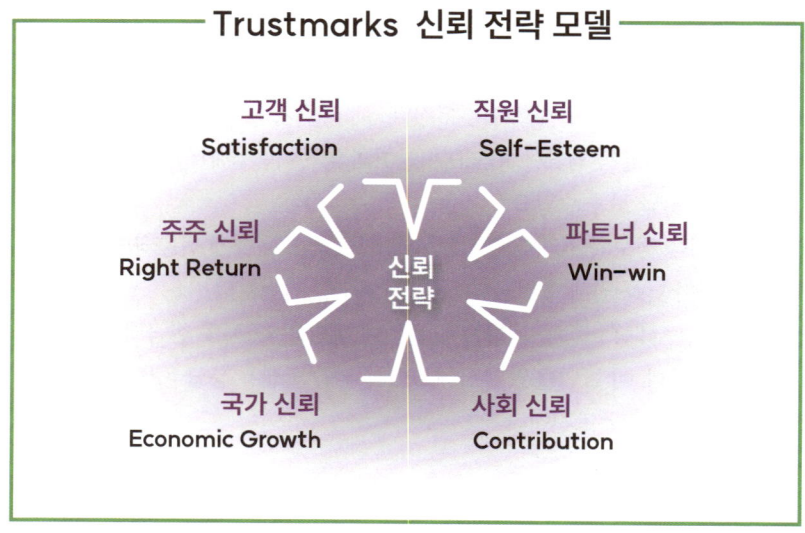

<Copyright by SH Lee>　　　　　　　　　[그림 3-41 Trustmarks 신뢰 전략 모델]

신뢰 전략은 무형 자산으로 브랜드 이미지를 결정하는 '보이지 않는 손'이다

신뢰 전략은 기업의 핵심가치를 바탕으로 고객, 직원, 파트너, 사회, 국가, 주주 등 이해관계자의 신뢰를 얻어 기업의 지속 가능한 성장을 이끄는 무형의 성장 엔진이다. 신뢰는 모든 이해관계자와의 관계를 지탱하는 보이지 않는 자산이다. 기업은 신뢰 형성을 통해 이해관계자들의 충성도를 강화하여 브랜드의 지속 가능성을 높일 수 있다.

신뢰 자산이 중요한 이유는 급격하고 불확실한 경영 환경의 변화 때문이다.
불확실성이 점점 커지는 경영 환경에서는 신뢰를 확보한 기업만이 장기적 생존과 경쟁 우위를 얻을 수 있기 때문이다.
신뢰는 가격이나 품질을 뛰어넘어 기업의 경쟁 우위를 좌우하는 결정적 무형 자산이다.

고객 신뢰 - 고객이 신뢰하면 기업의 브랜드 이미지가 형성된다

신뢰 전략의 시작점은 고객이다. 고객은 제품 품질뿐 아니라 구매 전 과정에서의 긍정적 경험을 기대한다. 품질, 응대, A/S, 사회적 책임까지의 통합 관점이 필요하다. 핵심은 '고객 중심 사고'를 조직에 내재화하는 것이며, 고객의 기대를 초과하는 경험이 신뢰의 기반이 된다.

직원 신뢰 - 직원이 신뢰하면 다른 사람도 신뢰한다

내부 신뢰가 외부 신뢰의 출발점이다. 직원은 기업의 가치 창출과 대외 신뢰 형성의 주체다. 자율성을 인정하고 직원이 존중받고 자긍심을 느끼는 조직 문화를 갖춘 기업은 기업 외부의 신뢰도 자연스럽게 얻을 수 있다. 내부 존중 없는 외부 신뢰는 불가능하다는 인식을 가져야 한다.

파트너 신뢰 - 파트너가 신뢰하면 협업의 경제가 실현된다

협력사는 함께 성장할 수 있는 동반자다. 신뢰를 바탕으로 한 장기적 파트너십을 형성해야 한다. 이는 글로벌 공급망 위기 속에서도 유연하게 대응할 수 있는 공급망 기반이 되며, 협력에 기반한 신뢰는 글로벌 경쟁력의 원천이다. 진정한 상생은 함께 성장하여 더 큰 가치를 만든다.

사회 신뢰 - 사회가 신뢰하면 좋은 평판으로 존경받는 기업이 된다

기업은 공동체 일원으로서 환경, 교육, 복지 등 다양한 사회 분야에 적극 기여해야 한다. 단순 기부나 봉사활동을 넘는 전략적 사회 참여는 기업의 정체성과 연결되며 사회적 신뢰를 강화하는 중요한 축이다. 기업의 사회 공헌은 신뢰의 외연을 확장하는 강력한 수단이다.

국가 신뢰 - 국가가 신뢰하면 경제 발전과 고용 창출에 기여하게 된다

기업의 활동이 고용 창출, 기술 혁신, 수출 확대 등 국가 경제와 사회 전체의 발전에 실질적 기여할 때 기업은 국민적 신뢰를 얻는다. 세금 납부를 넘어 국가 발전의 파트너로서 자리매김하게 하는 전략이다. 기업의 경제적 기여는 사회로부터 존경과 신뢰를 얻는 기반이다.

주주 신뢰 - 주주와 투자자가 신뢰하면 기업의 성장이 가속화된다

장기적 가치 창출이 핵심이다. 단기 이익 추구보다는 지속 가능한 수익 구조와 책임 있는 재무 전략이 투자자의 신뢰를 만든다. 기업은 이익을 넘어 일관성과 투명성으로 주주와 신뢰를 쌓아야 한다. 합리적, 일관된 수익 구조를 통해 주주와 투자자의 신뢰를 강화해야 한다.

31계 - 고객 신뢰 전략

[그림 3-42 애플 스토어 고객 신뢰 전략]

고객이 신뢰하면 기업의 브랜드 이지미가 형성된다

디지털과 AI 기술이 일상을 바꾸는 시대, 고객은 단순한 제품보다 '신뢰할 수 있는 브랜드'를 선택한다. 금융·생태·기술의 불확실성이 맞물린 오늘날, 소비자는 정보의 진정성과 기업의 진심을 기준으로 판단한다. 그러기에, 품질, 응대, 개인정보 보호, 공정한 가격, 웰빙 가치, ESG 감수성, 인간 중심의 디지털 경험까지 모든 접점에서 일관된 철학이 실현되어야 한다.

이러한 기반에서 반복된 만족을 넘어 예상을 뛰어넘는 경험이 제공될 때, 고객은 브랜드와 정서적 유대를 형성하며, 이는 긍정적 구전과 재구매로 이어진다. 특히 디지털 환경에서 고객의 신뢰는 빠르게 형성되기도 하지만, 사소한 실수로 급속히 무너질 수 있기에 전사적 대응 체계와 고객 공감의 감수성이 요구된다.

고객 신뢰 전략은 위기 속에서도 흔들리지 않는 브랜드 회복력과 장기 경쟁력을 만드는 무형 자산으로, '보이지 않는 손'이자 기업 경쟁력의 본질이다.

애플 - 신뢰를 설계하는 '지니어스 바'의 힘

애플의 고객 신뢰 전략은 '기술이 아니라 경험을 판다'는 철학에서 출발한다. 이 전략의 핵심은 고객이 제품을 사용하는 모든 순간에 '예측 가능하고 긍정적인 경험'을 제공하는 데 있다.

그 대표 사례가 바로 '지니어스 바(Genius Bar)'다. 이는 단순한 서비스 데스크가 아니라, 고객과 신뢰를 맺는 접점으로 설계되었다. 고객은 매장에서 제품의 문제를 바로 진단받고, 전문가의 조언을 직접 듣는다.
이는 불만을 해소하는 수준이 아니라, 고객의 불안을 줄이고 브랜드에 대한 신뢰를 심어주는 역할을 한다. 특히 고장이 아닌 사용법이나 궁금증에 대해서도 정중하게 응대하며, 고객은 자신이 '존중받고 있다'는 느낌을 받는다.
지니어스 바는 단순한 A/S 공간을 넘어서, 브랜드 철학이 실현되는 물리적 공간이다. 고객 신뢰는 기술이 아니라 '경험의 일관성'에서 비롯된다는 것을 보여 주는 애플의 대표 전략이다.

스타벅스 - 감성의 공간, 신뢰를 로스팅하다 - 리저브 로스터리

스타벅스는 단순한 커피 브랜드가 아니라, '일상의 문화'를 디자인한다.
특히 '스타벅스 리저브 로스터리(Starbucks Reserve Roastery)'는 고급화 전략을 넘어서 고객 신뢰의 새로운 차원을 제시한다. 이 매장은 원두의 로스팅 과정을 눈앞에서 보여 주고, 바리스타가 직접 고객에게 커피의 향미를 설명하는데 고객은 그 과정에 참여하는 주체가 된다.

이는 단순히 고급 원두를 파는 것이 아니라, 투명성과 스토리텔링을 결합한 체험 중심의 신뢰 전략이다. 리저브 로스터리는 고객이 브랜드를 '감각적으로 믿도록' 만드는 감성적 설계가 핵심이다.

고객은 이곳에서 눈으로 품질을 확인하고, 직원과의 소통을 통해 브랜드 철학을 체험한다. 이러한 '보이는 품질, 느껴지는 철학'은 스타벅스를 단순한 커피 매장이 아닌 '브랜드 신뢰의 상징 공간'으로 만들어 준다. 결국 스타벅스의 신뢰는 진정성 있는 공간과 경험에서 탄생한다.

32계 - 직원 신뢰 전략

| 직원 신뢰 핵심 가치
상호존중
Self Esteem

우리는
서로를 믿고
존중함으로
스스로 자긍심을
높입니다 | 1 우리는 서로를 믿고 존중하며 한 팀으로 함께 일한다.
2 우리는 서로의 지식과 경험을 공유한다.
3 우리는 즐겁고 배움이 있는 환경과 조직 속에서 최선을 다해 일한다.
4 우리는 성별, 나이, 장애, 종교 또는 정치적 신념과 상관없이 평등한 기회를 가지고 일한다.
5 우리는 개인의 이익을 위해 회사의 정보를 이용하지 않는다.
6 우리는 지역사회와 더불어 더 나은 내일을 위해 일한다. |

<Copyright by SH Lee>　　　　　　　　　　[그림 3-43 직원 신뢰의 핵심 가치]

직원이 신뢰하면 외부 이해관계자의 신뢰가 따라온다

직원 신뢰 전략은 구성원을 동등한 파트너로 존중하며 자율성과 책임, 성장 기회를 제공하는 조직 운영 전략이다. 기업 내부 토대를 단단히 다지는 출발점이자, 지속 가능한 경쟁력의 핵심이다.

조직의 성과는 기술이나 시스템만으로 이뤄지는 것이 아니라, 결국 '사람'이 만들어 낸다. 특히 변화가 빠르고 불확실성이 높은 시대에는 외부 고객의 신뢰보다 더 우선되어야 할 것이 내부 구성원의 신뢰다. 직원은 단순히 고용된 노동력이 아니라, 기업의 가치와 철학을 외부에 전달하는 대표자이며, 고객과의 신뢰를 이어주는 연결 고리다. 직원이 존중받고 자율적으로 성장할 수 있는 환경이 조성되어야 진정한 고객 만족도 실현될 수 있다.

'직원을 위한다'는 원칙은 복지를 넘어서 자율성, 존엄성, 성장 가능성, 일의 의미를 제공하는 것까지 확장되고 있다. 특히 AI 대전환의 시대에는 사람 중심의 경영 시스템이 더욱 필요하다.

유한킴벌리 - '사람이 먼저'라는 철학으로 100년을

유한킴벌리는 '사람을 소중히 여긴다'는 유한양행의 창업 철학과 킴벌리클라크의 선진 경영이 결합된 조직이다. 한국 기업 중에서도 가장 이른 시기부터 '직원 신뢰 경영'을 실천해 왔다. 설립자인 유일한 박사는 '기업의 존재 이유는 국민과 직원에게 유익을 주기 위해서'라는 철학 아래, 전 직원에게 주식을 배당하고 퇴직 후에도 안정적인 생활을 보장하는 제도를 만들었다.

1970년대부터 장기 고용, 정년 보장, 복지 확대를 통해 사람 중심 경영을 이어왔으며, '숲과 사람을 살리는 기업'이라는 슬로건 아래 ESG와 인간 존중 철학을 일관되게 실천해 왔다. 특히 1984년 국내 최초로 도입한 정년보장제도와 유연근무제, 직무순환제도는 직원들의 충성도를 높이는 계기가 되었다.

또한 직원 참여형 보상 시스템과 수평적 소통 문화를 구축해서 '우리가 함께 만드는 회사'라는 공동체 의식을 실현했다. 이는 낮은 이직률, 높은 생산성, 선한 브랜드 이미지로 이어졌고, 매년 유한킴벌리는 '좋은 일터', '가장 존경받는 기업'에 선정되었다.

자포스 Zappos - 행복한 직원이 최고의 고객을 만든다

자포스(Zappos)는 온라인 신발 쇼핑몰로 출발했지만, 현재는 직원 신뢰를 중심에 둔 독특한 경영 철학으로 세계적인 주목을 받고 있다. 창업자 토니 셰이는 "고객을 감동시키는 서비스는 행복한 직원에게서 나온다(Delivering Happiness)"고 강조하며, 직원의 자율성과 신뢰를 기업 운영의 핵심에 두었다.

자포스는 수평적 구조의 '홀라크라시(Holacracy)' 조직을 도입해, 직급 없이 팀 단위로 운영하고 각 팀이 자율적으로 목표를 설정하고 실행하는 문화를 정착시켰다. 직원들이 직접 회사의 문화와 신념을 기록한 '기업문화 핸드북'은 자발적 참여와 공동체 정신을 강화하는 수단이 되었고, 채용 과정에서도 능력보다 문화 적합성을 우선시하며, 직원이 스스로 몰입할 수 있도록 돕는다. 또한 고객 응대는 관리자의 승인 없이 전적으로 직원에게 권한을 위임하여 서비스 품질과 자율적 책임을 동시에 높였다.

이러한 전략은 직원 만족도뿐 아니라 고객 감동, 브랜드 신뢰로 이어지는 '직원-고객-브랜드' 삼각 신뢰 구조를 형성한다.

33계 - 파트너 신뢰 전략

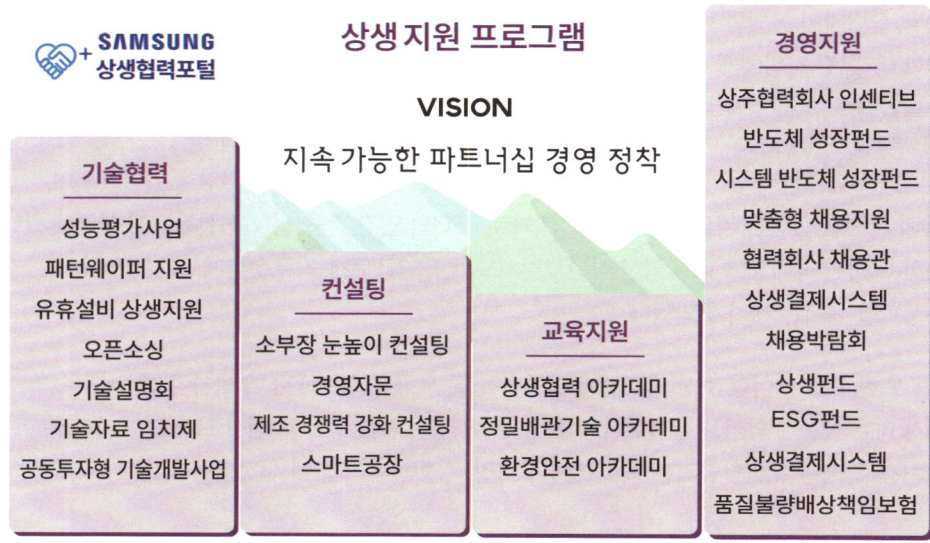

<출처 : 삼성 상생지원포탈>

[그림 3-44 삼성의 파트너 신뢰 전략]

파트너가 신뢰하면 규모의 경제를 실현하여 한계 이상의 성장을 할 수 있다

파트너 신뢰 전략은 기업이 외부 협력사를 단순한 거래 대상으로 보지 않고, 장기적 동반자이자 공동의 미래를 설계하는 주체로 인식하는 데서 출발한다. 즉, 신뢰를 바탕으로 한 장기적 파트너십을 형성해야 한다.

이는 가격 경쟁 중심의 단기적 관계에서 벗어나, 상호 존중과 신뢰를 기반으로 기술, 정보, 성과를 공유하며 지속 가능한 가치 창출을 추구하는 전략이다. 이럴 때 함께 성장하여 더 큰 가치를 만드는 진정한 상생이 실현될 수 있다.

특히 공급망이 글로벌화되고 복잡성이 증가한 오늘날 파트너와의 신뢰는 위기 대응력과 확장 가능성을 높이는 핵심 자산으로 작용한다. 협력에 기반한 신뢰는 단순한 상생을 넘어, 글로벌 경쟁력을 높이는 전략적 자산이다. 신뢰는 협력의 출발점이며 협력은 곧 경쟁력이다.

삼성전자 - 동반 성장 철학의 핵심 가치가 초일류 기업으로 성장하는 기반

삼성전자의 파트너 신뢰 전략은 사업보국(事業報國)에서 출발한다. 국가 산업 발전과 국민 생활 향상에 기여하겠다는 철학은 이후 사업부국(事業富國)을 거쳐 세계 초일류 기업이라는 비전으로 확장되었고, 이는 협력사를 생태계의 동반자로 보는 상생 전략으로 구체화되었다.

삼성전자는 2005년 상생협력 전담 조직을 출범시키며 자금, 기술, 인력, 교육 등 다양한 분야에 걸쳐 체계적인 지원을 본격화했다. 대표적으로 약 5조 원 규모의 상생펀드와 물대지원펀드를 운영해 중소 협력사의 자금 유동성을 개선하고, 1·2·3차 협력사를 대상으로 품질·공정 컨설팅, 특허 공동 활용, 인재 육성 프로그램까지 제공하고 있다.

특히 협력사 기술자료 보호, 서면 계약 관행 정착, ESG 기반의 평가·관리까지 포함한 이 전략은 파트너를 '공동 운명체'로 대우하며 상호 신뢰를 기반으로 성장 구조를 만들어 간다. 파트너와의 관계를 효율성 관점으로 보는 애플이나 관계 지속성이 낮은 화웨이와는 달리 전략의 깊이와 실행 폭이 크다는 점에서 차별화된다. 삼성의 이러한 신뢰 기반 전략은 공급망 복원력 확보, 기술 자립도 향상, 브랜드 가치 강화 등의 효과를 창출하며, 국가 산업 생태계 전반의 경쟁력을 끌어올리고 있다.

도요타 - 협력사와 신뢰 문화와 수평적 관계 구축

도요타는 전통적으로 '쿄료쿠카이(協力会, 협력회)'라는 협력사 네트워크를 운영하며, 공급망 전반에 신뢰와 책임의 문화를 정착시켜 왔다. 도요타의 파트너 신뢰 전략은 수직적 통제 구조가 아닌, 상호 의존 기반의 평등한 관계 구축에 그 뿌리를 두고 있다.

도요타는 공급망의 위기 상황에서도 협력사와 거래를 지속했고, TPS(도요타 생산 시스템)와 카이젠(지속 개선) 활동을 협력사와 공동 수행해 왔다. 특히 도요타는 파트너사에 현장 중심의 문제 해결 방식을 전수하고, 품질·원가·납기 목표를 공유해서 정보 비대칭을 최소화했다.

이러한 이유로 동일본 대지진, 코로나19 팬데믹 등 공급망 위기에서도 빠르게 복구할 수 있었다. 글로벌 기업들과 비교했을 때 애플은 고도의 기술 관리를 통해 협력사를 통제하고, 화웨이는 공급망 독립을 우선시하지만, 도요타는 협력사를 '운명 공동체'로 보고 긴 시간에 걸쳐 신뢰를 축적하는 구조다. 도요타의 철학인 인간 존중, 현장주의, 지속 개선은 파트너 관계 속에서도 일관되게 작동하고 있다.

34계 - 사회 신뢰 전략

사람과 지구의 지속 가능한 내일을 위해 사회적 가치를 창출하는 풀무원 재단

2022년 바른먹거리 교육 사업

① 어린이 바른먹거리 교육	② 성인 바른먹거리 교육	③ 시니어 바른먹거리 교육	④ 김치학교
	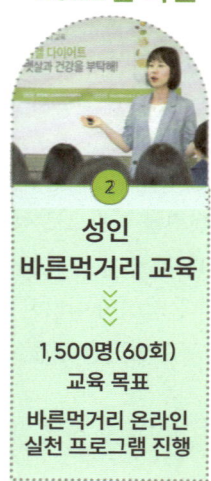	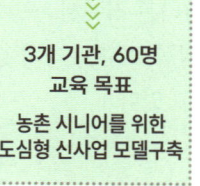	
22,500명(900회) 교육 목표	1,500명(60회) 교육 목표	3개 기관, 60명 교육 목표	7,500명(290회) 교육 목표
온·오프라인 맞춤 커리큘럼 기획	바른먹거리 온라인 실천 프로그램 진행	농촌 시니어를 위한 도심형 신사업 모델구축	방학 특별 프로그램 운영

[그림 3-45 2022년 풀무원의 바른먹거리 교육 사업]

사회가 신뢰하면 좋은 평판으로 지속 가능한 성장이 가능하다

사회 신뢰 전략은 사회로부터 신뢰받는 존재가 되기 위한 경영 방식이다. 즉, 좋은 기업이라는 평판이 실제 경영 전략이 되는 것이다. 이 전략은 단순히 사회공헌을 넘어, 사회의 기대와 가치에 부응함으로 사회로부터 신뢰를 얻어 지속 성장의 자산을 만들어 가는 방식이다.

이제 기업은 더 이상 혼자서는 성장할 수 없는 시대다. 기업이 속한 지역사회와 공동체 문제 해결에 주체적으로 참여해, 긍정적 영향을 미칠때 사회로부터의 신뢰는 자연스럽게 따라온다.

이를 위해 기업은 공동체 일원으로서 환경, 교육, 복지 등 다양한 사회 분야에 적극 기여해야 한다. 이러한 사회 참여는 기업의 정체성이 되고 사회적 신뢰를 강화한다.
기업의 사회 공헌은 신뢰의 외연을 확장하는 강력한 수단이다.

풀무원 - 고객 일상 속 신뢰가 브랜드의 핵심

풀무원의 사회 신뢰 전략은 '믿을 수 있는 먹거리를 만드는 기업'이라는 경영 원칙에서 출발한다. 제품 하나를 만들 때도 '바른 먹거리'라는 기준을 철저히 지키며, 소비자가 직접 체감하는 신뢰를 구축해 왔다. 화학첨가물을 최소화하고, 동물복지를 고려한 축산물과 친환경 인증 식재료, 식물성 단백질 중심의 건강한 식품을 제공해서 고객이 안심하고 선택할 수 있도록 한다.

이러한 제품 전략은 단지 상품 품질을 넘어, 고객의 삶 속에서 신뢰를 경험하게 하는 생활 밀착형 전략과 연결된다. 풀무원은 바른 먹거리 식생활 교육, 친환경 포장, 지역사회와의 협력, 윤리적 유통망인 올가홀푸드 운영 등의 활동을 통해 신뢰의 범위를 제품 외 영역까지 확장했다. 이는 사회적 가치 실현이자 브랜드 신뢰를 쌓는 실질적 방법이다.

이는 소비자가 제품을 사용하고 매장을 이용하며 자연스럽게 신뢰를 느끼도록 하는 경험 중심의 전략이다. 이렇게 풀무원은 품질이나 가격보다 일상의 신뢰를 경쟁력으로 삼으며, 단순한 식품회사를 넘어 '신뢰를 먹는 기업'으로 불린다.

SK - 사회적 가치를 경영의 지표로 전환

SK의 사회 신뢰 전략은 '돈만 버는 회사가 아니라, 사회에 도움이 되는 회사를 만들겠다'는 방향에서 출발한다. 이처럼 SK의 사회 신뢰 전략은 이미지 개선이나 일회성 기부가 아닌 사회문제를 해결하면서 수익을 내는 방식에서 출발했다.

SK는 '사회에 어떤 기여를 했는가?'라는 질문을 사업 전략의 한가운데에 두고, 이를 수치로 측정해 성과로 반영하는 체계를 갖췄다. 이를 SK는 '사회적 가치' 전략이라 부르며, 환경 보호, 취약 계층 고용, 지역사회 공헌 등의 활동을 실제 금액 기준으로 산정한다. 이 측정 성과는 단순한 참고용 수치가 아닌, 개인 인사 평가와 사업 부서의 성과 관리에 직접 연결된다는 점에서 다른 기업과 근본적으로 다르다. 또한 '사회성과 인센티브' 제도를 통해 소셜 벤처나 사회적 기업에 도전과 기반으로 인센티브를 제공하는 구조를 만들어 사회적 가치 창출을 외부 파트너들과도 실질적 협업 관계로 확장한다.

SK는 이 모든 과정을 ESG·IR 보고서를 통해 공개해서 사회 신뢰를 경영 자산이자 투자 설득의 무기로 전환했다. 사회 신뢰를 수익과 함께하는 시스템으로 구축했다.

35계 - 국가 신뢰 전략

2022년 국가 경제 공헌 상위 대기업

※ 순위는 공헌 점수 총점 기준

순위	기업	총점	가치창출 (조원)	가계소득 (조원)	국가재정 (억원)	일자리 (만명)	연구개발 (억원)
3	SK하이닉스	53점	37.9	4.3	3조7950	3.2	3조6930
4	기아	35점	46.4	4.0	1조4400	3.6	20
5	LG전자	26점	27.8	3.9	2210	3.5	1조6340
6	삼성디스플레이	25점	30.8	3.7	3670	2.1	2조5280
7	LG디스플레이	21점	24.1	2.8	-580	2.9	130
8	쿠팡	20점	25.8	4.5	30	2.0	0
9	한국전력	19점	69.0	2.0	630	2.4	3460
10	LG화학	18점	23.4	1.8	1조860	1.5	2350

[그림 3-46 국가 경제 공헌 상위 대기업]

국가에 기여하면 좋은 평판으로 기업이 발전한다

기업의 활동이 고용 창출, 기술 혁신, 수출 확대 등 국가 경제와 사회 전체의 발전에 실질적으로 기여할 때 기업은 국민적 신뢰와 존경을 얻게 된다. 단순한 세금 납부를 넘어 국가 발전의 파트너로 자리매김하게 하는 전략이다. 기업의 경제적 기여는 사회의 존경과 신뢰를 얻는 기반이다.

삼성전자 - 국민 신뢰로 국가 브랜드를 대표하는 기업

삼성전자의 경제 신뢰 전략은 단순한 기업 성장이나 수익 창출을 넘어서, 국가 경제의 성장과 국민의 삶의 질 향상에 실질적으로 기여하는 방향으로 설계되었다. 이는 창업자인 이병철 회장의 '사업보국(事業報國)', '사업부국(事業富國)' 정신에 뿌리를 두고, 기업 활동 자체를 국가 발전의 수단으로 본 철학에서 출발한다.

삼성전자는 연간 211조 원 규모의 가치 창출을 실현하며, 12만 명의 직접 고용을 유지하고 있다. 연구개발 투자만 해도 연간 25조 원에 달해, 국가 기술 경쟁력 향상의 핵심축을 담당하고 있으며, 납세 또한 8조 원 이상으로 국가 재정의 주요 기둥 역할을 한다. 이러한 성과는 단지 재무적 숫자에 그치지 않는다. 반도체, AI, 차세대 통신 등 전략산업에서의 글로벌 리더십은 한국 전체의 산업 위상을 높이고, 고부가가치 수출을 통해 국가 경제를 견인한다.

삼성전자는 국가와 국민이 신뢰하는 '경제 동반자'로 자리 잡았으며, 단기 성과보다 국가의 장기적 발전에 초점을 맞춘 전략적 기업이라는 점에서 타 기업과 차별화된다. '인류에 공헌하는 기업'이라는 비전처럼, 삼성전자의 경제 신뢰 전략은 산업, 기술, 인재, 공동체 모두를 아우르는 국가적 자산으로 작동하고 있다.

LG에너지솔루션 - 차세대 에너지로 국가 성장에 기여하는 기업

LG에너지솔루션은 단순한 배터리 제조사를 넘어, 국가 경제와 글로벌 산업 생태계에 실질적으로 기여하는 '경제 신뢰 전략'을 실현하고 있다. 2024년 기준, LG에너지솔루션은 약 25.6조 원의 매출로, 글로벌 시장의 15%의 점유율을 확보한다.

특히, LG에너지솔루션은 테슬라와의 협업을 통해 2024년 하반기에는 테슬라와 약 6조 원 규모의 전극 공급 계약을 맺고, 4680 배터리의 대량 생산을 준비 중이다. 또한 스페이스X와의 협력으로 차세대 스타십 로켓에 탑재될 원통형 리튬 이온 배터리를 공급하며 우주 산업 분야로의 진출도 가속화하고 있다.

이러한 전략적 협업은 LG에너지솔루션이 미래 성장 동력으로 삼고 있는 전기차 및 우주 산업 분야에서 입지를 강화하는 데 기여한다. 또한 지속 가능한 배터리 생태계 구축을 위한 ESG 경영을 강화로, S&P 글로벌의 지속 가능성 평가에서 상위 5%에 해당하는 평가를 받았다.

36계 - 주주 신뢰 전략

주주 신뢰를 얻기 위한 경영 평가

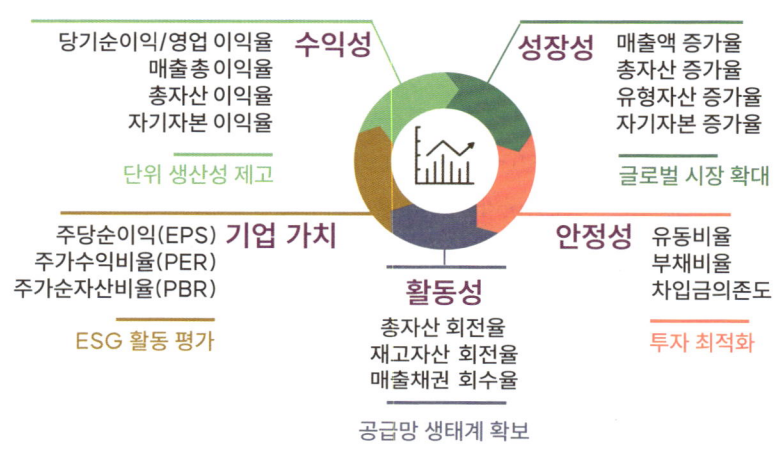

[그림 3-47 주주 신뢰를 얻기 위한 경영 평가]

투자자가 신뢰하면 기업 성장을 가속화할 수 있다

주주 신뢰 전략은 기업이 단기 성과뿐만 아니라 장기 가치와 지속 가능한 성장을 설계하여, 주주와의 신뢰를 구축하는 경영 방식으로 다음의 다섯 가지 경영 평가 항목으로 구성된다.

수익성은 이익 창출 능력으로, 사업별 단위당 수익성을 지표로 삼는다. 기업이 얼마나 지속적으로 수익을 내는지가 주주의 신뢰를 결정짓는다.
성장성은 매출과 자산의 증가로 기업의 미래 가능성을 보여 주는 지표다. 시장 개척이 중요하다.
안정성은 부채비율, 유동비율 등을 통해 재무 건전성을 판단하며, 이는 주주에게 위기 상황에서도 안정적인 운영을 할 수 있는 기업으로 인식되게 만든다. 투자의 적정성이 뒷받침되어야 한다.
활동성은 자산을 얼마나 효율적으로 운용하는지를 나타내며, 기업의 운영 능력을 보여 준다.
공급망체계 구축이 바탕이 되어야 한다.
기업 가치는 EPS, PER, PBR 등으로 판단되며, 기업의 내재적 가치를 평가하는 핵심 지표다.
ESG활동도 주요 지표에 포함된다.

P&G - 세계 최장기간 지속적 배당으로 신뢰 구축

P&G의 주주 신뢰 적략은 '예측 가능한 신뢰'를 핵심으로 한 장기 주주 기반의 가치 중심 경영이다. 130년 이상의 세계 최장 배당을 지속하고, 2024년까지 67년 연속 배당 인상(2024년 기준)을 이어온 P&G는 단기 실적에 흔들리지 않고 위기 속에서도 안정적인 수익 환원 구조로 주주의 신뢰를 유지해 왔다.

특히 친환경 포장, 윤리적 공급망, 다양성과 포용 확대 등 ESG 경영을 브랜드 전략과 통합하여 비재무적 성과도 주주 가치에 포함시키는 데 성공했다. P&G는 실적 발표 외에도 주주서한, ESG 통합 보고서, 글로벌 IR 활동을 통해 투명한 커뮤니케이션을 실천해 왔다. 테슬라나 애플처럼 자사주 매입이나 창업자 브랜드에 의존하지 않고, 오랜 역사 속에서 축적된 신뢰와 예측 가능성을 통해 주주와 기업의 장기적 이해를 일치시키는 것이 P&G의 가장 큰 특징이다. 이는 장기 투자자 중심의 안정적 주주 구조를 형성하고, 기업을 함께 강화하는 효과로 이어졌다.

애플 - 성과 중심의 신뢰, 브랜드 기반의 장기 투자 유치

애플의 주주 신뢰 전략은 고배당보다는 주가 중심으로 자사주 매입하여 장기 신뢰를 구축하는 실적 기반 전략이다.
2012년 이후 이어진 세계 최대 규모의 자사주 매입은 누적 규모 650조 원을 넘는다.
주당 가치를 높이고, 주가를 안정성과 장기 투자 유치을 동시에 실현해 왔다.

애플은 정기 실적 발표 외 별도의 세부 가이던스를 최소화하며, 숫자 중심의 커뮤니케이션을 통해 실적 자체로 신뢰를 증명한다. 아이폰 중심의 고마진 제품군과 서비스 확장을 기반으로 탄탄한 현금 흐름을 유지하고, 브랜드 생태계 내 고객 충성도를 통해 반복 수익 구조를 실현한다.

애플은 압도적인 실적, 자사주 매입, 브랜드 자산을 바탕으로 주주에게 안정적인 수익을 제공하는 기업으로 평가받는다.

배당 중심의 P&G, 비전 중심의 테슬라와 달리, 애플은 브랜드 자산과 실적에 기반한 성과 중심의 신뢰 전략을 통해 자사주 가치를 높이며 주주 신뢰를 구축해 내는 차별화된 전략을 유지하고 있다.

이기는 경영 전략 36계

1편 차별화 전략 Differentiate	2편 창조 전략 Create	3편 혁신 전략 Innovate
Black Hole Model	**Blue Ocean Model**	**TOWBID Model**
극한의 차별화로 시장을 장악한다	블루오션 창조로 싸우지 않고 이긴다	전방위 혁신으로 경쟁력을 극대화한다
1계 품질 차별화 Finest	7계 시장 창조 Market	13계 기술 혁신 Tech. 4 Less
2계 가격 차별화 Cheapest	8계 상품 창조 Product	14계 운영 생산성 혁신 Ops. 4 Less
3계 구색 차별화 Broadest	9계 서비스 창조 Service	15계 업무 효율성 혁신 Work 4 Less
4계 트렌드 차별화 Hottest	10계 시공간 창조 Time/Space	16계 구매/판매 혁신 Buy/Sell 4 Less
5계 속도 차별화 Quickest	11계 기술 창조 Technology	17계 자본/투자 혁신 Invest 4 Less
6계 편의 차별화 Easiest	12계 채널 창조 Channel	18계 물류/공급망 혁신 Dist. 4 Less

<Copyright by SH Lee>

4편 역량 전략 Cultivate	5편 협업 전략 Collaborate	6편 신뢰 전략 Trust
CapaCibility Model	**Shared Growth Model**	**Trustmarks Model**
역량의 그릇으로 성장의 기반을 다진다	협업의 경제로 한계를 넘어 성장한다	신뢰를 얻어 좋은 기업을 만든다
19계 인재 역량 Talent	25계 공유가치 협업 CSV Collabo.	31계 고객 신뢰 Satisfaction
20계 시스템 역량 System	26계 상품개발 협업 PD Collabo.	32계 직원 신뢰 Self-Esteem
21계 연구개발 역량 Big Data/R&D	27계 공급망 협업 SCM Collabo.	33계 파트너 신뢰 Win-Win
22계 상품/서비스 역량 Product/Service	28계 기술 협업 Tech. Collabo.	34계 사회 신뢰 Contribution
23계 공급망/물류 역량 SCM/Distri.	29계 마케팅/영업 협업 Mktg. Collabo.	35계 국가 신뢰 Econ. Growth
24계 생산/운영 역량 Cost/Operation	30계 금융 협업 Finance Collabo.	36계 주주 신뢰 Right Return

[그림 3-46 36계 경영 전략]

미래 전략은 감동을 넘어서
고객의 욕망을 실현시키는데 있다

What truly matters is invisible to eyes
and can only be seen with the heart.

우리는 지금 비즈니스 환경의 전환점에 서 있다.
우리는 경영 전략의 진화를 과거와 현재를 돌아보고, 미래의 상상을 통해 탐색한다.

경영 전략은 시장의 흐름과 고객이 바라는 가치 변화에 기반을 두고,
세 가지 단계로 발전해 왔다.
첫 번째는 '고객 니즈 만족(Customer Needs) 전략'으로,
기본적인 고객 필요 제품과 서비스를 제공하는 것이 핵심이다.
두 번째는 '고객 감동(Customer Wants) 전략'으로, 스토리텔링과 브랜드 이미지를
구축하여 고객의 감성적 만족을 극대화하고, 품질 이상의 가치를 제공한다.
세 번째는 '고객 욕망 주도(Customer Desires) 전략'으로 VR, XR, 메타버스를 활용해
고객이 욕망을 경험으로 현실화하는 것이 목표다.

Little Prince's Desire

　진정으로 중요한 것은 눈에 보이지 않으며, 오직 마음으로만 볼 수 있다. 생텍쥐페리의 『어린 왕자의 꿈』은 욕망이 주도하는 경영 전략(Desire-Driven Strategy)과 깊이 닮아 있다고 생각한다.
　어린 왕자는 욕망과 상상력에 이끌려 우주를 여행한다. 그 여정 속에서 그는 진정으로 중요한 것은 눈에 보이지 않으며, 오직 마음으로만 볼 수 있다는 사실을 깨닫는다.

　전략도 마찬가지다. 보이는 소비자 행동 너머를 바라보며, 그들의 숨겨진 욕망과 진정한 필요를 이해해야 한다. 디지털과 AI 혁신, 인문학적 가치, 지속 가능성을 통해, 우리는 고객이 진정으로 원하는 욕망을 실현할 수 있도록 작은 도움을 제공할 수 있다. 어린 왕자가 자신의 장미를 소중히 여겼듯이, 나는 메타버스 욕망 전략, 즉 고객과의 관계 형성을 중시하고, 그들의 진정한 욕망을 실현하는 전략이 미래 경영 전략의 궁극적인 종착역이 될 것이라 믿는다.

　What truly matters is invisible to eyes and can only be seen with the heart. I think Saint-Exupéry's 『The Little Prince』 closely parallels Desire Driven Strategy. The Little Prince embarks on a journey through space, driven by his desire and imagination. Along the way, he learns that what truly matters is invisible to the eyes and can only be seen with the heart.
　Similarly, strategy must look beyond visible consumer behaviors to understand their hidden desires and true needs. Through Digital, AI transformation, humanity and sustainability, we can offer every little help for our customers to realize the desires that truly matter to them.
Just as the Little Prince cherished his rose, I believe that Desire-Driven Metaverse Strategy, which emphasizes building relationships with customers and realizing their true desires, will be the final stage of future strategy.

Why
IV 행동방식

핵심 가치를 바탕으로 한
조직문화와 일하는 방식이다.

한방향 몰입을 이끌어 내고
전략의 실행을 가속화시킨다.

Where
V 환경과 사회

작은 도움이
더 나은 세상을 만든다.
ESG 활동으로 신뢰를 높여
지속 가능한 성장을 한다.

How
III 이기는 전략

먼저 이기고, 나중에 싸우는
선승구전의 경영 전략이다.
이기는 환경과 조건을 만들면,
싸워서 반드시 이긴다.

Who
VI 됨됨이 리더십

덕목이 지식과 행동의 근본으로
사람들을 한마음으로 이끈다.
리더십의 마지막 열쇠는
리더의 됨됨이다.

통찰경영

What
II 비전과 목표

인문으로 꿈꾸고
과학으로 관리한다.
크고 담대한 꿈을 이루는
측정 가능한 목표를 세운다.

When
I 변화의 물결

경영은 변화를
찾아내면서 시작한다.
변화에 대응하고
변화를 기회로 활용한다.

Why

IV. 행동방식
몰입으로 전략의 실행을 가속화시킨다

행동방식의 의미

핵심 가치의 추구

　1 고객 가치
　2 직원 가치
　3 협력회사 가치
　4 지역사회 가치
　5 국가 가치
　6 주주 가치

조직 문화의 내재화

일하는 원칙의 실천

이승한
김연성
정연승

행동방식의 의미

일이란 무엇인가?

<출처: 유튜브 'Samsung & you premium'>　　　　　　　　　　　　[그림 4-1 일의 의미]

일의 의미는 인류 역사와 함께 변해 왔다.

중세 시대의 일을 의미하는 단어 아르바이트(Arbeit)는 일이란 그저 괴롭고 싫은 것이었다.
하지만 마틴 루터, 칼뱅 등 종교개혁가들에 의해 '일의 개념'에 변화가 생겼다.
일이란 더 이상 고역이 아닌 소명(Beruf)으로 인식되기 시작했다.

나아가 '일=천직'이라는 생각이 확산되며 각 분야에 장인과 전문가가 등장했고,
이것이 일에 대한 '보람과 가치'를 담는 근대적 직업관의 시작이 되었다.
현대 사회에서 일은 즐거움을 추구하는 과정으로 인식되기도 한다.

사람에게 일이란 고된 노동(Arbeit)이거나 소명(Beruf)이거나 또는
나를 즐겁게 해주는 무언가이다.

일에서 소명으로 변화

독일어에서 Arbeit는 생존을 위한 단순한 노동을 뜻하며, Beruf는 자신의 소명을 발견하고 자아실현과 사회적 가치를 추구하는 활동을 의미한다.
한 청년이 단순히 생계를 위해 일하다가 자신의 재능을 새롭게 발견하고 이를 활용해 교육 격차를 줄이는 비영리 단체를 설립한다면, 이는 단순 노동에서 소명으로 확장된 사례다.
소명은 개인의 열망과 사회적 책임을 연결하며, 삶의 질과 일의 의미를 함께 높인다.

미래 사회에서 일의 가치

미래 사회에서 일은 소득 창출의 수단을 넘어, 개인의 성장과 사회적 기여, 자기 실현의 수단으로 자리 잡고 있다.
예를 들어, 한 회사원이 자신의 전문성을 키워 친환경 제품 개발 프로젝트를 이끌며 환경 보호에 기여한다면, 이는 개인과 사회에 긍정적인 영향을 미치는 일의 가치를 보여 준다. 이러한 과정은 직업 안정성과 윤리를 중시하며, 개인과 공동체의 발전을 연결하는 매개체가 된다. 미래 사회에서는 전문성과 사회적 기여가 결합된 일이 더욱 중요해질 것이다.

일은 즐거움과 자기실현

현대인은 단순히 노동에 만족하지 않고, 일에서 즐거움과 의미를 추구한다.
예를 들어, 취미로 시작한 요리를 직업으로 삼아 레스토랑을 운영하며 자신만의 요리 철학을 전파하는 셰프는 '일 - 취미'의 대표적 사례다. 이런 일은 개인의 적성과 열정을 반영하며, 자아 실현과 삶의 중심으로 자리 잡는다. 즐거운 일은 삶을 풍요롭게 하고, 일에 대한 긍정적 인식을 강화하며, 삶의 중요한 방향성을 제시한다.

일은 단순한 생계 수단에서 소명, 사회적 기여, 즐거움, 자기실현의 영역으로 확장되고 있다. 일은 인간이 생계를 유지하거나 목표를 달성하기 위해 수행하는 활동으로 인식되어 왔지만, 자기 정체성을 확립하고 세상에 긍정적 영향을 미치는 가치로 인식의 변화가 일어나고 있다.

"어떤 분야에서건 성공하고 싶다면 일을 놀이처럼 놀이를 일처럼 하라." - 아인슈타인

"나는 평생 단 하루도 일한 적이 없다. 늘 재미있게 놀았다." - 토마스 에디슨

조직의 행동방식의 구성 요소

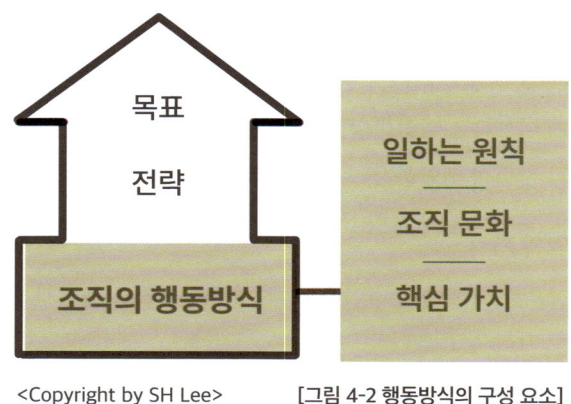

[그림 4-2 행동방식의 구성 요소]

조직의 행동방식은 핵심 가치, 조직 문화, 일하는 원칙이라는 세 가지 구성 요소로 이루어진다.

첫째, 핵심 가치는 조직이 존재하는 근본 이유로, 모든 전략과 판단의 기준이 되며 구성원들이 '왜 이 일을 해야 하는지'에 대한 방향성을 제시한다.

둘째, 조직 문화는 구성원들 사이에 형성된 공통된 동질적인 사고방식과 행동 습관으로, 조직의 분위기와 일하는 방식에 지속적인 영향을 미친다.

셋째, 일하는 원칙은 실질적인 업무 수행 과정에서 조직 고유의 일하는 기준과 방식으로, 전략 실행의 일관성과 효율성을 높이는 역할을 한다.

조직의 행동방식은 전략 실행을 한방향으로 가속화해서 비전과 목표를 달성하는 실천적 원동력이다.

조직의 행동방식(Corporate Way)은 조직의 목표와 전략을 실현하기 위한 기본 틀로, 조직 구성원들이 행동하고 의사결정을 하는데 필요한 기준과 방향성을 제시하는 체계다.

핵심 가치 Core Value

조직의 핵심 가치는 행동방식의 가장 근본적인 토대다.
이는 조직이 존재하는 이유를 명확히 하며, 구성원들의 모든 의사결정과 행동을 일관되게 수행할 수 있도록 돕는 나침반 역할을 한다. 핵심 가치는 조직이 지향하는 사업의 기본 방향과 정체성을 나타내며, 구성원들에게 조직의 본질적 목표를 이해시키고 방향성을 제시한다. 그러기에 핵심 가치는 위기 상황이나 의사결정의 갈림길에서도 구성원들이 흔들림 없이 목표를 향해 나아가도록 돕는다.

조직 문화 Corporate Culture

조직 문화는 핵심 가치를 바탕으로 형성된 구성원들의 동질적인 사고방식과 행동 습관을 포함한다.
이는 구성원 간의 상호작용으로 다져진 동질적 사고의 습관 속에서 구성원들이 목표를 향해 협력해 가는 길잡이 역할을 하며, 조직의 전략을 실행하기 위한 협업과 의사소통의 토대를 제공한다. 조직 문화는 신뢰와 존중의 토양을 형성하여 구성원들이 자발적으로 참여하고 몰입할 수 있는 환경을 조성한다.

일하는 원칙 Working Principle

일하는 원칙은 조직의 실행력을 강화하는 구체적인 틀과 구조를 제공한다.
이는 조직이 설정한 목표와 전략을 효과적으로 수행하기 위해 필요한 행동 기준과 프로세스를 정리해서 조직의 비전이 실행 가능한 단계로 구체화될 수 있도록 돕는다. 일하는 원칙은 반복 가능한 실행력을 높여 조직의 전략이 현장에 뿌리내릴 수 있도록 만드는 힘이 된다.

이 세 가지 요소는 조직 행동방식의 전체 틀을 형성하며, 각각의 요소가 상호 보완적으로 작용하여 조직이 명확한 목표를 설정하고 이를 달성할 수 있도록 지원한다. 조직 행동방식은 구성원들이 일관된 기준에 따라 몰입하여 행동하게 한다.

글로벌 기업의 행동방식

	삼성	도요타(Toyota)	GE
핵심 가치	사업보국 일등정신	품질 중시 안전 우선	변화 대응 혁신 중시
조직 문화	글로벌 중시 팀워크 문화	지속 혁신 협력 강화	변화 수용 리더십 강조
일하는 원칙	더 좋게 더 단순하게 더 빠르게	효율 극대화 카이젠 JIT 시스템	서비스 중심 단순화 6시그마

[그림 4-3 글로벌 기업의 행동방식]

글로벌 기업들은 단순한 규율이나 매뉴얼을 넘어서, 조직 고유의 행동방식을 전략적으로 수립하고 실행에 옮기고 있다. 이는 급변하는 경영 환경 속에서 일관된 방향성을 유지하고, 전 세계 다양한 구성원들이 동일한 가치와 기준 아래 의사결정과 행동을 할 수 있도록 돕는 기준점이 된다.
삼성, 도요타, GE 같은 기업은 고유의 핵심 가치를 바탕으로 조직 문화를 형성하고, 이를 실천하는 구체적인 일하는 원칙을 통해 글로벌 경쟁력을 강화하고 있다.

[삼성] "마누라와 자식 빼고 다 바꿔라."
"보이지 않는 기술에 도전하라."

[도요타] "완벽을 추구하지 말고, 항상 개선하려는 자세를 가져라."
"작은 개선이 쌓여서 큰 변화를 만든다."

[GE] "끊임없이 변화를 추구하고, 사람들에게 자유와 책임을 부여한다."
"실패는 성공을 위한 발판이다."

삼성의 행동방식

삼성은 사업보국과 일등 정신이라는 핵심 가치를 중심으로 국가 경제에 기여하며 글로벌 리더로 성장하는 것을 목표로 삼았다. 삼성은 글로벌 중심의 사고를 바탕으로 팀워크 문화를 강조한다. 이를 통해 다양한 국가와 시장에서 조화를 이루고, 협력을 통해 성과를 창출하려는 노력을 지속한다.
이러한 글로벌 중심 사고는 삼성의 다국적 환경에서 경쟁력을 유지하는데 중요한 역할을 한다. '더 좋게, 더 단순하게, 더 빠르게'는 삼성의 업무 방식을 대표하는 문구로, 민첩성과 품질을 동시에 강조한다. 기술 개발, 생산성 개선, 고객 만족을 위해 지속적인 혁신을 추구하며, 복잡한 문제를 단순화해 효율성을 극대화하는 데 중점을 둔다.

도요타의 행동방식

도요타는 품질 중심의 안전 우선을 핵심 가치로 두고, 고객과 직원의 신뢰를 확보하는 데 중점을 둔다. 도요타는 지속 혁신과 협력 강화를 통해 신뢰와 효율성을 높이는 조직 문화를 구축했다. 내부적으로는 직원들과 협력하고, 외부적으로는 협력회사와의 관계를 강화하여 안정적인 공급망과 높은 생산성을 유지한다.
'효율 극대화, 카이젠(Kaizen), JIT(Just-in-Time)'는 도요타의 대표적 생산 방식이다. 낭비를 줄이고, 필요한 순간에 필요한 자원을 사용하는 효율적인 방식을 통해 절감과 품질 향상을 동시에 달성한다. 특히, 지속적으로 개선하는 '카이젠' 철학은 도요타의 경쟁력을 유지하는 핵심 요인으로 꼽힌다.

GE의 행동방식

GE는 변화 대응과 혁신 중시를 핵심 가치로 하여 급변하는 시장 환경에 적응하고 지속 성장을 추구하는 조직이다. GE는 변화 수용과 리더십 강화를 통해 변화하는 환경에 민첩하게 대응한다. 리더십 교육과 직원 역량 강화를 통해 구성원이 능동적으로 문제를 해결하고 새로운 기회를 포착할 수 있도록 장려한다.
GE의 '서비스 중심, 단순화'는 고객 가치를 최우선으로 고려하며, 6시그마로 복잡한 문제를 단순화해 효율적으로 해결하려는 접근 방식을 보여 준다. 이러한 원칙은 GE가 다양한 산업에서 글로벌 경쟁력을 유지하는 데 중요한 역할을 한다.

핵심 가치의 추구

조직의 두 가지 핵심 가치

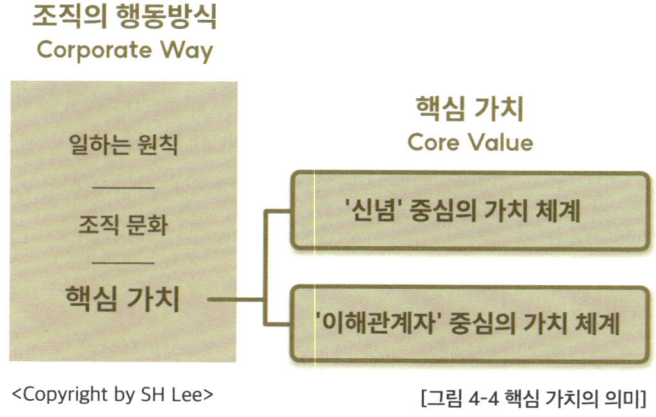

[그림 4-4 핵심 가치의 의미]

조직의 핵심 가치는 핵심(Core)과 가치(Value)의 결합으로 조직 운영의 중심이 되는 본질적이고 변하지 않는 가치를 뜻한다. 조직의 존재 이유와 정체성을 규정하는 기본 원칙으로, 모든 의사결정과 행동의 기준이 되는 철학적 토대가 된다.

조직의 핵심 가치는 조직의 정체성과 방향성을 유지하면서 문화와 원칙을 통해 조직의 행동 양식을 통일하고 효율적인 전략 실행을 도와 비전과 목표를 실현하는 추진력으로 작용한다. 이는 신념 중심 체계와 이해관계자 중심 체계로 나뉜다.

"모든 조직은 공통의 목표와 공유된 가치에 대한 헌신을 필요로 한다. 이러한 헌신 없이는 조직이 아니라 단지 군중일 뿐이다." - 피터 드러커, 『The Essential Drucker』

드러커는 "조직의 핵심 가치는 그 조직의 전략적 방향과 모든 활동의 기준이 된다"며, "효과적인 조직은 명확한 핵심 가치를 바탕으로 자원을 집중해야 한다"고 강조했다. 그는 핵심 가치가 없으면 조직의 활동이 분산되고, 목표가 흐려질 수 있다고 경고했다.

신념 중심 가치 체계

신념 중심 가치 체계는 조직의 신념과 철학을 바탕으로 행동 기준과 의사 결정을 이끌어가는 체계다. 기업의 존재 이유와 본질적 목표를 우선시하며, 모든 행동이 그 목적과 이유에 기반한다.

이러한 체계는 조직 문화와 일하는 방식을 통합하여 구성원들의 행동을 일관되게 만들어 위기 상황에서도 조직이 흔들리지 않도록 한다. 이를 통해 기업은 차별화된 경쟁력을 유지하며, 지속 가능한 성장을 위한 내적 기반을 다질 수 있다.

이해관계자 중심 가치 체계

이해관계자 중심 가치 체계는 고객, 직원, 협력사, 지역사회 등 다양한 이해관계자의 요구와 기대를 충족시키는 것을 목표로 한다. 기업은 이해관계자와의 협력을 통해 신뢰를 쌓고, 이를 바탕으로 사회적 책임을 다하며 지속 가능한 성과를 추구한다.

이 체계는 기업이 단기적인 이익을 넘어 장기적인 성공을 이루는 데 필수적인 접근법으로, 특히 글로벌 경영 환경에서 외부 관계를 강화하고 사회적 가치를 창출하는 데 기여한다.

조직의 핵심 가치는 조직이 방향을 설정하고, 구성원들의 행동을 이끌어 내는 받침이다. 이러한 핵심 가치가 조직의 내외부 모두에게 신뢰를 얻기 위해서는 조직이 말하는 가치와 실제 행동이 진정성 있게 일치할 때다.

"인간의 행동은 그가 무엇에 가치를 두는지에 따라 달라진다." - 니체
니체는 인간의 행동이 내면의 가치에 의해 결정된다고 주장했다.
'정직'과 '책임감'이 핵심 가치로 설정된 조직은 그 가치를 실현하려는 의지가 조직 내에서 자연스럽게 형성된다.

"문화는 전략을 먹고 살아간다." - 피터 드러커
전략과 목표는 그 문화 속에서 실현될 수 있다.
핵심 가치가 강력한 조직은 전략적 변화와 혁신을 추진할 때도 이를 뒷받침하는 문화적 기반을 갖추고 있다.

신념 중심의 가치 체계

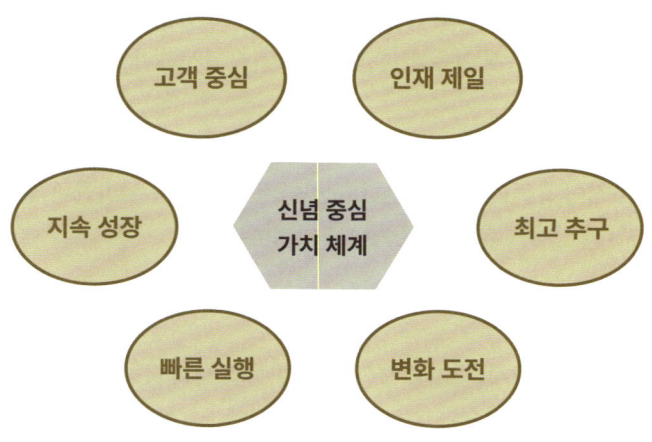

<Copyright by SH Lee>

[그림 4-5 신념 중심의 가치 체계]

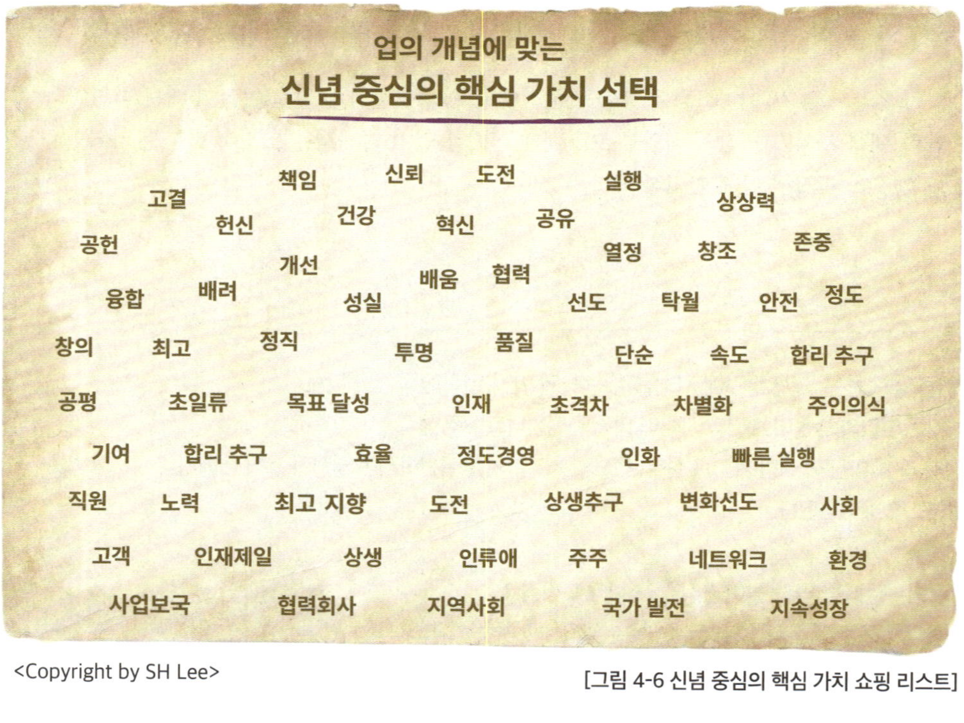

업의 개념에 맞는
신념 중심의 핵심 가치 선택

	고결	책임	신뢰	도전		실행		상상력	
공헌		헌신	건강	혁신	공유	열정		창조	존중
	융합	배려	개선	배움	협력		선도	탁월	안전	정도
창의	최고		정직	투명		품질	단순	속도	합리 추구
공평		초일류	목표 달성		인재	초격차	차별화		주인의식
	기여		합리 추구	효율		정도경영	인화	빠른 실행	
직원		노력	최고 지향	도전		상생추구		변화선도	사회
고객		인재제일	상생		인류애	주주		네트워크	환경
	사업보국		협력회사	지역사회		국가 발전		지속성장	

<Copyright by SH Lee>

[그림 4-6 신념 중심의 핵심 가치 쇼핑 리스트]

신념 중심의 가치 체계는 기업의 핵심 가치를 중심으로 조직의 방향성을 설정하고, 비전을 설정하는 경영방식이다. 이는 기업이 어떤 가치와 철학을 기반으로 삼아야 하는지를 명확히 정의하고, 이를 통해 조직의 방향성과 행동 원칙을 설정하도록 도와준다.

고객 중심 - 모든 조직의 성공의 핵심

고객의 니즈와 욕구를 충족하는 데 집중한다. 고객의 소리에 귀 기울이고, 고객 경험을 최적화하며 신뢰 구축과 충성도를 강화해 실질적 가치 제공을 목표로 한다.

인재 제일 - 조직의 가장 중요한 자산

모든 구성원이 역량을 개발하고 성장할 수 있도록 돕는다. 공정한 평가와 보상을 통해 구성원의 동기부여를 높이고, 장기적으로 인재를 유지한다. 인재 중심 문화로 구성원의 기여도를 높인다.

최고 추구 - 글로벌 시장에서 경쟁력 확보

기술, 품질, 서비스 등 모든 면에서 글로벌 최고 수준의 가치를 제공한다. 최고를 향한 노력으로 세계 시장에서 선도적 위치를 혁신을 통해 차별화된 경쟁력을 만든다.

변화 도전 - 조직의 지속적인 발전을 이끄는 동력

기존의 틀을 깨는 창의적이고 혁신적인 사고방식을 장려하며 새로운 기회를 탐색한다. 두려움 없는 용기로 도전에 나서며 끈기 있는 태도로 가능성을 열고 경쟁력을 강화하여 목표를 달성한다.

빠른 실행 - 변화가 빠른 환경에서 경쟁력 유지의 핵심

신속한 의사결정과 빠른 실행으로 효율성과 품질을 동시에 추구한다. 실행 도중 부족한 부분은 지속적으로 보완하여 조직의 민첩성을 강화하며 시장 환경에 빠르게 적응한다.

지속 성장 - 조직의 장기적 목표 뒷받침

투명하고 공정한 경영으로 이해관계자와의 신뢰를 구축한다. 사회적 기여와 ESG 활동을 통해 조직 사회의 일원으로 책임을 다한다.

삼성의 신념 중심 핵심 가치

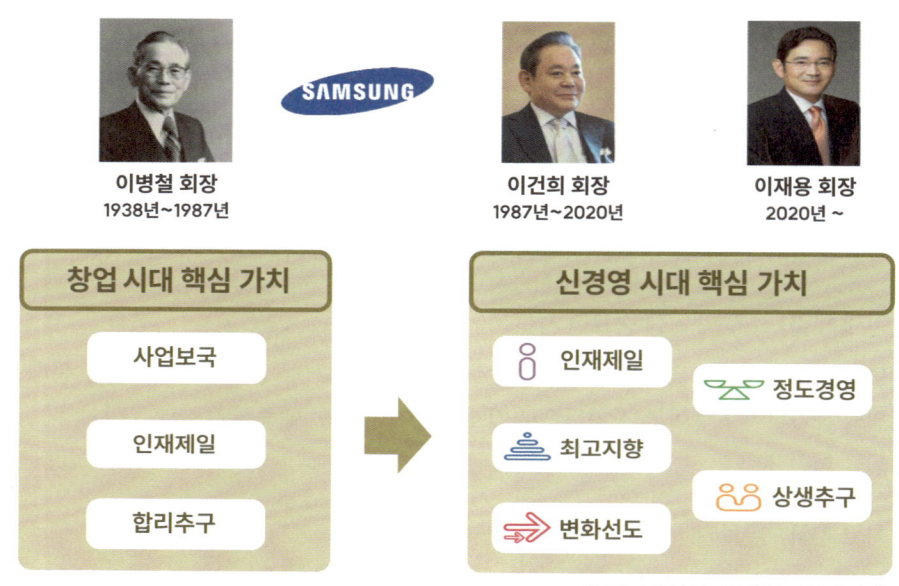

[그림 4-7 삼성그룹 핵심 가치의 변화]

삼성그룹의 핵심 가치는 창업자 이병철 회장 시절부터 이건희 회장의 신경영 시대에 이르기까지 시대의 변화에 따라 진화해 왔다.

창업 시대의 핵심 가치는 이병철 회장의 신념에 따라 사업보국(국가를 위한 사업), 인재제일(사람 중시), 합리추구(효율적 운영)에 중점을 두어 산업화와 국가 경제 발전에 기여하고 전방위 산업을 가진 세계 4대 국가에 한국이 포함되는 초석을 다지는 계기를 만들었다.

이건희 회장의 신경영 시대 핵심 가치는 더욱 진화하여, 인재제일(여전히 핵심 가치로 유지), 최고지향(글로벌 최고 수준의 목표 추구), 정도경영(투명하고 윤리적인 경영), 변화선도(혁신적이고 변화 적응적인 경영), 상생추구(협력과 공생)이다.
이러한 핵심 가치는 삼성이 초일류기업으로 도약하는 초석이 되었다. 최근에도 이재용 회장은 삼성의 위기 극복법은 기술과 인재임을 언급하며 여전히 핵심 가치의 중요성을 강조하고 있다.

현대의 신념 중심 핵심 가치

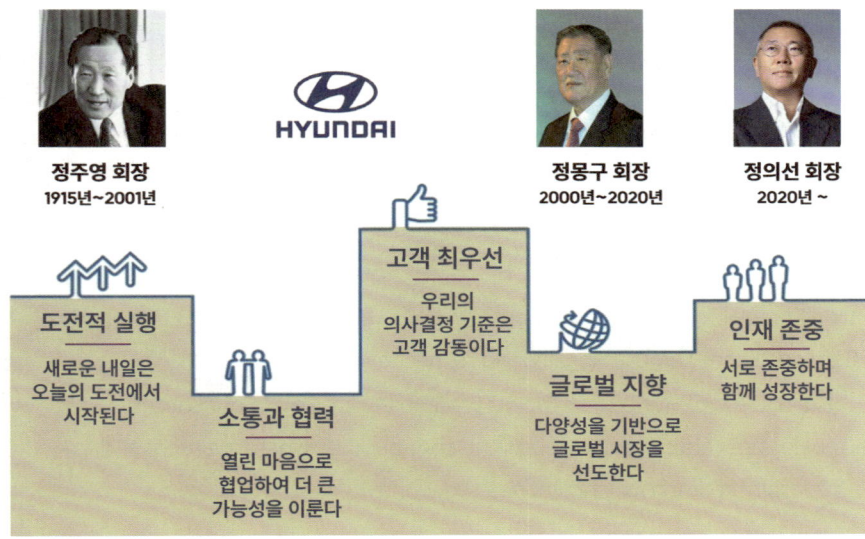

<출처 : www.hyundai.com>

[그림 4-8 현대자동차 핵심 가치]

현대자동차의 핵심 가치는 시대적 변화를 반영한 다섯 가지로 요약된다.

'도전적 실행'은 새로운 미래를 개척하려는 의지와 혁신을 상징하며, 끊임없는 도전 정신을 강조한다. '소통과 협력', '고객최우선'은 현대자동차의 의사결정 기준으로, 고객 만족과 신뢰를 최우선으로 삼아 열린 마음으로 조직 내외부의 협업을 강화해 더 큰 가능성을 찾으며 기업의 성장을 견인하고 있다.
'글로벌 지향'은 다양성과 포용성으로 글로벌 시장에서 선도적 역할을 수행하려는 의지다.
'인재 존중'은 서로 존중하며 함께 성장하는 조직 문화를 지향한다.

이러한 핵심 가치를 내재화한 현대자동차는 단순히 자동차 제조업체을 넘어 글로벌 자동차 시장에서 독보적인 위치를 차지했다.
최근에는 보스턴 다이내믹스 인수를 통해 AI 로봇과 미래 모빌리티 기술에도 적극 투자하며 미래 모빌리티와 친환경 기술 분야에서 미래 글로벌 리더로 눈에 띄는 자리매김을 하고 있다.

구글의 신념 중심 핵심 가치

1. We want to work with great people.
2. Technology innovation is our lifeblood.
3. Working at Google is fun.
4. Be actively involved; you are Google.
5. Don't take success for granted.
6. Don't be evil.
7. Earn customer and user loyalty and respect every day.
8. Sustainable long-term growth and profitability are key to our success.
9. Google cares about and supports the communities where we work and live.
10. We aspire to improve and change the world.

1. 우리는 최고의 인재와 일하기를 원한다.
2. 기술 혁신은 우리에게 흐르는 생명의 피다.
3. 구글에서 일하는 것이 재미있다.
4. 적극적으로 개입하라. 당신이 구글이다.
5. 성공을 당연한 것으로 여기지 마라.
6. 옳은 일을 하라. 악마가 되지 마라.
7. 고객의 사용자 충성도를 얻고 매일 그들을 존중하라.
8. 지속 가능한 장기적 성장과 수익은 성공의 열쇠다.
9. 우리가 일하며 살고 있는 공동체를 돌보고 지원한다.
10. 우리는 세상을 개선하고 변화시키기를 열망한다.

첫째, 우리는 최고의 인재와 일하기를 원한다. 구글은 능력과 창의성, 열정을 가진 최고의 인재와 함께 일하는 것을 가장 중요한 성공 요인으로 본다. 뛰어난 동료와 협업하는 환경은 개인의 성장과 조직의 혁신을 동시에 이끈다.

둘째, 기술 혁신은 우리에게 흐르는 생명의 피다. 기술 혁신을 기업 존재의 핵심으로 인식한다. 새로운 기술로 사용자에게 더 나은 서비스를 제공하고, 지속적 변화를 주도한다.

셋째, 구글에서 일하는 것이 재미있다. 즐거운 일터는 몰입과 창의성의 원천이다. 구글은 유연한 문화, 개방적인 분위기를 통해 직원이 일 자체를 즐기도록 장려한다.

넷째, 적극적으로 개입하라. 당신이 구글이다. 모두가 구글의 일원이라는 주인의식을 갖고 스스로 문제 해결에 참여한다. 주도적인 태도와 책임 있는 행동이 조직 문화를 이끈다.

다섯째, 성공을 당연한 것으로 여기지 마라. 과거의 성공에 안주 않고, 끊임없이 도전하고 개선하며 위험을 감수할 준비를 한다. 변화는 지속적인 노력과 열린 자세에서 비롯된다.

여섯째, 옳은 일을 하라. 악마가 되지 마라. 구글은 기술이 윤리적 기준을 따라야 한다고 믿는다. 정직함과 책임감 있는 선택을 강조하며, 올바른 기업 행동을 실천하고자 한다.

일곱째, 고객의 사용자 충성도를 얻고 매일 그들을 존중하라. 신뢰는 하루 아침에 얻어지지 않는다. 고객을 중심에 두고, 매 순간 그들의 목소리를 경청하며 정직한 노력을 기울인다.

여덟째, 지속 가능한 장기적 성장과 수익은 성공의 열쇠다. 단기적 성과보다 안정적 성장을 더 중요하게 여긴다. 장기적 관점에서 기술과 인재에 투자하고, 안정적인 수익을 창출한다.

아홉째, 우리가 일하며 살고 있는 공동체를 돌보고 지원한다. 기업은 사회의 일원이다. 구글은 환경 보호, 교육 지원, 지역 봉사 등을 통해 지역사회와의 공존을 중요하게 여긴다.

열째, 우리는 세상을 개선하고 변화시키기를 열망한다. 구글은 기술을 통해 더 나은 세상을 만들 수 있다고 믿는다. 인류가 직면한 문제를 해결하고, 보다 좋은 사회 형성에 기여하고자 한다.

이해관계자 중심의 가치 체계

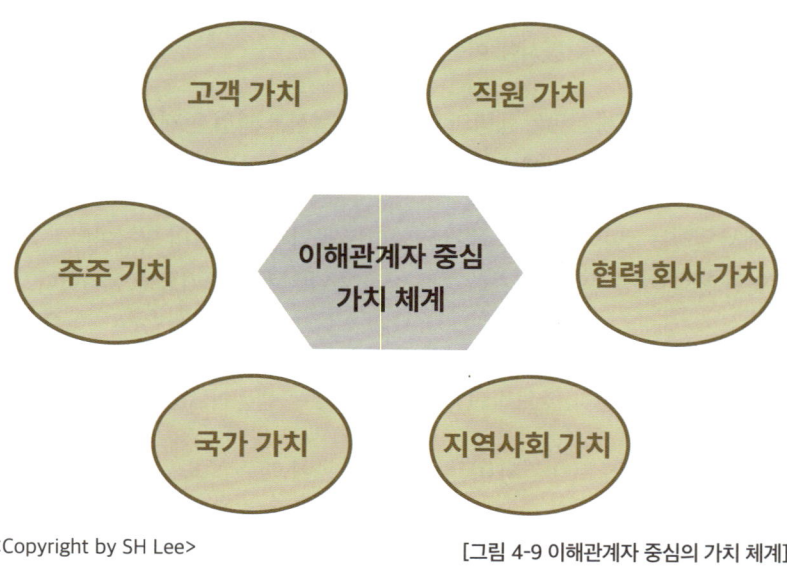

<Copyright by SH Lee>

[그림 4-9 이해관계자 중심의 가치 체계]

이해관계자 중심의 핵심 가치는 '상생상락(相生相樂)'

서로 살리고 함께 즐긴다는 의미로, 기업과 이해관계자 모두가 공정한 기회와 가치를
공유함으로 서로 발전하고 지속 가능한 행복을 추구한다.

이해관계자 중심의 가치 체계는 고객, 직원, 협력 회사, 지역 사회, 국가, 주주 등 다양한
이해관계자 간의 균형과 협력을 통해 기업의 지속 가능성과 장기적 성장을 추구하는 전략적
접근이다.

고객에게는 품질과 신뢰를 통한 감동을, 직원에게는 공정한 기회와 자긍심을,
협력회사에는 윤리적 거래와 상생을, 사회에는 환경과 사회적 약자를 돕는 기여를,
국가에는 고용 안전과 경제 성장을, 주주에게는 투명 경영을 통한 적정한 투자 수익을 제공한다.

고객 가치의 핵심은 '고객 감동 Delight'이다.

고객은 기업의 존재 이유다. 더 나은 품질, 가격, 쇼핑 환경 등을 제공하며 고객 감동을 이끌어야 한다. 이는 장기적인 충성도로 이어지며, 기업의 성장을 견인한다. 디지털 환경에서는 고객의 소리를 실시간 반영, 개인 맞춤형 서비스 제공 등의 감성적 접근이 중요하다.

직원 가치의 핵심은 '자긍심 Self-Esteem'이다.

직원은 기업 운영의 주체다. 공정한 보상, 성장 기회, 신뢰 기반 조직 문화는 직원의 자긍심을 높인다. 이는 업무 몰입도 향상으로 이어지며, 기업의 혁신 역량 강화의 동력이다. 자긍심 높은 직원은 고객에게 긍정적인 '브랜드의 얼굴'로서 역할을 한다.

협력 회사 가치의 핵심은 '상생 Shared Growth'이다.

협력 회사는 기업 경쟁력의 연장선이다. 공정한 거래와 윤리적 파트너십은 신뢰 기반을 강화하고, 안정적인 공급망을 유지할 수 있다. 상생은 장기적 동반 성장의 바탕이 되는 가치다. 기술·정보 공유, 장기 계약, 금융 지원 등의 협력은 파트너 생태계를 건강하게 만든다.

지역 사회 가치의 핵심은 '도움을 주는 기여 Everey Littie Help'다.

기업은 지역 사회에 도움을 줄 수 있어야 한다. 취약 계층 지원, 환경 보호, 지역 사회 발전 등의 기여는 사회적 지지를 이끌어 내는 토대이자, 브랜드 이미지에도 긍정적 영향을 준다. 사회와의 신뢰 관계는 위기 시 기업의 복원력(resilience)을 높이는 핵심 기반이 된다.

국가 가치의 핵심은 '국가 경제 발전 성장 Economic Growth'이다.

기업은 납세, 일자리 창출 등으로 국가 발전에 기여해야 한다. 법과 제도 준수와 국가 정책과의 조화를 이루는 경영, 국방산업·교육·인프라 등 공공적 가치에 기여해서 국가와 국민의 신뢰를 얻는 것도 기업 책임의 중요한 축이다.

주주 가치의 핵심은 '적정한 수익의 환원 Return'이다.

주주는 기업 성장의 재정적 후원자로 성과에 대한 보상을 기대한다. 기업은 투명 경영으로 수익을 창출하고, 신뢰로 주주와의 파트너십을 유지해야 한다. 예측 가능한 배당 정책, 경영진의 책임 강화 등은 주주의 신뢰를 높이고 투자 매력을 지속시킨다.

고객 가치

고객 만족 Satisfaction 우리는 고객을 이해하고 고객 만족을 위해 최선을 다한다.	1 고객을 항상 존중하고 친절하게 대한다 2 고객의 건강을 위해 신선하고 위생적이며 안전한 상품을 제공한다 3 고객이 원하는 상품을 항상 갖추고 저렴한 가격에 제공한다 4 편하고 즐길 수 있는 쇼핑 환경과 생활 환경을 제공한다 5 고객의 개인 정보에 대한 보안을 유지한다 6 고객들이 환경, 나눔, 이웃, 가족 사랑 운동에 참여할 수 있도록 돕는다

<Copyright by SH Lee>

[그림 4-10 고객 가치]

'아마존(amazon)'은 고객 만족의 원칙을 실현하는 대표적인 글로벌 기업이다.

고객 중심 경영 철학을 기반으로, 24시간 고객 지원 서비스를 운영하며 문제를 신속하고 친절하게 해결한다. 환불과 교환 정책 역시 고객의 편의를 우선시해 신뢰를 쌓고 있다. 상품 품질 관리에 철저하며, 고객의 건강과 안전을 우선한 아마존 프레시를 통해 신선한 식료품을 빠르게 배송한다.

고객 데이터를 분석해 개인화된 추천 서비스를 제공하고, 다양한 상품을 합리적인 가격에 제공해 고객 만족을 높인다. 원클릭 결제, 빠른 배송 옵션(프라임 멤버십), 음성 기반 주문(Alexa) 같은 시스템은 편리한 쇼핑을 돕는다. 강력한 고객 정보 보호 체계를 유지하며, 아마존 스마일과 같은 사회 공헌 활동을 통해 고객과 함께 긍정적인 가치를 창출한다.

이러한 활동을 통해 아마존은 고객을 이해하고 고객 만족을 위해 최선을 다한다는 고객 만족의 원칙을 성공적으로 실천하고 있다.

직원 가치

상호존중
Self Esteem

우리는
서로를 믿고
존중함으로써
스스로 자긍심을
높입니다

1. 우리는 서로를 믿고 존중하며 한 팀으로 함께 일한다.
2. 우리는 서로의 지식과 경험을 공유한다.
3. 우리는 즐겁고 배움이 있는 환경과 조직 속에서 최선을 다해 일한다.
4. 우리는 성별, 나이, 장애, 종교 또는 정치적 신념과 상관없이 평등한 기회를 가지고 일한다.
5. 우리는 개인의 이익을 위해 회사의 정보를 이용하지 않는다.
6. 우리는 지역사회와 더불어 더 나은 내일을 위해 일한다.

<Copyright by SH Lee>

[그림 4-11 직원 가치]

직원 가치를 잘 실천하는 대표적인 기업으로 '**파타고니아**(Patagonia)'를 들 수 있다.

파타고니아는 직원 상호 존중과 자긍심을 높이는 문화를 통해 지속 가능한 성장과 혁신을 이루고 있다. 직원들 간 신뢰를 기반으로 한 팀워크를 강조하며, 모든 직원이 자신의 지식과 경험을 자유롭게 공유할 수 있는 열린 환경을 제공한다.
또한 즐겁고 배우는 조직 문화를 만들기 위해 유연 근무제, 육아 지원 프로그램, 쾌적한 근무 환경을 조성한다.

파타고니아는 다양성과 포용성을 존중하며, 성별, 나이, 장애, 종교 등과 관계없이 모든 직원에게 평등한 기회를 제공한다. 윤리적 경영을 실천하며, 개인의 이익을 위해 회사 정보를 남용하지 않도록 엄격한 정책을 유지하고 있다. 더불어 지역사회와의 협력을 통해 환경보호와 지속 가능성을 위한 다양한 프로젝트에 직원들이 참여할 수 있도록 지원한다.
이러한 노력 덕분에 파타고니아는 서로를 믿고 존중함으로 직원의 자긍심을 느끼며 일할 수 있는 기업 문화를 구축할 수 있었다.

협력 회사 가치

동반성장
Shared Growth

우리는
공정과 협력을 통해
함께 성장합니다.

1. 서로 신뢰하고 존중한다.
2. 공정하고 정직한 거래를 하고 거래의 기회를 제한하지 않으며 사업 기회를 창출한다.
3. 협력회사와의 상생을 위해 정보를 공유한다.
4. 어떠한 형태의 사기 및 뇌물수수, 부정 행위를 하지 않는다.
5. 비위생적, 노동 착취 및 불법 벌목 등을 행하는 비윤리적 회사와 거래하지 않는다.
6. 우리의 협력회사를 돕기 위해 상품판매의 공유 가치를 창출한다.

<Copyright by SH Lee>

[그림 4-12 협력 회사 가치]

협력 회사 가치를 잘 실천하는 대표적인 기업으로 **'삼성전자'**를 들 수 있다.

삼성전자는 협력 회사와의 공정하고 지속 가능한 동반 성장을 목표로 다양한 제도를 운영한다. 먼저 협력 회사와의 신뢰와 존중을 기반으로 공정한 거래 원칙을 철저히 준수하며, 모든 협력사에게 동등한 기회를 제공하기 위해 투명한 프로세스를 유지한다. 협력 회사와의 상생을 위해 정보와 기술을 공유하며, 협력사들이 기술력을 강화하고 시장 경쟁력을 갖출 수 있도록 지원 프로그램을 운영한다.

특히 삼성전자는 협력사의 금융 부담을 줄이기 위해 '상생펀드'와 '물대지원 프로그램'을 통해 안정적인 자금을 제공하고, 협력사 직원들의 역량 강화를 위해 다양한 교육 프로그램을 무료로 지원한다. 또한 협력사들의 환경보호와 윤리적 경영 실천을 장려하며, 비윤리적 행위 (뇌물, 부정 거래 등)를 철저히 배격하는 정책을 시행하고 있다.
더 나아가 협력사의 제품 판매를 지원하기 위해 공동 마케팅 활동과 유통 네트워크를 활용하여 글로벌 시장 진출을 돕고 있다.

지역 사회 가치

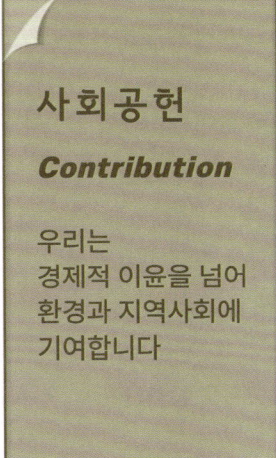

사회공헌
Contribution

우리는
경제적 이윤을 넘어
환경과 지역사회에
기여합니다

1. 환경을 사랑하고 이산화탄소 배출을 줄여 지구 온난화 방지에 기여한다.
2. 어린이 환경운동에 집중하여 어린이 그린 리더를 양성한다.
3. 장애인, 빈곤 계층, 저임금 이주노동자, 독거 노인, 소년소녀 가장 등 사회적 약자를 돕는다.
4. 이웃을 사랑하고 지역 주민에게 평생교육의 기회와 문화 체험을 제공하여 삶의 질을 향상시킨다.
5. 지역사회의 고용을 창출하고 지역경제 발전에 기여한다.
6. 가족을 사랑하고 위탁 아이들을 도와주며, 일과 가정의 균형을 실천한다.

<Copyright by SH Lee>

[그림 4-13 지역사회 가치]

지역 사회 가치를 실천하는 대표적인 기업으로 '유니레버(Unilever)'가 있다.

유니레버는 환경과 지역사회의 지속 가능성을 실행하기 위한 다양한 활동을 펼친다. 환경보호를 최우선 과제로 삼는 '유니레버 지속 가능한 생활 계획(Unilever Sustainable Living Plan)'을 통해, 온실가스 감축, 플라스틱 재활용 확대, 물 사용 절감 등에 기여하고 있다. 또한 어린이 대상 위생 교육 프로그램으로 전 세계 어린이들이 건강한 생활 습관을 형성하도록 비누 브랜드 '라이프부이(Lifebuoy)'를 통해 손 씻기 캠페인을 전개하고 있다.

장애인, 빈곤층, 저임금 노동자 등 사회적 약자를 지원하기 위한 프로그램으로 여성 기업가를 대상으로 한 'Shakti 프로젝트'를 통해 인도 농촌 지역 여성들의 경제력 자립을 돕고 있다. 또한 지역사회 고용 창출을 위한 현지화 전략을 통해 각 지역의 경제 발전에 기여한다. 아울러 지역사회의 문화적 풍요를 위한 다양한 문화 예술 프로그램을 지원하며, 가족과 어린이를 위한 캠페인을 통해 지역 주민들과의 관계를 강화한다.

국가 가치

경제 성장 *Economic Growth* 우리는 국가 경제와 사회 발전에 공헌합니다	1 물가 안정을 도모하고 국민 삶의 질 향상에 기여한다. 2 산지 직거래 개선을 통해 농어촌 사회를 돕는다. 3 끊임없는 물류 혁신을 통해 세계 최고 수준의 산업 발전을 이끌어 낸다. 4 기업 활동에 관련된 법규를 준수한다. 5 정치적 중립을 유지하며 어떤 종류의 정치적 기부도 하지 않는다. 6 지속 성장을 실현하여 고용을 창출하고 국가 경제 발전에 기여한다.

<Copyright by SH Lee>   [그림 4-14 국가 가치]

국가 가치의 원칙을 잘 실천하는 대표적인 기업으로 '**포스코**(POSCO)'를 들 수 있다.

포스코는 국가 경제와 사회 발전에 기여하기 위해 철강 산업의 세계적 선두주자로서 기술 혁신을 통해 한국 철강 산업의 경쟁력을 강화하고, 품질 높은 철강 제품을 국내외에 공급하며 경제 성장을 이끌고 있다.
포스코는 '기업시민'이라는 이념으로, '포스코 1% 나눔재단'을 통해 농어촌 복지와 경제적 활동을 지원하며 주민들의 삶의 질과 경제 활성화에 기여한다.

친환경 공정과 기술로 탄소 배출을 줄이며 환경보호를 실천하고, 국내외 생산 기지와 연구소 운영을 통해 수많은 일자리를 창출하고 있다. 특히 최근에는 수소환원제철 기술 개발과 같은 친환경 기술 투자에 앞장서며, 탄소중립 국가 전략에도 적극 기여하고 있다.
이는 산업 경쟁력뿐만 아니라 국가 지속 가능성에 이바지하는 모범적 국가 가치 실현 사례다.
포스코는 모든 기업 활동에서 법규를 준수하며 투명 경영과 정치적 중립을 유지함으로 경제 성장과 사회적 책임을 조화롭게 실천하고 있다.

주주 가치

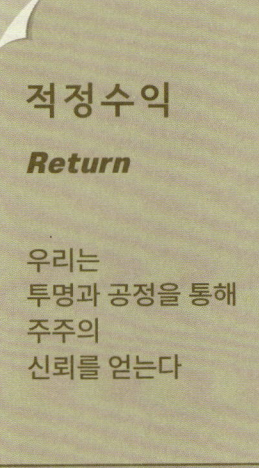

적정수익
Return

우리는
투명과 공정을 통해
주주의
신뢰를 얻는다

1. 적정 수익을 실현하고 주가를 상승시켜 주주의 투자 수익을 최대화한다.
2. 가용할 수 있는 자원을 효율적이고, 효과적으로 활용하여 경쟁력을 확보한다.
3. 재무구조를 건전하게 개선하고 경영의 선순환을 만든다.
4. 기업회계 원칙을 준수하고 경영의 투명성, 공정성, 진실성을 유지한다.
5. 주주의 제안을 존중하고 정당한 권리를 보장한다.
6. 사회적 책임을 통해 존경받는 기업 이미지를 만든다.

<Copyright by SH Lee>

[그림 4-15 주주 가치]

주주 가치를 잘 실현하는 대표적인 기업으로 '애플(Apple)'과 '마이크로소프트(Microsoft)'를 들 수 있다.

애플은 투명성과 공정성을 바탕으로 주주들에게 신뢰를 얻으며, 주주 가치를 극대화하는 전략을 꾸준히 실행하고 있다. 애플은 건전한 재무 구조를 유지하며, 분기별 실적 발표와 같은 투명한 정보 공개를 통해 주주와의 신뢰를 쌓고 있으며, 주주의 권리를 존중하고 공정한 의사결정 과정을 보장한다.
사회적 책임면에서도 재생 에너지를 활용한 생산 공정과 공급망의 탄소 배출 감소의 환경보호 활동과 지속 가능한 경영 활동으로 긍정적인 기업 이미지를 유지하고 있다.

마이크로소프트(Microsoft)도 주주 가치를 실현하는 대표 기업이다.
사티아 나델라 CEO는 취임 이후 클라우드 중심으로 사업 구조를 혁신하고, 주주 환원 정책을 강화해 시가 총액을 크게 끌어올렸다. 매년 배당을 확대하고 자사주 매입을 꾸준히 집행해 주주 신뢰를 얻었고, ESG 같은 비재무 요소까지 경영에 통합하여 장기적 관점의 기업 가치를 높였다. 이는 주주의 권익 보호와 기업의 지속 성장 모두를 실현한 사례로 평가받는다.

핵심 가치가 기업의 운명을 가르다

TOYOTA 도요타

우리는 처음부터 다시 시작할 것입니다.
우리는 존재 이유에 대해서 다시 생각할 것입니다. - Toyota Akio

We will go back to our starting point and contemplate
"why we are doing business"

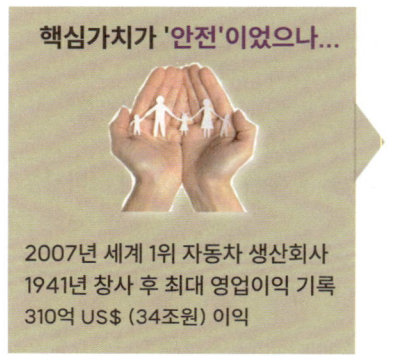 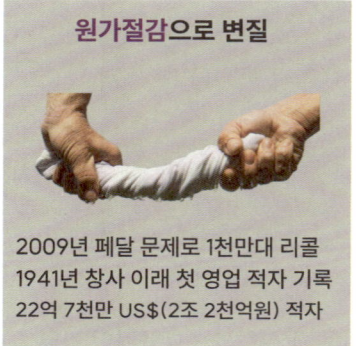

<사진 출처: 나무위키>　　　　　　　　　　　[그림 4-16 도요타 핵심 가치 사례]

도요타(Toyota) 사례는 핵심 가치가 흔들릴 때 발생하는 문제를 잘 보여 준다.

도요타는 '안전'이라는 핵심 가치를 바탕으로 성공을 이루었지만, 원가 절감과 비용 효율화에 지나치게 집중하면서 핵심 가치가 약화되어 위기를 맞았다.
2009년 대규모 리콜 사태는 가속 페달 고착과 브레이크 결함으로 인해 약 1천만 대의 차량이 리콜되는 사건으로 안전을 소홀히 한 결과였다.
2010년, 아키오 회장은 "We will go back to our starting point and contemplate why we are doing business. : 기업의 존재 이유와 본질을 다시 돌아보겠다"며 공식 사과를 했다.

도요타는 이후 안전을 최우선으로 경영 방침을 재정립하고, 고객 신뢰 회복에 집중하면서 위기를 극복하고 다시 성장할 수 있었다.

음식을 통해 가능한 한 많은 사람들에게
건강을 제공한다

We bring health through food to as many people as possible

2007년
핵심 가치인 '건강'을 위해
비스킷 브랜드 'Lu' 매각
유아식품 회사 Numico 인수

2011년
건강식품의 브랜드 각인
300억 USD 매출
세계 1위 유제품 기업
세계 2위 식수 및 유아식품

<사진 출처: 위키피디아>

[그림 4-17 다논 핵심 가치 사례]

다논(Danone)은 '식품을 통해 가능한 많은 사람들에게 건강을 제공한다'는 비전을 바탕으로 핵심 가치를 강화하고 이를 중심으로 전략을 전개하여 초일류 기업으로 성장했다.

2007년부터 다논은 핵심 가치를 중심으로 사업을 정비하며 성장 가능성이 높은 분야에 집중 투자했다. 비스킷 브랜드 '루(Lu)' 매각과 유아식품회사 '누미코(Numico)' 인수는 이러한 전략의 일환으로, 2011년부터는 유제품, 생수, 유아식품, 건강식품이라는 4대 전략 상품군에 집중해 세계 1위 유제품 기업과 세계 2위 식수 및 유아식품 기업으로 도약했다. 이 과정에서 다논은 핵심 가치에 충실하며 시장 경쟁력을 강화하고, 고객 신뢰와 브랜드 이미지를 높이는 데 성공했다.

최근 다논은 ESG 경영을 더욱 강화하고 있다. 'One Planet. One Health'를 구체화하며 환경보호, 사회적 책임, 건강한 식생활 증진을 연결한 비즈니스 모델을 확장하고 있다. 핵심 가치를 넘어 지속 가능한 미래를 지향하며, 글로벌 식품 산업 내에서 차별화된 신뢰를 구축하고 있다.

핵심 가치를 지켜 위기를 기회로 만든 사례

Johnson & Johnson 존슨앤존슨

Our Credo
1 고객을 위한 최고의 품질 유지
2 모든 직원은 각자가 한 인간으로 대우
3 지역사회는 물론 세계 공동체에 대한 책임
4 건전한 이익과 새로운 아이디어 창출

[그림 4-18 존슨앤존슨의 핵심 가치 사례]

존슨앤존슨은 'Our Credo'를 바탕으로
소비자 안전을 최우선에 두며 투명하고 신속한 대응으로 신뢰를 회복했다.

1982년, 타이레놀 제품에서 발생한 독극물 주입 사건으로 시카고에서 몇 명이 사망하는 사건이 발생했다.
이에 존슨앤존슨은 자체 소비자 경보를 발령하고, 'Our Credo'에 따라 소비자에 대한 책임을 최우선으로 삼았다. 모든 정보를 투명하게 공개하고, 원인이 규명될 때까지 타이레놀 제품 복용을 금지했다.

미국식품의약국(FDA)은 문제가 된 시카고 지역 제품 회수 권고를 내렸고,
존슨앤존슨은 시카고뿐만 아니라 전국에 유통된 문제 없는 타이레놀 3000만 병, 총 1억 달러 (약 1300억 원) 상당의 제품까지 모두 자진 회수했다.
그 결과, 타이레놀은 다시 시장에 복귀해 현재까지 미국에서 가장 높은 점유율을 자랑하는 해열진통제로 자리 잡았고, 세계적으로 연간 15억 달러의 매출을 올리는 효자 상품이 됐다.

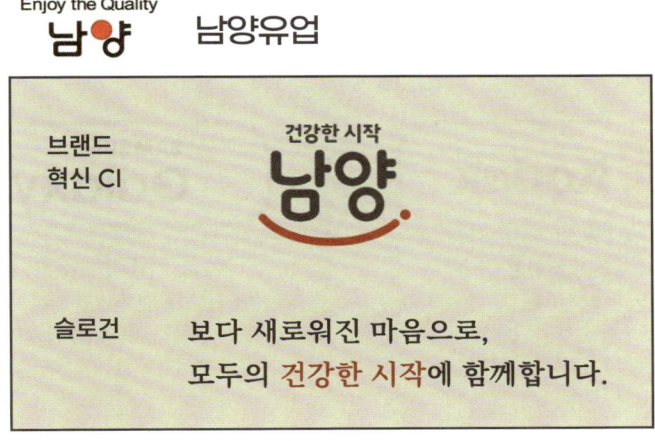

[그림 4-19 남양 유업의 핵심 가치 사례]

남양유업은 '품질과 윤리경영'이라는 핵심 가치를 강화하며, 추락했던 브랜드 신뢰도를 되찾아 가고 있다.

남양유업은 1964년에 설립한 이래 오랫동안 '품질 우선과 고객 신뢰'를 핵심 가치로 삼아 프리미엄 유제품 시장에서 강력한 입지를 구축해 왔으나, 2013년 이후 핵심 가치를 훼손하는 사건들이 이어지면서 브랜드 가치가 급격히 하락했다.

- 2013년 대리점 갑질 사건 : 강압적 밀어내기 영업이 폭로되며 소비자 불매운동 확산
- 2021년 불가리스 논란 : 코로나 예방 효과 허위 광고로 소비자 기만 논란 발생
- 2021년 지배구조 논란 : 불투명한 경영권 매각 과정에서 소비자와 투자자 신뢰 상실

2024년 이후, 경영 효율화와 고객 중심 전략으로 실적 개선을 이루고 있다.
- 브랜드 이미지 개선 : 윤리적 경영을 강조하며 소비자 중심의 커뮤니케이션 강화
- 파트너십 개선 : 대리점과 공정한 거래 원칙 도입, 유통 협력 강화
- 사회적 책임 강화 : 친환경 경영 도입 및 사회 공헌 활동 확대

업의 개념이 기업의 운명을 가르다

"기업은 경쟁사에 져서 망하는 것이 아니라, 자기 업(業)을 잘못 알아서 저절로 쇠락한다."
- 테오도르 레빗 교수(하버드대)

코닥, 카메라는 필름이다?
세계 최초 디지털 카메라를 개발한 코닥은 업의 개념을 '소중한 추억'을 담은 기술이 아닌 필름으로만 고수하다가 몰락했다.

삼성, 카메라는 추억이다?
카메라를 '소중한 추억'을 담은 기술로 정한 삼성은, 지속적인 디지털/광학기술 개발로 반도체 이미지 센서 기술 우위를 마련했다.

산업	카메라	컴퓨터	화장품	극장	식품	자동차
업의 개념	추억	정보 서비스	희망	즐거움	건강	안전, 즐거움

[그림 4-20 미래 변화와 코닥과 삼성의 핵심 가치]

기업이 업의 개념(자신의 본질적 사업)과 핵심 가치를 잘못 정의하거나, 변화하는 시대에 맞추지 못하면 기업의 미래가 위태로워질 수 있다. 기업은 업의 개념을 항상 재정의할 준비가 되어 있어야 하며, 변화하는 기술과 소비자 요구에 맞출 수 있도록 핵심 가치의 유연성을 잘 유지해야 한다.

[핵심 가치 관련 기억해야 할 두 가지]

먼저 기업은 업의 개념을 재정의할 필요가 있다. 기업은 자기 사업의 본질을 소비자 관점에서 끊임없이 재해석해야 한다. 코닥은 필름이 아니라 '기억과 추억'을 사업으로 정의했어야 한다.

다음으로 핵심 가치의 유연성을 유지해야 한다. 변화하는 기술과 소비자 요구에 맞춰 핵심 가치를 수정하거나 진화시켜 나가야 한다. 시장 변화에 적극 대응하고 혁신적 기술을 도입해야 하며, 경쟁사보다 빠르게 업의 개념과 가치를 발전시키는 것이 생존과 성공의 열쇠가 될 것이다.

먼저 **코닥**은 필름 사업에 지나치게 집착하며 '카메라는 필름이다'라는 업의 개념을
유지했다. 그래서 디지털 카메라를 최초로 개발했음에도 불구하고, 변화하는 소비자의 요구를
외면하고 필름 중심의 사업 모델을 고수하였다.

그 결과 코닥은 디지털 시대에 적응하지 못하며 필름 시장의 몰락과 함께 파산에 이르게
되었다. 본질적으로 '추억을 기록하는 기술'이라는 개념으로 변화하지 못한 점이 실패의
원인이었다.

반면 **삼성**은 카메라를 단순히 '소중한 추억을 담는 도구'로 국한하지 않고,
이를 디지털기술과 연결하며 새로운 가치를 창출하였다. 카메라를 '이미지 기록'이라는
개념으로 재정의하며 스마트폰, 디지털 장치로 사업 영역을 확장하였다.

그 결과 디지털 기술 중심으로 진화하며 성공적으로 변화에 대응할 수 있었으며,
이미지 센서 및 관련 기술을 통해 경쟁력을 지속 강화하였다.

결국 코닥과 삼성의 사례는 기업이 변화하는 환경에서 업의 개념과 핵심 가치를 어떻게
정의하고 대응하느냐의 중요성을 잘 보여 준다. 코닥은 기존의 성공에 안주하며 변화하지
못했고, 삼성은 이를 재해석하고 적극 변화에 나서서 결국 기업의 성공으로 이어졌다.

삼성은 2016년 카메라 사업에서 철수를 결정하며, 핵심 가치를 재정립하고
전략적 선택과 집중을 통해 모바일 카메라로의 이동과 융합화를 성공적으로 이뤄 냈다.

전통 카메라 시장이 축소되는 상황에서 삼성은 기술과 자원을 모바일 카메라에 집중해서,
스마트폰 시장에서 카메라 기술의 경쟁력을 강화했다. 이 과정에서 삼성은 갤럭시 시리즈에
첨단 카메라 기술을 탑재하며, 고객 중심의 가치를 실현하고 사용자 경험을 극대화했다.
이러한 전략으로 삼성 스마트폰의 차별화된 경쟁력을 확보하였고,
결과적으로 글로벌 스마트폰 시장에서 삼성의 리더십을 더욱 공고히 하였다.

삼성의 사례는 변화에 민첩하게 대응하며 핵심 가치를 재해석하고,
융합화와 혁신을 통해 새로운 성장 기회를 창출할 수 있음을 보여 준다.

조직 문화의 내재화

조직 문화의 의미

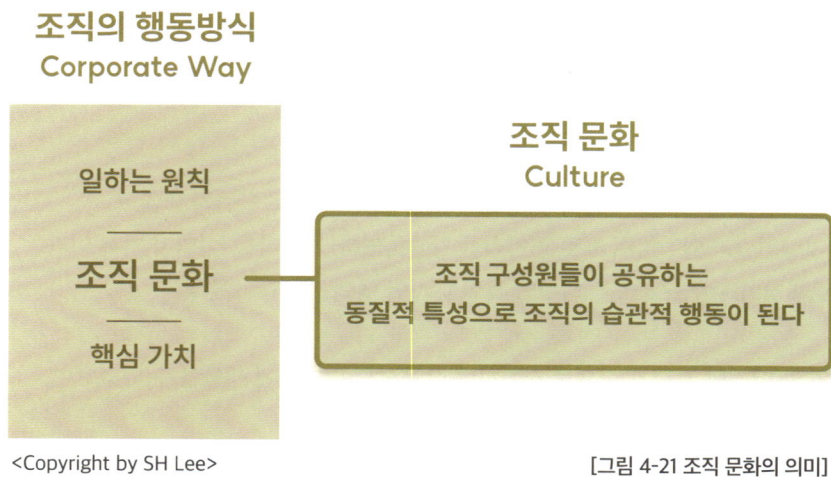

[그림 4-21 조직 문화의 의미]

조직 문화란 조직 구성원들이 공유하는 공통된 사고방식과 행동양식을 의미하며,
이는 조직 내에서 일하는 방식과 의사결정에 지속적인 영향을 준다.

조직 구성원의 습관적 업무 방식으로 나타나는 조직문화는 단순한 분위기나 규율을 넘어,
구성원들 간의 신뢰와 협업을 촉진하고, 전략 실행의 일관성과 몰입도를 높이는 토대가 된다.

조직의 핵심 가치와 일하는 원칙을 내면화한 조직 문화는 조직의 행동방식의 중심축이 되어,
구성원들이 자발적으로 조직의 목표를 향해 나아가도록 이끈다.

즉, 조직 문화는 실질적인 성과를 좌우하는 조직의 '보이지 않는 힘'이자,
변화와 혁신을 지속적으로 가능하게 하는 에너지의 원천이다.

강한 조직 문화가 정착된 기업은 마치 지렛대의 원리가 작동하는 것처럼 조직의 구석구석이 효율적으로 움직이며, 기업 전반이 역동적이고 일관되게 전진한다.
강력한 조직 문화는 모든 구성원이 자발적으로 목표를 향해 나아가도록 만드는 무형의 동력이며, 별도의
지시 없이도 조직이 스스로 방향성을 유지하는 힘이 된다.

조직 문화가 단단하면 기업의 성과는 자연스럽게 따라오고, 예측 불가능한 경영 환경
속에서도 유연하게 대응하며 지속 가능한 기반을 다질 수 있다. 넷플릭스, 자포스, 월트 디즈니, 애플, 구글, 룰루레몬 등은 창업 초기부터 조직 문화의 중요성을 깊이 인식하고, 이를 핵심 경영 철학으로 삼아 강한 문화적 토대를 구축해 온 기업들이다. 이들의 눈부신 성공 이면에는 강력한 조직 문화가 보이지 않는 지렛대처럼 작동하며, 구성원들의 동기부여와 집단적 에너지를
한 방향으로 집중시키는 결정적 역할을 수행해 왔다.

강한 기업 문화가 뒷받침되는 기업의 구성원은 보다 행복하고 주도적으로 일할 수 있으며, 기업은 목표 달성 과정에서 자연스러운 탄력을 얻게 되고, 고객에게는 긍정적이고 일관된
브랜드 이미지를 전달할 수 있다.

조직 문화를 성공적으로 구축하기 위해서는 리더십의 역할이 결정적으로 중요하다.
'조직 문화는 리더의 그림자'라는 말처럼, 리더의 신념과 철학, 의도적이고 일관된 실천이
조직의 핵심 가치를 구성원들에게 깊이 스며들게 만든다. 이는 구성원 간에 공유된 인식과
행동 양식으로 자리잡아, 조직의 습관적 행동이자 동질적인 문화로 정착된다.
강한 조직 문화는 단순한 규율이 아닌, 자발성과 공동체성이 결합된 조직 내 행동의 기준이자 중심축이 된다.

조직 문화는 기업의 성과와 지속 가능성을 좌우하는 전략적 자산이다.
구성원의 생산성과 몰입도를 높이고, 고객과 파트너의 신뢰를 얻으며, 급변하는 외부 환경
속에서도 흔들림 없이 일관된 성과를 유지할 수 있게 돕는 조직 문화는 기업의 경쟁력과
장기 성장을 뒷받침하는 핵심 동력이다.

동양과 서양의 조직 문화의 차이

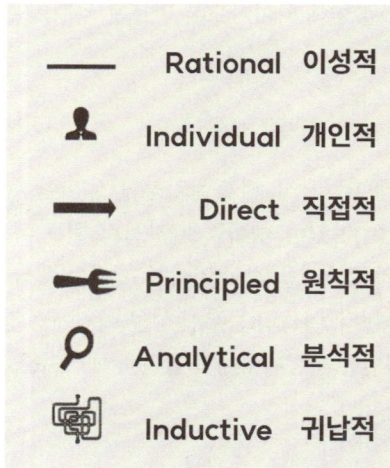

<Copyright by SH Lee>

[그림 4-22 동서양 조직 문화의 비교]

동양과 서양의 차이는 사고방식, 의사결정 과정, 실행 전략에서 두드러지게 나타나며, 그 차이를 이해하고 균형을 맞추는 것이 글로벌 조직 운명과 업무 협력에 가장 중요하다.

서양은 Doing Culture(행동 중심)로 대표되며,
개인주의적이고 이성적이며 직접적이고 분석적인 접근을 중시한다.
목표달성을 위해 체계적이고 원칙 중심적인 방식을 채택하며 빠른 의사결정을 실행한다.

반면 동양은 Being Culture(존재 중심)로 대표되며, 집단주의적이고 감정적이며
간접적이고 직관적인 접근을 선호한다. 관계와 조화를 중요시하며 유연성과 상황에 맞는
적응을 중시하여 장기적 관점에서의 성과를 중시한다.

이성적 vs 감정적

서양의 Doing 문화는 합리성과 이성을 중시하며, 데이터와 논리를 기반으로 문제를 분석하고 효율적이고 객관적인 결정을 내린다. 반면 동양의 Being 문화는 감정과 인간적 관계를 더 중시하며, 직관과 유연성을 활용해 조화롭고 상황에 맞는 해결책을 추구한다.

개인적 vs 집단적

서양의 Doing 문화는 개인의 독립성과 성과를 강조하며, 성공은 개인의 노력과 능력에서 비롯된다고 본다. 반면에 동양의 Being 문화는 집단의 조화와 협력을 우선시하며, 구성원 간의 상호 의존을 통해 공동의 목표를 중시한다.

직접적 vs 간접적

서양의 Doing 문화는 명확하고 직접적인 의사소통을 선호하며, 결과 중심의 소통 방식을 따른다. 이에 비해, 동양의 Being 문화는 간접적이고 암시적인 의사소통을 선호하며, 상대방의 감정을 배려하고 관계의 조화를 유지하는 데 중점을 둔다.

원칙적 vs 탄력적

서양의 Doing 문화는 명확한 규칙과 계획, 절차를 중시하며, 일관성과 규범을 중요하게 생각한다. 반면에 동양의 Being 문화는 상황과 맥락에 따라 유연하게 대처하며, 규칙보다는 사람 간의 관계와 상황적 요구를 더 중시한다.

분석적 vs 직관적

서양의 Doing 문화는 데이터를 분석하고 논리적이고 체계적인 접근을 통해 문제를 해결하며 실증적 결과를 강조한다. 동양의 Being 문화는 직관과 경험을 통해 맥락을 고려한 판단을 내리며, 전체적인 흐름을 중시한다.

귀납적 vs 연역적

서양의 Doing 문화는 구체적인 데이터와 사례를 통해 일반적인 결론을 도출하는 귀납적 사고방식을 선호한다. 동양의 Being 문화는 보편적 원칙과 이론을 상황에 적용하는 연역적 사고방식을 선호하며 큰 그림을 중심으로 사고한다.

국가에 따른 조직 문화의 차이

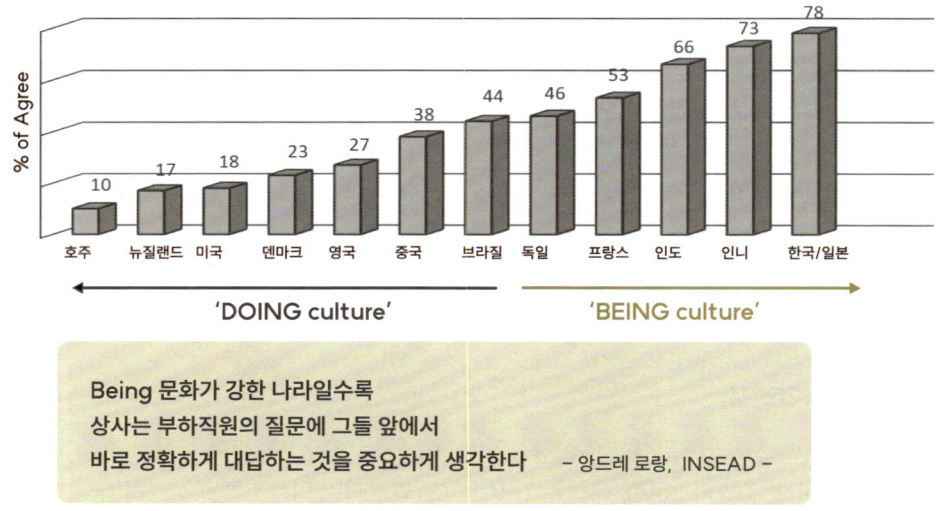

[그림 4-23 국가에 따른 조직 문화의 차이]

Doing Culture는 행동과 실행을 중시하며 호주, 뉴질랜드, 미국 등이 대표적이다.
이들 국가는 목표 지향적이고 효율성을 중요하게 여기며 결과를 중심으로 사고하는 특징이 있다.

반면, Being Culture는 존재와 관계를 중시하며 한국, 일본, 인도네시아 등 동양권 국가들이 이에 해당한다. Being 문화가 강한 국가에서는 관계 형성과 상호 존중을 중요하게 여기며, 상대방의 전문성을 존중하는 태도가 두드러진다.
또한 정중하고 신중한 대응을 통해 협력을 강조하며, 집단적 조화를 이루는 것을 중시한다.

이러한 문화적 차이는 국가 간의 커뮤니케이션 방식과 비즈니스 접근 방식에 영향을 미치며, 글로벌 환경에서의 상호 이해와 조율이 중요한 요인으로 작용한다.

산업에 따른 조직 문화의 차이

(1차) 농수축 산업 근면 성실 문화	벤처 기업 창의 도전 문화
(2차) 제조 산업 프로세스 중심 문화	법률 기업 원칙 중심 문화
	패션 산업 트렌드 중시 문화
(3차) 서비스 산업 고객 중심 문화	유통 물류 산업 시간 중심 문화

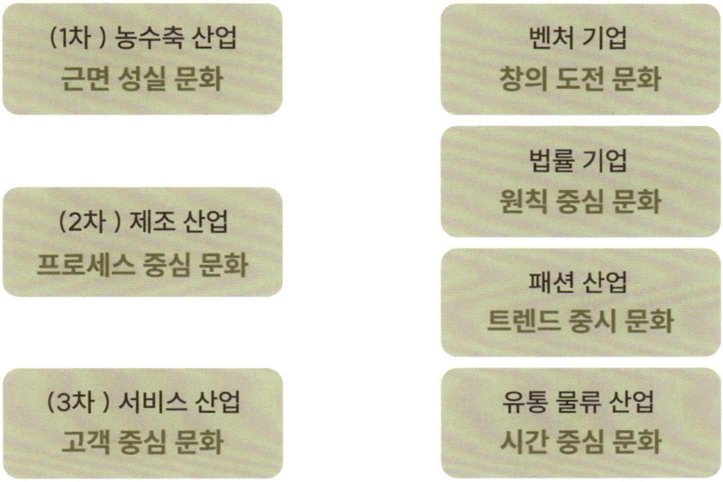

<Copyright by SH Lee>

[그림 4-24 산업에 따른 조직 문화의 차이]

농수축 산업은 근면과 성실을 기반으로 한 문화가 중심을 이루며, 꾸준한 노력을 중요시한다.

제조 산업은 프로세스와 절차를 중시하며, 효율성과 품질 관리를 위한 체계적인 접근 방식을 강조한다. 서비스 산업은 고객 만족을 최우선으로 생각하는 고객 중심 문화를 형성하며, 고객과의 상호작용과 신뢰를 중요하게 여긴다.

벤처 기업은 창의성과 도전 정신을 바탕으로, 변화를 두려워하지 않는 문화를 중시한다. 법률 기업은 원칙과 규범을 중심으로 공정성을 강조하며, 규율을 기반으로 조직 운영을 한다. 패션 산업은 트렌드와 창의성을 중요시하며 빠르게 변화하는 시장 환경에 적응하는 문화가 있다. 유통 물류 산업은 시간 중심 문화를 기반으로 신속성과 효율성, 정시성과 정확성을 중시한다.

시대에 따른 조직 문화의 차이

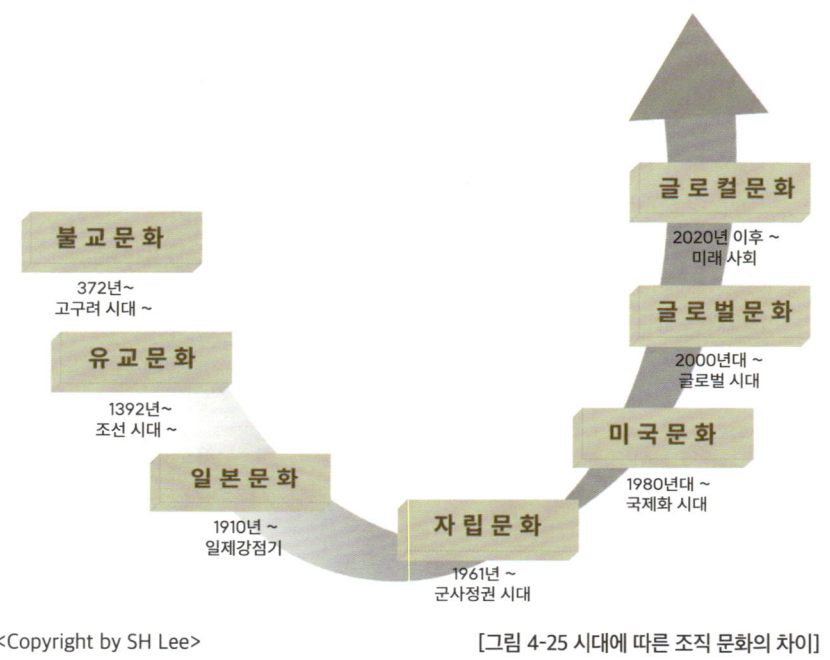

[그림 4-25 시대에 따른 조직 문화의 차이]

고구려 시대에는 불교 문화가 중심이었으며, 내적 안정과 조화를 중시하며
질서와 협력을 강조했다. 이는 조화로운 관계를 형성하는 데 기여했다.
조선 시대는 유교 문화가 주류를 이루며 계층적 질서와 도덕적 책임을 기반으로 조직의
안정성과 신뢰를 강화했다. 이 시기에는 상하 관계의 명확성과 윤리적 행동이 핵심이었다.

일제강점기에는 일본 문화의 효율성과 통제 중심의 경영 방식이 도입되었으나, 지나친
권위주의로 인해 구성원의 창의성과 자율성이 억압되었다.
군사정권 시대에는 자립 문화로 결속력과 책임감을 통해 경제적 자립을 강조했다.

국제화 시대에는 미국 문화가 개인의 창의성과 성과 중심적 사고를 중시하며 조직의
유연성과 혁신을 강화했다. 현재의 글로벌화 시대는 다양성과 포용성을 중심으로 다문화적
협력과 상호 존중을 통해 포용적 성장을 이루는 데 중점을 두고 있다.

세대에 따른 조직 문화의 차이

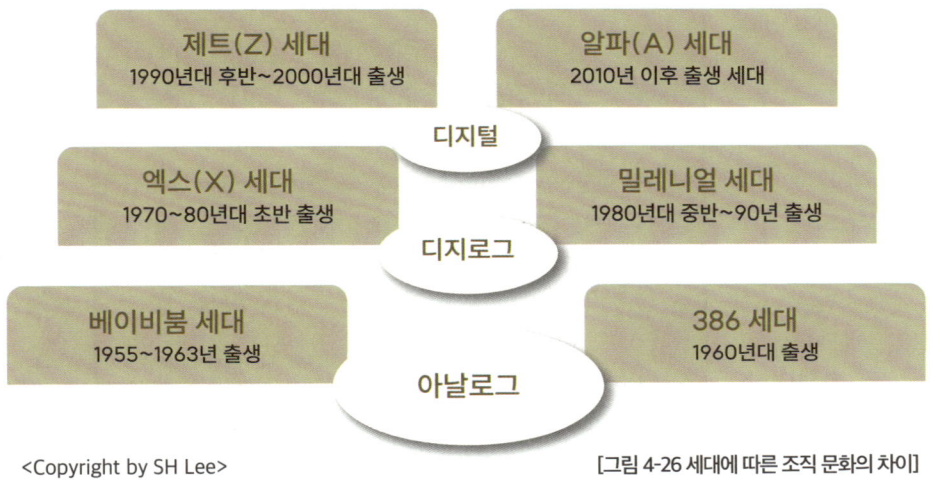

<Copyright by SH Lee>

[그림 4-26 세대에 따른 조직 문화의 차이]

알파(α)세대와 제트(Z)세대는 디지털 환경에 익숙하며, 기술 활용 능력이 뛰어나다. 이들은 온라인 네트워크와 기술 중심의 협업 방식을 선호하며, 빠른 변화에 민첩하게 적응하는 특징이 있다.
밀레니얼 세대는 사회적 책임과 개인의 삶의 균형을 중요하게 여기며, 공동체 기여에 가치를 둔다. X세대는 개인의 책임과 독립성을 중시하며, 자기 주도적인 태도와 성과 중심적인 사고를 가진 것이 특징이다.
베이비붐 세대와 386세대는 아날로그 환경에서 성장하여 전통적 가치와 공동체 의식을 강조하며, 희생과 노력 중심의 문화를 중시한다,

이러한 세대 간의 가치관 차이는 조직의 운영 방식, 커뮤니케이션, 의사결정 과정에 영향을 미치며, 사회와 조직 내 다양한 문화적 차이를 형성한다.

문화와 전략의 상호관계

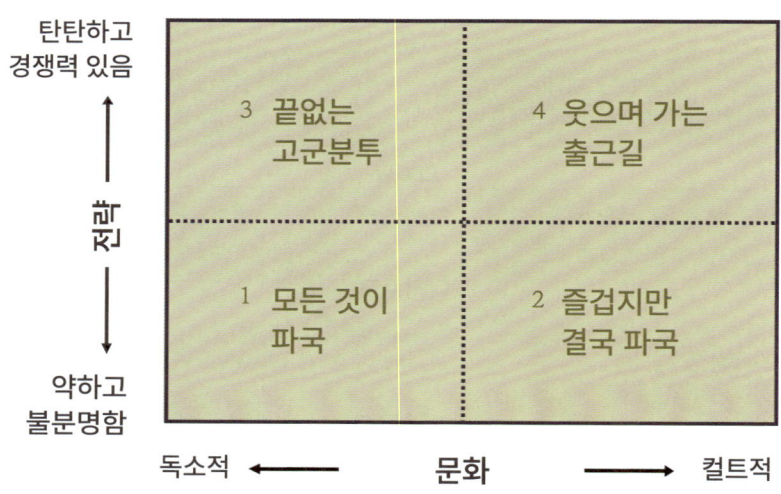

[그림 4-27 문화-전략 매트릭스, 컬쳐 레버리지, 존 칠드러스, 2020]

"전략은 게임의 방식이고, 문화는 승리하는 방식이다."
"전략에서 A에서 B까지 가는 방법을 알려준다면,
문화는 그 여정에서 우리가 어떻게 행동할 것인가를 설명해 준다."
방식을 정하는 것은 전략이지만, 실제로 어떻게 방식을 따르고 실행할지는 문화가 결정한다.

전략은 조직의 방향성을 설정하고, 조직 문화는 이를 실행하는 데 필요한 동력을 제공하며, 두 요소가 조화를 이룰 때 최고의 성과를 달성할 수 있다.

문화와 전략의 매트릭스는 조직이 탄탄한 전략과 긍정적인 문화를 균형 있게 유지해야 한다는 점을 강조한다.
탄탄한 전략이 있어도 독소적 문화가 지속되면 조직의 장기적 성장에 악영향을 미치고, 긍정적인 문화만으로는 성과를 유지할 수 없으며, 명확하고 실행가능한 전략이 반드시 뒷받침되어야 한다.

1. 모든 것이 파국(약한 전략 + 독소적 문화)

조직이 약한 전략과 독소적 문화를 동시에 갖고 있는 최악의 상태를 나타낸다.
조직의 전략이 명확하지 않고, 문화 역시 부정적이라서 구성원 간 갈등이 많고 생산성이 저하된다. 지속적인 실패와 성과 부진으로 이어지며 조직의 생존 가능성이 크게 위협받는다.

2. 즐겁지만 결국 파국(약한 전략 + 전반적인 문화)

구성원들이 긍정적이고 협력적인 문화를 공유하고 있지만, 명확한 전략이 없어서 성과를 내지 못하는 상황을 나타낸다. 구성원들이 즐겁게 일하지만, 조직의 목표와 방향성이 불분명해서 장기적으로 경쟁력을 상실한다. 긍정적인 조직 문화가 오래 지속되지 못하며, 결국 구성원들의 실망과 성과 저하로 이어질 수 있다.

3. 끝없는 고군분투(탄탄한 전략 + 독소적 문화)

조직이 탄탄한 전략과 경쟁력을 갖추고 있지만, 독소적 조직 문화로 인해 효율성과 구성원 만족도가 저하되는 상황을 나타낸다. 높은 성과를 유지할 수 있지만 조직 내 지나친 압박과 갈등이 만연하며, 구성원들이 조직의 목표를 위해 고군분투해도 심리적 스트레스가 높아지고 장기적으로는 인재 유출, 창의성 부족 등 지속 가능성을 저해할 수 있다.

4. 웃으며 가는 출근길(탄탄한 전략 + 전반적인 문화)

탄탄한 전략과 긍정적인 조직 문화를 모두 갖춘 이상적인 상태를 나타낸다.
조직이 명확한 비전과 경쟁력을 가지고 있으며, 구성원들이 협력적이고 창의적인 환경에서 일한다.
구성원들은 조직 목표와 개인적 성장이 조화를 이루며 높은 만족감을 느낀다.
높은 성과와 지속 가능성을 동시에 실현할 수 있는 최적의 상태다.

"문화는 전략을 아침 식사로 먹는다. Culture eats strategy for breakfast"
아무리 훌륭한 전략도 조직 문화가 뒷받침되지 않으면 성공하기 어렵다는 의미로
피터 드러커의 명언이다.

조직 문화를 바꾸는 습관

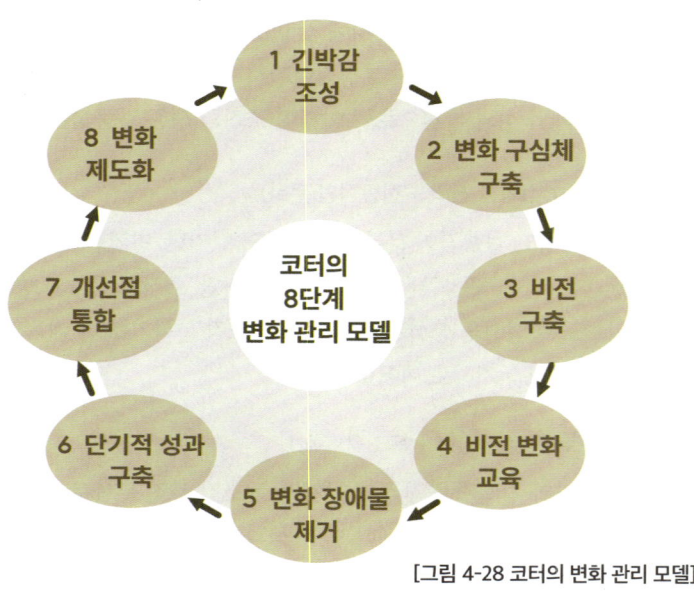

[그림 4-28 코터의 변화 관리 모델]

"문화 변화는 잡초를 제거하는 것처럼 매우 어렵고 힘든 과정이다."
존 코터 교수의 변화 관리 모델은 변화의 각 단계를 세분화해서 실행 가능한 방향을 제시하며, 특히 복잡한 조직에서 문화 변화 과정을 효과적으로 이끌 수 있는 지침이 된다.

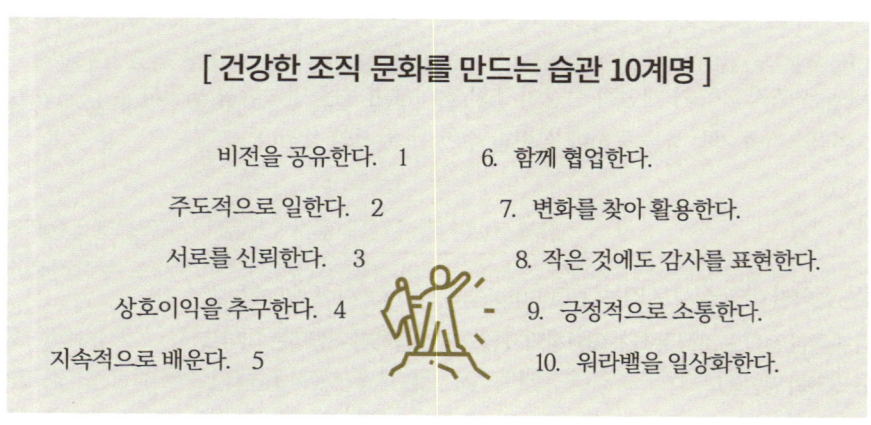

1. 긴급성 구축 - 변화의 필요성을 인식시키는 단계

위기나 기회의 중요성을 강조해 행동의 동기를 부여하고, 데이터를 활용해 현재의 문제점과 변화 필요성을 설득한다.

2. 강력한 리더십 구축 - 변화를 주도할 핵심 팀 구성 단계

조직 내 신뢰받는 리더와 다양한 부문의 영향을 가진 사람들로 팀을 꾸리고, 이들은 변화의 방향성과 실행력을 높이는 역할을 한다.

3. 비전과 전략 개발 - 명확한 비전과 전략 수립 단계

간결하고 영감을 주는 비전을 통해 구성원들이 변화를 이해하고 공감하도록 돕고, 실행 가능한 전략으로 이를 실현할 방법을 제시한다.

4. 비전 공유 - 비전과 전략의 조직 전체 전달 단계

다양한 채널을 통해 비전을 지속적으로 소통하고, 리더는 일관된 메시지로 구성원들의 참여를 유도한다.

5. 장애물 제거 - 변화 방해 요소 제거 단계

기존 구조나 시스템의 장애물을 해결하고, 변화 저항을 관리하고, 구성원들이 변화에 적극 참여할 수 있는 환경을 조성한다.

6. 단기 성과 창출 - 변화 가능한 단기적 목표 설정, 실현 단계

작은 성공을 통해 구성원들에게 자신감을 심어 주고, 동기를 강화하고 성과를 구성원들과 공유하며 변화를 촉진한다.

7. 가속화 - 초기 성과를 바탕으로 변화를 확장하고 심화하는 단계

단기 성과에 만족하지 않고 변화를 지속적으로 적용하고, 조직에 변화를 확산시킨다.

8. 변화 정착 - 변화의 조직 문화 정착 단계

변화된 관행과 성공 사례를 조직 전반에 공유, 유지하고 변화를 새로운 조직의 표준으로 자리 잡게 한다.

일하는 원칙의 실천

일하는 원칙과 사례

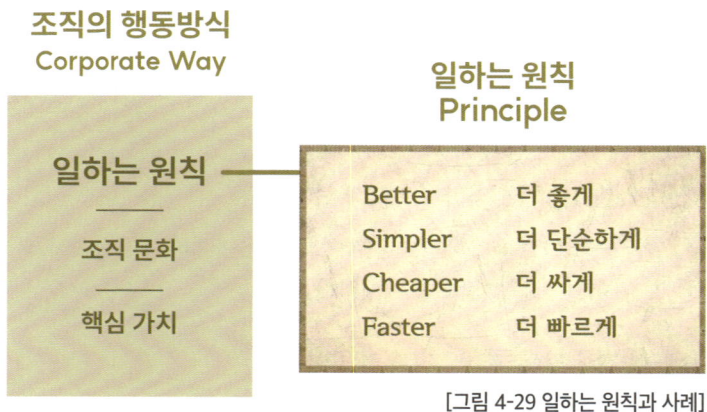

[그림 4-29 일하는 원칙과 사례]

일하는 원칙은 일을 할 때, 조직의 구성원들이 반드시 따라야 하는 행동의 기준으로 각자의 몸에 밴 습관이 되어 조직에 내재화되어야 한다. 일하는 원칙은 조직 문화와 핵심 가치가 바탕이 되어야 한다.

Better 더 좋게 : 제품과 서비스의 품질을 혁신적으로 개선해 고객의 기대를 넘어서는 가치를 제공하는 것이다. 기술 혁신, 품질 관리, 고객 피드백의 적극적 반영 등을 통해 달성할 수 있다.

Simpler 더 단순하게 : 사용자가 복잡함을 느끼지 않도록 간소하고 직관적인 솔루션을 제공하는 것이다. 비지니스 프로세스나 제품 설계에서 핵심만 남기는 미니멀리즘이 그 기반이 된다.

Cheaper 더 싸게 : 운영 효율과 비용 절감을 통해 고객에게 경제적 가치를 제공하는 것이다. 규모의 경제나 협력의 경제, 공급망 최적화로 원가를 절감하고 경쟁력 있는 가격을 실현한다.

Faster 더 빠르게 : 제품이나 서비스를 보다 신속하게 제공해 고객 만족도를 높이는 것이다. 업무 프로세스 개선, 물류 혁신, 최적의 기술 도입을 통해 시간을 줄이고 효율성을 극대화한다.

[그림 4-30(1) 스튜 레오나드의 일하는 원칙]

스튜 레오나드의 일하는 원칙

스튜 레오나드의 원칙은 '고객 중심'의 철학을 가장 단순하고 강력하게 표현한 것이다. 고객은 항상 옳다는 원칙 아래, 만약 고객이 틀렸다고 생각되더라도 다시 한 번 그 관점을 이해하려 노력해야 함을 강조한다.

창업자 스튜가 고객과의 달걀 반품 문제로 말다툼을 한 다음에 깨달은 '고객을 일순간이라도 의심한 것은 장사하는 사람으로서 자격이 없다'는 결론이 반영된 경영철학이다.

[그림 4-30(2) SH의 일하는 원칙]

SH의 일하는 원칙

SH Lee의 원칙은 최고를 찾아 더 좋게 만들고, 최고가 없을 땐 스스로 새롭게 시장의 기준을 창조하라는 창의적 도전정신을 담고 있다. 어떤 일을 하든 현상에 안주하지 않고, 더 나은 방향으로 끊임없이 개선하고 혁신하려는 일하는 원칙이다.

이 원칙은 유통매장의 화장품 MD 개편에서도 구체적으로 드러난다.

  화장품의 시장 규모는 어느 정도인가? 그중에서도 색조 화장품의 시장 규모는 어떠한가?
  색조 화장품 중 어떤 상품이 가장 잘 팔리는가? 진열과 동선이 가장 우수한 점포는 어디인가?
  그 최고의 점포보다 어떻게 더 나은 매장을 만들 것인가?

이처럼 '최고'를 넘기 위한 분석과 설계를 시도하며, 최고의 화장품 매장을 만들어 간다.

시장을 선도하는 일하는 원칙 세 가지

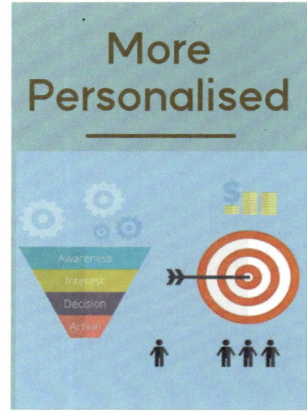 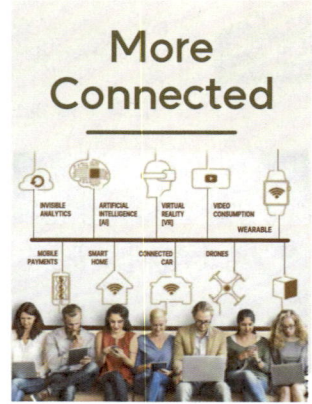 

[그림 4-31 시장을 선도하는 일하는 원칙 세 가지]

실제 구매 행태에서의 시장 점유율(Market Share)과 소비자의 인식과 선호도에서의 점유를 의미하는 마음 점유율(Mind Share)은 미래 시장을 확대해 나가는데 있어서 중요한 요소다. 시장을 선도하기 위해서는 이 두 가지를 동시에 확보해야 한다.

이를 위한 핵심 과제는 세 가지로 요약된다.
고객 맞춤형 경험을 제공하여 충성도를 높이는 '더욱 개인화된 서비스(More Personalised)',
다양한 채널과 기기를 넘나드는 통합적 연결을 통해 고객과의 접점을 넓히는
'더욱 연결된 서비스(More Connected)',
가성비 중심의 경쟁력을 높여 선택을 유도하는
'더 적은 비용으로 더 많은 가치의 서비스(More for Less)'

이는 고객 중심의 맞춤형 경험, 지속적인 연결성 강화, 비용 효율성을 통한 고품질 제공이 기업 경쟁력의 필수 요소임을 강조한다.

More Personalized - 더욱 개인화된 서비스

미래 시장에서는 고객의 개별 요구와 선호를 반영한 맞춤형 서비스와 제품이 중요하다. 고객의 취향과 필요에 맞춘 경험을 제공하는 것은 개인화된 마케팅 접근의 중심이다. 이러한 접근은 AI 등의 디지털 기술 발전으로 고객 데이터를 분석하고, 고객의 개별적 요구를 충족할 수 있는 최적화된 서비스를 설계할 수 있다.

넷플릭스는 시청 기록과 선호 장르를 분석해 개인별로 차별화된 콘텐츠를 제안하며, 이는 사용자 만족도와 재이용률을 높이는 데 큰 역할을 하고 있다. '나를 이해받고 있다'는 감정을 고객이 느끼게 하는 경험이 충성도를 높인다.

More Connected - 더욱 연결된 서비스

고객과 기업, 고객과 고객 간의 다차원적 연결성이 기업 경쟁력의 중요한 요소가 되고 있다. 이는 물리적 접점뿐 아니라 디지털 기반의 지속적 소통과 관계 형성을 포함한다. 소셜 미디어, 온라인 커뮤니티 등을 통해 고객은 브랜드와 실시간으로 상호작용하며, 브랜드 경험을 확산시키는 주체로 작용한다.

카카오톡의 오픈 채팅은 익명성과 실시간 소통을 결합해 고객 간 연결을 확대하고, 인스타그램은 해시태그와 스토리를 통해 브랜드와 고객, 고객 간 상호작용을 촉진한다. 이처럼 고객의 일상 속, 자연스러운 '관계 중심의 설계'가 중요해지고 있다.

More for Less - 더 적은 비용, 더 많은 가치 서비스

고객은 점점 더 합리적 소비를 지향하며, 낮은 비용으로 더 많은 가치를 얻고자 한다. 동일한 가격 또는 더 낮은 가격에 더 나은 품질, 더 빠른 서비스, 더 높은 만족을 제공하는 '가성비+가치' 접근이 중요해지고 있다. 기업은 비용 효율성과 고객이 체감하는 가치 수준을 높여야 한다.

쿠팡의 로켓 배송은 합리적인 가격에 빠른 배송과 간편한 반품 시스템을 제공함으로 고객의 시간과 노력을 절약하게 해서 높은 만족을 이끌어 낸다. 이러한 접근은 고객 충성도를 높이고, 브랜드에 대한 긍정적 이미지 형성에 기여한다.

네이버의 일하는 원칙

[그림 4-32 네이버의 기술 컨퍼런스 Deview 2024]

네이버의 일하는 원칙은 고객중심, 주인의식, 혁신과 단순화, 배움과 성장 등 열 가지로 구성되어 있으며, 이는 직원 개인의 성장과 조직의 성공을 동시에 추구하는 데 초점이 맞춰져 있다. 이 원칙들은 고객의 요구를 깊이 이해하고, 창의적인 문제 해결과 협업, 높은 기준을 통해 지속적으로 혁신하는 기업 문화를 형성한다.

이를 통해 네이버는 개인과 조직의 성장을 동시에 이루고 고객과 사회에 긍정적 영향을 미칠 수 있는 지속 가능한 비즈니스 모델을 만들어 간다.

이러한 문화를 뒷받침하기 위해 네이버는 직원들이 최신 기술을 학습하고 성장할 수 있도록 사내 기술 교육 프로그램 DAN(Developer, Analyst, Naver)과 외부 개발자를 대상으로 한 국내 최대 규모의 기술 컨퍼런스인 NAVER DEVIEW를 운영하며, 창의적인 아이디어와 기술 혁신, 지식을 공유하고 있다.

또한 NAVER CAMPUS와 글로벌 R&D 센터를 통해 직원과 연구자들이 함께 기술적 성장을 이루는 환경을 조성해서 개인의 성장과 회사의 혁신을 동시에 추구하고 있다.

네이버의 일하는 원칙은 조직의 효율성과 구성원의 발전을 동시에 추구하며, 글로벌 경쟁력을 강화하는 데 중점을 둔다.

사용자 중심 User Focused
모든 결정은 사용자의 요구를 최우선으로 하며, 사용자 경험 개선과 만족을 중요시한다.

책임 의식 Be Responsible
구성원들은 자신의 업무에 책임감을 가지고, 네이버의 성공에 기여한다는 자세로 일한다.

혁신과 간소화 Innovative and Simple
더 나은 서비스와 효율성을 위해 혁신을 추구하며, 업무를 단순화하여 민첩하게 대응한다.

리더십과 협력 Lead and Collaborate
리더는 명확한 방향성을 제시하고, 구성원들은 적극적으로 협력하여 최상의 결과를 도출한다.

지속적인 학습과 성장 Learn and Grow
새로운 지식과 기술을 지속적으로 학습하며, 개인과 회사의 성장을 위해 노력한다.

높은 기준 유지 Uphold High Standards
품질과 서비스에서 높은 수준의 기준을 유지하며, 사용자에게 일관된 경험을 제공한다.

신속한 실행 Act Fast
아이디어를 빠르게 실행에 옮기고, 실패를 통해 배우며 문제를 신속히 해결한다.

효율적인 자원 활용 Be Resourceful
제한된 자원을 창의적이고 효율적으로 활용하여 문제를 해결한다.

신뢰 구축 Build Trust
사용자, 동료, 파트너와의 신뢰를 구축하고 투명하게 소통한다.

결과 중심 Deliver Results
명확한 목표를 설정하고 실질적인 결과를 만들어 내는 데 집중한다.

일이란 소명 의식을 가지고
즐거움을 추구하는 것이다

뙤약볕 아래서 벽돌을 쌓고 있는 세 명의 벽돌공에게 행인이 묻습니다.
"당신은 지금 무슨 일을 하고 있습니까?"
"보면 몰라요? 벽돌 쌓잖아요." "돈 벌고 있습니다."
하지만 세 번째 벽돌공의 답은 조금 달랐습니다.
"저는 지금 아름다운 성당을 짓고 있습니다."

사람에게 일이란 고된 노동 (Arbeit)이거나, 소명 (Beruf)이거나,
또는 나를 즐겁게 해주는 무언가 입니다.

―――――――――――

밀레의 〈만종〉은 하루의 노동을 마치고 감사 기도를 드리는
농부 부부의 모습을 통해, 일이 생계 수단을 넘어 신성한 소명임을 보여 준다.
고된 노동 속에서도 경건함과 평온함을 잃지 않는 이들의 모습은
진정한 일의 의미가 보람과 감사, 그리고 내면의 즐거움에 있음을 말해 준다.

가지 않은 길   The Road Not Taken

노란 숲속에 길이 두 갈래로 났었습니다.
나는 두 길을 다 가지 못하는 것을 안타깝게 생각하면서,
오랫동안 서서 한 길이 굽어 꺾여 내려간 데까지,
바라다볼 수 있는 데까지 멀리 바라다 보았습니다.   (중략)

훗날에 훗날에 나는 어디선가
한숨을 쉬며 이야기할 것입니다.
숲속에 두 갈래 길이 있었다고,
나는 사람이 적게 간 길을 택하였다고,
그리고 그것 때문에 모든 것이 달라졌다고.

――――――――

Two roads diverged in a yellow wood,
And sorry I could not travel both
And be one traveler, long I stood
And looked down one as far as I could
To where it bent in the undergrowth;

Then took the other, as just as fair,
And having perhaps the better claim,
Because it was grassy and wanted wear;
Though as for that the passing there
Had worn them really about the same,

And both that morning equally lay
In leaves no step had trodden black.
Oh, I kept the first for another day!
Yet knowing how way leads on to way,
I doubted if I should ever come back.

I shall be telling this with a sigh
Somewhere ages and ages hence:
Two roads diverged in a wood, and
I took the one less traveled by,
And that has made all the difference.

- Robert Frost

Where
V 환경과 사회

작은 도움이
더 나은 세상을 만든다.

ESG 활동으로 신뢰를 높여
지속 가능한 성장을 한다.

Who
VI 됨됨이 리더십

덕목이 지식과 행동의 근본으로
사람들을 한마음으로 이끈다.

리더십의 마지막 열쇠는
리더의 됨됨이다.

Why
IV 행동방식

핵심 가치를 바탕으로 한
조직문화와 일하는 방식이다.

한방향 몰입을 이끌어 내고
전략의 실행을 가속화시킨다.

통찰경영

When
I 변화의 물결

경영은 변화를
찾아내면서 시작한다.

변화에 대응하고
변화를 기회로 활용한다.

How
III 이기는 전략

먼저 이기고, 나중에 싸우는
선승구전의 경영 전략이다.

이기는 환경과 조건을 만들면,
싸워서 반드시 이긴다.

What
II 비전과 목표

인문으로 꿈꾸고
과학으로 관리한다.

크고 담대한 꿈을 이루는
측정 가능한 목표를 세운다.

Where

V. 환경과 사회
작은 도움이 더 나은 세상을 만든다

ESG의 개념과 발전

ESG의 전략적 접근

    1 구조화
    2 집중화
    3 연계화
    4 통합화
    5 측정화
    6 내재화

ESG 혁신 평가와 권고

| 이승한
| 김연성
| 김범수

ESG의 개념과 발전

ESG의 의미

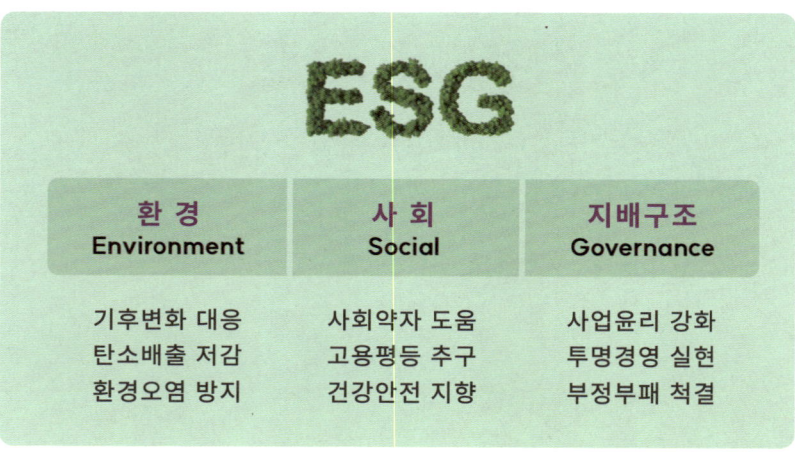

[그림 5-1 ESG의 개념]

ESG란 환경(Environment), 사회(Social), 지배구조(Governance)의 약자로 지속 가능한 성장을 위해 기업이 고려해야 할 세 가지 핵심 요소를 말한다.

환경 부문은 기후변화 대응, 탄소 배출 저감, 환경 오염 방지 등의 과제를 포함한다. 친환경 기술과 제품 개발, 자원의 효율적 사용 등에 환경적 책임을 다해야 한다. 사회 부문은 사회적 약자 보호, 고용 평등 추구, 건강과 안전 확보가 중심이 된다. 다양성과 포용성, 근로자의 권익, 제품 안전성, 지역 사회 등을 중시하며 사회적 신뢰를 얻는다.

지배구조 부문은 사업 윤리 강화, 투명 경영 실천, 부정부패 척결을 포함한다. 건전한 이사회 운영과 내부 통제를 통해 책임있는 의사결정을 내리고 이해관계자와의 신뢰를 구축한다.

ESG는 단순한 규범이 아니라, 기업이 지속가능성과 장기적 생존을 위해 반드시 내재화해야 할 경영 철학이자 행동 지침으로, 기업 경영과 투자 평가의 핵심 기준으로 자리 잡았다.

CSR 기업의 사회적 책임	ESG 환경·사회·지배구조
자발적 사회 책임 착한 기업 지향 소비자 신뢰 구축 기업 이미지 제고 매출 성장 가능성 증가	지배구조 개선 추구 좋은 기업 지향 투자자 신뢰 구축 기업 가치 제고 지속 가능 성장 실현

[그림 5-2 CSR과 ESG의 비교]

CSR(기업의 사회적 책임)과 ESG(환경·사회·지배구조)는 기업이 사회적 책임을 다해야 한다는 점에서 유사하지만, 접근 방식과 목표에서 뚜렷한 차이가 있다.

CSR은 기업이 자발적으로 사회 문제를 해결하고, 사회에 긍정적인 영향을 미치려는 활동이다. 착한 기업 이미지를 지향하며, 소비자 신뢰를 구축하고 기업 이미지를 제고하는 데 중점을 둔다. 이는 결과적으로 매출 성장 가능성을 높이는 효과를 가져온다. CSR은 일회성 사회공헌 활동이나 마케팅 성격이 강한 경우가 많아 경영 전략과는 다소 분리되어 있다.

반면 ESG는 기업의 지속 가능성과 직결된 핵심 경영 전략이다. ESG는 환경 보호, 사회적 책임, 투명한 지배구조를 경영 전반에 체계적으로 반영한 통합 관리를 목표로 한다. 착한 기업을 넘어, 지배구조 개선을 통해 좋은 기업으로 성장하고, 투자자의 신뢰를 얻어 기업 가치를 높이며 지속가능 성장 실현에 초점을 맞춘다. ESG는 투자자와 시장의 평가 기준이 되고 있어, 기업의 경쟁력을 결정짓는 필수 요소로 자리 잡았다.

CSR_기업의 사회적 책임
Corporate Social Responsibility

[그림 5-3 캐롤의 CSR 피라미드 모델]

1991년, 미 조지아대 캐롤(Archie B. Carroll) 교수는 CSR 피라미드 모델에서 기업의 사회적 활동 4단계 책임론을 제시했다.

1단계 경제적 책임 - 양질의 제품과 서비스를 생산하고 판매해 이윤을 창출해야 하는 책임이다. 좋은 제품을 제공하는 것만으로도 소비자의 삶의 질을 높일 수 있다.
2단계 법적 책임 - 공정한 규칙 속에서 법을 준수하며 기업을 경영해야 하는 책임이다. 공정한 경쟁을 할 때 사회는 성숙해지고 기업은 신뢰를 받을 수 있다.
3단계 윤리적 책임 - 기업 또한 사회의 일원으로 소비자와 직원, 지역주민, 정부 등 모든 이해관계자의 기대와 기준, 가치에 부합해야 하는 책임이다.
4단계 박애적 책임 - 경영활동과 관계없이 기부나 사회공헌 등을 통해 사회로부터 얻은 이익을 나누는 가장 적극적인 사회적 책임으로 좋은 기업 이미지나 평판을 만들게 된다.

CSR의 주요 내용

CSR(Corporate Social Responsibility)은 기업이 이윤 추구를 넘어 사회적 책임을 실천하는 경영 철학이다. 주요 내용은 크게 네 가지로 나뉜다. 환경 책임은 탄소 배출 감축, 에너지 절약, 자원 재활용 등 친환경 활동이다. 윤리적 책임은 공정 거래, 인권 보호, 내부 윤리 준수 등을 통해 기업 운영의 투명성과 도덕성을 확보하는 것이다. 자선적 책임은 기부, 봉사, 교육 지원 등을 통해 사회적 약자를 돕는 활동을 말하며, 경제적 책임은 고용 창출, 안정된 수익 확보, 성실한 세금 납부 등이다.

CSR의 중요성

CSR은 단순히 좋은 이미지를 쌓는 활동을 넘어 기업의 지속 가능성과 직결되는 전략적 요소다. 사회적 책임을 다하는 기업은 브랜드 신뢰도가 높아지고, 이는 자연스럽게 투자 유치와 인재 확보로 이어진다. 또한 사회와의 긍정적 관계 형성은 기업의 리스크를 줄이고, 지속가능한 성장 기반을 만들어 준다. 특히 MZ세대는 윤리적 소비를 중시하기 때문에 CSR은 고객 충성도 확보에도 중요한 역할을 한다.

CSR의 주요 활동

CSR 활동에는 다양한 형태가 있다. 현금 및 물품 기부는 재난 구호와 소외 계층 지원에 활용되며, 교육 지원은 장학금 제공과 디지털 격차 해소 프로그램 등이 있다. 환경 보호 활동은 나무 심기, 탄소 감축 캠페인 등으로 이어지고, 윤리 경영 실천은 공정 거래, 부패 방지 교육을 통해 이뤄진다. 이러한 활동은 기업의 신뢰도를 높이고, 고객과 사회로부터 존중받는 기반이 된다.

ESG 운영 원칙

1 진정성(Authenticity)
2 지속성(Consistency)
3 연계성(Connectivity)
4 확장성(Expandability)
5 투명성(Transparency)

UN의 지속가능발전목표(SDGs)

UNITED NATIONS	1 No Poverty 빈곤퇴치	2 Zero Hunger 기아종식	3 Good Health & Well-being 건강과 웰빙	4 Quality Education 양질의 교육
5 Gender Equality 성평등	6 Clean Water & Sanitation 깨끗한 물과 위생	7 Affordable & Clean Energy 모두를 위한 깨끗한 에너지	8 Decent Work & Economic Growth 양질의 일자리와 경제성장	Sustainable Development Goals
9 Industry, Innovation & Infrastructure 산업/혁신 사회기반시설	10 Reduced Inequalities 불평등 감소	11 Sustainable Cities & Communities 지속가능한 도시와 공동체	12 Responsible Consumption & Production 지속가능한 생산과 소비	
13 Climate Action 기후변화와 대응	14 Life below Water 해양생태계 보존	15 Life on Land 육상생태계 보존	16 Peace, Justice & Strong Institutions 정의/평화/ 효과적제도	17 Partnerships for the Goals 지구촌 협력

<출처: UN>

[그림 5-3 UN의 지속가능발전목표(SDGs)]

UN이 제시한 지속가능발전목표(SDGs: Sustainable Development Goals)는 2015년 유엔 총회에서 채택되어, 전 세계가 2030년까지 함께 달성하기로 합의한 글로벌 공동 목표다.
총 17개의 목표와 169개 세부 목표로 구성되어 있다. 빈곤, 기아, 보건, 교육, 성평등, 기후 변화, 에너지, 산업, 불평등 해소, 지속 가능한 소비와 생산, 제도 구축 등 인류가 직면한 보편적 문제를 포괄한다. '아무도 소외되지 않도록(Leave no one behind)' 슬로건으로 이를 강조한다.

SDGs는 다섯 가지 핵심 영역, 5P(사람(People), 지구(Planet), 번영(Prosperity), 평화(Peace), 파트너십(Partnership)으로 구성되어 있다.

🟢 사람 People : 인간 존엄성과 기본권 보장

1. 빈곤퇴치 / 2. 기아종식 / 3. 건강과 웰빙 / 4. 양질의 교육 / 5. 성평등 / 6. 깨끗한 물과 위생

이 목표들은 기본적인 생존과 삶의 질 개선에 중점을 둔다. 오늘날에도 약 7억 명이 빈곤 속에 살고 있으며, 기아와 질병, 교육 격차는 여전히 심각하다. SDGs는 모든 인간이 존엄하게 살 수 있도록 사회 안전망을 확장하고, 공공보건과 교육 기회를 보장하는 것을 핵심 과제로 삼는다.

🟢 지구 Planet : 환경 보호와 자원 보존

7. 모두를 위한 깨끗한 에너지 / 13. 기후 변화 대응 / 14. 해양 생태계 보존 / 15. 육상 생태계 보존

기후 위기와 생물 다양성 감소와 관련된 이 목표들은 탄소 배출 저감, 재생 에너지 확대, 해양·산림 생태계 복원을 촉진한다. 세계 각국은 2050 탄소중립을 선언하고 대응에 나서고 있으나, 실질적인 이행 속도는 여전히 부족한 상황이다.

🟢 번영 Prosperity : 지속 가능한 경제와 산업 발전

8. 양질의 일자리와 경제 성장 / 9. 산업·혁신·사회기반시설 / 10. 불평등 해소 / 12. 지속 가능한 생산과 소비

이 목표들은 경제 성장과 기술 혁신, 공정한 분배를 통한 번영을 추구한다.
국가 간·국내 불평등은 더 확대되고 있고, 현재는 디지털 격차 해소, 포용적 일자리 창출, 순환 경제로의 전환이 중요한 과제로 부각되고 있다.

🟢 평화 Peace : 정의롭고 포용적인 사회 구축

16. 평화, 정의, 효과적 제도

이 목표는 법의 지배, 인권 보장, 부패 척결, 시민 참여 확대를 통해 모든 사람이 안전하고 공정한 사회를 누릴 수 있도록 하는 데 목적이 있다. 특히 국제 개발 협력의 핵심 가치로 중요성이 커지고 있다.

🟢 파트너십 Partnership : 글로벌 연대

11. 지속 가능한 도시와 공동체 / 17. 지구촌 협력

지속 가능성은 국가 간 협력과 지역사회 기반 실천이 함께 이뤄질 때 가능하다.
UN은 공공·민간 부문 간 협력, 기술과 재원의 공유, 시민 참여를 통해 목표 달성을 독려한다.

ESG 사상의 발전 과정

ESG 사상의 발원	■ 천지창조로 지구와 인간의 탄생, 환경과 인간의 조화 ■ 2300년 전 맹자의 사상 2040년 전 고구려 고분 벽화 〈사신도〉에도 나타남
산업혁명 이후 (1760년~)	■ 노동문제와 일산화탄소로 인한 환경문제가 이슈가 되면서 기업이 환경과 사회에 해를 끼치지 말아야 한다는 공감대 형성
로마 클럽 (1972년)	■ '성장의 한계' 보고서 : 자원/인구/식량/환경오염 등의 문제 지적 ■ 지속 가능한 생태계 형성을 위한 노력을 강조
리우 회의 (1992년)	■ 178개국 정상 참여, 3대 환경협약 선언 ■ 기후변화협약, 생물다양성협약, 사막화방지협약 등
Tripple Bottom Line (1994년)	■ CSR의 세계적 권위자 존 엘킹턴 ■ 경제·사회·환경의 '지속가능경영 3대 축으로 TBL 발표
유엔 글로벌 컴팩트 (2004년)	■ UNGC, 코피 아난 UN 사무총장, ESG 용어 처음 사용 ■ 보고서 : Who Cares Wins 　　　　　- Connecting Financial Markets to a Changing World
사회책임투자원칙 (2006년)	■ 유엔이 제정한 '사회책임 투자 원칙(PRI)'에 ESG 반영 ■ PRI : 기업의 비재무적 성과 반영으로, 금융의 사회책임투자 촉진
지속가능발전목표 (2015년)	■ UN SDGs (Sustainable Development Goals) ■ 제70차 UN 총회, 17개 인류 공동의 목표 / 169개 세부 목표 192개 회원국 만장일치로 승인
ESG 우선 투자 선언 (2020년)	■ 세계 최대 글로벌 자산 운용사 블랙록의 CEO 래리 핑크 "석탄개발업체나 화석연료 생산 기업 등엔 투자하지 않겠다." - ESG 확산에 기폭제 역할

[그림 5-5 ESG 사상의 발전 과정]

사상의 태동과 인식의 전환기

- **사상적 기초** : ESG의 정신은 지구가 탄생한 이후 환경과 인간이 조화를 이루는 사상에서 비롯되었다. 특히, 맹자 등의 고대 현인의 사상, 고구려의 고분 벽화 등에서 그 사상적 뿌리를 찾을 수 있다.
- **산업혁명의 그림자** : 자본 중심 산업화가 초래한 노동 착취와 환경 파괴는 환경문제와 노동자의 권익 보호를 위한 논의의 토대가 되며 ESG의 태동 계기를 마련했다.
- **로마 클럽**(1972) : '성장의 한계' 보고서는 자원, 인구, 식량, 환경오염 문제를 지적하며 자원 고갈과 생태계 붕괴에 대한 경고로 글로벌 담론을 촉발했다.

지속 가능성과 윤리 경영의 제도화

- **리우 회의**(1992) : 최초의 환경 정상회의로 기후변화협약 등 환경 중심의 국제적 합의인 국제 환경 거버넌스의 출발점이 되었다.
- **TBL**(1994) : 존 엘킹턴은 경제·사회·환경을 아우르는 지속 가능 경영의 3대축 Tripple Bottom Line을 제시하며 ESG의 구체적 틀이 마련되었다.
- **ILO 4대 원칙**(1998) : 결사의 자유와 단체교섭권의 존중, 강제노동 철폐, 아동노동 폐지, 차별 철폐 등 노동 인권의 국제 기준 제정으로, 기업의 인권 경영 기준을 제도화하였다.
- **유엔글로벌콤팩트 UNCG**(2004) : 코피 아난 UN 사무총장이 주도한 'Who Cares Win' 보고서에서 ESG라는 용어를 처음으로 사용하며 책임 있는 금융과 기업 운영의 표준을 제시했다. 그는 "지속 가능성과 기업 성과는 상충하지 않으며, 오히려 함께 고려할 때 장기 수익성과 리스크 관리가 향상된다"는 메시지를 던졌다.

투자 기준으로의 전환과 확산기

- **사회책임 투자 원칙**(2006) : ESG가 투자기관의 비재무적 성과 기준으로 확장되었다.
- **UN SDGs**(2015) : 지속가능발전의 이념을 실현하기 위해 17가지 인류공동의 목표와 169개의 세부 목표가 UN 회원국 만장일치로 정해지며, ESG가 글로벌 목표와 직접 연계되었다.
- **래리 핑크의 연례 서신**(2020) : 세계 최대 자산운용사 블랙록의 ESG 강조는 전 세계 투자 패러다임을 ESG 중심으로 이동시켰다.

ESG의 전략적 접근

영업보다 전략적 접근이 필요

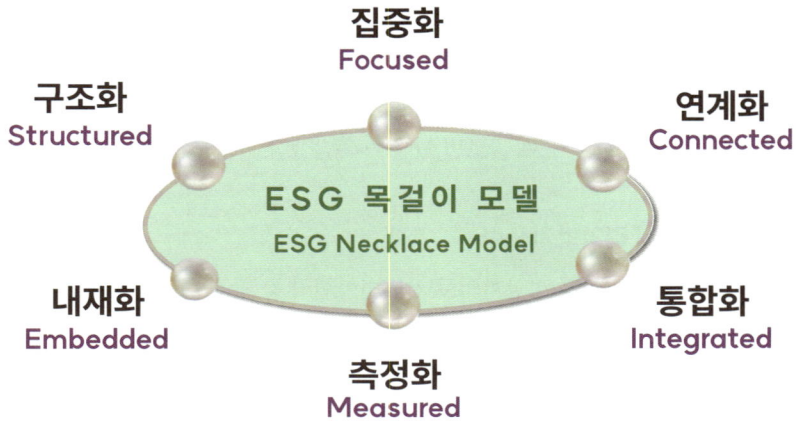

[그림 5-6 ESG 목걸이 모델]

오늘날 많은 기업이 ESG(Environment, Social, Governance) 활동을 단순히 기업 이미지 제고나 마케팅 수단으로 활용하고 있다. 하지만 ESG는 단순한 홍보 활동을 넘어 기업의 브랜드 이미지를 높이고 지속 가능 성장을 실현하는 전략적 접근이 되어야 한다. 즉, 일회성 이벤트가 아니라 장기적 가치 창출을 위한 체계적인 접근이 필수다.

이를 위해 구조화, 집중화, 연계화, 통합화, 측정화, 내재화의 여섯 가지 전략적 실행 원칙을 따라야 한다. 이 원칙들은 ESG를 단순한 슬로건이 아닌, 실질적인 기업의 경쟁력으로 전환시키는 토대가 된다.

이번 장에서는 홈플러스가 체계화한 ESG 목걸이 모델을 토대로 ESG 활동의 전략적 접근의 실제 사례를 알아보기로 한다.

구조화 Structured - ESG 실천의 기본 도구를 만든다

ESG 경영은 체계적 구조 속에서 움직여야 한다. 명확한 목표 설정, 조직 내 역할 분담, 실행 체계 마련이 기본이다. 이를 통해 ESG 활동이 경영의 주변이 아니라 본질로 자리 잡게 한다. 구조화된 시스템은 지속 가능한 경영을 가능하게 하며, 내부 관리와 외부 소통 모두를 강화하는 기반이 된다.

집중화 Focused - 선택하고 집중하여 브랜드를 만든다

모든 ESG 활동이 광범위하게 흩어지면 실질적 성과를 내기 어렵다. 기업이 가진 핵심 역량과 사업 특성에 맞는 ESG 영역을 선택해 집중해야 한다. 이를 통해 자원의 낭비를 줄이고, 차별화된 ESG 경쟁력을 확보한다. 집중화는 ESG 활동의 품질의 핵심 열쇠다.

연계화 Connected - 함께 연결하여 경쟁력을 키운다

ESG는 단독으로 존재할 수 없다. 각 부서, 사업 부문, 이해관계자와 긴밀한 연계해야 한다. 특히 공급망 관리, 투자자 관계, 지역사회 기여 등 다양한 활동과 ESG 전략이 유기적으로 연결되어야 한다. 연계화는 ESG 목표를 전체 기업 활동과 자연스럽게 통합시키는 힘이다.

통합화 Integrated - 한 방향 통합으로 시너지를 극대화한다

ESG는 경영 전략, 사업 전략, 운영 전략 등 모든 기업 활동과 통합되어야 한다. 따로 떼어 생각하는 부수적 활동이 아니라, 경영의 주요 축으로 삼아야 한다. 통합화는 ESG 활동이 실질적인 사업성과로 이어지게 하며, 장기적으로 기업 가치 증대에 기여한다.

측정화 Measured - 측정과 평가로 지속 개선한다

'측정할 수 없으면 관리할 수 없다'는 경영 원칙처럼 ESG 성과도 구체적으로 측정한다. KPI(Key Perfomance Index)를 설정하고, 정기적으로 평가해 개선점을 찾아야 한다. 수치화된 데이터는 투자자 신뢰를 높이고, ESG 경영이 단순 구호에 그치지 않게 한다.

내재화 Embedded - 가치가 뿌리내리면 지속 성장한다

ESG는 일회성 프로젝트가 아니라 기업 문화로 자리잡아야 한다. 모든 임직원의 사고와 행동 속에 ESG 가치가 녹아들어야 한다. 내재화된 ESG 문화는 외부의 압력이 아니라, 기업 내부의 자발적 동력으로 지속 가능성을 강화시킨다. 진정한 ESG 경영은 내재화에서 완성된다.

구조화
ESG 실천의 기본 구도를 만든다

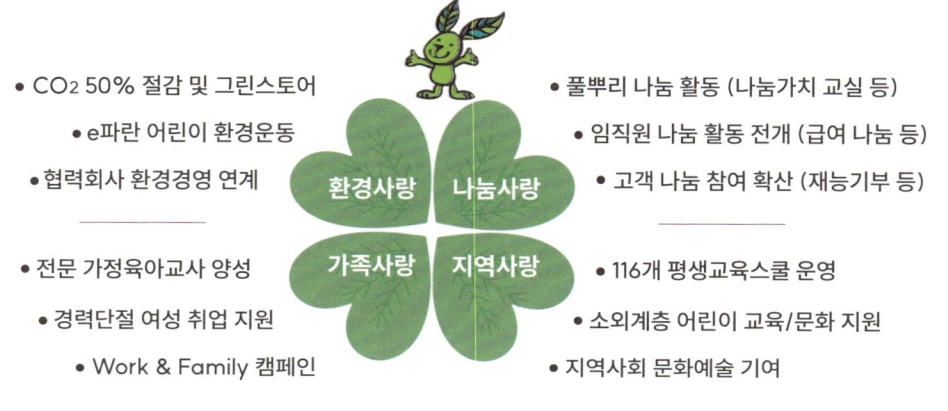

[그림 5-7 ESG 구조화]

구조화는 기업의 ESG 활동을 체계적으로 나누어 환경, 사회, 지배구조의 영역에서 효율적이고 실질적인 성과를 만들어 낸다.
ESG 경영은 마치 세발 자전거를 타는 것과 같아서 체계화되지 않으면 자전거를 안정적으로 움직일 수 없다. 이를 위해 환경, 사회, 지배구조의 세 개의 바퀴가 균형을 맞춰야 하고, 구조화된 실행 전략이라는 핸들과 기업의 실천 노력이라는 페달이 필요하다.
ESG 구조화는 세 개의 바퀴를 조정하는 핸들과 같다.

'4랑 운동'이라는 이름으로 환경, 나눔, 지역, 가족의 네 가지 영역에서 ESG 활동을 구조화한 홈플러스는 세 가지 면에서 효율적인 운영의 성과를 거둘 수 있었다.
첫째, 기업 내부 및 외부의 자원을 효율적으로 활용하여 일관된 목표를 달성할 수 있었고
둘째, 단발적인 사회공헌활동에서 벗어나 장기적 성과를 이루고
셋째, 기업의 이미지와 브랜드 가치를 강화하며,
이는 궁극적으로 고객과 투자자의 신뢰를 얻는 데 기여하였다.

환경 사랑

홈플러스는 환경을 보호하고 지속 가능성을 강화하기 위해 다양한 활동을 실천하고 있다. 대표적으로, CO_2 50% 감축 목표를 설정하고, 이를 위해 전 매장의 친환경 에너지 사용 및 효율성을 개선하고 있다. 협력사와의 연계를 통해 친환경 경영 방식을 확대하며, 세계 최초로 탄소 배출 제로를 목표로 하는 아카데미를 설립하여 환경 교육과 지속 가능 경영을 강화하고 있다. 또한 e파란 어린이 환경운동을 펼치며 어린이들이 환경에 더 관심을 갖게 만들고 있다. 이를 통해 지역사회의 환경 문제 해결에 적극 기여하고 있다.

나눔 사랑

홈플러스는 다양한 사회적 약자를 돕는 나눔 활동을 통해 ESG 경영의 사회적 가치를 실현한 사례다. 대표적으로 소아암 어린이 생명 살리기 운동을 통해 3백 명이 넘는 어린이들을 지원했으며, 매칭그랜트 방식으로 협력 회사의 연계를 통해 기금을 모아 나눔의 구조를 구축하고 있다. 또한 풀뿌리 나눔 활동과 임직원 봉사활동, 고객의 나눔참여 등을 통해 사회적 약자 계층에게 실질적인 도움을 제공하고 있다.

지역 사랑

지역사회와의 긴밀한 협력은 홈플러스 ESG 경영의 중요한 축이다. 116개 평생교육 스쿨을 운영하며, 지역사회의 아동 및 청소년에게 교육 기회를 제공하고 있다. 지역사회의 문화예술을 지원하는 프로그램을 통해 지역의 문화적 발전에 기여하고, 어린이 교육과 문화지원 프로그램을 제공하며 지역 사랑의 기반을 다지고 있다.

가족 사랑

홈플러스는 임직원과 그 가족의 삶의 질을 향상하기 위한 다양한 활동을 펼쳤다. 대표적으로 Work & Family 캠페인을 통해 일과 가정의 균형을 강조하며, 직원들이 개인적 삶과 직업적 목표를 동시에 추구할 수 있도록 돕는다. 경력 단절 여성의 재취업 지원 프로그램을 통해 가족의 경제적 안정성을 강화하고, 전문 가정 육아교사 양성 사업을 통해 아이를 키우는 가족들에게 실질적인 도움을 제공하고 있다.

집중화
선택하고 집중하여 브랜드를 만든다

어린이 환경그림 공모전

소아암 어린 생명 살리기

위탁 가정 어린이 돕기

어린이 평생교육스쿨 프로그램

[그림 5-8 ESG 집중화]

ESG 핵심 경쟁력은 기업의 브랜드 가치와 직결된다. 이것을 가능하게 해주는 것이 바로 선택과 집중이다. ESG 활동에 많은 돈과 인력과 시간을 투자하고 있지만, 그 기업이 어떤 활동을 하고 있는지 전혀 알려지지 않는 경우도 있다. 이 경우 대부분은 한 곳에 정확하게 포커싱하지 못했기 때문이다.

ESG 집중화는 기업이 모든 ESG 활동에 균등하게 자원을 투입하기보다는, 기업의 정체성과 관련된 핵심 ESG 영역에 초점을 맞추고 자원을 효율적으로 활용하는 것을 의미한다. 이는 ESG 활동의 효과를 극대화하고, 기업이 추구하는 비전과 연계된 분야에서 두각을 나타낼 수 있도록 돕는다.

홈플러스의 ESG 집중화는 '4랑 운동'이라는 체계 안에서 미래의 주인공이자 장래 홈플러스의 고객이 될 어린이들을 대상으로 환경, 나눔, 지역, 가족의 분야에서 구체적인 활동을 선택하고 이에 집중하여 전개되었다.

환경 사랑 분야의 어린이 환경 리더 발굴, 나눔 사랑 분야의 어린 생명 살리기 캠페인, 지역사랑 분야의 평생교육스쿨 운영, 가족사랑 분야의 위탁 가정 어린이 지원 등 네 가지 프로그램은 어린이들을 대상으로 집중한 활동들이다. 선택과 집중을 해야 장기적으로 오래할 수 있다.

환경 사랑의 핵심으로 추진해 온 어린이 환경 그림대회의 경우, 2000년 그림대회를 처음 시작하면서 앞으로 20년간 활동할 정량적인 목표를 세웠다. 현재 이 그림대회는 22년째를 맞으며 국내 최대 규모의 어린이 환경 그림대회로 자리 잡았다. 한 해 약 5만여 명의 어린이들이 이 대회에 참여하고 있다.
이 대회가 50년, 100년 계속된다고 생각해 보라. 그림을 접수하기 위해 매장을 찾았던 아이들이 성장해서도 계속해서 고객이 될 것이고, 또 그들의 그 자녀들의 손을 잡고 매장을 찾는 모습을 보게 될 것이다.

나눔 사랑의 어린 생명 살리기 캠페인은 가정 형편이 어려워 백혈병, 소아암으로 고통받는 어린이들에게 상품 매출의 일부를 기부하여 수술비와 치료비 지원을 통해 생명을 살리는 운동이다. 고객과 협력 업체, 직원, NGO, 정부기관 등이 참여하는 프로그램으로 어린 생명 살리기에 집중하였다.

지역 사랑의 평생교육 스쿨은 전국 최대 규모의 평생교육 시설을 구축해 연 100만 명 이상의 지역 주민에게 양질의 교육을 제공하고 있는 프로그램이다. 특히 전체 프로그램의 70% 이상은 어린이를 대상으로 하고 있다.

가족 사랑의 위탁 가정 어린이 지원은 친부모 돌봄을 받지 못하여 위탁 부모에게 양육받는 복지 사각지대에 있는 어린이들을 대상으로 교육비, 생활비 등을 지원해 올바른 가정생활을 할 수 있도록 돕는 제도다.

연계화
함께 연결하여 경쟁력을 키운다

**백혈병 소아암
어린생명 살리기 연합 캠페인**
홈플러스 2012~15년

4 치료비 지원
300명 어린생명 살리기와
2000명 의탁가정 어린이 지원

1 고객의 착한 구매
284개 협력업체의 상품을
6천만명 고객이 구매 참여

2 매칭 그랜트
협력업체와 홈플러스
각각 매출 1% 기부

3 사회공헌 연합체 구성
고객, 협력회사, 임직원, NGO,
의료기관, 정부기관과 연계

[그림 5-9 ESG 연계화]

ESG 연계화는 기업들이 사회공헌 활동에 효과적으로 참여할 수 있도록 내부와 외부의 이해관계자들을 연결하여 경쟁력을 강화하는 전략이다. 경험 부족, 자원 한계, 체계적 지원 부재로 ESG 활동 참여에 어려움을 겪는 기업들에게 ESG 연계화는 기업의 사회공헌을 지원하고, 네트워크를 통해 기업 간 협력을 촉진하며 사회적 가치 창출을 돕는 기제가 된다.

홈플러스의 '어린 생명 살리기 캠페인'은 ESG 연계화를 통해 고객, 협력사, 지역사회가 함께 사회적 가치를 창출한 성공적인 사례다. 고객의 구매를 사회공헌으로 연결하고, 협력사와의 매칭 그랜트 방식을 통해 상생 모델을 구축하고, 다양한 이해관계자와의 협력으로 지속가능성을 높였다.

이같은 ESG 연계화 전략으로 홈플러스는 연간 6천만 명의 고객, 3만 명의 직원, 284개 협력사의 참여를 유도하며 대규모 사회공헌 생태계를 구축했다.

다양한 그룹들과 연계화된 홈플러스의 전략적인 ESG 활동들은 협업을 통한 풀뿌리 파급 효과를 가져오며 회사의 브랜드 가치를 향상시키는 기반이 되었다.

고객이 사회적 가치를 창출하는 주체가 되도록 유도했다

'생명의 쇼핑카트' 캠페인을 통해 미리 지정된 상품을 고객이 구매할 때마다 일정 금액이 기부되도록 설계해 고객들을 자연스럽게 ESG 활동에 참여하도록 유도했다.

협력사와의 공동 기여를 통한 상생을 실현했다

매칭 그랜트 방식을 도입하여 협력 업체와 함께 매출액의 1%씩을 추가로 기부, 총 2%의 매출액이 기부로 이어지는 구조를 만들었다.

사회적 책임을 실질적인 지원으로 연결했다

홈플러스는 기금을 활용해 소아암 어린이 306명에게 치료비를 지원하고, 2043명의 위탁 가정 어린이에게 생활비와 교육비를 제공했다.

이해관계자 협력의 확대를 이루었다

고객, 협력사, NGO, 의료기관, 정부기관 등과 협력하여 ESG 활동의 범위를 확장해 기업의 사회적 책임이 보다 영향력을 가지도록 했다. 이를 위해 54개의 기업, NGO, 재단, 협회 등이 협력하는 사회공헌 연합체인 '작은 도움 클럽'을 운영했다. 기업 간 협력과 사회적 책임을 결합한 모델인 '작은 도움 클럽'은 기업 간 ESG 협력을 위한 플랫폼 역할을 하며, 기업들이 보다 전략적으로 ESG 경영을 실행할 수 있도록 지원하는 구조를 마련했다.

사회적 가치와 경제적 가치를 동시에 창출하는 ESG 모델을 구축했다

ESG 활동이 기업의 수익과 별개로 운영되는 경우가 많지만, 기부와 매출을 연결하는 구조를 통해 경제적 이익과 사회적 책임을 동시에 실현하는 전략을 도입했다.

브랜드 신뢰도와 고객 충성도를 높이는 효과를 거두었다

'생명의 쇼핑카트' 캠페인은 단순한 유통업체에서 벗어나 사회적 책임을 다하는 기업으로 자리 잡도록 기여했다.

통합화
한 방향 통합으로 시너지를 극대화한다

경영활동	구조화	집중화	연계화	통합화	측정화	내재화
투자						
구매						
생산운영						
영업						
인사						
재무						

> ESG 목표를 실천하기 위해 조직의 각 기능부서 활동이 한 방향으로 통합되어야 한다.

[그림 5-10 ESG 통합화]

ESG 활동의 통합화는 ESG 요소를 기업의 경영 시스템 전반에 통합하여 시너지를 창출하는 전략적 접근이다. 기업의 각 기능별 활동을 ESG 목표에 일치시켜, ESG 활동을 기업의 본질적인 핵심 경쟁력으로 승화시키는 것이다.

통합화는 ESG 활동을 마케팅, 구매, 생산·운영, 재무, 인사 등 경영의 모든 기능에 연결해 하나의 시스템으로 작동하게 만든다. 기업의 모든 기능에 ESG를 통합하면 중복되는 활동이 줄고 자원을 효율적으로 배분할 수 있어 경영 비용 절감과 성과 극대화를 이룰 수 있다. 또한 부서 간 통합적 협력을 통해 조직 전체의 목표 달성을 촉진하며, 부서 간 시너지를 창출한다.

더 나아가 ESG 통합화는 사회적 책임을 다하면서도 브랜드 이미지와 시장 경쟁력을 강화해 장기적인 경제적 이익을 창출한다.

ESG에 대한 인식이 점차 확대되고 있음에도 불구하고, 여전히 일부에서는 이를 기업의 홍보나 대외협력부서에서만 추진해야 하는 단순한 '자선 사업'으로 바라보는 시각이 여전히 있다. 그러나 ESG 경영의 관점에서 볼 때, 사회적 책임은 마케팅, 판매, 운영, 인사 등과 같은 기업 경영 활동의 주요 요소들과 통합되어야만 성공할 수 있다.

예를 들어, 홈플러스는 사회공헌 활동을 체계적으로 운영하기 위해 홈플러스 e파란 재단이라는 별도의 조직을 설립했으며, 이를 통해 마케팅, 점포 운영, 영업, 재무, 인사 관리 등 회사의 핵심 기능과 사회공헌 활동을 통합했다. 기업 경영 시스템 내에 통합됨으로써 어쩔 수 없이 해야 하는 의무가 아니라 기업의 핵심 경쟁력이 되도록 한 것이다.

삼성전자, SK그룹, LG그룹, 한화, 롯데 등 국내 주요 대기업들은 2021년 3월 ESG 관련 위원회를 설립하고, 이를 활용해 ESG 전략과 정책을 수립하며 ESG 활동을 전사적으로 통합하고 있다. 친환경 제조 공정 도입, 공급망의 환경·사회적 기준 강화 등을 통해 설계부터 유통까지 모든 경영 활동에 ESG 가치를 반영하며 기업의 경쟁력을 한층 더 높이고 있다. 특히, 각 그룹의 '2045 탄소 중립' 또는 '2050 탄소 중립' 목표는 ESG 가치가 재생 에너지 사용 확대와 친환경 사업 투자를 포함한 재무적인 성과와 일치함을 잘 보여 주는 사례다.

ESG 통합 경영을 효과적으로 수행하는 해외 기업의 사례로, 유니레버와 GE를 들 수 있다. 유니레버는 재활용 가능 포장재와 원료를 활용하며 운영, 생산, 마케팅에 ESG 일관성을 부여해 브랜드 신뢰도를 강화하고 있다. 유니레버는 제품 설계 초기 단계에서부터 환경에 미치는 소비자 행동까지 고려한 아이디어를 반영하는 등 ESG 가치가 기업 전반에 통합되는 원칙을 실천하고 있다.

GE는 '에코매지네이션(Ecomagination)' 프로그램으로 친환경 기술과 에너지 효율 중심의 공정 혁신을 추진하며 ESG를 연구개발, 생산, 고객 커뮤니케이션까지 통합하였다. 이를 통해 GE는 지속 가능한 성장과 수익성을 동시에 확보하며, 글로벌 시장에서의 ESG 리더십을 확고히 다졌다.

측정화
측정과 평가로 지속 개선한다

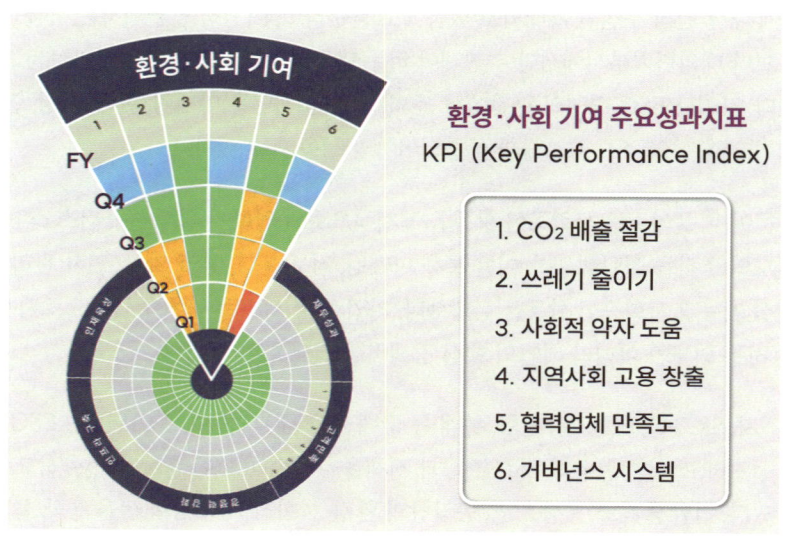

[그림 5-11 ESG 측정화]

ESG는 구호가 아니라, 바로 실행이다. It's about execution, not lip service.
경영의 다른 기능들과 마찬가지로 ESG 역시 정교한 측정과 평가 시스템이 갖추어져야 제대로 작동할 수 있다. 대부분의 회사는 주요 사업 부문의 영업 활동에 대해선 목표를 수립하고 과정을 측정하지만, ESG 활동에 대해 목표를 수립하고 성과를 측정하는 회사는 의외로 많지 않다. 기업 활동의 중요한 부분이라고 말하면서도 정작 그 성과를 측정하고 평가하지 않는다면 ESG 경영은 말 뿐이라고 할 수밖에 없다.

ESG 계량화는 KPI 주요성과지표를 설정하여, ESG 목표를 체계적으로 관리하고 그 진행 상황을 평가하는 시스템이다. 이를 통해 기업은 ESG 활동의 효과를 정량적으로 분석하고, 이를 바탕으로 전략적 결정을 내릴 수 있다. 스티어링휠 평가 관리를 도입하여 ESG 목표를 효과적으로 달성한 홈플러스의 사례를 중심으로 효과적인 평가 관리 방법을 살펴 보자. 각 목표의 진행 상황을 색상(BGAR)으로 시각화해 관리한다는 특징이 있다.

1. CO$_2$ 배출 절감 : 1~2분기에 Amber 상태였으나, 3분기 이후 Green으로 전환되었다. 태양광 패널 설치와 에너지 효율화, 물류 시스템 최적화을 통해 탄소 배출을 절감했다.

2. 쓰레기 줄이기 : 쓰레기 재활용은 초기 Amber에서 점진적으로 Green 상태로 개선되었다. 매장 내 폐기물 분리 배출 시스템 강화와 협력업체와의 협업을 통해 포장재를 재활용 가능한 자재로 교체하는 등의 노력이 큰 효과를 냈다.

3. 사회적 약자 도움 : 분기별로 계속해서 Green을 유지했다. 소아암 어린 생명 살리기 캠페인과 위탁가정 어린이 지원 활동을 통해 소외 계층을 지원하며 사회적 책임을 강화했다.

4. 지역사회 고용 창출 : 지역 주민 고용 확대와 소상공인 지원 프로그램을 통해 지역 경제를 활성화에 공헌을 하며, 꾸준히 Green을 유지하였다.

5. 협력업체 만족도 : 초기 Amber에서 점진적으로 Green에 가까워졌다. 협력사와의 매칭 그랜트 방식의 상생 모델을 통해 성과를 높였으며, 협력사의 환경 관리와 사회적 책임을 지원하는 프로그램이 성과를 냈다.

6. 거버넌스 시스템 : 초기 Red에서 Amber로, 이후 Green으로 개선되었다. 내부 감사와 투명한 의사결정 과정을 강화하고, 협력사와의 ESG 협력 체계를 확립한 결과다.

글로벌 기업들도 계량화로 ESG 목표를 구체적으로 관리하고 있다.
유니레버는 지속 가능한 생활 계획(Unilever Sustainable Living Plan)을 통해 탄소 배출 감축, 폐기물 감소, 지속 가능한 원료 조달을 KPI로 설정하고 매년 성과를 공개한다. 애플은 2030년까지 전체 공급망과 제품의 탄소 중립화를 목표로, 재생 가능 에너지 사용 확대와 탄소 배출 데이터 측정을 통해 성과를 매년 공개하며 환경적 리더십을 확보했다. 스타벅스는 플라스틱 사용 감소와 재사용 컵 사용 확대 등을 담은 보고서를 통해 계량화한 ESG 성과를 고객과 투자자에게 투명하게 공유해 브랜드 신뢰를 높였다.

내재화
가치가 뿌리 내리면 지속 성장한다

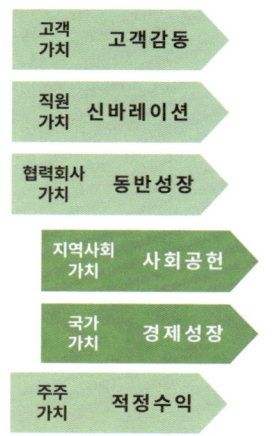
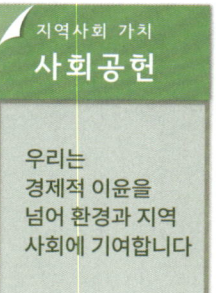
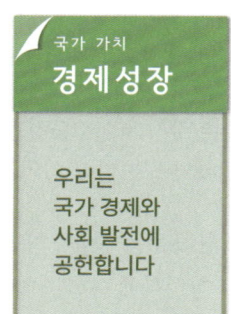

[그림 5-12 ESG 내재화]

많은 기업이 다양한 사회공헌 활동에 나서고 있지만, 이러한 활동이 꾸준히 지속되거나 진정성을 느끼기 어려운 경우가 많다. 이는 사회공헌이 기업의 핵심 가치에 깊이 내재되지 않았기 때문이다. ESG 활동의 내재화는 CEO의 의지나 전담 부서의 노력만으로는 부족하며, 조직 구성원들의 자발적이고 적극적인 참여가 필요하다.
기업의 핵심 가치에 ESG가 내재화되면 이는 구성원들과의 약속으로 자리 잡아 쉽게 흔들리지 않으며, 기업 문화로 뿌리내려 장기적이고 지속 가능한 활동으로 발전할 수 있다.

홈플러스는 기업의 핵심 가치를 이해관계자 중심으로 체계화하며 ESG 내재화를 견고히 했다. 고객 가치, 직원 가치, 협력 회사 가치, 지역사회 가치, 국가 가치, 주주 가치의 6대 가치 체계를 구축하고, 이를 통해 각각의 이해관계자들에게 ESG 목표와 활동이 자연스럽게 스며들도록 설계했다. 이를 위해 사회공헌 활동을 기업 문화와 전략에 통합하여 ESG의 본질적인 의미를 실현하는 데 중점을 두었다.

홈플러스의 핵심 가치들은 여섯 가지 영역에서 '우리가 지켜야 할 수칙 Code of Business Conduct'으로 구체화되는데, ESG 가치는 여섯 가지 영역 모두에 포함되어 있다. 즉, 아래의 실천 내용으로 해당 이해관계자들이 사회 기여를 할 수 있는 시스템으로 통합된 것이다. 특히, 지역사회 가치와 국가 가치 영역의 열두 가지 수칙은 모두 ESG 가치를 담고 있다.

지역사회 가치
- 환경을 사랑하고 이산화탄소 배출을 줄여 지구 온난화 방지에 기여한다.
- 어린이 환경운동에 집중하여 어린이 그린 리더를 양성한다.
- 장애인, 빈곤 계층, 저임금 이주노동자, 독거 노인, 소년소녀 가장 등 사회적 약자를 돕는다.
- 이웃을 사랑하고 지역 주민에게 평생교육의 기회와 문화 체험을 제공한다.
- 지역사회의 고용을 창출하고 지역경제 발전에 기여한다.
- 가족을 사랑하고 위탁 아이들을 도와주며, 일과 가정의 균형을 실천한다.

국가 가치
- 물가안정을 도모하고 국민 삶의 질 향상에 기여한다.
- 산지 직거래 개선을 통해 농어촌 사회를 돕는다.
- 끊임없는 물류 혁신을 통해 세계 최고 수준의 산업 발전을 이끌어 낸다.
- 기업 활동에 관련된 법규를 준수한다.
- 정치적 중립을 유지하며 어떤 종류의 정치적 기부도 하지 않는다.
- 지속 성장을 실현하여 고용을 창출하고 국가 경제 발전에 기여한다.

기타
고객 가치 : 고객들이 환경, 나눔, 이웃, 가족 사랑 운동에 참여할 수 있도록 돕는다.
직원 가치 : 우리는 지역사회와 더불어 더 나은 내일을 위해 일한다.
협력회사 가치 : 우리의 협력 회사를 돕기 위해 상품판매의 공유 가치를 창출한다.
주주 가치 : 사회적 책임을 통해 존경받는 기업 이미지를 만든다.

ESG의 혁신 권고와 평가

ESG 생태계

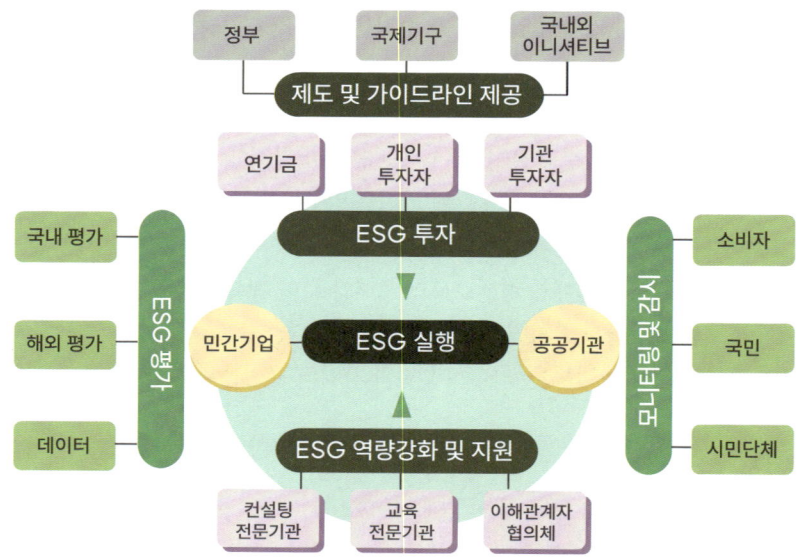

<출처 : ESG 혁신권고안(KMAC, 2023년)> [그림 5-13 ESG 생태계]

ESG 생태계는 민간기업, 공공기관, 투자자, 정부 및 규제기관, 소비자로 구성된다.

민간기업은 ESG 실행의 중심으로, 국내외 평가 기준과 데이터를 활용해 지속 가능 경영을 추진한다. 공공기관은 ESG 정책 및 지원을 통해 기업과 협력하며, 컨설팅·교육기관 및 이해관계자와 협업해 역량 강화를 돕는다. 투자자는 연기금, 개인 및 기관 투자자로 구성되며, ESG 투자를 통해 지속 가능성을 촉진한다.

정부 및 국제기구는 제도 및 가이드라인을 제공하며, ESG 확산을 위한 인센티브를 지원한다. 소비자 및 시민사회는 ESG 가치 확립과 공정한 시장 조성을 요구하며, 기업의 지속 가능성 노력을 감시하고 평가하는 역할을 한다.

ESG 경영은 기업의 지속 가능성을 결정하는 핵심 요소로 자리 잡고 있다. 환경(Environment), 사회(Social), 지배구조(Governance) 전반에서 글로벌 규제가 강화되며, 글로벌 가치사슬(GVC)도 변화하고 있다. 유럽에서는 공급망 실사법과 탄소 국경세가 시행되고 있으며, 미국 증권거래위원회(SEC)도 기후 공시 의무화를 추진하고 있다. 러우 전쟁과 미중 패권 갈등으로 인한 원자재 수급 차질과 인플레이션 압력으로 ESG 경영 관점에서 기업의 리스크 관리 필요성이 커졌다.

한국 정부는 2021년 기업의 ESG 경영을 지원하기 위해 'K-ESG 가이드라인'을 발표했으며, 이후 글로벌 ESG 규제와 공급망 실사 확산에 대응하기 위해 '공급망 대응 K-ESG 가이드라인'을 추가로 도입했다. 기업과 공공기관도 ESG 경영을 체계적으로 정착시키기 위해 전담 조직을 신설하고, ESG 전략을 내재화하는 노력을 기울이고 있다. 투자자들도 ESG 성과를 중요한 투자 기준으로 삼고 있으며, ESG 기반 투자 규모를 확대하고 있다.

하지만 ESG를 단기적인 규제로만 바라보는 일부 기업들은 ESG를 비용 부담으로 인식하고, ESG 경영에 소극적인 태도를 보이고 있다. 근시안적 시각에서 비롯된 것이다. ESG는 기업의 장기적 경쟁력과 생존을 좌우하는 필수 요소라는 점을 인식하고 새로운 가치창출의 기회로 활용해야 한다.

상장기업들은 ESG 인프라 구축과 대응이 비교적 원활하지만, 비상장기업, 중소기업, 대학, 공공기관 및 지자체 등은 이제 막 ESG 경영을 도입하는 단계에 있다.
투자자는 ESG 투자 원칙을 정립해 확대하고, 평가 및 컨설팅 기관은 ESG의 신뢰성을 높이고, 기업들의 실질적인 ESG 개선 방향을 지원해야 한다.
정부는 규제 중심이 아닌 인프라 구축과 지원 중심의 접근 방식을 강화해, 기업들이 ESG 격차를 해소할 수 있도록 정책적 가이드를 제공하고, 공공기관과 협력해 ESG 교육과 정보 공유를 확대하도록 도와야 한다. 시민사회는 기업과 정부의 ESG 이행을 감시하고 지속적인 개선을 요구하는 역할을 수행해야 한다.

ESG 혁신 권고안

KMAC 2023 ESG 혁신 권고안 발간사

자본주의 5.0 시대에 접어들면서 전 세계적으로 ESG 경영에 대한 시선이 바뀌고 있다. 기업 뿐만 아니라 공공기관 및 지방 정부, 대학 등 모든 경영주체에게 ESG 경영은 더 이상 선택이 아닌 필수가 되고 있다. 그러나 이념 충돌에 의한 미중 갈등, 러시아, 우크라이나 전쟁 등으로 불확실성이 심화되는 현 시점에서 ESG의 실효성에 대한 회의 섞인 이야기도 나오고 있다.

그럼에도 UN과 세계 각국에서는 상호협력하여 ESG 경영에 대한 통합적인 글로벌 가이드 라인을 제시하고자 노력하고 있다. 국내에서도 정부 각 부처와 투자기관에서는 다양한 ESG 정책을 제시하고 있으며, 기업도 ESG 경영에 대한 중요성과 필요성을 인식하고 있으나, 아직도 ESG 경영에 대한 최고경영자의 추진 의지와 내부 공감대 형성이 부족한 기업들이 많은 것도 현실이다. 이것이 바로 미래 지속 가능 성장에 대한 문제의 시작이다.

불확실한 변화의 물결 속에서 위기를 극복하고 한계를 뛰어넘는 지속 가능한 성장을 하기 위해서는, ESG 경영을 통해 더 나은 세상을 만드는 기업의 이미지를 만들어 나가야 한다. 건강한 지구환경, 따뜻한 사회, 투명한 지배구조 등 ESG를 경영의 핵심 가치로 내재화하여 실천할 때 비로소 지속 가능한 성장을 이루어 낼 수 있다.

지난 7개월간 13명으로 구성된 경영자와 연구진이 ESG에 대한 한국과 글로벌 ESG 생태계를 재조명해 보고, 핵심적으로 추진해야 하는 「20가지 ESG 권고안」을 제시하였다.

'우리가 만들면 글로벌 스탠다드가 됩니다.' 우리가 만드는 K-ESG 경영이 글로벌 스탠다드의 기준이 되는 가까운 미래를 기대해 본다. 이번 권고안이 대한민국 ESG 생태계의 활성화와 진정한 ESG 경영으로 가는 초석이 되기를 간절히 바란다.

ESG 혁신권고안 추진위원장 **이승한**

ESG 혁신 권고안

구분	세부		권고 내용
공통	ESG 기본	1	ESG를 기업 경영의 핵심 가치에 내재화해야 한다.
		2	ESG 비전과 목표는 각 기업의 핵심 가치에 맞게 설정하고 측정 가능해야 한다.
		3	ESG 목표를 성취할 수 있는 전략을 세우고 주요 추진 과제로 실천해야 한다.
		4	이해관계자와 상호 협력하고 공급망 체계 내의 파트너십으로 ESG 경영을 확산해야 한다.
		5	ESG 정보 공시 비용은 공정 전환 비용으로 인식해야 한다.
기업	환경 & 사회	6	환경과 사회에 관한 ESG 경영을 실천하고 생존을 넘어서는 성장의 동력으로 활용해야 한다.
		7	환경과 사회에 관한 ESG 활동은 전체 밸류체인의 관점에서 통합적으로 접근해야 한다.
		8	환경과 사회에 관한 ESG 리스크는 사전 관리하고 엄격한 평가를 통해 정확히 공시해야 한다.
	지배 구조	9	ESG 경영을 이행하고 확산할 수 있는 신뢰 중심의 지배구조를 확립해야 한다.
		10	지배구조의 전문성을 갖춰 ESG 리스크를 관리하고 새로운 사업 기회를 찾을 수 있어야 한다.
ESG 투자	투자 활동 원칙	11	수익 추구 이상의 공적 기능을 인지하고 수행해야 한다.
		12	지속 가능한 ESG 투자 환경과 생태계를 조성해야 한다.
		13	ESG 경영을 개선하는 기업에 적극적으로 투자하되 개선하지 않는 기업에는 투자하지 않는다.
평가 기관		14	글로벌 기준의 평가 체계와 기준을 제시하고 이에 따른 세부 지침을 제공해야 한다.
		15	ESG 평가 활동은 독립적이며 투명하고 공정하게 실시해야한다.
데이터 제공 기관		16	평가 기관에 제공할 조사항목들에 대한 기본 통계 및 기준치를 주기적으로 공개해야 한다.
		17	평가 데이터의 시의성과 정확성을 확보해야 한다.
컨설팅 기관		18	이해관계자의 업종 및 개별적 특성을 반영한 맞춤형 ESG 컨설팅 서비스를 제공해야 한다.
		19	ESG 전문 인력을 체계적으로 육성하고 전문적 지식을 사회와 산업 전반으로 확산해야 한다.
이해관계자 협의체		20	이해관계자의 정보 공유와 소통으로 지속 가능한 ESG 실행과 생태계 조성을 촉진해야 한다.

[그림 5-14 KMAC 2023 ESG 혁신 권고안]

ESG 혁신 권고안 내용

공통 - ESG 기본

[권고 1] ESG를 기업 경영의 핵심 가치에 내재화해야 한다.
- 기업이 ESG를 지속해서 실천하기 위한 기업 내부의 필수 요건은 ESG를 기업 경영의 핵심 가치에 내재화하며 제 요소에 통합하여 추진해야 한다.
- ESG는 기업 생존의 필수 과제로, 부분적·단편적 접근이 아니라 경영철학, 비전, 핵심 가치에 통합하고 기존 전략을 ESG 관점에서 재정의·조정·개선해야 한다.

[권고 2] ESG 비전과 목표는 각 기업의 핵심 가치에 맞게 설정하고 측정 가능해야 한다.
- 기관이 영위하는 업(業)에 따라 경영의 방향성이 각기 다른 것처럼 경영 환경을 둘러싼 ESG 역시 업의 특성에 따라 다르게 구현되므로 업의 가치에 부합하는 ESG 전략이 필요하다.

[권고 3] ESG 목표를 성취할 수 있는 전략을 세우고 주요 추진 과제로 실천해야 한다.
- 모든 기관은 측정 및 계량화가 가능하도록 ESG 성과를 관리해야 하며 구체적인 중장기 목표에 기반하여 꾸준히 개선하기 위해 노력해야 한다.
- ESG 요소의 일부 항목은 연도별 성과와 3~5년간의 추이 및 달성 수준을 지속적으로 점검해야 하므로, 각 기관은 글로벌 표준과 시기와 수준을 중심으로 명확한 목표를 설정해야 한다.

[권고 4] 이해관계자와 상호 협력하고 공급망 체계 내의 파트너십으로 ESG 경영을 확산해야 한다.
- ESG를 지속해서 실천하기 위한 기업 외부의 필수 요건은 다양한 이해관계자와의 건전한 생태계 조성 및 협력이다.
- ESG 요소는 초지리적·초세대적 문제로 역할 분담과 실행 성과의 투명 공시 등 생태계 구축이 필요하다.

[권고 5] ESG 정보 공시 비용은 공정 전환 비용으로 인식한다.
- ESG에 대한 사회적 관심이 높아진 중요한 요인은 정보의 접근성이 확대되었기 때문으로, ESG 정보 공시 비용은 기업뿐만 아니라 ESG 정보 공시를 요구하는 자산운용사도 공정 전환 비용(Just Transition)으로 참여해야 한다.

기업 - 환경 & 사회

[권고 6] 환경과 사회에 관한 ESG 경영을 실천하고 생존을 넘어서는 성장의 동력으로 활용해야 한다.
- 환경과 사회에 관한 ESG 경영의 책임을 비용적 요소로만 보는 것이 아니라, ESG 활동을 통한 경제/사회적 다양한 가치 창출을 위한 전략적 요소로 보는 관점의 전환이 필요하다.

[권고 7] 환경과 사회에 관한 ESG 활동은 전체 밸류체인의 관점에서 통합적으로 접근해야 한다.
- 제품의 밸류체인 일부에서 문제가 발생하더라도 소비자에게 전달/판매하는 기업에 사회적 책임을 묻는 방향으로 책임의 범위가 확대되어 가고 있다.

[권고 8] 환경과 사회에 관한 ESG 리스크는 사전 관리하고 엄격한 평가를 통해 정확히 공시해야 한다.
- 기업은 경영 환경과 둘러싸고 있는 중요한 환경과 사회 리스크를 식별하고 환경과 사회 리스크가 우리 기업에 미칠 잠재적 영향을 평가할 것을 권고한다.

기업 - 지배구조

[권고 9] ESG 경영을 이행하고 확산할 수 있는 신뢰 중심의 지배구조를 확립해야 한다.
- ESG 관련 지배구조의 역할이 대두되면서 경영진이 전략을 제대로 수립하고 활동하는지, 해당 사항에 대한 공시 의무를 준수하는지 등 감독 책임을 강화해야 한다.

[권고 10] 지배구조의 전문성을 갖추어 ESG 리스크를 관리하고 새로운 사업 기회를 찾을 수 있어야 한다.

투자자 - 투자 활동 원칙

[권고 11] 수익 추구 이상의 공적 기능을 인지하고 수행해야 한다.
- ESG 투자자는 사회에서 대규모 자금을 모집하여 막대한 권한을 행사하는 만큼 그 역할을 단지 수익 추구 이상으로 보고 공적 기능을 수행할 수 있음을 인지해야 한다.
- ESG 투자는 단순 배제를 넘어 적극적인 소유 정책이 필요하며, 무기·담배·러시아 기업 등의 예와 같은 ESG 기준 위배 섹터에 대한 능동적 대응이 요구된다.

[권고 12] 지속 가능한 ESG 투자 환경과 생태계를 조성해야 한다.
- 투자자는 ESG 투자 원칙을 정립하고 원칙에 따른 ESG 책임 투자를 실천 및 확대해야 하며 지속적인 자본 유입 및 가치 공유를 위해 건전한 ESG 체계를 구축하고 있는 투자처를 발굴해야 한다.

[권고 13] ESG 경영을 개선하는 기업에 적극적으로 투자하되 개선하지 않는 기업에는 투자하지 않는다.
- ESG 요소는 온실가스 배출 기업이나 전쟁 및 지역 분쟁 유발 기업에 대한 투자 기피뿐만 아니라, 물과 삼림 보호를 위해 자금을 지원하는 기업이나 주주 가치를 보호하는 이사회 구성 및 운영 기업에 대한 적극적 투자를 포함한다.

평가 기관

[권고 14] 글로벌 기준으로 통용될 수 있는 평가 체계와 기준을 제시하고 이에 따른 세부 지침을 제공해야 한다.
- ESG 자체가 글로벌 규범이기 때문에, 글로벌 차원에서의 수용성 제고가 필요하다.
- 평가 기준은 전문가가 참여하는 주기적 리뷰를 통해 갱신해야 하며, 평가기관은 윤리성과 저작권 보호를 철저히 준수해야 한다.

[권고 15] ESG 평가 활동은 독립적이며 투명하고 공정하게 실시해야 한다.
- 평가 기관에 대한 고객과 이해관계자들의 신뢰 수준을 높이기 위해 평가 활동의 독립성을 보장하는 것이 매우 중요하다.

데이터 제공 기관

[권고 16] 평가 기관에 제공할 조사 항목들에 대한 기본 통계 및 기준치를 주기적으로
           투명하게 공개해야 한다.

- 평가의 기초 데이터가 되는 데이터와 관련해 신뢰성을 기반이 되는 투명성을 확보하는 것은
  매우 중요하며 관련 전문가, 잠재적인 기업 고객 등을 위해 기초 정보를 공개하는 것이
  바람직하다.
- 적정 요청 조건을 갖춘 기관과 개인에 대해 가능한 차별 없이 정보를 제공하는 것이 바람직하다.

[권고 17] 평가 데이터의 시의성과 정확성을 확보해야 한다.
- 평가 기관들은 과학적인 측정 방법 개발 등을 통해 사회과학에서 일반적으로 요구하는
  수준의 타당성과 신뢰성을 확보하는 것이 기본적으로 필요하다.
- 데이터 제공 기관은 신뢰성을 확보하기 위해 데이터 관리 인력의 전문성을 강화해야 한다.

컨설팅 기관

[권고 18] 이해관계자의 업종 및 특성을 반영한 맞춤형 ESG 컨설팅 서비스를 제공해야 한다.
- 컨설팅의 품질 수준 제고를 위해 ESG와 관련된 고객 기업의 특성을 확인할 수 있는
  진단 프로세스를 사전에 마련해 적용해야 한다.
- 컨설팅 기관은 고객의 피드백을 반영해 맞춤형 서비스를 개선해야 하며,
  ESG 워싱 방지를 위해 신뢰성과 투명성을 확보해야 한다.

[권고 19] ESG 전문 인력을 육성하고 전문적 지식을 사회 전반으로 확산해야 한다.
- 컨설팅 기관으로서의 탁월성을 확보하기 위해 최고의 ESG 전문성을 지향해야 한다.
- 전문 인력의 체계적 육성을 통해 ESG 전문성을 강화하고, ESG 규범 확산이 산업과
  사회 발전에 기여하도록 적극적인 노력해야 한다.

이해관계자 협의체

[권고 20] 이해관계자 모두가 정보를 공유하고 소통하여 지속 가능한 ESG 실행과
생태계 조성을 촉진해야 한다.
- 평가 기관, 데이터 제공 기관, 컨설팅 기관 등 ESG 전문기관들은 산학연 확장 협의체를
  구성하고, 상호간 정보교류를 활성화하는 것이 바람직하다.

ESG와 금융, 자본이 움직이는 새로운 길

ESG는 단순한 사회적 책임을 넘어 '가치(Value)와 수익(Profit)을 함께 추구'하는 새로운
투자 철학이다. ESG 채권과 ESG 주식 등 다양한 금융 상품이 등장하면서 ESG 기반 금융이
빠르게 대중화되고 있다. 과거 투자 판단이 재무적 수익에만 집중되었다면,
이제는 지속 가능성과 사회적 책임이 중심이 되고 있다.

첫 번째 변화는 ESG 채권 시장의 급성장이다. 녹색 채권은 재생 에너지, 친환경 교통 등
환경 프로젝트에, 사회적 채권은 저소득층 주택 공급, 의료 개선 등 사회문제 해결에 자금을
지원한다. 지속가능 채권은 이 둘을 아우른다. 글로벌 녹색 채권 발행 규모는
2019년 약 2600억 달러에서 2021년 5200억 달러로 두 배 성장했으며,
전체 ESG 채권 발행액은 2022년 기준 1조 5천억 달러를 넘어섰다.
2023년에도 신규 발행만 약 1조 달러에 이를 것으로 예상된다.

두 번째 흐름은 ESG 주식 시장의 확대다. MSCI ESG Leaders Indexes,
FTSE4Good Index 등 ESG 평가 기준에 기반한 인덱스를 추종하는 상장지수펀드(ETF)가
급증했다. 글로벌 ESG ETF 시장 규모는 2019년 500억 달러에서 2022년 약 4000억 달러로
급성장했으며, 유럽과 미국을 중심으로 자금 유입이 이어지고 있다.
특히 밀레니얼 세대와 Z세대가 주요 투자층으로 부상하면서 ESG 주식 시장은 앞으로도
빠르게 확대될 전망이다.

포스코의 ESG 경영 5대 성공요인

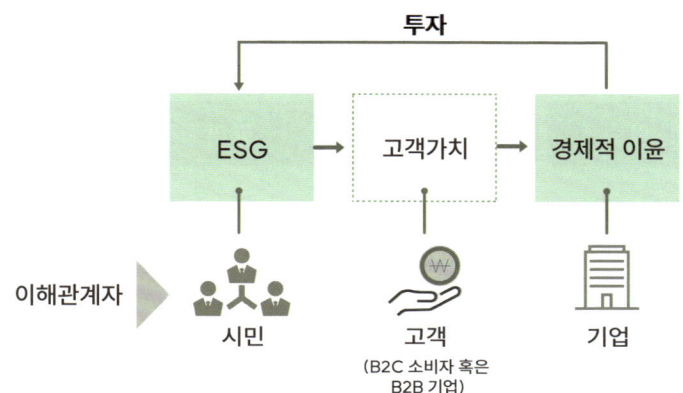

[그림 5-15 포스코의 ESG 모델]

ESG를 고객 가치 중심으로 재해석
- ESG를 단순한 규제 대응이나 이미지 개선이 아니라, 고객 가치 창출 수단으로 접근했다.
- 고객(B2B/B2C)이 체감할 수 있는 차별화된 가치(품질, 원가 절감, 탄소 저감)를 제공하였다.

기술 혁신을 통한 ESG 실현
- 친환경 신소재(페로니켈슬래그 제품) 개발이라는 기술 혁신을 ESG 실행의 핵심 축으로 삼았다.
- 기존 제품 대비 친환경성과 경제성을 모두 확보하여, 고객과 시장을 동시에 만족시켰다.

사내 벤처를 통한 빠른 실행력 확보
- 사내 벤처를 조직하여 빠른 의사결정과 실행이 가능하도록 했다.
- 기존 관료적 R&D 체계가 아닌 독립적이고 민첩한 조직 운영으로 시장을 선점했다.

ESG와 경제적 이윤의 선순환 구조 구축
- ESG 투자 → 고객 가치 창출 → 재무 성과 창출 → 추가 투자의 자체 선순환 모델을 만들었다.
- ESG를 비용이 아닌 수익을 창출하는 투자로 인식하고 체계화했다.

이해관계자와의 적극적 소통 및 협력
- 공급망, 고객사, 지역사회 등 다양한 이해관계자와 긴밀히 협력하여 ESG의 효과를 극대화했다.
- ESG 목표를 기업 내부가 아니라 생태계 전체의 가치 창출로 확장시켰다.

ESG 혁신 평가

국민연금기금 국내 주식 ESG 평가 체계

	이슈	평가지표
환경(E)	기후 변화	기후 변화 온실가스 관리 시스템, 온실가스 배출량, 에너지 소비량
	환경영향관리	청정생산 관리 시스템, 용수 사용량, 화학물질 사용량, 대기오염물질 배출량, 폐기물 배출량
	친환경 제품 개발	친환경 제품개발 활동, 친환경 특허, 친환경 제품 인증, 제품 환경성 개선
사회(S)	인적자원관리 및 인권	급여, 복리후생비 고용증감, 조직 문화, 근속연수, 인권, 노동관행
	산업안전	산업안전 보건안전 시스템. 보건안전 시스템 인증, 산재다발 사업장 지정
	공정거래	거래대상 선정 프로세스, 공정거래 자율준수 프로그램, 협력업체 지원활동, 하도급법 위반
	제품안전과 소비자보호	제품안전 시스템, 제품안전 시스템 인증, 제품관련 안전사고 발생
	정보 보호	정보보호 시스템, 외부인증, 정보보안 유출사고
지배구조(G)	주주의 권리	경영권 보호장치, 주주의견 수렴장치, 주주총회 공시시기
	이사회 구성과 활동	대표이사/이사회 의장 분리, 이사회 구조의 독립성, 이사회의 사외이사 활동 구성 현황, 이사회 활동, 보상위원회 설치/구성, 이사보수정책 적정성
	감사제도	감사위원회 사외이사 비율, 장기재직 감사(위원) 비중, 감사용역비용 대비 비감사용역비용 비중
	관계사 위험	순자산 대비 관계사 우발채무 비중, 관계사 매출거래 비중, 관계사 매입거래 비중
	내부통제와 준법	내부통제 및 준법경영 시스템, 시스템 외부인증, 내부통제 및 준법경영 위반 여부

<출처 : 국민연금기금 수탁자책임활동보고서(2021)>   [그림 5-16 국민연금 국내 주식 ESG 평가 체계]

환경(E): 기후 변화 대응과 지속 가능한 생산

환경 영역에서는 기업의 기후 변화 대응, 환경영향 관리, 친환경 제품 개발을 평가한다. 온실가스 배출 감축과 에너지 효율 개선이 주요 요소이며, 국민연금은 기업의 온실가스 관리 시스템, 탄소 배출량, 에너지 소비량 등을 분석한다. 또한 환경오염을 줄이는 청정 생산 시스템 도입 여부와 화학물질 및 폐기물 배출량 감축 노력을 평가한다. 기업이 친환경 제품을 개발하고 인증을 획득했는지도 주요 고려 사항으로, 이는 친환경 경영이 기업 경쟁력으로 작용하는지를 판단하는 기준이 된다.

사회(S): 노동 환경과 공정한 비즈니스 관행

사회 영역은 인적자원 관리, 산업안전, 공정 거래, 제품 안전과 소비자 보호, 정보보호 등으로 구성된다. 기업의 지속 가능성은 근로환경과 조직 문화에서 시작되며, 급여, 복리후생, 고용 안정성, 인권 보호 등이 평가 기준이다. 산업안전 체계 구축, 재해 발생률, 안전보건 인증 여부를 점검하며, 공정한 하도급 거래 관행과 협력 업체 지원 활동도 평가한다. 제품 안전성, 사고 발생 여부, 정보 보호 시스템 운영도 평가 요소이며, 기업의 공정 경쟁 유지 및 사회적 기여 노력을 확인해 지속 가능한 비즈니스 모델 구축 여부를 분석한다.

지배구조(G): 투명한 경영과 주주 권리 보호

지배구조는 주주 권리 보호, 이사회 운영, 감사제도, 관계사 리스크, 내부 통제와 준법 등을 평가한다. 기업의 지속 성장을 위해 독립적이고 투명한 의사결정 체계가 필요하며, 주주총회 운영 투명성, 주주 의견 수렴 절차를 분석한다. 이사회 독립성, 사외이사 비율, 보상위원회 운영 여부를 점검하며, 감사위원회의 독립성과 효과적인 감시 기능 작동 여부도 평가한다. 계열사와의 관계에서 재무적 리스크 관리, 내부 거래 비율을 분석하며, 배당 정책의 일관성과 주주 가치 제고 노력을 평가해 지속 가능한 배당 구조를 갖추고 있는지를 확인한다.

ESG 마무리

ESG 규범과 법 제도의 변화

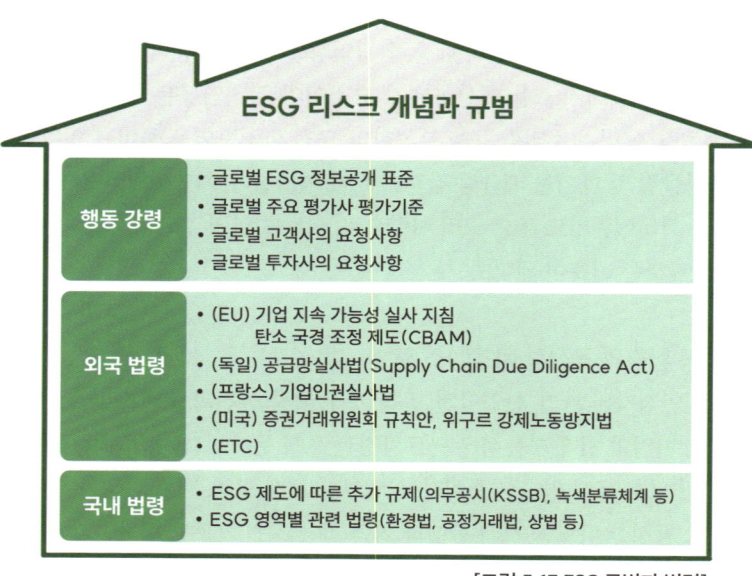

[그림 5-17 ESG 규범과 법령]

ESG 경영은 오늘날 사회와 경제 체제의 지속 가능성을 높이는 핵심 전략으로 자리 잡고 있다. 이를 실현하기 위해 국제적 규범과 국내외 법 제도도 빠르게 발전하고 있으며, 기업들은 이러한 변화에 적응하여 ESG 리스크를 관리하고 경쟁력을 강화해야 한다. ESG 규범은 크게 세 가지 축으로 나눌 수 있다. 국제적 사회적 합의와 규범, 국제 및 외국 법령, 국내 법령이다.

ESG 규범과 법 제도는 주요 국가에서 사회적 합의 및 다양한 국제 기구 등을 통해 시작되었다. 이는 기업들이 사회적 책임을 다하면서도 지속 가능한 성장을 이루는 기반으로 작용한다. 이러한 규범의 국내 및 국제법제화가 다양한 이해관계자들의 논의와 합의를 바탕으로 추진되고 있으며, 기업은 ESG 기준을 준수해서 투명성과 신뢰를 강화하고, ESG 리스크를 사전에 관리하여, 글로벌 시장에서 장기적인 경쟁력을 확보할 수 있다.

글로벌 규범

국제 사회는 ESG 경영의 새로운 기준을 제시하며 UN, OECD, 책임감 있는 기업 행동 이니셔티브(RBA) 등은 글로벌 선언과 가이드라인을 통해 공정한 행동 강령과 체크리스트를 제공하고 있다.

GRI(글로벌 지속 가능성 보고 기준), SASB(지속 가능 회계 기준), ISSB(국제 지속 가능성 기준 위원회) 등은 ESG 평가 기준을 마련해 기업들이 실질적으로 ESG 목표를 달성하도록 돕고 있다.

국가별 법령의 발전

국제 규범은 국가별 법령을 통해 구체화되고 있다. EU는 지속 가능성 보고 지침(CSRD)과 기업 실사 지침(CSDDD), 탄소 국경 조정 제도(CBAM)를 도입해 ESG 보고와 책임을 강화했다. 독일은 공급망 실사법을 통해 공급망 전반에서 ESG 기준을 요구하고, 프랑스는 기업인권 실사법을 통해 노동 및 인권 문제를 관리하도록 규정했다. 미국은 증권거래위원회(SEC)의 ESG 관련 규제와 강제노동 방지법을 통해 글로벌 기업의 ESG 이행을 촉진하고 있다.

이러한 규제들은 국제 시장에서 기업이 경쟁력을 유지하기 위해 반드시 따라야 할 지침으로 자리 잡았다. 예컨대, 독일의 공급망 실사법은 자동차, 전자제품 분야에서 중요한 ESG의 기준으로 작용하며, 관련 기업들은 지속 가능한 공급망 관리 시스템을 구축하고 있다.

국내 법령의 변화

국내에서도 ESG 관련 법령이 점차 확대되고 있다.
환경 관련 법령으로는 탄소중립 기본법과 자원순환 기본법이 있으며, 노동 및 공정 거래법과 금융 투명성 강화 법안은 기업 운영에 ESG를 통합하는 데 기여하고 있다.

정부는 ESG 목표를 지원하기 위해 기업의 법적 부담을 줄이는 한편, 다양한 인센티브와 지원책을 마련하고 있다. 예를 들어, 국내의 대기업들은 탄소 배출을 줄이기 위해 태양광 패널 설치와 재생 에너지 사용을 확대하며, 중소기업의 환경 기술 도입을 지원하고 있다.

ESG, 작은 도움을 지속하면 큰바위 얼굴이 만들어진다

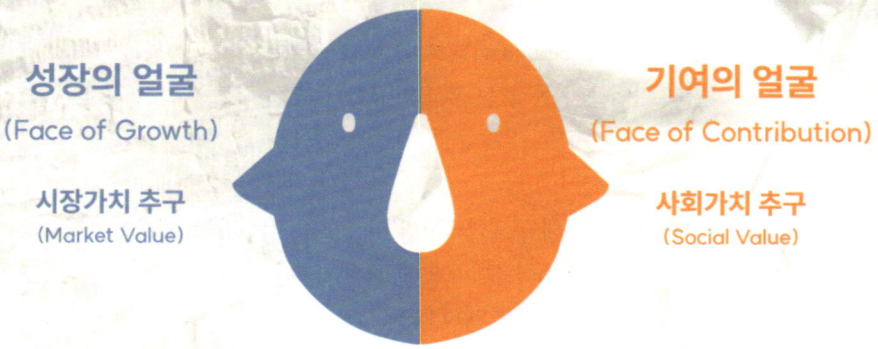

성장의 얼굴
(Face of Growth)

시장가치 추구
(Market Value)

기여의 얼굴
(Face of Contribution)

사회가치 추구
(Social Value)

기업은 두 가지 얼굴을 가지고 있다.
하나는 시장 가치를 실현하는 성장의 얼굴(Face of Growth)이고,
다른 하나는 사회 가치를 실현하는 기여의 얼굴(Face of Contribution)이다.

성장의 얼굴은 매출, 이익 등 주로 재무적 성과에 집중하여 시장 가치를 끌어 올리고,
기여의 얼굴은 이해관계자들(주주, 직원, 지역사회)의 신뢰를 확보하여 기업의 평판과
사회 가치를 제고하는 것이다.

'성장의 얼굴'과 '기여의 얼굴'은 기업이 경제적·사회적·환경적 측면에서 균형있는 성장을
할 수 있도록 지원하는 경영 철학으로, 두 얼굴은 대립하지 않으며 균형을 이룰 때
기업은 더 높이, 더 멀리 나아가며 한계 이상의 성장을 할 수 있다.

미국 작가 너새니얼 호손(Nathaniel Hawthorne)의 소설 『큰 바위 얼굴(The Great Stone Face)』에서 주인공 어니스트(Ernest)는 평생 동안 큰바위 얼굴을 닮은 이상적인 위인이 나타나기를 기다린다.

이와 마찬가지로, ESG 경영은 기업이 매출과 이익만을 추구하는 것이 아니라, 환경적·사회적 책임을 다하여 공동체에 긍정적인 영향을 미치는 지속적인 과정이다.

도덕적 리더십과 지속 가능성

어니스트는 평생 큰 바위 얼굴을 닮아가며 선한 삶을 살았다. ESG 경영에서도 기업은 단순히 외형적인 성과만이 아니라, 본질적으로 지속 가능한 가치를 추구해야 한다. 윤리적이고 도덕적인 경영은 장기적인 기업의 신뢰도를 높이고 지속 가능한 발전을 이끌어 낸다.

환경 보호와 책임감

큰 바위 얼굴은 자연 속에서 존재하며, 마을 사람들에게 정신적 지주 역할을 한다. 이는 ESG에서 환경(E) 요소가 강조하는 자연 보호와도 관련이 깊다. 기업은 기후 변화 대응과 친환경 기술 도입을 통해 환경을 보호하며, 사회적 가치를 창출해야 한다.

사회적 가치와 공동체 기여

어니스트는 공동체 속에서 도덕적으로 성숙한 삶을 살며 사람들에게 희망과 영감을 주었다. 이는 ESG의 사회(S) 요소와 관련이 있다. 기업이 단순한 이윤 추구를 넘어서 사회적 가치를 창출하고 지역사회와 공존하려는 노력이 필요하다.

투명한 경영과 신뢰 형성

큰 바위 얼굴 이야기의 핵심은 외적인 모습이 아니라 내면의 성숙이 진정한 위대함을 만든다는 교훈이다. ESG 경영도 이와 마찬가지로 기업이 단순한 성과가 아니라, 윤리적 가치와 지속 가능성을 추구해야 한다는 점에서 공통된 가치를 갖는다.
기업이 ESG를 실천하는 것은 단순한 규제 대응이 아니라, 장기적인 기업 성장과 사회적 책임을 실현하는 길임을 깨닫는 것이 중요하다.

Who
VI 됨됨이 리더십

덕목이 지식과 행동의 근본으로
사람들을 한마음으로 이끈다.

리더십의 마지막 열쇠는
리더의 됨됨이다.

When
I 변화의 물결

경영은 변화를
찾아내면서 시작한다.

변화에 대응하고
변화를 기회로 활용한다.

Where
V 환경과 사회

작은 도움이
더 나은 세상을 만든다.

ESG 활동으로 신뢰를 높여
지속 가능한 성장을 한다.

What
II 비전과 목표

인문으로 꿈꾸고
과학으로 관리한다.

크고 담대한 꿈을 이루는
측정 가능한 목표를 세운다.

Why
IV 행동방식

핵심 가치를 바탕으로 한
조직문화와 일하는 방식이다.

한방향 몰입을 이끌어 내고
전략의 실행을 가속화시킨다.

How
III 이기는 전략

먼저 이기고, 나중에 싸우는
선승구전의 경영 전략이다.

이기는 환경과 조건을 만들면,
싸워서 반드시 이긴다.

통찰경영

Who

VI. 됨됨이 리더십

덕목이 사람들을 한마음으로 이끈다

기업가 정신과 리더십

인체 리더십 광산

1 뇌 - 긍정	7 가슴 - 겸손
2 눈 - 비전	8 배 - 용기
3 귀 - 수용	9 손 - 신뢰
4 코 - 대응	10 둔부 - 회복
5 입 - 정직	11 다리 - 혁신
6 목 - 협력	12 발 - 열정

됨됨이 리더십 계발과 함양

리더십을 완성하는 공감 소통

이승한
김연성
설도원

기업가 정신과 리더십

기업가 정신의 의미와 발전

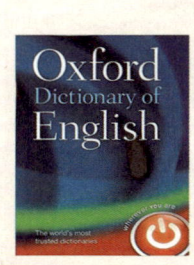

[그림 6-1 기업가 정신의 옥스포드 사전적 정의]

기업가(entrepreneur)란 단어는 프랑스어 동사 'entreprendre'에서 유래했는데
그 뜻은 '시도하다', '모험하다' 등을 의미한다.
옥스포드 영어 사전에서는 기업가 정신을 "이익을 실현하려는 희망으로 재무적 위험을
감수하고 사업을 준비하고 창업하고 운영하는 활동"이라고 정의한다.

피터 드러커는 기업가 정신(entrepreneurship)이란
"위험을 무릅쓰고 포착한 기회를 사업화하려는 모험과 도전의 정신"이라 하였다.
그는 1996년 그의 저서 『Next Society』에서 "영국이 250년 미국이 100년 걸려 이룩한
경제 성장을 한국은 단 40년 만에 이루어 냈다. 기업가 정신에 있어서 한국이 1위,
대만과 일본, 미국이 그 뒤를 따른다. 한국 경제 성장의 원동력은 기업가 정신이다."

이러한 K-기업가 정신을 바탕으로 한국은 세계 최빈국에서 세계 10위권의 부유한 나라가 되는
한강의 기적을 일으켰다. 첨단산업과 전방위 산업을 모두 가진 나라,
세계 일등 상품을 77개 보유한 나라, 세계가 열광하는 한류 문화의 나라가 되었다.

중상주의 시대 (17세기~18세기) - 위험 감수한 도전

기업가 정신의 개념은 프랑스 경제학자 리처드 칸티용이 처음으로 강조하며 시작된다. 그는 기업가를 "정해진 가격에 구매하고 불확실한 가격에 판매하는 자"라고 정의했다. 즉, 초기의 기업가 정신은 '위험을 감수하는 거래자'로서, 시장의 불확실성을 이익의 기회로 바꾸는 행위였다. 이는 자본주의 초기, 상인들과 무역업자들이 중심이었던 시대의 정의였다.

산업화 시대 (19세기~초 20세기) - 창조적 파괴와 혁신

경제학자 조지프 슘페터는 기업가 정신의 의미를 전환시켰다. 그는 기업가를 '창조적 파괴(Creative Destruction)'를 일으키는 존재라고 했다. 기존 산업 구조를 깨고 새로운 기술이나 비즈니스 모델 도입 등으로 시장을 혁신하고 사회를 발전시키는 역할을 부여하였다. 이 시기 기업가는 경제 혁신의 원동력이었다.

국제화 시대 (1950년대~1980년대) - 변화를 기회로 활용

20세기 중반 이후, 피터 드러커를 중심으로 기업가 정신은 경영학 내에서 이론화되기 시작한다. 그는 기업가 정신을 "변화를 탐구하고, 변화에 대응하며, 변화를 기회로 활용하는 것"이라 했다. 기업가는 기회를 포착하고 조직화하여 실행하는 전략가로 부상한다. 대기업의 등장, 글로벌 경제의 확산과 함께 내부 창업, 벤처 창업 개념이 확산되던 시기다.

정보화 시대 (1990년대~2010년대) - 창의성과 사회적 가치 강조

IT 기술이 발전하면서 기업가는 디지털 기반의 혁신가로 자리 잡는다. 스티브 잡스, 제프 베조스, 일론 머스크 등 기술 창업가들은 이익을 넘어, 삶을 바꾸는 비전과 가치를 제공하는 데 집중했다. 기업가 정신은 소셜 임팩트, 공동체 의식 등 사회적 요소와 결합되기 시작한다.

AI 대전환 시대 (2020년대~) - 윤리와 지속 가능성 중시

복합 위기 시대에 기업가 정신은 회복 탄력성, ESG, 자본주의 5.0이라는 키워드로 진화했다. 기업가는 인류 공동의 문제를 해결하는 주체로 인식된다. 또한 디지털 대전환, AI 기반 혁신, 공동체 회복 등과 연결되며 기업가 정신의 영역은 확장 중이다.

K-기업가 정신과 미래 경영

기업가 정신의 비교

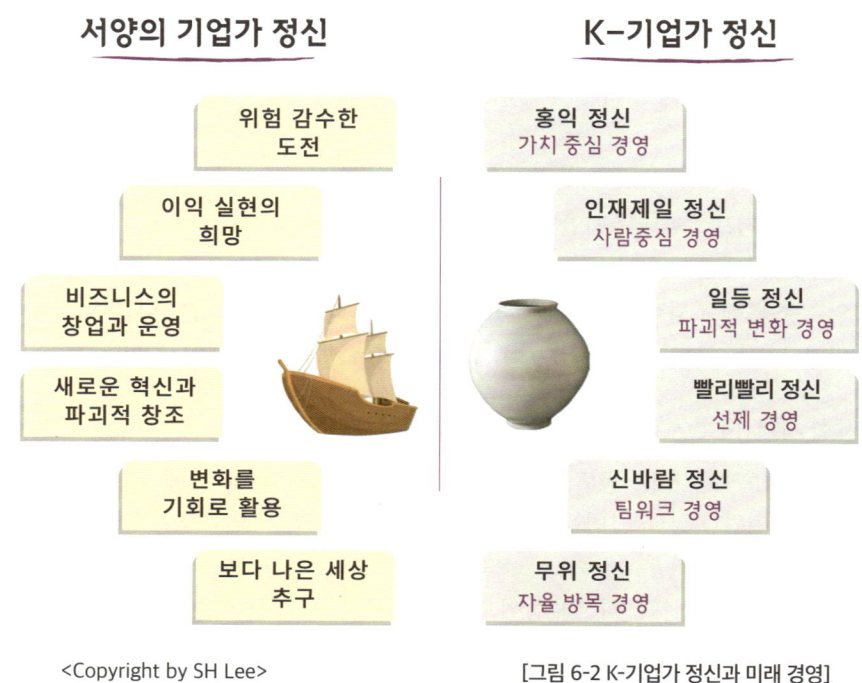

[그림 6-2 K-기업가 정신과 미래 경영]

서양에서 발전한 기업가 정신은 자본주의 발전의 핵심 동력으로 작용해 왔다. 보편적인 서양의 기업가 정신은 위험을 감수하고, 이익 실현의 희망으로 비즈니스를 준비하고 창업하고 운영하는 정신으로 새로운 혁신과 파괴적 창조와 변화를 기회로 활용하여 보다 나은 세상을 추구하는 데 있다.

반면에 K-기업가 정신은 홍익 정신으로 국가와 인류에 봉사하는 가치 중심 경영으로 시작한다. 그리고 인재 제일의 사람 중심 경영, 일등 정신의 파괴적 변화 경영, 빨리빨리 정신의 선제 경영, 신바람 정신의 팀워크 경영, 마지막으로는 무위 정신의 자율 방목 경영으로 특징지을 수 있다. 삼성을 중심으로 K-기업가 정신을 요약하여 살펴보고자 한다.

K 경영의 여섯 가지 특징

가치 중심 경영 - 홍익 정신
홍익 정신은 '널리 인간을 이롭게 한다'는 한국 고유의 이타적 가치관으로, 보다 나은 내일을 위한다는 기업가 정신의 바탕이다. 사업보국을 넘어 인류공헌이라는 보다 넓은 가치를 지향한다. 삼성의 이병철 회장은 기업의 존재 이유를 국가와 사회 기여에 두었다.

사람 중심 경영 - 인재 제일
'인재 제일'은 사람을 모든 경영의 출발점으로 본다는 삼성의 핵심 가치다. 맡긴 사람은 끝까지 믿고(用人勿疑), 최고의 인재에게는 최고의 대우를 하는 원칙을 실천하고 있다. 이병철 회장은 "내 인생의 80%는 인재를 모으고 교육하는데 보냈다"며 사람 중심 경영을 강조했다.

파괴적 변화 경영 - 일등 정신
단순한 1위 달성이 아닌, 기존의 틀을 깨고 본질을 새롭게 정의하는 파괴적 혁신의 철학이다. 삼성의 이건희 회장은 일등 정신을 바탕으로 양적 성장 중심의 프레임을 깨고 질 중심의 패러다임으로 전환하여 글로벌 경쟁력을 갖춘 기업으로 도약하는 발판을 만들었다.

선제 경영 - 빨리빨리 정신
삼성은 주요 기술 분야에서 한발 앞선 선제 대응으로 시장을 선점해 왔다. '먼저 가는 자가 이긴다'는 삼성 정신의 구현이다. 세계적으로 3년 걸린다는 반도체 공장을 6개월 만에 준공, 10년만에 세계 최초로 256메가 D램 개발에 성공한 것은 빨리빨리 정신의 좋은 사례다.

팀워크 경영 - 신바람 정신
'신바람'은 모두가 한 뜻으로 몰입하는 공동체적 에너지다. K-기업은 상호 배려의 팀워크 문화를 바탕으로, 신바람 문화를 형성해 왔다. 앞으로는 한국의 신바람(Synbaram)과 서구의 합리주의(Ration)가 연결된 신바레이션(Synbaration) 문화가 발전할 것이다.

자율 방목 경영 - 무위 정신
무위 경영은 간섭이 아닌 자율을 통해 결과를 이끌어 내는 리더십이다. 'Getting things done through people'처럼, 구성원의 주도성과 책임감을 믿고 지켜보는 것이 핵심이다. 리더의 개입을 줄이고 자율성을 보장하여 스스로 성과를 창출하는 문화이다.

리더십의 의미와 발전

[그림 6-3 리더십의 의미]

Leadership is Leader's Ship. 리더십은 리더의 배다

리더십은 다양한 사람을 조직의 비전과 목표를 향해 함께 나아가도록 하는
영향력이다. 나아갈 항구를 알지 못하면 잔잔한 파도에도 표류하게 되고,
리더가 나아갈 항구를 분명히 말하면 태풍이 불어도 항해하게 된다.

탁월한 리더는 구성원의 잠재력을 발견하고
그의 능력을 극대화하며, 변화와 불확실성 속에서도 명확한 방향을 제시한다.
리더십은 단순히 권위를 행사하거나 명령을 내리는 것이 아니라, 소통을 통해
신뢰 관계를 형성하는 과정이다. 공감 소통이야말로 리더십을 여는 마지막 열쇠다.

리더십(Leadership)의 어원은 고대 영어 lædere에서 유래한 것으로,
'길을 안내하다', '이끌다'라는 뜻이 있다.

권위 중심의 리더십 - 전통적 리더십

리더십은 군주나 권위적인 지도자의 강한 통제와 명령을 기반으로 한 리더십이 중심이었다. 유교에서 강조한 덕목(인·의·예·지)을 갖춘 군주가 백성을 다스리는 방식이나, 서양의 왕정과 절대 권력 지도자들이 대표적인 사례다.

조직 중심의 리더십 - 산업혁명 이후

산업혁명 이후, 대규모 조직과 기업이 등장하면서 효율성과 생산성을 극대화하는 리더십 모델이 부각되었다. 과학적 관리론(Scientific Management, 테일러주의)과 같은 관리 중심의 리더십이 강조되었다. 리더는 명확한 지시와 성과 중심의 운영을 통해 조직을 이끌어야 했다.

인간 중심의 리더십 - 20세기 후반

20세기 후반, 조직의 성과는 구성원의 동기부여와 창의성에서 비롯된다는 연구가 진행되면서 감성 지능(EQ)과 서번트 리더십(Servant Leadership)이 강조되었다. 이는 단순한 명령-복종 구조를 넘어, 리더가 조직 구성원들을 섬기고 지원하는 방식으로 변화한 것을 의미한다.

융합 중심의 리더십 - 21세기

현대 리더십은 복잡한 글로벌 환경, 디지털 혁신, 사회적 가치의 변화 등 다양한 요소를 융합적으로 고려해야 한다. 비전을 제시하고, 조직의 변화를 유연하게 관리하며, 구성원들과 협업하는 역량이 필수다.
변혁적 리더십(Transformational Leadership)과 민첩한 리더십(Agile Leadership)이 강조되며, 리더는 혁신과 조직 내 유연성을 확보하는 역할을 수행해야 한다.

근래에 한국에서 더욱 관심을 받고 있는 Be-Know-Do 리더십은 변화하는 환경 속에서 지식(Knowing)과 실행(Doing)의 조화를 이루되, 궁극적으로 도덕성과 품성(Being)을 갖춘 리더십을 발휘할 것을 강조하고 있다.

리더십의 계층별 상호관계

Leadership Inter-relationship

[그림 6-4 리더십 상호관계모델]

조직은 리더, 매니저, 직원 세 계층으로 구성되며, 각자의 역할이 명확하게 구분된다. 리더는 위험을 감수하고 변화를 기회로 만드는 기업가 정신(Entrepreneurship)이 필수이며, 직원은 맡은 분야의 전문성을 높이는 장인 정신(Craftsmanship)이 요구된다. 오너십(Ownership)은 신입사원부터 리더까지 모든 구성원이 가져야 할 기본 정신이다.

오너는 비즈니스를 소유하고 유지하고 관리 운영하는 사람으로 말 그대로 주인이다. 자기가 소유하는 자산, 즉 레스토랑 비즈니스를 어떻게 잘 관리하여 가치를 올리느냐에 가장 큰 관심이 있다.

레스토랑 밖에 눈이 내린다면, 오너는 고객이 접근하기 편리하도록 눈을 치우는 것은 물론 레스토랑의 자산을 더 좋은 상태로 유지하기 위해 눈을 치운다. 이러한 주인의식 Ownership은 레스토랑 주인만 가지는 것이 아니라 리더, 매니저는 물론이고 스탭까지 조직 구성원 모두가 가져야 할 기본 정신이다. 신입사원에게도 주인의식을 강조하는 것은 이와 맥락을 같이 한다.

Ownership is the sprits of 'Possessing, Operating, Maintatining things right.'

지금, 레스토랑 밖에는 눈이 쌓이고 있다.
여러분은 어떻게 하겠는가?

Leader (리더) : 'Deciding and Doing right things'

올바른 방향으로 올바른 결정을 하는 사람이다.
눈이 내려 쌓이기 시작하면 창밖의 상황과 일기예보 등을 파악한 후 바로 눈을 치우도록 결정한다. 리더는 고객들을 위해 지금 바로 눈을 치우는 것이 '올바른 결정'이라 생각하며, 직원에게 영향을 주어 제설 작업을 하게 하고 필요에 따라서는 자신도 작업을 돕는다.

Manager (관리자) : 'Doing right things in the right way'

리더가 결정한 올바른 일을 올바른 방법으로 실행하는 사람이다.
효과적인 제설 장비를 동원하고, 사람들을 효율적으로 관리하여 목표를 달성하는 것이 매니저의 몫이다. 매니저가 선택한 방법에 따라 제설 작업의 효율이 크게 달라질 수 있다. 이때 훌륭한 매니저라면 앞으로도 이러한 제설 작업이 반복적으로 일어날 수 있기 때문에 지금보다 더 효율적인 방법을 강구해서 미래를 대비해야 할 것이다.

Staff (직원) : 'Doing right things in the right way skillfully'

올바른 일에 올바른 방법을 동원해 완벽하게 처리하는 사람이다.
동원된 장비를 가지고 제설 작업을 효율적으로 정확하게 잘 처리해야 하는 것이 바로 장인 정신(Craftsmanship)이다.

왜 됨됨이 K-리더십인가?

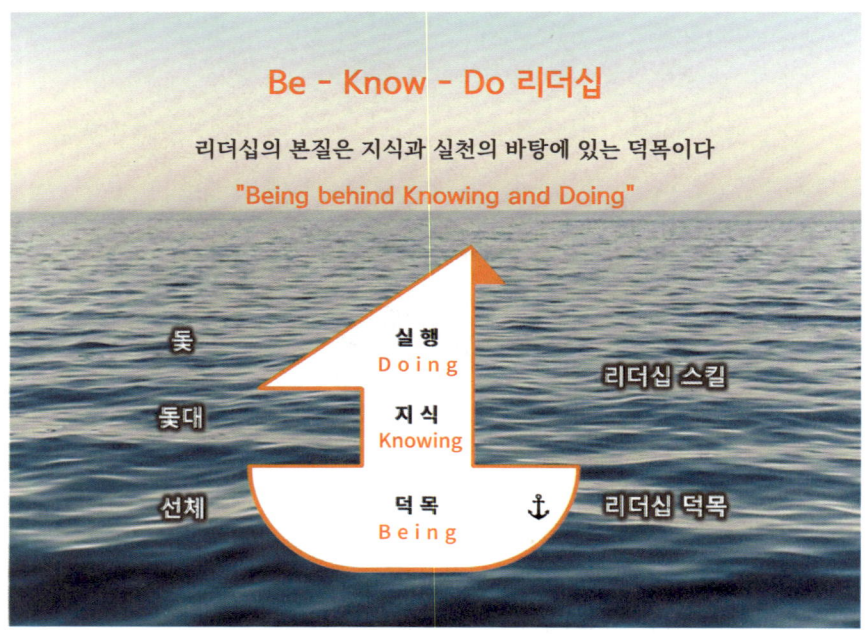

[그림 6-5 Be-Know-Do 리더십]

리더십의 본질은 덕목(Being), 지식(Knowing), 실행(Doing)으로 구성되며, 이를 'Be-Know-Do' 리더십이라고 한다.

덕목의 리더십은 선체, 지식은 돛대, 실행은 돛에 비유할 수 있다. 선체가 튼튼하지 않으면 배가 흔들리듯, 덕목이 부족하면 지식과 실행의 리더십이 효과를 발휘하기 어렵다.

서양의 리더십은 지식과 실행으로 사람들을 이끌어 가는 리더십 스킬에 중심을 두는 반면, K-리더십은 도덕적 품성과 인격에 바탕을 둔 '됨됨이 리더십'에 바탕을 두고 있다.

궁극적으로 올바른 가치관과 품성을 갖춘 됨됨이 리더는 지식과 실행을 효과적으로 연결하는 영향력을 가지고, 사람들을 한방향으로 이끄는 진정한 리더십을 발휘할 수 있다.

유교에서는 '인(仁), 의(義), 예(禮), 지(智)'의 덕목을 강조하며,
도덕적 리더가 조직과 사회를 안정시키는 핵심 요소라고 보았다.

불교는 '자비(慈悲)와 공감(共感)'을 리더십의 핵심 가치로 삼아,
리더가 타인의 고통을 이해하고 배려하는 것이 중요하다고 강조한다.
이는 감성지능(EQ)과 공감 리더십과 연결되며, 조직 내 신뢰와 협력을 강화하는 요소가 된다.

도교는 '무위자연(無爲自然)'을 바탕으로, 인위적 통제가 아닌 자연스러운 흐름 속에서
조화를 이루는 리더십을 강조한다.
이는 자율성과 창의성을 존중하는 현대 리더십 모델과 유사하다.

기독교는 이웃 사랑을 리더십의 근본 가치로 삼아,
'섬김과 희생을 실천하는 서번트 리더십(Servant Leadership)'을 강조한다.
리더는 공동체의 이익을 우선하며, 봉사를 통해 신뢰를 쌓아야 한다.

조선 시대에는 '수신제가치국평천하(修身齊家治國平天下)'의 원칙이 강조되었다.
이는 자신을 먼저 수양하고(수신), 가정을 바로 세운 후(제가), 나라를 다스리고(치국),
세상을 평화롭게(평천하) 해야 한다는 리더십 철학이다.

결국 됨됨이 리더십은 자신을 먼저 바르게 세우고, 조직과 사회를 조화롭게 이끄는 힘을
의미한다. 이는 시대와 문화를 초월하는 리더십의 핵심 가치다.

아무리 아는 것이 많고, 똑똑하고, 뛰어난 성과를 내는 사람이라 해도
품성과 정직성이 부족하면, 그는 기업의 가장 소중한 자산인 사람들을 해치고
정신을 파괴하고 실적까지 파괴한다.

If he lacks in character and integrity, then no matter how knowledgeable, brilliant,
or successful he is, he destroys people, the most valuable resource of the enterprise.
He destroys spirit, and he destroys performance.   - Peter Drucker

세종의 K-리더십

홍익 리더십
- 애민 사상의 군주
- 노비 출산휴가 제도
- 경로우대의 정치

인재 리더십
- 인재는 나라의 보배
- 강점을 보는 인재관
- 신분 불문 발탁

창조 리더십
- 훈민정음 창제
- 과학기술, 악보 발명
- 자율 무위 정신

혁신 리더십
- 기술자 우대
- 혁신적 농법
- 북방 영토 확장

열린 리더십
- 경청과 설득의 소통
- 자유로운 질문과 토론
- 경연 회의 제도

지식 리더십
- 집현전, 연구개발 강화
- 싱크탱크 활성화
- 독서와 배움 문화

<Copyright by SH Lee>

[그림 6-6 세종의 K-리더십]

애민(愛民)의 군주
"백성이 나를 비판한 내용이 옳다면 나의 잘못이니 처벌해서는 안 된다."

경청과 수용의 군주
"경들이 말을 합하여 잘못이라 말하니, 내가 매우 아름답다 여긴다."

홍익 리더십 : 노비 출산 휴가 제도 같은 정책은 당시로서는 혁신적이었으며, 약자와 소외 계층을 배려한 사회 안정성을 도모했다.

인재 리더십 : 세종은 '인재는 나라의 보배'라는 철학을 바탕으로 능력 중심의 인재를 등용하고, 신분을 초월하여 천민 출신의 장영실을 중용하여 과학기술 발전에 기여했다.

혁신 리더십 : 새로운 기술과 지식을 가진 기술 인재를 적극적으로 등용하고 지원했다. 혁신적 농법을 도입하여 『농사직설』을 편찬하고 농업 생산성을 높이는 한편, 북방 영토를 확장하기 위해 4군 6진 개척으로 국방과 영토를 강화했다.

지식 리더십 : 정책 자문과 연구개발을 위해 집현전을 설립하고, 싱크탱크의 운영을 통해 주요한 국가 과제를 해결하였다. 학문적 성장과 지식 기반의 사회문화를 구축하였다.

열린 리더십 : 세종식 화법으로 자유로운 대화와 토론을 통해 신하들과 신뢰를 구축하고, 상하간의 수평적 소통문화를 형성하였다. 경연 회의 제도로 학문적 논의를 통해 국정 과제를 심도있게 논의하는 제도를 마련하였다.

창조 리더십 : 세계에서 가장 배우기 쉽고, 미학적(美學的)이며, 표현력이 뛰어난 표음 문자인 훈민정음을 창제하였다. 훈민정음은 건축적인 구조로 미래 사회에 맞는 디지털 문자. 앙부일구(해시계), 자격루(물시계) 등 기술개발을 통해 실생활의 편의를 도모했으며, 악보를 창안하여, 예술과 문화를 발전시키고 국가 정체성을 강화했다.

[세종 리더십의 열 가지 명심보감]

하나	밥은 백성의 하늘이다.
둘	왕을 추대한 백성들에게 헌신하라.
셋	인재를 기르고 선발하고 맡겨라.
넷	전문가 집단를 활용하고 회의를 잘 하라.
다섯	억울한 재판이 없게 하라.
여섯	외교로 전쟁을 막고 문명국가를 건설하라.
일곱	영토는 한치도 양보할 수 없다.
여덟	합리적으로 사고하고 온 힘을 기울여 실천하라.
아홉	자기 관리를 철저히 하라.
열	사회적 약자를 우선적으로 배려하라.

리더의 생각

백성이 없으면 나라도 없다. 백성이 책을 읽을 수 있어야 나라가 강해진다.
내가 잘못하면 당당히 말하라. 듣지 않으면 내가 죄인이다. - 세종대왕

상즉인 인즉상(商卽人 人卽商) : 장사는 곧 사람이며 사람이 곧 장사다.
장사는 이문을 남기는 것이 아니라 사람을 남기는 것이다. - 임상옥

내 인생의 80%는 인재를 모으고 교육하는데 시간을 보냈다.
똑똑한 사람을 데려다 바보를 만들면 기업가가 아니다. - 이병철

인화(人和)는 스스로 풍요롭고 안정감을 가지며,
우리의 힘을 모아 더 큰 일을 해내는 원동력이 된다. - 구자경

사람이 망하는 건 실패해서가 아니라, 포기해서다.
나는 할 수 있다고 생각했기 때문에 해낸 것이다. - 정주영

마누라와 자식 빼고 다 바꿔라.
지행용훈평(知行用訓評) : 리더는 알아야 하고 행동하고 시킬 줄 알고
가르칠 수 있어야 하며 사람과 일을 평가할 줄 알아야 한다. - 이건희

기업은 이윤을 추구하지만,
인간의 존엄과 사회의 이익을 해쳐서는 안 된다. - 유일한

세계는 넓고 할 일은 많다. 한계를 정하지 마라. 스스로의 가능성을 믿어라.
불가능하다고 생각하는 순간 불가능해진다. - 김우중

사람이 미래다. 기업은 결국 사람이 키우는 것이다. - 구본무

갈등이 클수록 승리는 더 위대하다.
전쟁 대비가 평화 유지의 가장 효과적인 방법이다. - 조지 워싱턴

적을 물리치는 가장 좋은 방법은 그들을 친구로 만드는 것이다. - 에이브러햄 링컨

세상을 밝게 하는 두 가지 방법이 있다. 하나는 불을 밝히는 초가 되는 것이고,
다른 하나는 빛을 반사하는 거울이 되는 것이다. - 에디스 와튼

밀물 때는 반드시 밀물이 온다.
바로 그 날, 나는 바다로 나아가리라. - 앤드류 카네기

나의 일은 사람들을 다정하게 대하는 것이 아니고 나와 함께하는
위대한 사람들을 다그쳐서 그들이 한층 더 발전하도록 하는 것이다. - 스티브 잡스

탁월한 리더십의 핵심은 권위가 아닌 영향력이다. - 켄 블랜차드

리더십은 비전을 현실로 구현해 내는 능력이다. - 워렌 베니스

사람을 돌보라. 그러면 그들이 사업을 돌볼 것이다. - 존 맥스웰

누군가에게 책임을 맡기고 그를 신뢰한다는 사실을 알게 하는 것만큼
한 사람을 성장시키는 일은 없다. - 부커 워싱톤

인체 리더십 광산

열두 가지 리더십 원석

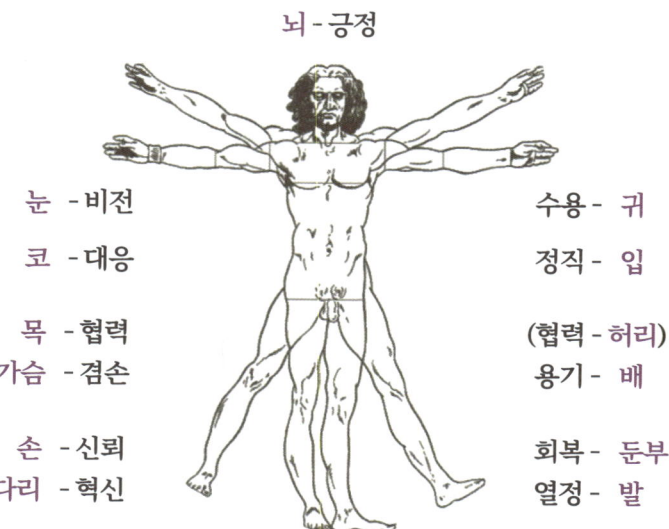

뇌 - 긍정

눈 - 비전
코 - 대응

수용 - 귀
정직 - 입

목 - 협력
가슴 - 겸손

(협력 - 허리)
용기 - 배

손 - 신뢰
다리 - 혁신

회복 - 둔부
열정 - 발

중추 기능	뇌	긍정	Positive	Brain	Central function
인지 기능	눈 귀 코 입	비전 수용 대응 정직	Visionary Open Responsive Honest	Eyes Ears Nose Mouth	Cognitive function
연결 기능	목 가슴 배	협력 겸손 용기	Supportive Humble Brave	Neck Heart Belly	Connection function
실행 기능	손 둔부 다리 발	신뢰 회복 혁신 열정	Trustworthy Resilient Innovative Passionate	Hands Hip Legs Feet	Execution function

<Copyright by SH Lee>

[그림 6-7 열두 가지 리더십 원석]

뇌(Brain) Cultivate a Positive Mind 긍정의 마음 밭을 경작한다.
긍정적이고 창조적인 사고를 통해 조직의 핵심 가치와 장기 방향을 제시하는 역량이다.

눈(Eye) Look beyond the Obvious 보이지 않는 저 너머를 본다.
통찰의 시선으로 미래를 상상하고, 객관적인 과학을 기반으로 비전을 수립하는 역량이다.

귀(Ear) Listen more than Tell 말을 아끼고 경청한다.
귀는 타인의 의견을 수용하는 열린 리더십으로 정보와 지식, 지혜까지 얻을 수 있다.

코(Nose) Smell Changes and Respond 변화와 위험에 민감하게 반응하는 직관력을 뜻하며, 상황 판단력을 기르고 유연성을 높이는 훈련을 통해 계발된다.

입(Mouth) Tell the Fact and Truth 정직하고 투명한 소통을 상징하며, 명확하고 진정성 있는 커뮤니케이션 스킬을 익혀야 한다.

목(Neck)·허리 Always Here for You 조직 내에서 협력을 이끄는 역할을 담당한다. 신뢰와 조화를 기반으로 한 협력 능력을 키우기 위해 팀워크와 갈등 관리 기술을 배워야 한다.

가슴(Heart) Stay Warm 겸손과 배려를 상징하며, 타인에 대한 공감과 진심어린 관심으로 따뜻한 리더십을 구현할 수 있다.

배(Belly) Be the First Penguin 용기와 결단력을 나타낸다. 어려운 결정을 내리고 책임지는 태도를 기르기 위해 도전을 두려워하지 않는 훈련이 필요하다.

손(Hands) Trust and Empower 신뢰와 책임감을 상징한다. 약속을 지키고 행동으로 보여 주는 리더십을 발휘하기 위해 구체적인 목표를 세우고 실행하는 능력이 필요하다.

둔부(Hip) Never Give Up 회복 탄력성을 뜻하며, 실패와 역경을 이겨내고 다시 일어서는 강인함으로 발전시킬 수 있다.

다리(Legs) Leapfrog to Change 혁신과 추진력으로, 새로운 아이디어를 실행하고 변화 주도 능력을 강화한다.

발(Feet) Step First 열정을 상징하며, 목표를 향해 끊임없이 전진하는 태도를 유지하기 위해 동기 부여와 자기 관리를 실천해야 한다.

열두 가지 리더십 원석

긍정의 뇌	腦 긍정적	Brain to Think
	創 창의적	Creative · Positive
	養 경작하는	Cultivate a Positive Mind

뇌腦는 긍정적으로, 창조적으로 사고하는 능력이다.

뇌는 생각을 하며 그 생각을 인체의 모든 기능에 전달하고 지휘하는 중추 역할을 한다.
사람의 운명은 어떤 생각을 하느냐에 달려 있다. 가장 중요한 뇌가 긍정적이고 창조적으로
생각해야 한다. 아무리 뛰어난 두뇌를 가진 사람이라도 부정적인 생각을 창조적으로
사용한다면 조직이나 사회에 해악을 끼칠 뿐이다.

생각은 한자로 思이다. 마음의 밭이라는 뜻으로 마음의 밭을 경작하고 수확한다.

비전의 눈	目 바라보는	Eyes to Look
	超 꿈꾸는	Visionary
	立 세우는	Look beyond the Oblivious

눈目은 세상과 사물을 보는 능력이다.

눈의 역할이 단순히 보이는 것에만 머물러 있지 않다.
리더는 과거에 대한 조명력 'Hindsight'과 현실을 직시하는 현시력 'Eyesight',
보이지 않는 미래에 대한 선견력 'Foresight'이 있어야 한다.
그러면 미래를 상상하고 꿈꾸는 통찰력 'Insight' 있는 비전의 'Visionary' 리더가 될 것이다.

바람은 한자로 望이다. 닿을 수 없는 것을 바라보며 간절히 이루고자 하는 마음이다.

수용의 귀	耳	듣는	Ears to Listen
	開	열린	Open
	得	쌓이는	Listen more than Tell

귀耳는 듣는 힘이다.

곧 귀를 열고 귀를 기울여 사람들로부터 지식과 지혜를 얻어내는 得 능력이다.
열린 리더들은 다른 사람들의 이야기를 통해 새로운 정보를 듣고 자신의 것으로 만들어 나갈 수 있다. 내외부로 마음의 귀를 활짝 열고 올바른 사실과 진실을 들을 때 비로소 사람들이 모이고 따르게 된다.

들음은 한자로 聽이다. 진정한 들음은 귀로 듣고, 눈으로 살피며, 마음으로 받아들인다.

대응의 코	鼻	찾는	Nose to Smell
	敏	민감한	Sensitive, Responsive
	應	선제적	Smell Changes and Respond

코鼻로는 냄새를 맡을 수 있다.

변화의 냄새를 민감하게(敏) 맡아서 빠르게 대응하는(應) 능력이다.
지구상에서 멸종한 종들은 대부분 변화에 둔감한 했다. 덩치가 큰 초식 공룡은 천적이 꼬리를 물면 그 반응이 뇌로 전달되는데 10초나 걸렸다고 한다. 둔감한 대응력으로 가장 먼저 멸종한 공룡이 된 것이다. 강한 자가 아니라 변화에 빠르게 적응하는 자가 살아 남는다.

냄새 맡음은 한자로 口(입 구)와 臭(냄새 취)의 조합인 嗅(후)이다.
냄새를 잘 맡는 개(犬)처럼 세상의 기운을 숨결처럼 느끼는 직관의 감각이다.

정직의 입	口	말하는	Mouth to Speak
	眞	정직한	Honest
	通	소통하는	Tell the Fact and Truth

입口은 소통 通, 즉 커뮤니케이션 능력을 상징한다.

하지만 거짓말로 커뮤니케이션을 잘한다면 큰 문제를 야기한다.
진(眞), 즉 정직하고 진실하게 소통(通)해야 한다. 한 후에 나쁜 결과는 빼고 좋은 것만을
소통하지 말고 사실(Facts) 자체를 전달해야 한다.
조직 내부는 물론 고객과의 소통에 있어서도 진실하지 못한 소통은 불통보다도 위험하다.

말은 한자로 話(화)다. 혀(舌)로 말을 한다(言)는 뜻이다. 말하는 행위, 말의 내용을 의미한다.

협력의 목	持	지지하는	Neck to Support
	項	연결하는	Connective
	協	협력하는	Always Here for You

목項은 협력을 통해서 돕고 지원하는 것이다.

"빨리 가려면 혼자 가고, 멀리 가려면 함께 가라"는 속담처럼, 빨리 갈 때도, 멀리 갈 때도
함께 가야 한다. 모두가 하나로 연결(連)되어 다양한 네트워크와 파트너십을 통해 협력할 때
상상도 못했던 일을 해낼 수 있다. 이를 위해 조직의 개별 기능이 서로 협력하고
외부 조직들과도 협력하여 큰 힘이 발휘될 수 있도록 해야 한다.

지지한다는 支(지)는 무엇인가를 받쳐주는 지팡이의 모양으로, 함께 깊어지는 관계의 힘이다.

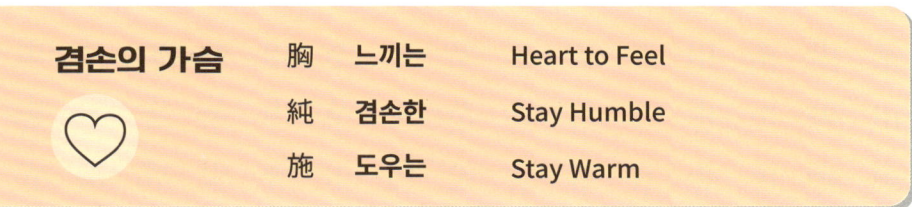

가슴胸은 겸손과 따뜻함의 상징이다.

겸손하고 따뜻한 마음(純)을 가지고 보다 나은 세상을 위해 베풀 줄 아는(施) 사람을 상징한다. 리더가 교만에 빠지면 조직이 파괴된다. 구성원이 모르는 사이에 조직이 고객 위에 군림하게 될지 모른다. 자본주의 5.0 시대는 과거보다 더 겸손하고 따뜻한 진정성 있는 리더를 원한다.

느낌은 한자로 자극(咸)과 마음(心)이 더해진 感(감)이다.
느낀다는 건 몸과 마음이 동시에 반응하는 살아 있음이다.

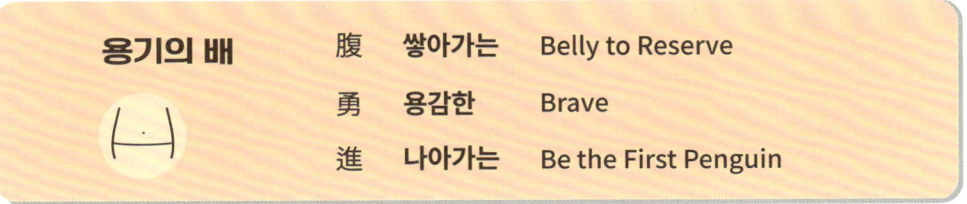

배腹는 배짱이 두둑한 것을 의미한다.

두둑한 뱃심으로 뱃속이 꽉 차면 두려움이 사라진다. 또한 리스크를 이기고 헤쳐 나가는 용기(勇)가 생기고, 변화를 기회로 활용해서 새롭게 도전해 나가는(進) 리더십이 생긴다. 배가 상징하는 의미는 용기와 추진력이다.

용기에 해당되는 한자는 쌓을 대상(禾)과 책임지고 모은다(責)의 조합인 積(적)이다.
시간과 노력을 담아 물건, 경험, 시간, 감정 등을 차곡차곡 모으고 쌓는 행위를 뜻한다.

손手은 사람을 신뢰하고 용병하는 힘이다.

상대방에게 손을 내밀어 악수를 한다는 것은 신뢰(信)를 상징한다.
신뢰를 통해 함께 가도록 이끌고 가는(用) 것이다. 오케스트라의 지휘자는 아름다운 화음을 내도록 각기 다른 악기와 음색을 가진 연주자들을 이끌어 나간다. 밸런스와 음정이 서로 다른 수많은 악기 연주자들을 하나로 이끌어 가는 것은 일종의 용병술이다.

손의 기능에 관계되는 한자는 악(握)으로, 손으로(扌) 무언가를 덮고 움켜쥐다(屋)의 조합이다.
쥔다는 건 기회를 놓치지 않는 의지, 현실을 움켜쥐는 실천이다.

회복의 둔부	臀	앉는	Hip to Sit
	復	끈질긴	Resilient
	忍	인내하는	Never Give Up

엉덩이臀는 안정감의 의미다. 회복 탄력성은 안정감에서 나온다.

자신에게 닥치는 온갖 역경과 어려움을 도약의 발판으로 삼는 능력이다.
회복력이 강한 리더는 나락으로 떨어졌다가도 대부분의 경우 원래 있었던 위치보다
더 높은 곳으로 올라갈 수 있다. 끝까지 포기하지 않는 'Never Give Up'의 정신이 필요하다.

엉덩이의 기능에 해당되는 한자는 坐(좌)다. 두 사람이 흙 위에 무릎을 꿇고 앉아 있는
모습의 상형이다. 앉는다는 건 멈추고 바라보며 내면을 가다듬는 안정의 자세다.

혁신의 다리	脚	뛰는	Legs to Run
	活	혁신적인	Innovative
	跳	도약하는	Leapfrog to Change

다리脚는 달리는 힘이다.

활동적(活)이고 높은 곳으로 도약하는(跳) 다이내믹한 특성이 있다.
물리학 용어 중에 대약진을 의미하는 '퀀텀 점프Quantum Jump'라는 말이 있다. 점진적인 변화가 아니라 단기간에 비약적으로 약진하는 극적인 변화를 일으키는 것을 의미한다. 이것이야말로 혁신의 원동력이다.

달리다는 한자로 走(주)이다. 땅 위에서 발을 내딛고 빠르게 움직이는 사람의 형상이다.
달림은 세상의 흐름에 몸을 맡기며 앞으로 나아가는 움직임이다.

열정의 발	足	걸어가는	Feet to Walk
	熱	열정적인	Passionate
	發	솔선수범의	Step First

발足은 열정이다.

남들보다 한발 먼저 내딛고(發) 더 많이 걷는 열정(熱), 즉 솔선수범을 뜻한다.
리더가 몰입하면 사람들도 몰입한다.
"한 인간에게는 아주 작은 한 걸음에 불과하지만 인류에게는 위대한 도약이다"
인류 최초로 달에 착륙한 아폴로 11호의 우주 비행사 닐 암스트롱의 명언이다.

걷는 것은 한자로 步(보)다. 한 발로 딛고 다른 발로 나아가는 동작을 나타낸다.
걷는다는 건 자신의 속도로 세상과 조화롭게 나아가는 행위다.

열두 가지 인체 리더십 원석 조감

	리더십 원석 Leadership Gem stone			덕목 Being Dimension		
중추 기능	뇌	腦	Brain	긍정	心	Positive
인지 기능	눈	目	Eyes	비전	超	Visionary
	귀	耳	Ears	수용	開	Open
	코	鼻	Nose	대응	敏	Responsive
	입	口	Mouth	정직	眞	Honest
연결 기능	목	項	Neck	협력	協	Supportive
	가슴	胸	Heart	겸손	純	Humble
	배	腹	Belly	용기	勇	Brave
실행 기능	손	手	Hands	신뢰	復	Trustworthy
	둔부	臀	Hip	회복	復	Resilient
	다리	脚	Legs	혁신	活	Innovative
	발	足	Feet	열정	熱	Passionate

<Copyright by SH Lee>

지식/실행 Knowing/Doing Dimension		기능 Function Dimension		
養	Cultivate	思	Think	중추 기능
立	Set up	望	Look	인지 기능
得	Gain	聽	Listen	
應	Respond	嗅	Smell	
通	Communicate	話	Speak	
連	Collaborate	支	Support	연결 기능
施	Serve	感	Feel	
進	Challenge	積	Reserve	
用	Conduct	握	Grasp	실행 기능
忍	Endure	坐	Sit	
跳	Leapfrog	走	Run	
發	Step First	步	Walk	

[그림 6-8 열두 가지 인체 리더십 원석 조감]

나만의 됨됨이 리더십 계발

됨됨이 리더십 계발 과정

[그림 6-9 AID-B 모델]

됨됨이 리더십 계발은 먼저 자신을 이해해서 깨우고, 정체성을 찾아내는 데서 시작된다. 됨됨이 리더십을 계발하는 과정은 Awake yourself(깨우기), Identify yourself(찾아내기), Develop yourself(만들기), Build Compassion(공감 소통하기)의 네 단계로 AID-B 모델로 설명할 수 있다.

나 자신 깨우기 - Awake Yourself

첫 번째 단계는 자기 자신을 깨우는 것이다. 자신의 강점과 약점, 가치관, 목표를 깊이 이해하며 자기 내면을 탐구하는 과정이다. 세상에는 똑같은 사람이 없으며, 각 개인은 독특한 재능과 특징이 있다. 현재 자신이 어떤 일을 하고 있는지, 무엇을 중요하게 여기는지를 명확히 알려 준다. 스스로를 깨우기 위해선 자신의 현재 모습과 삶의 방향을 냉철하게 받아들이고, 변화의 필요성을 인정하는 태도가 필요하다.

정체성 찾아내기 - Identify Yourself

두 번째 단계는 자신의 정체성을 찾아내는 것이다. 자신이 가진 가능성과 재능을 명확히 이해하고 이를 발전시키기 위한 구체적인 계획을 세우는 데 초점이 맞춰져 있다. 영화 〈라이온 킹〉은 자신이 누구인지를 깨닫고, 진정한 정체성을 찾아가는 여정을 보여 준다. 주인공 심바는 과거의 실수와 두려움으로 인해 자신을 잃어버리지만, 주변 인물들의 지지와 내적 성찰을 통해 자기 자리로 돌아온다. 자신의 정체성을 찾는다는 것은 과거와 현재를 받아들이고, 내면 깊은 곳에서 진정한 자신을 발견하는 여정이다.

나만의 리더십 만들기 - Develop Yourself

세 번째 단계는 발견한 자신을 끊임없이 가꾸고 성장시키는 것이다. 리더십의 핵심은 지속적인 자기 개선에 있으며, 이 단계에서는 구체적인 행동 계획을 세우고 일상생활에 적용한다. 스스로의 강점을 강화하고, 약점을 보완하며, 도전적인 상황에서도 성장할 수 있는 리더로 자신을 계발해야 한다. 이 과정에서 중요한 것은 목표에 대한 열정과 지속적인 노력이며, 작은 변화와 성공이 쌓여 큰 리더십을 만들어 간다.

공감 소통하기 - Build Compassion

마지막 단계는 공감 소통으로 됨됨이 리더십을 완성하는 것이다. 타인의 입장에서 생각하고 공감하며, 협력과 신뢰를 강화하는 동시에 조직의 유대감을 증진한다. 단순한 의사 소통의 기술을 넘어, 구성원 간의 관계를 심화하고 갈등 예방 및 해결이 중요하다. 됨됨이 리더십 구축의 핵심 요소로, 조직 내 소통 문화의 질적 향상을 이끄는 필수 도구이다.

Awake Yourself
나 자신 깨우기

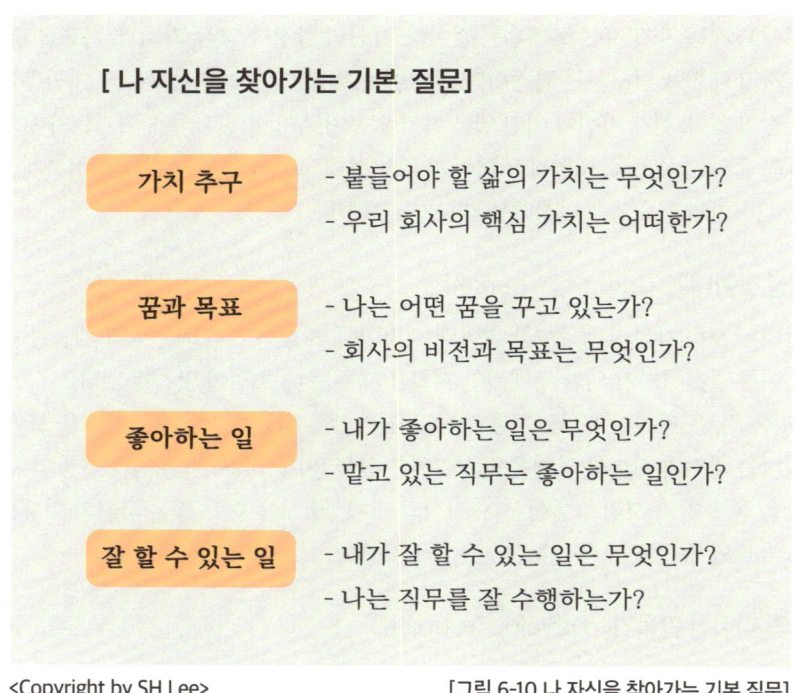

<Copyright by SH Lee>　　　　[그림 6-10 나 자신을 찾아가는 기본 질문]

'나 자신 깨우기(Awake Yourself)'는 자기 이해와 성장의 출발점이다. 빠르게 변하는 세상 속에서 진정한 자아를 찾고 자신의 삶과 일에 대한 방향성을 설정하기 위해서는 내면의 소리에 귀 기울이는 것이 중요하다. 이를 위해 우리는 다음과 같은 네 가지 핵심 질문을 던져야 한다.

'가치 추구'는 삶에서 중요하게 여기는 철학과 회사의 핵심 가치를 일치시키려는 노력이다.
'꿈과 목표'는 장기적인 비전과 목적 의식으로, 자신과 조직이 가야 할 방향을 정립하게 한다.
'좋아하는 일'은 일에 대한 열정과 몰입을 유도하며, 자기 동기 부여의 핵심 요소가 된다.
'잘 할 수 있는 일'은 개인의 강점을 기반으로 효율성과 성취감을 높이는 영역이다.

붙들어야 할 삶의 가치는 무엇인가?

"내 삶의 가장 중요한 가치는 정직과 가족이다. 어떤 상황에서도 진실된 행동을 하려고 노력하며, 가족과의 시간을 최우선에 두고 삶의 균형을 맞추고자 한다."

나는 어떤 꿈을 꾸고 있는가?

"나의 꿈은 환경 보호와 관련된 사회적 기업을 설립하는 것이다. 재활용 기술을 활용해 지속 가능한 제품을 개발하고, 이를 통해 지구 환경에 긍정적인 영향을 미치고 싶다."

내가 좋아하는 일은 무엇인가?

"나는 문제를 창의적으로 해결하고, 새로운 아이디어를 제안하는 일을 좋아한다. 특히 팀원들과 협력하며 목표를 달성하는 과정에서 큰 보람을 느낀다."

내가 잘 할 수 있는 일은 무엇인가?

"나는 복잡한 문제를 체계적으로 분석하고, 해결책을 제시하는 능력이 있다. 사람들과 효과적으로 소통하며 팀워크를 이끌어 내는 강점이 있다."

우리 회사의 핵심 가치는 어떠한가?

"우리 회사는 혁신과 신뢰, 지속 가능성을 중시한다. 기술 혁신을 통해 고객의 삶을 개선하고, 환경을 고려한 지속 가능한 사업 모델을 추구한다."

회사의 비전과 목표는 무엇인가?

"우리 회사의 비전은 전 세계적으로 인정받는 기술 기업이 되는 것이다. 목표는 5년 내 주요 시장에서 점유율 15%를 달성하고, 사회에 기여하는 혁신적 제품을 출시하는 것이다."

맡고 있는 직무는 좋아하는 일인가?

"나는 프로젝트 매니저로서 팀의 목표 달성을 위해 계획을 세우고, 자원을 효율적으로 관리하며, 프로젝트가 성공적으로 완료될 수 있도록 조율하는 일을 하고 있다."

나는 직무를 잘 수행하는가?

"나는 소비자 반응을 읽고 트렌드를 빠르게 파악하는 감각이 뛰어나다. 메시지를 창의적으로 구성하고, 여러 부서와 협력하여 프로젝트를 효과적으로 완수하는 역량이 있다."

Identify Yourself
나만의 정체성 찾아내기

(10점 만점 기준)

리더십 원석		리더십 개발 기본적 질문	현재 (As-is)	3년후 희망 (To-be)
뇌	긍정	1 긍정적으로 생각하고 창조적 아이디어를 내는가?	9	10
눈	비전	2 꿈이 많고 비전이 높은 편인가?	7	10
귀	수용	3 다른 사람의 말을 경청하고 수용하는가?	5	10
코	대응	4 세상의 변화에 늘 관심을 가지고 미리 대응하는가?	8	9
입	정직	5 어떤 일에도 정직하게 말하고 행동하는가?	9	10
목	협력	6 다른 사람을 도와주고 협력을 잘 하는가?	5	9
가슴	겸손	7 누구에게나 늘 겸손하게 대하는가?	5	10
배	용기	8 무슨 일에도 용기 있게 도전하는가?	4	7
손	신뢰	9 다른 사람으로부터 믿음과 신뢰를 받는가?	4	10
둔부	회복	10 어려움을 견디고 이겨내는 회복력이 있는가?	4	8
다리	혁신	11 무엇이든 더 좋게 만들겠다는 혁신적 생각을 하는가?	7	8
발	열정	12 주어진 하찮은 일에도 몰입하여 열정을 다하는가?	9	9

<Copyright by SH Lee>

[그림 6-11 열두 가지 리더십 개발 기본 질문]

위의 표는 리더십 개발을 위한 열두 가지 핵심 질문을 통해 현재(As-Is)의 리더십 수준을 점검하고, 3년 후 달성하고자 하는 미래(To-Be)의 목표를 설정함으로써 자신만의 리더십 향상 기준을 세우는 데 활용된다. 각 질문은 리더십의 열두 개 원석과 연결되어 있으며, 현재와 미래의 점수를 비교하며 발전 방향을 구체화할 수 있다. 이를 통해 리더로서 갖춰야 할 리더십의 현재 모습을 파악하고 미래의 목표를 세울 수 있다.

Develop Yourself
나만의 리더십 웹 만들기

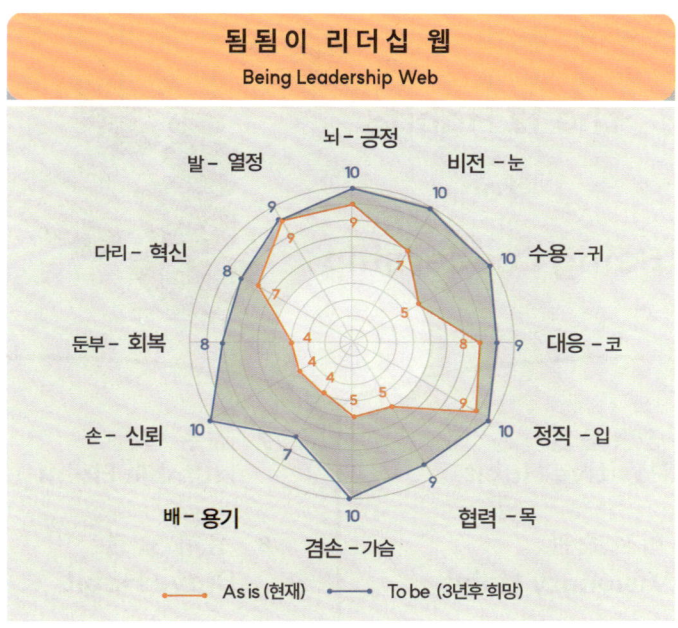

[그림 6-12 김철수의 나만의 리더십 웹]

'열두 가지 리더십 개발 핵심 질문'에 표시한 현재와 미래의 점수를 거미줄 모양의 웹에 표시하면, 열두 가지 리더십 별로 현재와 미래의 갭(Gap)을 명확히 파악할 수 있다.

김철수의 경우, 현재 긍정적 사고와 열정, 정직함 등의 리더십 역량은 높은 반면 협력, 겸손, 신뢰, 용기 같은 '관계적 리더십 요소'는 상대적으로 낮게 나타난다. 하지만 3년 후를 목표로 설정한 To-Be 리더십 웹을 보면, 그는 이 모든 요소를 고르게 9~10으로 끌어올리고자 하는 의지를 보여 주고 있다. 이는 전방위적으로 균형 잡힌 인격형 리더로 발전하려는 그의 의지를 나타낸다.

됨됨이 리더십 웹은 현재와 미래의 간극을 시각적으로 드러냄으로써, 김철수가 리더십의 어떤 영역을 집중적으로 계발해야 하는지 명확하게 제시해 준다.

됨됨이 리더십 습관 만들기

열두 가지 됨됨이 리더십 습관

the 12 Habits

for

Being Leadership

1 긍정 습관
   Positive Habit

2 비전 습관
   Visionary Habit

3 수용 습관
   Open Habit

4 대응 습관
   Responsive Habit

5 정직 습관
   Honest Habit

6 협력 습관
   Supportive Habit

7 겸손 습관
   Humble Habit

8 용기 습관
   Brave Habit

9 신뢰 습관
   Trustworthy Habit

10 회복 습관
   Resilient Habit

11 혁신 습관
   Innovative Habit

12 열정 습관
   Passionate Habit

<Copyright by SH Lee>

[그림 6-13 열두 가지 됨됨이 리더십 습관]

1. 긍정 습관 - 뇌
무엇이든 다르게 생각해 본다.
항상 더 나은 가치를 추구한다.

2. 비전 습관 - 눈
보이지 않는 저 너머를 본다.
크고 담대한 생각을 한다.

3. 수용 습관 - 귀
말하기보다 경청한다.
다르지만 좋은 의견은 받아들인다.

4. 대응 습관 - 코
변화의 냄새를 민감하게 맡는다.
빠르게 변화를 준비하고 대응한다.

5. 정직 습관 - 입
정직하게 말한다.
사실과 진실을 그대로 소통한다.

6. 협력 습관 - 목 / 허리
무엇이든 항상 도와준다.
목표를 위해 함께 힘을 더한다.

7. 겸손 습관 - 가슴
따뜻하게 대한다.
겸손하게 대한다.

8. 용기 습관 - 배
위험을 감수하고 시작한다.
과감하게 먼저 도전한다.

9. 신뢰 습관 - 손
약속은 반드시 지킨다.
사람을 믿고 맡긴다.

10. 회복 습관 - 둔부
위기 극복에 자신감을 가진다.
끝까지 포기하지 않는다.

11. 혁신 습관 - 다리
크게 바꾸려고 생각한다.
생각한 것은 바로 시도해 본다.

12. 열정 습관 - 발
솔선수범으로 먼저 나아간다.
몰입하여 최선을 다한다.

됨됨이 리더십 습관 만들기 사례

습관 1 뇌 - 긍정의 습관

일의 흐름	긍정 습관
현상 파악	보이는 현상에 의문을 제기한다
새로운 발상	바꿀 수 있는 아이디어를 발상한다
발품 손품	발품을 팔아 최고를 찾는다
가치 추가	다르게 생각하고 가치를 더한다
지속적 추진	새로운 아이디어를 바로 실행한다
설득과 인내	끝까지 포기하지 않고 성취한다

보이는 것, 모두 바꾸어 본다
足品想像

일의 흐름	실 제 사 례
현상 파악	말과 글이 달라 백성들이 소통하기 어렵지 않은가?
새로운 발상	쉽게 소통할 수 있는 새로운 언어 창조의 발상
발품 손품	중국어, 만주어, 몽골어, 산스크리트어 등
가치 추가	모든 소리를 쓰고 말할 수 있는 문자
지속적 추진	표의 문자보다 표음 문자를 테스트
설득과 인내	최만리 등 집현전 원로 학자와 군신들 반대

세종 대왕
조선왕조 제4대 왕
(1397~1450)

조선 사회의 문화, 행정, 학문 발전에 기여
읽고 쓰기 편한 표음 문자, 훈민정음 창제
- 반포 당시 자모 28자(자음 17 모음 11)
- 현재 자모 24자(자음 14 모음 10)

조선의 과학기술을 세계 수준으로 향상
- 천민 출신 장영실 등용
- 신과학기술로 해시계, 측우기 등 발명

조선 초기의 문예부흥을 이끌어 냄
- 집현전 설치, 아악/법전/역학 등의 정비

<Copyright by SH Lee> <사진 출처 : 위키백과>

습관 2 눈 - 비전의 습관

일의 흐름	비전 습관
현상 파악	보이는 현상에 의문을 제기한다
비전 수립	크고 담대한 목표를 세운다
시장 조사	시장과 고객의 필요를 파악한다
우선 순위	일의 우선 순위를 정한다
목표 설정	실현가능한 구체적인 목표를 세운다
과감한 실행	목표를 과감하게 함께 실행한다

박 정 희
대한민국 5~9대 대통령
(1917~1979)

조국 근대화의 비전 제시
- '부강한 나라, 잘 사는 나라'를 추구
- 경제개발 5개년 계획, 새마을 운동 등을 범국민적으로 주도
- 가난에 찌든 나라에서 국민들에게 '잘 살아보세', '우리도 할 수 있다'는 신념을 심어 '한강의 기적' 실현

1인당 GDP :
$82(1,961년) $1,636(1979년)
$35,000년(2023)

보이지 않은 먼 곳을 보라
着眼大局

일의 흐름	실 제 사 례
현상 파악	국가 빈곤의 원인 - 왜 대한민국은 가난한가?
비전 수립	조국 근대화, 잘 살아보세!, 우리도 할 수 있다!
시장 조사	의식주 해결과 부국강병 - 라면부터 미사일까지
우선 순위	국가발전의 산업별 우선순위 - 수출 드라이브 정책
목표 설정	경제개발 5개년 계획 - 피와 눈물과 땀의 역사
과감한 실행	전문가 등용의 용병술 - 새마을운동 추진

<Copyright by SH Lee> <사진 출처 : 위키백과>

습관 3 코 - 대응 습관

일의 흐름	대응 습관
실상 파악	현상을 제대로 파악하고 있다
관심과 시선	변하는 것은 관심있게 관찰한다
변화 확신	미래 변화에 대해 확신한다
빠른 실행	위험을 감수하고 투자 실행한다
시행 착오	시행착오를 바르게 개선한다
지속 변화	끊임없이 변화에 도전한다

매일 새롭게 바꿔보라
日新又日新

일의 흐름	실 제 사 례
실상 파악	한국은 세계의 최빈국, 산업이 없는 나라
관심과 시선	국민 의식주 생활과 미래 성장 산업을 관찰과 조사
변화 확신	과학자/전문가 그룹과의 토론, 데이터 통한 확신
빠른 실행	도쿄 선언 (1983) - VLSI(초대규모직접회로) 투자
시행 착오	세계 최초 64K D램개발, 수율
지속 변화	설탕부터 반도체까지, 전방위 미래 산업에 투자

<Copyright by SH Lee> <사진 출처 : 위키백과>

이 병 철
삼성그룹 창업주
(1910~1987)

과감한 결단으로 반도체 투자
- 1983년 도쿄 선언 :
  오늘을 기해 삼성은 VLSI(대규모집적회로) 반도체 사업에 투자하기로 한다.
- 한국 정부와 전문가들의 반대
- 일본 기업가와 연구소의 비판 :
  삼성이 반도체를 할 수 없는 다섯 가지 이유
- 투자 6개월만에 64K D램 개발 ('83년 12월)
- 세계 최초로 256M D램 개발 ('94년 9월)
  - '24년 삼성전자 매출 301조

습관 4 가슴 - 겸손 습관

일의 흐름	겸손 습관
실상 파악	현상을 제대로 파악하고 있다
우주 속 존재	나는 작은 존재라고 생각한다
고객 존중	고객 의견을 항상 따른다
무지 질문	모르는 것이 있으면 반드시 물어본다
이웃 사랑	내가 사는 지구와 사회를 사랑한다
작은 도움	세상을 위해 작은 도움을 생활화한다

존 매키
홀푸드마켓 CEO
(1954~)

**겸손한 경영자로
자신의 업적보다 직원들을 위해 경영**
- 다른 미국 기업들에 비해 직원은 높은 급여, 임원은 낮은 급여를 받음
- 스톡 옵션의 93%를 임원이 아닌 일반 직원들이 보유하도록 함
- "이윤 창출이 아닌 사회 기여를 위해 경영하면 소비자, 공급자, 직원들의 높은 충성도를 이끌어 내 결국 기업 성장에도 도움이 된다."

**Every Little Helps
(작은 도움)**
同心一助

일의 흐름	실제 사례
실상 파악	식품사업은 잘 하지만, 사회에 조직적인 도움 부족
우주 속 존재	항상 자신을 낮추는 겸손한 자세
고객 존중	먼저 고객의 소리를 듣고 실천할 수 있도록 노력
무지 질문	더 나은 세상을 위해 무엇을 할 수 있는지 항상 질문
이웃 사랑	식품으로 지구와 사회에 기여할 수 있는 활동
작은 도움	사회 공동체와 함께 지속적인 실천

<Copyright by SH Lee> <사진 출처 : 위키백과>

습관 5 둔부 - 회복 습관

일의 흐름	회복 습관
실상 파악	현상을 제대로 파악하고 있다
문제 인식	문제를 제대로 인식한다
가치의 재조명	핵심 가치를 다시 조명한다
빠른 대응	빠른 대응 조치를 한다
실패 자산	실패를 스승으로 삼는다
내재화	지속적으로 핵심 가치를 내재화한다

실패를 스승으로 삼는다
七顚八起

일의 흐름	실제 사례
실상 파악	도요타 차량 불량 사태 발생
문제 인식	자만심, 지나친 원가절감 - 핵심 가치의 왜곡
가치의 재조명	'원가'가 아니라 '안전'이라는 핵심 가치의 재조명
빠른 대응	불량 차량 과감한 리콜 실시 - 전 세계 1,200만대
실패 자산	세계 1위 자동차 회사로 도약하는 기회로 활용
내재화	핵심 가치의 내재화로 지속 가능 성장

<Copyright by SH Lee> <사진 출처 : 위키백과>

도요타 아키오
도요타 대표이사 회장
(1956 ~)

기본 가치로 돌아가 도요타를 부활시킴
- 2009년 도요타 취임 후 미국발 금융위기, 대량 리콜 사태, 동일본 대지진 등 연속된 대형 악재로 '비운의 아키오'라고 불림
- 기본 가치로 돌아가 철저하게 품질 중심으로 모든 경영 활동을 진행
- 세계 1위 자동차 제조회사 위상 회복

습관 6 다리 - 혁신 습관

일의 흐름	혁신 습관
현상의 파악	우리의 현실을 제대로 파악하고 있다
시장과 기술	시장과 기술변화를 선도한다
비즈 모델	비즈니스의 큰 흐름을 바꾼다
제거와 변화	사소한 일, 가치 없는 일은 제거한다
빠른 실행	완벽보다 빠르게 실행한다
공감 소통	공감 소통으로 실행을 가속화한다

이 건 희
전 삼성전자 회장
(1942~2020)

1993년 프랑크푸르트 신경영 선언
- 量 경영에서 質 경영으로
- 삼성을 초일류 기업의 반열로 올려 놓음

삼성전자, 세계 초일류 기업으로 변신
- 삼성전자 매출 280조('21년)
- 메모리 반도체 M/S 42%, 휴대폰 23%

전방위 산업 세계 최고 수준으로 성장
- 삼성바이오로직스, 중공업, 건설, 호텔, 의료

마누라 자식 빼고 다 바꿔라
換骨奪胎

일의 흐름	실 제 사 례
현상의 파악	다른 관점으로 변화를 바라본다 - 통찰의 시선
시장과 기술	초격차 기술로 시장 선점 전략
비즈 모델	量에서 質경영으로 / 초일류 기업 추구
제거와 변화	마누라와 자식 빼고 다 바꿔라
빠른 실행	반도체는 시간 산업, 최고로 빠른 의사결정과 실행
공감 소통	공감 소통으로 공감 형성과 소통 효과 극대화

<Copyright by SH Lee> <사진 출처 : 위키백과>

습관 7 발 - 열정 습관

일의 흐름	열 정 습 관
현상 파악	나는 어떻게 일하고 있는가 ?
몰입 경지	작은 일에도 최선을 다한다
신바레이션	함께 배우고 즐겁게 일한다
격려 언어	사람을 격려하는 언어를 사용한다
성과 나눔	성과를 함께 나누고 기뻐한다
가치 공유	일하는 이유와 가치를 공유한다

스스로 불태우지 않으면
타인을 불태울 수 없다
率先垂範

일의 흐름	실 제 사 례
현상 파악	항상 최선을 다하고 최고가 되겠다는 자세
몰입 경지	증기기관 하부 허드렛일에도 몰입
신바레이션	직물공장 등 다양한 직업에서 즐겁게 배우고 일함
격려 언어	밀물은 반드시 온다. 그날, 나는 바다로 나아가리라!
성과 나눔	직원 성과 보상으로 40명 이상의 백만장자 배출
가치 공유	사회 환원 - 3천 개 도서관, 카네기홀 대부분 재산 등

<Copyright by SH Lee> <사진 출처 : 위키백과>

앤드류 카네기
미국 철강 재벌
(1835~1919)

항상 최선을 다하고 최고가 되겠다는
자세로 노력, 철강왕이 됨

- 12살부터 방적회사 증기기관 화부, 직물공장 등 여러 직업에 종사하여 다양한 경험
- 우편 배달부로 일할 때 '미국에서 제일가는 우편배달부가 되겠다'는 마음가짐으로 일해 우편배달부에서 전신 기사로 발탁
- 비즈니스 감각을 익혀 '펜실베이니아 철도회사' 취직 후, 철도사업 관련 주식투자로 부를 축적

습관 8 손 - 신뢰 습관

일의 흐름	신뢰 습관
실상 파악	현상을 제대로 파악하고 있다
인재 발탁	뛰어난 사람을 등용하고 교육한다
권한 이양	함께 일하는 사람을 믿는다
약속 이행	작은 약속도 반드시 지킨다
타인 배려	상대방의 이익을 배려한다
지속 추진	일관성 있게 지속적으로 추진한다

구 본 무
LG 그룹 3대 회장
(1945~2018)

그룹 전반에 일관성 있는 정도경영 실천
- 일관성 있는 신뢰 경영, 정도 경영 실천
- 고객 신뢰의 기반이 되는 품질, 안전 환경 등 기본을 철저히 준수
- 2003년 국내 대기업 최초, 지주회사 체제로 전환하여 투명하고 신뢰할 수 있는 문화 정착
- LG의 글로벌화, 브랜드 강화, 기술 혁신, 윤리 경영을 바탕으로 그룹의 장기적인 성장 기반을 구축

당신을 믿습니다
無信不立

일의 흐름	실 제 사 례
실상 파악	미래 성장 동력을 위한 현상 파악
인재 발탁	시장 선도를 위한 업의 개념에 맞는 인재 등용
권한 이양	그룹회사 리더들에게 전권 이양
약속 이행	약속을 잘 지키는 관계 중심의 기업 문화 형성
타인 배려	직원과 협력 업체에 적절한 보상
지속 추진	배터리 사업의 성공

<Copyright by SH Lee> <사진 출처 : 위키백과>

습관 9 배 - 용기 습관

일의 흐름	용기 습관
실상 파악	현상을 제대로 파악하고 있다
자신감	할 수 있다는 자신감을 가진다
긍정적 사고	긍정적으로 최선의 생각을 한다
솔선 도전	용기있게 먼저 도전한다
지속 추진	끊임없이 계속 추진한다
실패 자산	실패를 자산으로 삼는다

임자, 해 보긴 했어?
無限挑戰

일의 흐름	실 제 사 례
실상 파악	국가 발전과 미래 변화에 대한 통찰
자신감	"임자, 해 보긴 했어?"
긍정적 사고	거북선 5백 원 지폐로 영국은행 설득
솔선 도전	자동차, 조선 사업에 최초로 투자
지속 추진	자동차, 조선사업, 건설중공업 등 지속 도전
실패 자산	"시련은 있어도 실패는 없다"

<Copyright by SH Lee> <사진 출처 : 위키백과>

정 주 영
현대그룹 창업주
(1915~2001)

낙관적인 사고와 자신감으로 한국의 산업화 현대화에 큰 족을 남김

- 1930년대 쌀 배달부터 시작해, 자동차 정비업, 건설업 등을 거치며, 20세기 한국의 경제 성장을 이끔
- 1990년대에 정계 진출했지만 낙선 1998년에 소 떼를 이끌고 방북한 것을 계기로 금강산 관광 등을 유치한 대북 사업의 선구자
- 자동차, 철강, 석유화학 등 현대그룹의 글로벌화

습관 10 목/허리 - 협력 습관

일의 흐름	협력 습관
현상의 파악	가용자원을 협력해서 활용한다
정보의 공유	정보와 지식을 파트너와 공유한다
자율 토론	자유 토론으로 아이디어를 촉진한다
아이디어 격려	새로운 아이디어와 제안을 격려한다
적시 자원 제공	실행을 위해 시간과 자원, 적시 제공한다
빠른 피드백	빠르고 지속적인 피드백을 제시한다

에릭 슈미트
전 구글 CEO
(1955~)

존재하는 모든 정보를 담는 글로벌 플랫폼
- 안드로이드 생태계 형성
- 모바일 플랫폼에서 IoT 플랫폼 사업 주도

전방위 사업 확장
- AI, VI, 드론, 유튜브 이용 커머스, 클라우드 서비스, 자율주행자, 로봇, 헬스케어, 스마트홈, 캐피탈 사업

무위 리더십
- 틀에 얽매이지 않은 방임형 조직 문화로 혁신적 가치를 끊임없이 생산
(창사 20년 만에 연 매출 1천억 달러)

멀리 가려면 함께 가라
遠行以衆

일의 흐름	실 제 사 례
현상 파악	다양한 파트너와 협력 – 안드로이드 생태계 형성
정보 공유	파트너간 정보의 연결과 공유 – 개발 소스 공유
자율 토론	자유 토론과 자율적 의사결정 – 우위 리더십
아이디어 격려	파트너와 상호 오픈 제안 – 워크플레이스
적시 자원 제공	직원 아이디어에 자원 적시 제공 – 20%시간 제도
빠른 피드백	구글 가이스트 직원 설문조사, 한달 내 피드백

<Copyright by SH Lee> <사진 출처 : 위키백과>

습관 11 입 - 정직 습관

일의 흐름	정직 습관
현상 파악	일어난 현상을 제대로 파악하고 있다
이실 직고	사실 그대로 정직하게 말한다
손실 감수	손해 되는 말도 사실대로 말한다
열린 경청	듣기 싫은 말도 경청한다
가치 소통	정직의 가치를 지속적으로 심는다
완전 정직	언제나 용감하고 정직하게 말한다

정직한 사람은 길을 잃지 않는다
言行一致

일의 흐름	실 제 사 례
현상 파악	타이레놀 독극물 사망 사건 발생 - 언행일치
이실 직고	소비자 경보 발령/ 정보 공개- 200만 통 편지 발송
손실 감수	제품 복용 금지 홍보- 3천만 병 리콜/1억 달러 손해
열린 경청	소비자 불만 수용과 정보 공개
가치 소통	소비자 신뢰 회복을 위한 크레도 소통 강화
완전 정직	타이레놀 연간 15억 달러 매출로 효자 상품 전환

<Copyright by SH Lee> <사진 출처 : 위키백과>

짐 버크
전 존슨앤존슨 CEO
(1925~2012)

정직하고 빠른 대처로 위기 극복
- 1982년 타이레놀 독극물 사건으로 7명 사망
- 미국 전역의 타이레놀 전량 수거 파기
- 회사의 직접적인 잘못이 없는 것으로 밝혀진 후에도 해명 광고를 내는 대신, 병원, 약국, 도매상 등에 주의 환기 편지 200만 통 발송
- 7%까지 떨어졌던 시장점유율이 소비자의 신뢰 회복으로 3개월 만에 40%로 회복

습관 12 귀 - 수용 습관

일의 흐름	수용 습관
실상 파악	현상을 제대로 파악하고 있다
많이 듣기	말하기보다 더 많이 듣는다
의견 경청	나와 다른 의견도 존중하고 경청한다
감정 이해	상대방의 감정까지 이해하고자 한다
적극 호응	상대의 말에 적극적으로 호응한다
배움 습관	다양한 사람을 만나 배우고 익힌다

마하트마 간디
인도 종교지도자
(1869~1948)

진실, 인류애 바탕으로 인도 국민을 이끔
- 무상해, 인류애로 폭력성 부정
- 이중 기준을 버린, 진실/비폭력의 도덕적 원칙으로 의사결정 및 행동
- 자기 조절 능력과 대인 관계능력의 강한 회복 탄력성으로 인도를 영국에서 독립
- 힌두교, 이슬람교, 기독교 종교적 관용
- 1999년 NYT : 간디의 비폭력, 무저항 운동을 1천년 간의 최고의 혁명으로 선정, 노벨평화상 수상 후보자 네 차례 선정

바다는 수많은 강물을 모두 받아들인다
海納百川

일의 흐름	실 제 사 례
실상 파악	인도의 식민지 위치와 극심한 빈곤 문제
많이 듣기	영국, 남아공에서 듣고 배우고 지식과 지혜를 터득
의견 경청	국민들의 어려움과 요구를 경청
감정 이해	인도 국민의 감정과 영국의 입장을 동시 이해 노력
적극 호응	비폭력 무저항주의 실천
배움 습관	끊임없이 듣고 배우고 실천해 나감

<Copyright by SH Lee> <사진 출처 : 위키백과>

리더십을 완성하는 공감 소통

소통의 의미와 중요성

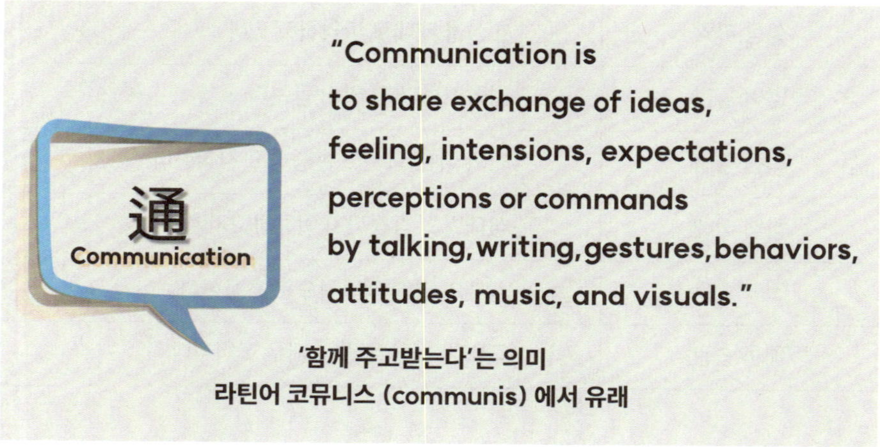

"Communication is to share exchange of ideas, feeling, intensions, expectations, perceptions or commands by talking, writing, gestures, behaviors, attitudes, music, and visuals."

'함께 주고받는다'는 의미
라틴어 코뮤니스 (communis) 에서 유래

<Copyright by SH Lee>

[그림 6-14 소통의 의미]

Communication은 라틴어 코뮤니스(Communis) '공통의, 함께 나누는' 뜻에서 유래했으며, '공유하다, 나누다'라는 뜻의 'Communicate'가 이 말에서 파생되었다.
소통이란 '말, 글, 제스처, 행동, 태도, 음악, 시각자료' 등을 통해 이루어지며,
'생각, 느낌, 의도, 기대, 인식, 명령' 등을 나누는 것이다.
리더십은 소통을 통해 공감을 이끌어 내고
사람들을 비전과 목표를 향해 한방향으로 함께 나아가게 만드는 영향력이다.

소통의 가장 큰 문제는 소통이 이루어졌다는 착각이다. - 조지 버나드 쇼
The single biggest problem in communication is the illusion that it has taken place.

소통에서 가장 중요한 것은 말하지 않은 것을 듣는 것이다. - 피터 드러커
The most important thing in communication is hearing what isn't said.

소통이란 무엇일까?
단순히 말을 주고받는 것이 아니다. 상대의 생각을 듣고, 자신의 생각을 전하며,
서로의 마음을 이해하려는 '의지'가 담겨야 진짜 소통이다. 상대방의 말 뒤에 숨은 감정을 읽고,
보이지 않는 맥락을 포착하는 것. 이것이 진정한 소통이다.

소통은 왜 중요할까?
사람은 혼자서는 살아갈 수 없는 존재다. 아무리 뛰어난 재능을 가졌어도, 타인과 연결되지
않는다면 그 재능은 빛을 잃는다. 소통은 신뢰를 만들고, 신뢰는 협력과 성장을 가능하게 한다.

조직에서도 마찬가지다. 뛰어난 개인들이 모였다고 해서 반드시 좋은 결과가 나오는 것은
아니다. 서로의 생각과 목표를 소통하지 않는다면 오히려 오해가 쌓이고, 갈등이 깊어질 수
있다. 반면, 소통이 살아 있는 조직은 작은 문제도 빠르게 발견하고, 함께 해결 방안을 찾으며
유기적으로 움직인다. 소통은 조직을 숨 쉬게 하고, 목표를 향해 나아가게 하는 혈관 같은 존재다.

오늘날처럼 변화가 빠른 시대에는 더욱 그렇다. 기술은 우리의 소통 수단을 혁신했지만,
동시에 진정성 있는 소통은 더 어려워졌다. 메신저로 보내는 짧은 답장, 화면 너머로 나누는
화상회의 속에서는 종종 마음이 닿지 않는다. 그래서 지금은 '얼마나 빠르게'가 아니라 '얼마나
깊게' 소통하느냐가 더 중요한 시대다.

소통은 개인의 성장과도 깊이 연결된다. 자신을 표현하고, 타인의 피드백을 받아들이며
성장하는 과정이 바로 소통이다. 소통이 없는 성장에는 반드시 한계가 온다.
좋은 리더가 되기 위해서도, 좋은 친구나 가족이 되기 위해서도 결국 소통이 기본이다.

요약하면, 소통은 개인의 성장, 조직의 성공, 사회적 연대 모두를 가능하게 하는
핵심 역량이다. 좋은 소통은 단순한 말재주가 아니라, 마음을 열고 함께 가치를 만들어 가는
능력이다. 소통의 힘을 아는 사람과 조직만이 빠르게 변화하는 세상 속에서도 신뢰를 얻고
지속적으로 성장할 수 있다.

공감 소통의 여섯 가지 방법

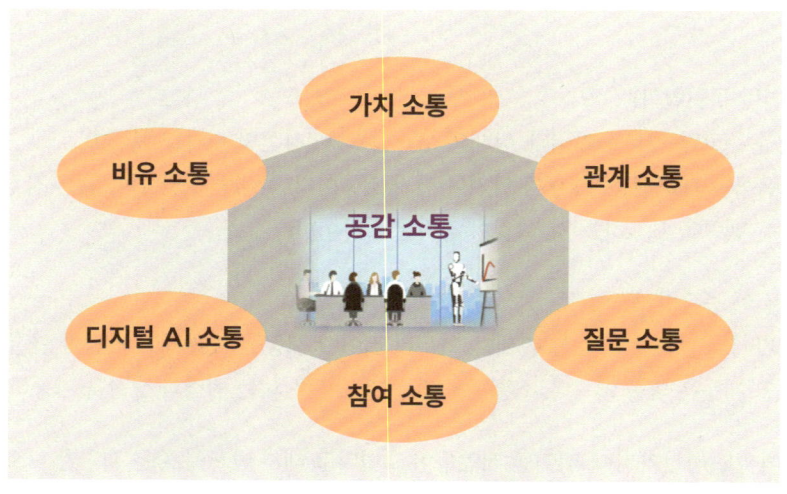

<Copyright by SH Lee>

[그림 6-15 공감 소통의 여섯 가지 방법]

상대방의 감정, 생각, 관점을 깊이 이해하고 존중하며 이루어지는
소통 방식으로, 단순한 정보 전달을 넘어 상호 신뢰와 협력을 구축한다.
이는 경청, 공감, 열린 대화를 통해 관계를 강화하며, 조직 내에서는 구성원 간의 이해를
높이고, 팀워크와 목표 달성을 촉진하는 중요한 소통 방식이다.
이러한 공감 소통을 돕는 방법으로 가치, 관계, 질문, 참여, 디지털 AI, 비유 등의
여섯 가지가 활용될 수 있다.

그들은 당신이 한 말을 잊을 수 있지만, 당신이 그들에게 느끼게 한 감정은 결코 잊지 못할 것이다.
They may forget what you said, but they will never forget how you made them feel.
- 마야 안젤루 (Maya Angelou, 1928~1914)

리더는 위의 여섯 가지 다양한 공감 소통의 방법들을 활용해 구성원들과의 신뢰를 구축하고,
조직의 목표를 향한 협력을 이끌어 낸다. 각각의 소통 방식은 상황에 적절하게 사용될 때에
리더가 조직의 방향을 설정하고 구성원과 함께 그 길을 걸어가는 데 필요한 도구로
더욱 효과적으로 작용한다.

가치 소통

리더는 조직의 핵심 가치를 명확히 전달한다. 가치 소통은 조직의 정체성과 방향성을 공유하는 과정으로, 리더가 자신의 말과 행동으로 가치를 실천할 때 구성원들이 이를 내면화한다. 등대가 어두운 밤에 방향을 제시하듯 조직의 통일성을 강화하는 역할을 한다.

관계 소통

리더십은 관계를 형성하고 유지하는 데서 시작된다. 관계 소통은 신뢰와 유대를 바탕으로 구성원과 깊이 연결되게 한다. 다리처럼 사람과 사람을 이어주는 역할을 하며, 협력과 소속감을 증진시킨다.

질문 소통

리더는 정답을 제시하기보다 올바른 질문을 통해 구성원이 스스로 답을 찾도록 돕는다. 질문 소통은 리더십의 촉매제로 작용하며, 구성원의 창의성과 문제 해결 능력을 이끌어 낸다. 씨앗을 심어 나무로 키우는 과정처럼 성장을 돕는다.

참여 소통

리더는 구성원들의 목소리를 듣고 의사결정에 참여시킨다. 참여 소통은 구성원들이 조직의 일원으로 존중받는다는 느낌을 주며, 몰입과 동기를 높인다. 공동의 악보로 오케스트라를 조율하는 지휘자처럼 조직의 화음을 만들어 낸다.

디지털 AI 소통

리더는 디지털 기술로 구성원들과 신속하고 정확하게 연결된다. 디지털 AI 소통은 데이터를 기반으로 투명하고 신뢰성 있는 소통을 가능하게 한다. 거미줄처럼 조직을 연결하는 네트워크 역할을 하며, 효율성과 접근성을 높인다.

비유 소통

리더는 복잡한 메시지를 쉽게 이해시키기 위해 비유와 스토리텔링을 활용한다. 비유 소통은 추상적인 개념을 구체화하여 구성원들의 공감을 끌어낸다. 그림을 그리듯 메시지를 전달하는 화가처럼 비전을 효과적으로 전파한다.

가치의 공감 소통

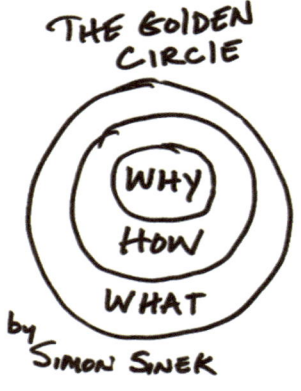

목표　　- Goal
What the company does to fulfill the core belief?

전략　　- Strategy
How the business fulfills the core belifs?

핵심 가치 - Core Value
Why the business exists?

<Copyright by SH Lee>　　　　　　　　　　　　[그림 6-16 가치 소통]

가치 소통은 개인이나 조직이 중요하게 여기는 가치와 신념을 명확히 하고,
이를 구성원들과 일관되게 전달하는 소통 방식으로 조직의 목표와 문화를 형성하고,
구성원들이 동일한 방향으로 나아가도록 한다.

애플은 'Think Different'라는 가치를 중심으로
사람들에게 창의적이고 혁신적인 삶의 방식을 제안한다.

스티브 잡스는 직원들과 고객들에게 "우리는 세상을 바꾸기 위해 일한다"는
분명한 목적(Why)을 제시해 직원들에게 일에 대한 자부심을 심어주고,
고객들에게 애플 제품을 단순한 기술이 아니라 라이프 스타일로 인식하게 했다.

가치 소통을 통해 애플은 구성원들의 자발적 열정을 끌어내고,
고객들과 깊은 공감대를 형성하여 브랜드 충성도를 높였다.

관계의 공감 소통

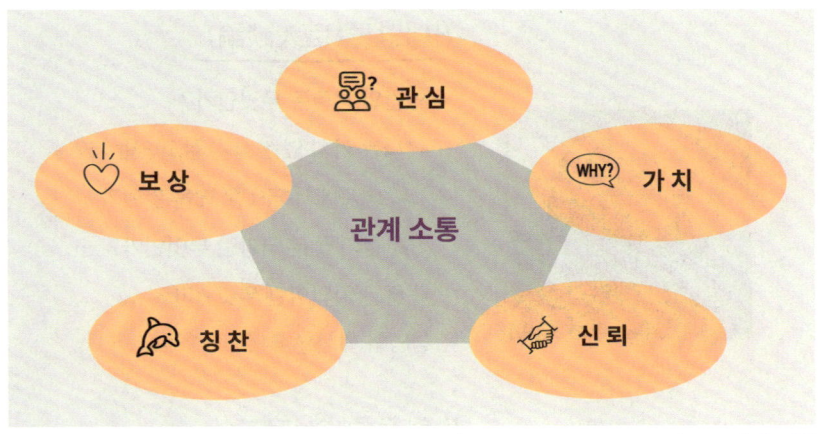

<Copyright by SH Lee>   [그림 6-17 관계 소통]

관계 소통은 관심을 시작으로 가치로 방향을 맞추고, 신뢰로 다지고, 칭찬으로 북돋고, 보상으로 지지하는 일련의 과정이다.

관심 - 관심을 가지면 공감이 시작된다 : 관심은 관계의 첫걸음이다. 상대의 생각과 감정에 진심으로 귀 기울일 때 공감의 문이 열린다. 첫걸음은 '관심'이다

가치 - 일하는 이유를 잘 설명하면 모두가 일에 몰입한다 : 가치를 공유한다. 왜 함께 일하고, 왜 이 일을 하는지에 대한 의미를 나누면 같은 방향을 바라보게 된다.

신뢰 - 신뢰하면 공감하고 따른다 : 신뢰는 공감 소통의 중추다. 말보다 행동으로 일관성과 진정성을 보여 줄 때 신뢰는 자연스럽게 쌓인다.

칭찬 - 칭찬은 고래도 춤추게 한다 : 칭찬은 작은 불꽃을 튼튼한 불길로 키운다. 자신의 노력이 인정받을 때 더 큰 동기와 몰입을 얻는다.

보상 - 마음으로 보상하면 공감이 멀리 간다 : 물질적 보상을 넘어 마음과 기회를 나누는 것이다. 진심 어린 보상은 관계를 단단하게 만들고, 공감의 거리를 좁힌다.

질문의 공감 소통

거대담론(巨大談論)

- 인간의 본질은 무엇인가?
  - 나는 가치 있는 삶을 살고 있는가?
    - 역사에서 무엇을 배울 것인가?
    - 살기 좋은 국가란 무엇인가?
  - 좋은 기업이란 무엇인가?
- 경영의 핵심은 무엇인가?

필행정론(必行精論)

- 시장과 기술은 어떻게 변하는가?
  - 고객의 니즈는 어떠한가?
    - 가장 잘 하는 물류 유통 채널은?
    - 앞서가는 경쟁 회사는 어디인가?
  - 잘 팔리는 상품은 무엇인가?
- 더 좋고 더 싸게 만들 수 있을까?

\<Copyright by SH Lee\>   [그림 6-18 질문 소통]

질문 소통은 대화를 통해 상대방의 생각, 감정, 의견을 끌어내어 공감과 이해를 증진하는 소통 방식이다. 좋은 질문은 상대방에게 자신이 존중받고 있음을 느끼게 하며, 대화의 주제를 더욱 풍부하고 의미 있게 만든다. '질문만 잘 해도, 경영이 잘 된다.'

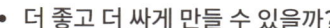

질문이 없으면 통찰도 없다. 심각한 오류는 잘못된 답 때문에 생기지 않는다. 정말로 위험한 것은 잘못된 질문을 던지는 것이다. - 피터 드러커

참여의 공감 소통

[그림 6-19 참여 소통]

기업이 빠르고 효율적으로 성장하기 위해서는 신속한 의사결정과 그에 따른 몰입 실행이 필수다. '참여 소통'은 초기 의사결정 과정부터 관련 부서들이 함께 참여하여 의견을 나누고 책임을 공유하는 구조를 만든다. '원스톱 의사결정 체계'는 이를 구체화한 방식이다.

투자 그룹(Investment Matter Group), 생산/운영 그룹(Operation Matter Group), 영업 그룹(Trading Matter Group), 혁신 그룹(Innovation Matter Group), 인사 그룹(Personal Matter Group), 경영평가 그룹(Management Review Group) 등의 6개 의사결정체계가 유기적으로 논의하고 결정을 내린다. 이 과정은 각자가 의사결정의 주체라는 공감과 주인의식을 심어 준다.

결과적으로 참여를 통한 공감은 몰입을, 몰입은 빠른 실행을, 빠른 실행은 경쟁력을 만든다. 결정 이후 명령을 기다리는 것이 아니라, 초기부터 함께 논의하며 방향성을 공유하기 때문에 각 부서가 실행의 속도를 높이고 결과에 대한 공동 책임을 진다.
참여 소통은 복잡한 경영 환경에서 중요한 공감 소통의 한 축이다.

디지털 공감 소통

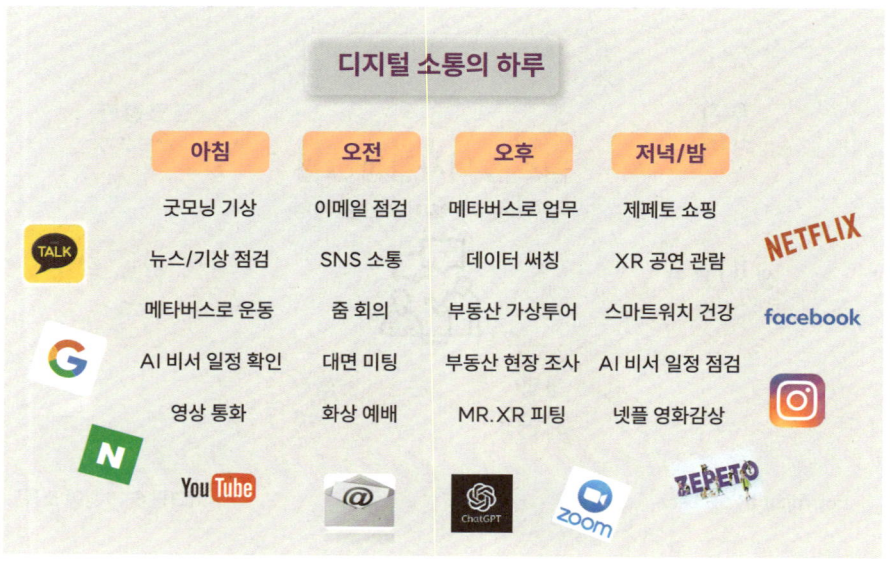

<Copyright by SH Lee>

[그림 6-20 디지털 소통]

디지털 AI 소통은 인간과 인공지능(AI) 간의 상호작용을 통해 개인화, 연결성, 효율성을 극대화하는 소통 방식이다. AI가 데이터를 분석해 사용자 맞춤형 정보를 제공하고, 인간의 감정을 이해하며 적응형 대화를 가능하게 만드는 기술에 기반한다.

메타버스를 활용한 필라테스 운동, 뉴스 및 일정 확인, 화상통화 등으로 하루를 시작한다. 이어 이메일과 SNS를 통해 소통하고, 줌(Zoom) 회의 및 대면 미팅으로 업무를 처리한다. 메타버스 기반의 가상 공간에서 부동산 투어를 하거나 데이터 분석 및 현장 조사를 진행하며, R&D 업무를 디지털 기술과 결합해 수행한다. 쇼핑, 공연 관람, 건강 관리 같은 개인화된 활동도 디지털 환경에서 이루어진다.

디지털 소통은 이제 시간과 공간의 제약을 넘어 인간의 삶을 다차원적으로 혁신하는 핵심 도구로 우리 삶의 일부분이 되었다.

비유의 공감 소통

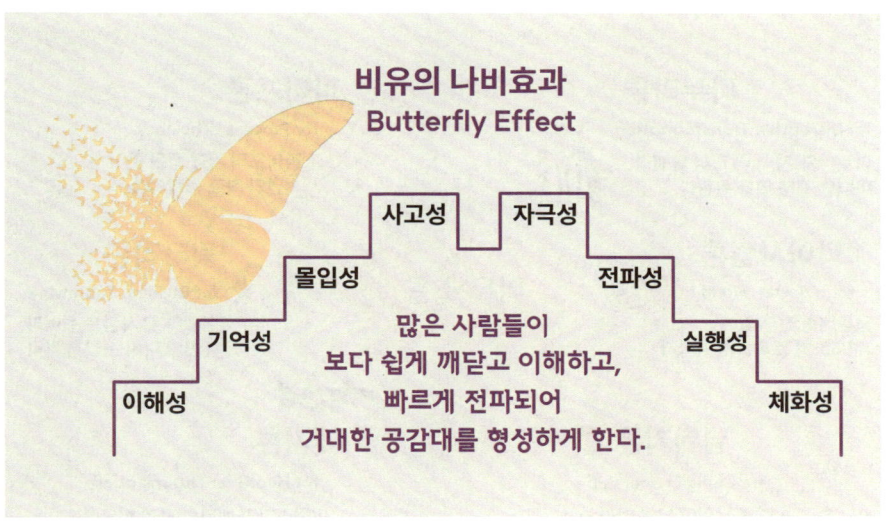

<Copyright by SH Lee>   [그림 6-21 비유 소통]

비유 소통은 복잡한 개념이나 메시지를 쉽고 효과적으로 전달하기 위해 상징적이고 간결한 표현을 사용하는 소통 방식이다. 아리스토텔레스는 그의 저서 『시학(Poetics)』에서 비유를 "새로운 관점과 이해를 열어 주는 도구"로 정의하며, 복잡한 개념을 단순화하고 감정적 공감을 이끌어 내는 수단으로 설명했다.

비유 소통은 일상적인 언어나 표현으로는 전달하기 어려운 개념이나 감정을 간결하고 강렬하게 전달할 수 있으며, 많은 사람이 쉽게 이해하고 빠르게 전파되어 거대한 공감대를 형성하는 나비효과를 만든다.

"내가 비유로 말하는 이유는 사람들이 보아도 보지 못하고 들어도 듣지 못하고 깨닫지 못하기 때문이다." - 마태복음 13장 10-13절

예수님은 인류 역사상 비유를 가장 적절하게 사용한 소통의 대가다.
성경은 비유의 보고로 세계 인구의 32%인 26억 명의 기독교인들이 성경 말씀을 따르고 있다.

삼성의 비유 경영

<Copyright by SH Lee>

[그림 6-22 삼성의 비유 경영]

비유는 삼성을 세계 삼류 기업에서 초일류 기업으로 탈바꿈시킨 공감 소통의 방식이다. 1993년 삼성의 프랑크푸르트 신경영 선언은 삼성을 근본적으로 탈바꿈한 계기가 되었고, 이때 사용된 비유는 혁신의 절박함과 개혁의 필요성을 압축적으로 전달하며 삼성을 글로벌 최고의 기업으로 도약시킨 혁신의 언어였다.

"마누라와 자식 빼고 다 바꿔라 (Change everything except wife and children)"

삼성을 파괴적으로 변화시킨 최고의 메타포다. 가장에게 마누라와 자식이란 떼려야 뗄 수 없는 요소다. 정말로 뺄 수 없는 요소만 남기고 모조리 다 바꾸라는 요구다. 질 위주 경영으로의 전환이 필수을 강조하기 위해, 스스로 먼저 변해야 한다는 원칙을 천명한 비유다.

파이프론 Bottleneck Pipe

한 방향 경영(Alignment)과 프로세스 효율성의 중요성을 강조하는 비유다. 파이프의 한 곳이 좁아지면 전체 유량은 그 좁은 부분에 의해 제한되듯, 조직도 가장 약한 부분이 전체 성과를 결정한다. 조직이 하나의 흐름으로 정렬되고 모든 기능이 균형 있게 발전해야 최상의 성과가 창출된다.

뒷다리론 Leg-Tripping

한 방향 경영(Alignment)과 팀워크 형성의 중요성을 강조하는 개념이다. 달릴 사람은 달리고, 걸을 사람은 걸으며, 쉬어갈 사람은 쉬어도 된다. 그러나 다른 사람의 뒷다리는 잡지 말아야 조직 전체가 목표를 향해 효율적으로 나아갈 수 있다. 이기주의로 내부 갈등을 초래해 성과를 저해하지 말아야 한다.

메기론 Catfish Effect

조직 내 경쟁을 통해 성장과 활력을 유도하는 비유다. 미꾸라지와 함께 메기를 키우면 미꾸라지가 긴장 속에서 활발히 움직이며 더 튼튼해진다. 관리자는 조직 내 '메기' 역할로 긍정적 경쟁 문화로 개인과 조직이 함께 성장하는 자율 경쟁 환경을 구축해야 한다.

널뛰기론 See-saw Principle

협력과 배려를 통한 상호 성장의 중요성을 강조하는 비유다. 널뛰기에서 한 사람이 먼저 굴러야 상대가 높이 올라가고, 그 반대로도 작용하듯, 조직에서도 개인이 상대를 배려하고 돕는 것이 결국 자신의 성장을 가져온다. 다양한 이해관계자가 속한 공동체에서는 타인을 존중하고 지원할 때 더 큰 성과를 낼 수 있다.

탁아사업론 Nursery Effect

기업의 사회적 책임을 통한 다방면의 긍정적 효과를 강조하는 비유다. 맞벌이 부부가 아이를 맡길 곳이 없어 경제적 어려움을 겪는 문제를 해결하고자, 삼성은 탁아소 운영을 통해 육아 지원과 직업 알선을 추진했다. 이를 통해 가정의 경제적 안정, 저출산 문제 완화, 주거 환경 개선 등 '1석 8조'의 효과를 기대했다.

홈플러스의 비유 경영

고객 의회
Customer Parliament

탁구인재론
Tak-Gu

과학의 상자
Box of Science

땅콩과 기중기
Peanut & Crane

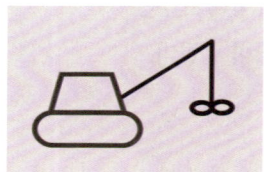

<Copyright by SH Lee>

신바레이션 문화
SynbaRation

예술 경영
Art Management

[그림 6-23 홈플러스의 비유경영]

홈플러스의 비유 경영은 홈플러스가 10년 만에 12조 매출을 기록하여, 꼴찌에서 출발해 한국 최고 수준의 유통기업으로 도약하는 원동력이 되었다. 또한 존경받는 기업으로 인정받아 명예의 전당에 헌정되는 영예를 안기게 해주었다. 이처럼 비유 경영은 조직 문화와 시스템을 혁신하고 실행력을 높여 한국 유통산업을 세계적 수준으로 발전시키는 공감 소통의 바탕이 되었다.

고객 의회 Customer Parliament

고객을 경영의 중심에 두는 철학을 강조한 비유 경영 사례다. 영국 국회의사당의 상징적 의미를 차용해 점포를 '고객 의회'로 비유하고, 고객이 직접 의견을 제시하며 변화에 참여할 수 있도록 했다. 이를 위해 고객 패널을 도입해 정기적인 피드백을 수집하고, 이를 경영에 반영해서 고객과의 신뢰를 강화했다. 고객의 목소리를 정책으로 반영하는 국회처럼, 고객 중심 경영을 실천하며 지속적인 개선과 혁신을 추구한 전략적 접근 방식이다.

탁구론 Tak-Gu

탁구는 드라마 '제빵왕 김탁구'의 주인공 이름이다. '베이커리 사업의 업의 개념은 탁구다'라는 메시지를 통해 제빵사(탁구)를 잘 대우해야 빵 맛이 제대로 난다는 직관적 인재론 비유가 전 직원에게 전파되었고, 이 비유로 부진하던 빵 매출이 상승하고 조직 문화도 개선되었다. 핵심 인재에 대한 투자와 존중이 기업의 경쟁력임을 보여 준다.

과학의 상자 Box of Science

홈플러스 점포를 과학의 상자로 바라보면 다양한 분야에서 과학적 방법으로 혁신을 할 수 있음을 강조하는 비유다. 홈플러스는 IT와 데이터 분석을 적극적으로 활용하여 재고 관리, 고객 맞춤형 프로모션, 효율적인 물류 시스템을 구축했다. 이러한 데이터 중심 경영은 매장 운영의 과학화를 통해 비용 절감과 매출 증대라는 두 마리 토끼를 잡는 데 기여했다.

땅콩과 기중기 Peanut & Crane

작은 문제를 해결하는 데 과도한 자원과 노력을 투입하지 말라는 비유다. 땅콩을 옮기려고 기중기를 쓰는 것처럼, 간단히 해결할 수 있는데도 불필요하게 복잡한 방식이나 과도한 비용을 들이는 실수를 경계해야 한다. NASA가 무중력에서 사용할 필기구 개발에 큰 비용을 들인 반면, 러시아는 연필을 사용한 사례처럼, 불필요한 투자 축소를 상기시키는 말이다.

신바레이션 문화 SynbaRation Culture

'신바레이션'은 한국의 신바람(Synbaram)과 영국의 합리적(Rational) 단어를 결합한 신조어로 국어사전에 등재되었다. 한국 전통의 풍물놀이처럼 신명나고, 영국 전통의 사고처럼 합리적으로 일하는 '융합된 문화'를 비유한다. 동아리 활동, 교육 강화 등 신바람을 더하는 요소와 프로세스 중심의 합리적 업무 방식이 결합되어 최초의, 최고의 기업 문화가 탄생되었다.

예술 경영 Art Management

경영을 예술적 감각과 창의성으로 완성하는 과정으로 비유한 사례다. 예술가가 작품의 완성도를 추구하듯, 모든 업무에서 창의적이고 세밀한 접근을 통해 최고의 고객 경험을 만들어 내는 것이 예술 경영의 핵심이다. 캔버스에 그림을 그린듯한 수산 매대 연출로 고객 경험을 극대화하여 고객에게 차별화된 가치를 제공하는 것도 예술 경영의 한 사례다.

리더는 깊은 사유 속에서
최고의 날을 바라본다

순수의 전조
Auguries of Innocence

한 알의 모래 속에서 세상을 바라보고
한 송이 들꽃 속에서 천국을 바라본다.
손바닥 안에 무한을 거머쥐고
한 순간 속에서 영원을 느낀다.

To see a World in a grain of sand
and a Heaven in a wild flower.
Hold Infinity in the palm of your hand
and Eternity in an hour.

- William Blake

진정한 여행
True Travel

가장 훌륭한 시는 아직 씌어지지 않았다.
가장 아름다운 노래는 아직 불리지 않았다.
최고의 날들은 아직 살지 않은 날들.
가장 넓은 바다는 아직 항해되지 않았고,
가장 먼 여행은 아직 끝나지 않았다.

불멸의 춤은 아직 추어지지 않았으며
가장 빛나는 별은 아직 발견되지 않았다.
무엇을 해야 할지 더 이상 알 수 없을 때
그때 비로소 진정한 무엇인가를 할 수 있다.
어느 길로 가야 할지 더 이상 알 수 없을 때
그때가 비로소 진정한 여행의 시작이다.

The most magnificent poem hasn't been written yet.
The most beautiful song hasn't been sung yet.
The most glorious day hasn't been lived yet.
The most immense sea hasn't been pioneered yet.
The most prolonged travel hasn't been done yet.
The immortal dance hasn't been performed yet.
The most shine star hasn't been discovered yet
When we don't know anymore what we are supp.osed to do,
It's the time when we can do true something.
When we don't kow anymore where we are supposed to go,
It's the start when the true travel has just begun.

- Nazim Hikmet

에필로그

경영의 문을 나가며

Leave the gate to serve
your country and mankind.

경영의 쓸모
- 진선미 그리고 용(眞善美用)

『인문과 과학으로 보는 통찰경영』에서
우리는 경영(經營)의 육각별(六角星)을 살펴보았다.
When, What, How, Why, Where, Who 여섯 가지 서로 다른 유형의 질문과
그에 합당한 답을 탐색해 보았다.

경영의 문을 나서며, 인류와 국가에 헌신하고 봉사하기 위한 준비가 되었길 바란다.
경영은 이제 그 쓸모로 우리 가까이에 다가온다.
말로만 하는, 바라만 보는 경영에서 실제로 도움이 되는 경영이 되어야 한다는 점에서,
지고지순한 가치인 진선미(眞善美)에 더해 이를 사용하고 실천하는
또 다른 가치인 용(用)을 이 책을 통해 찾아갈 수 있겠다.

우리가 만나는 현실에서 어려움이 있을 때, 찾아가 조언을 구할 수 있는
경영의 구루(Guru)가 있다면 참으로 도움이 되고도 든든할 것이다.
어떤 문제와 해결 방안을 구하고자 할 때, 스스로 물어보고 답을 찾아가기에
도움이 되는 구루의 답변서를 갖고 있으면 더욱 도움이 될 듯하다.

이 책은 오랜 경험과 깊은 학습, 그리고 단단한 협력으로 탄생한 새로운 유형의 경영학서라는
점에서, 답답함과 불안함을 갖고 있는 경영자와 경영학도에게 시원함과 안정감을 제공하기에
적합한 육각별 모델을 제시한다.
궁금하여 알고 싶은 주제가 있다면, 그 해당 페이지를 찾아서 열어 보면,
왼쪽에는 개념과 이를 설명하는 그림, 오른쪽에는 그 개념에 따른 해설과
적용 가능한 이론과 사례가 등장한다. 마치 요리책(Cook Book)을 보듯 편리할 것이다.

**오늘의 요리를 찾아 그 요리를 준비하듯
경영의 주제를 찾아 그 주제를 공부한다.**

경영에서 만나는 많은 질문과 그 질문에 대한 답을 찾아 나가는 과정은
경영자가 매일매일 만나는 일이기도 하고 또 경영을 공부하는 사람들의 공통적인 과제다.

이런저런 상황에서 어떻게 대응할 것인지 궁금하기도 하고,
또 그렇게 대응한다면 무슨 결과가 나올 것인지 기대하게 된다.

경영에 관한 다양한 문제와 궁금증을 해결해 나가는 방법으로
이 책에서는 목차에서 보듯이 여섯 폭 병풍을 제시했다.

여섯 가지 주요 분야로 경영을 살펴보는
틀(프레임)을 익히고, 각각의 분야에서도
구체적인 질문과 이에 대응하는 핵심 내용을
여섯 가지로 구분해 설명하였다.

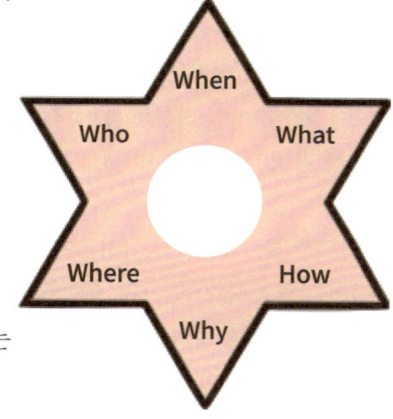

스타버스팅(Star-bursting)으로 이끌어 낸 여섯 가지 분야는
When, What, How, Why, Where, Who이다.

이 책은 단순한 브레인스토밍을 넘어 경영에 관한 지혜와 지식을
인문과 과학의 시선으로 통찰하는 방안을 설명하였다는 점에서 새로운 스타버스팅의 세계로
독자들을 이끌어 간다.

When 변화의 물결 - 경영은 변화를 찾아 내면서 시작한다.
변화란 무엇인가? 그중 패러다임의 여섯 가지 변화와 트렌드의 변화를 일목요연하게 정리하여 제시한다. 대전환의 시대에 경영은 어떤 역할을 할 것인지 생각하게 한다.

What 비전과 목표 - 보이지 않는 저 너머를 보라.
비전과 목표은 무엇이며, 어떻게 수립하는가? 목표의 평가와 관리의 여섯 가지 내용을 살피고, 경영 요소의 한방향 통합의 의미를 이해하게 한다.

How 이기는 전략 - 먼저 이기고, 나중에 싸운다.
경영전략의 흐름을 분석한다. 이기는 경영 전략이란 무엇인가? 이를 위한 여섯 가지 전략의 핵심을 이해하고 사례를 함께 살펴본다. 그래서 K-경영 전략은 어떻게 다른가를 살펴본다.

Why 행동방식 - 전략의 실행을 가속화한다.
전략의 실행은 행동방식으로 이어진다. 행동방식이란 무엇을 의미하는가?
우리가 추구할 핵심 가치 여섯 가지와 관련 사례를 살펴본다. 조직 문화의 내재화가
왜 필요한지, 그리고 일하는 원칙의 실천 방안에는 어떤 요소가 있는지 확인하다.

Where 환경과 사회 - 작은 도움이 더 나은 세상을 만든다.
ESG 경영은 새로운 패러다임으로 우리 곁에 다가왔다. ESG의 전략적 접근을 위한 여섯 가지 전략을 이해하여 이에 대응한다. ESG 혁신 평가와 권고, 공시와 확산 등 동향과 전망을 살펴본다.

Who 됨됨이 리더십 - 덕목이 지식과 행동의 근본이다.
됨됨이 리더십의 의미와 발전 과정을 파악한다. 리더십이란 광산을 구성하는 열두 가지 원석을 가공하여 나만의 됨됨이 리더십을 만들어 가는 과정이다. 그래서 리더십을 함양하는 습관을 만들어 간다.

이제 경영의 문을 나서며
- 통찰경영 활용하기 6단계

문제를 해결하기 위한 생각 정리와 행동하기의 6단계 접근법을 통해 해결 방안을 찾아가면 마침내 만족할 만한 결과를 얻을 수 있다.

먼저 프레임을 만들어 문제를 정리한다. 그 다음 그 문제에 영향을 주는 요인들이 무엇이 있을지 파악한다. 그리고 그 각각의 요인들이 어떤 관계로 얽혀 있는지 살펴본다. 그래서 무엇이 가장 중요하고 긴급한 요인일지 밝혀낸다. 그 원인과 결과의 관계를 구체적으로 살펴보고, 이를 구현해 보는 과정을 수행한다.

1. 프레이밍 Problem Framing
  문제의 진짜 실제 원인을 찾아내고 해결 방안 이해하기

2. 발산 Divergence
  다양한 가능성이 있는 대안을 창의적으로 찾아 보기

3. 창발 Emergence
  혼돈 속에서 질서를 찾아내듯 대안 우선순위 등 정리하기

4. 수렴 Convergence
  가장 좋은 최선의 대안은 무엇일지 함께 결론을 내려보기

5. 테스팅 Testing
  그 대안이 실제로 어떤 결과로 나올지 미리 챙겨 보기

6. 구현 Implementation
  찾아낸 대안을 실행에 옮겨보기

감사를 드리고
또 다른 시작을 기대하며

이 시대 최고의 경영 지혜와 지식을 시대정신으로 풀어내어 글로 말로 그리고 감성과 지성으로 전달하는 이승한 회장님과의 공동 저술 활동은 경영학자로서 인생 최고의 기회이자 여정이었다.

이미 오래 전에 경영 평가자의 관점에서 CEO 이승한 회장님을 만났던 좋은 기억과 또 EoM 저술 작업에 참여하였던 소중한 경험이 있었지만, 이번 작업은 특히 한국경영학회 회장으로 함께하여 더욱더 가치롭고 명예로웠다.

이승한 회장의 반세기 이상 축적한 경영 철학과 경영 모델을 바탕으로 한국경영학회의 학자들이 동참하여 다듬고 담금질하여 균형 잡힌 이론과 사례로 완성해 나가는 과정은 참으로 아름다웠다.
모든 공저자를 대표하여 이승한 회장님께 깊은 감사와 높은 존경을 표한다.

늦은 밤까지, 휴일에도 북쌔즈 우주선에서 하나하나의 그림과 문장을 다듬고 논의하는 과정을 열정으로 함께 한 공동 저자 최동현, 이평수, 이성호, 정연승, 김범수, 설도원 교수님과 유용종 대표님, 양문규 대표님에게 감사의 인사를 전한다.

이 책의 발간에 즈음하여,
하나의 막이 내려감을 느끼며 동시에 새로운 막이 곧 올라갈 것임을 직감한다.
이제 또 다른 새로운 시작을 준비하며, '인문과 과학으로 보는 통찰경영' 그 이후를 기약하려 한다.

2025년 2월 **김 연 성**
(한국경영학회 제69기 회장)

경영 모델 Index

I. 변화의 물결

페이지	번호	내용	페이지	번호	내용
28	1-1	변화의 유형	74	1-25	사회 대전환의 배경
30	1-2	패러다임의 대전환	76	1-26	한국의 사회 갈등 의식 조사 결과
32	1-3	디지털 대전환의 개요	78	1-27	한국인의 국민 의식
34	1-4	전방위 산업의 스마트화 사례	80	1-28	고질적 한국병
36	1-5	스마트-휴머니티 시티	82	1-29	여섯 가지의 주요 트렌드 변화
38	1-6	가상현실의 기술 사례	84	1-30	나만의 자아실현 생활
40	1-7	AI와 인간의 협업 6단계	85	1-31	나홀로 핵개인 생활
42	1-8	AI 챗봇 원스톱 서비스	86	1-32	따라하는 디토 소비
44	1-9	AI의 서비스 고도화	87	1-33	우물형 양극화 소비
46	1-10	AI 휴머노이드의 발전	88	1-34	전방위 돌봄 경제
48	1-11	슈퍼 컴퓨터와 양자 컴퓨터의 비교	89	1-35	소규모 메타니티 경제
50	1-12	글로벌 공급망 재편과 세계 경제 영향			
52	1-13	공급망 대전환의 개요			
54	1-14	글로벌 공급망 동맹과 전망			
56	1-15	미래 공급망 체계의 방향			
58	1-16	녹색 대전환의 기원			
60	1-17	지구온난화의 결과			
61	1-18	식량·에너지·수자원의 고갈			
62	1-19	지구 온난화의 원인			
64	1-20	환경산업의 규모			
66	1-21	세계 인구 전망			
68	1-22	한국 연령 구조 예상			
70	1-23	국가별 로봇 밀도 순위			
72	1-24	한국의 적정 인구 전망			

II. 비전과 목표

페이지	번호	내용
94	2-1	변화의 유형
96	2-2	목표 설정의 중요성
98	2-3	목표의 수립 과정
100	2-4	비전의 의미
102	2-5	1900년 파리 만국박람회에서 소개된 100년 후 세상을 상상한 만화
104	2-6	데이터 기반의 귀납적 접근
106	2-7	삼성의 비전 (1)
107	2-8	삼성의 비전 (2)
108	2-9	현대자동차의 인간 중심 모빌리티 비전
110	2-10	글로벌 한국 기업의 비전
111	2-11	글로벌 다국적 기업의 비전
112	2-12	전략적 상위 목표

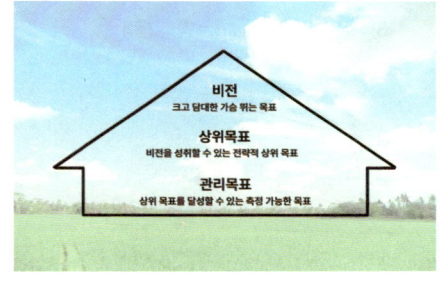

페이지	번호	내용
113	2-13	측정 가능한 36가지 관리 목표 사례
114	2-14	스티어링휠 모델
116	2-15	스티어링휠 모델 : 고객 만족
128	2-16	스티어링휠 모델 : 경쟁력 강화
120	2-17	스티어링휠 모델 : 인프라 구축
122	2-18	스티어링휠 모델 : 인재 육성
124	2-19	스티어링휠 모델 : 환경·사회 기여
126	2-20	스티어링휠 모델 : 재무 성과
128	2-21	테스코의 목표관리 사례
130	2-22	IBM의 성장 단계와 목표관리의 변화

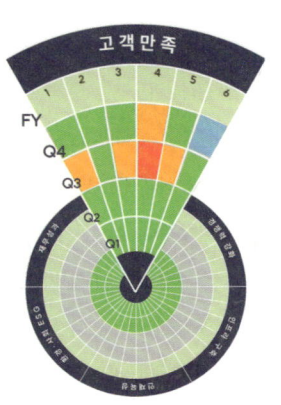

경영모델 Index **391**

경영모델 Index

III. 이기는 전략

페이지	번호	내용
136	3-1	전략의 정의
138	3-2	동서양 전략의 비교
140	3-3	이순신 장군의 이기는 전략
142	3-4	여섯 가지 이기는 경영 전략

페이지	번호	내용
144	3-5	Black Hole 차별화 전략 모델
146	3-6	품질 차별화 전략 - 삼성전자
148	3-7	가격 차별화 전략 - 다이소
150	3-8	구색 차별화 전략 - 아마존
152	3-9	트렌드 차별화 전략 - 무신사
154	3-10	속도 차별화 전략 - 쿠팡 로켓배송
156	3-11	편의 차별화 전략 - 카카오톡
158	3-12	Blue Ocean 창조 전략 모델
160	3-13	시장 창조 전략 - 태양의 서커스
162	3-14	상품 창조 전략 - 통신기기 창조 단계
164	3-15	서비스 창조 전략 - 카카오톡 선물하기
166	3-16	시공간 창조 전략 - 복합문화공간 북쌔즈
168	3-17	기술 창조 전략 - 12대 국가전략기술
170	3-18	채널 창조 전략 - 채널 창조 단계

페이지	번호	내용
172	3-19	TOWID 혁신 전략 모델
174	3-20	기술 혁신 전략 - 테슬라 물류센터
176	3-21	운영생상성 혁신 전략 - 현대자동차 혁신센터
178	3-22	업무 효율성 혁신 전략 - 원스톱 의사결정
180	3-23	구매·판매 혁신 전략 - 월마트 EDLP
182	3-24	자본·투자 혁신 전략 - SK주식회사
184	3-25	물류·공급망 혁신 전략 - 풀필먼트 물류센터
186	3-26	CapaCibility 역량 전략 모델
188	3-27	인재 역량 전략 - 미래의 인사관리
190	3-28	시스템 역량 전략 - 스마트 스토어
192	3-29	연구개발 역량 전략 - 글로벌기업의 투자순위
193	3-30	연구개발 역량 전략 - 삼성전자
194	3-31	상품·서비스 역량 전략 - 고객 맞춤형 제품
196	3-32	공급망·물류 역량 전략 - 인디텍스
198	3-33	생산·운영 역량 전략 - JIT 제조 시스템

이기는 경영 전략 36계

1편 차별화 전략 Differentiate 극한의 차별화로 시장을 장악한다	2편 창조 전략 Create 블루오션 전략으로 싸우지 않고 이긴다	3편 혁신 전략 Innovate 전방위 혁신으로 경쟁력을 확보한다	4편 역량 전략 Cultivate 역량의 그릇으로 성장의 기반을 다진다	5편 협업 전략 Collaborate 협업의 경로로 더불어 성장한다	6편 신뢰 전략 Trust 좋은 평판으로 좋은 기업을 만든다
Black Hole Model	Blue Ocean Model	TOWBID Model	CapaCibility Model	Win-Win Model	Trustmarks Model
1계 품질 차별화	7계 시장 창조	13계 기술 혁신	19계 인재 역량	25계 공유가치 협업	31계 고객 신뢰
2계 가격 차별화	8계 상품 창조	14계 생산성 혁신	20계 시스템 역량	26계 상품개발 협업	32계 직원 신뢰
3계 구색 차별화	9계 서비스 창조	15계 운영 효율성 혁신	21계 연구개발 역량	27계 공급망 협업	33계 파트너 신뢰
4계 유행 차별화	10계 시공간 창조	16계 구매/판매 혁신	22계 상품/서비스 역량	28계 기술 협업	34계 사회 신뢰
5계 속도 차별화	11계 기술 창조	17계 자본/투자 혁신	23계 공급망/물류 역량	29계 마케팅/영업 협업	35계 국가 신뢰
6계 편의 차별화	12계 채널 창조	18계 물류/유통 혁신	24계 생산/운영 역량	30계 금융 협업	36계 주주 신뢰

페이지	번호	내용	페이지	번호	내용
200	3-34	Shared Growth 협업 전략 모델	214	3-41	Trustmarks 신뢰 전략 모델
202	3-35	공유가치 협업 전략 - 홈플러스	216	3-42	고객 신뢰 전략 - 애플 스토어
204	3-36	상품개발 협업 전략 - K팝	218	3-43	직원 신뢰 전략 - 핵심가치
206	3-37	공급망 협업 전략 - 월마트	220	3-44	파트너 신뢰 전략 - 삼성
208	3-38	기술 협업 전략 - 모빌아이와 인텔	222	3-45	사회 신뢰 전략 - 풀무원
210	3-39	마케팅·영업 협업 전략 - 오피스디포와 이마트24	224	3-46	국가 신뢰 전략 - 국가경제공헌 대기업
			226	3-47	주주 신뢰 전략 - 경영평가 요소
212	3-40	금융 협업 전략 - 삼성테스코	228	3-48	36계 경영 전략

경영 모델 Index

IV. 행동방식

페이지	번호	내용
234	4-1	일의 의미
236	4-2	행동방식의 구성 요소
238	4-3	글로벌 기업의 행동방식
240	4-4	핵심 가치의 의미
241	4-5	신념 중심의 가치 체계
242	4-6	신념 중심의 핵심 가치 쇼핑 리스트
244	4-7	삼성그룹 핵심 가치의 변화
245	4-8	현대자동차 핵심 가치
248	4-9	이해관계자 중심의 가치 체계
250	4-10	고객 가치
251	4-11	직원 가치
252	4-12	협력 회사 가치
253	4-13	지역사회 가치
254	4-14	국가 가치
255	4-15	주주 가치
256	4-16	도요타 핵심 가치 사례
257	4-17	다논 핵심 가치 사례
258	4-18	존슨앤존슨의 핵심 가치 사례
259	4-19	남양유업 핵심 가치 사례
260	4-20	코닥과 삼성의 핵심 가치 비교

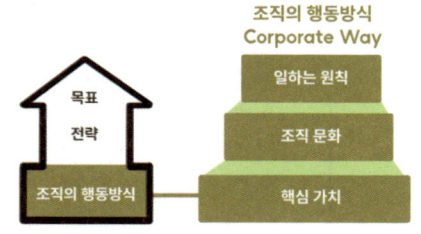

페이지	번호	내용
262	4-21	조직 문화의 의미
264	4-22	동서양 조직 문화의 비교
266	4-23	국가에 따른 조직 문화의 차이
267	4-24	산업에 따른 조직 문화의 차이
268	4-25	시대에 따른 조직 문화의 차이
269	4-26	세대에 따른 조직 문화의 차이
270	4-27	문화-전략 매트릭스, 컬처 레버리지, 존 칠드러스, 2020
272	4-28	코터의 변화 관리 모델
274	4-29	일하는 원칙과 사례
275	4-30(1)	스튜 레오나드의 일하는 원칙
	4-30(2)	SH의 일하는 원칙
276	4-31	시장을 선도하는 일하는 원칙 세 가지
278	4-32	네이버의 기술 컨퍼런스 Deview 2024

경영 모델 Index

V. 환경과 사회

페이지	번호	내용
284	5-1	ESG의 개념
285	5-2	CSR과 ESG의 비교
286	5-3	캐롤의 CSR 피라미드 모델
298	5-4	UN의 지속가능발전목표(SDGs)
290	5-5	ESG 사상의 발전
292	5-6	ESG 목걸이 모델
294	5-7	ESG 구조화
296	5-8	ESG 집중화
298	5-9	ESG 연계화
300	5-10	ESG 통합화
302	5-11	ESG 측정화
304	5-12	ESG 내재화
306	5-13	ESG 생태계

'큰바위 얼굴'
성장의 얼굴 과 기여의 얼굴

페이지	번호	내용
309	5-14	KMAC 2023 ESG 혁신 권고안
315	5-15	포스코의 ESG 모델
316	5-16	국민연금 국내 주식 ESG 평가 체계
318	5-17	ESG 규범과 법령

경영 모델 Index
VI. 됨됨이 리더십

페이지	번호	내용
324	6-1	기업가 정신의 옥스포드 사전적 정의
326	6-2	K-기업가 정신과 미래 경영
328	6-3	리더십의 의미
330	6-4	리더십 상호관계 모델
332	6-5	Be-Know-Do 리더십
334	6-6	세종의 K-리더십
338	6-7	열두 가지 리더십 원석
349	6-8	열두 가지 인체 리더십 원석 조감
348	6-9	AID-B 모델
350	6-10	나의 특별함을 찾는 질문
352	6-11	열두 가지 리더십 개발 기본 질문
353	6-12	김철수의 나만의 리더십 웹
354	6-13	열두 가지 됨됨이 리더십 습관

페이지	번호	내용
368	6-14	소통의 의미
370	6-15	공감 소통의 여섯 가지 방법
372	6-16	가치 소통
373	6-17	관계 소통
374	6-18	질문 소통
375	6-19	참여 소통
376	6-20	디지털 소통
377	6-21	비유 소통
378	6-22	삼성의 비유 경영
380	6-23	홈플러스의 비유 경영

뇌 - 긍정 　눈 - 비전
코 - 대응 　귀 - 수용
목 - 협력 　입 - 정직
가슴 - 겸손 　손 - 신뢰
다리 - 혁신 　배 - 용기
둔부 - 회복 　발 - 열정

인체 리더십 광산

"to share ideas, feeling, intensions, expectations, perceptions or commands by talking, writing, gestures, behaviors, attitudes, music, and visuals."

통찰경영 조감도

통찰로 길을 찾고 통합으로 같은 길을 간다

When **변화의 물결** – 준비

경영은 변화를 찾아내면서 시작한다.
변화에 대응하고 변화를 기회로 활용한다.

What **비전과 목표** – 수립

인문으로 꿈꾸고 과학으로 관리한다,
크고 담대한 꿈을 이루는 측정가능한 목표를 세운다.

How **이기는 전략** – 실행

먼저 이기고 나중에 싸우는 선승구전의 전략이다.
이기는 환경과 조건을 만들면 싸워서 반드시 이긴다.

Why **행동 방식** – 내재

핵심가치를 바탕으로 조직문화와 일하는 방식이다.
몰입을 이끌어 내고 전략의 실행을 가속화 시킨다.

Where **환경과 사회** – 도움

작은 도움이 더 나은 세상을 만든다.
ESG 활동으로 신뢰를 높여 지속가능한 성장을 한다.

Who **됨됨이 리더십** – 함양

덕목이 지식과 행동의 근본이다.
리더십을 여는 마지막 열쇠는 리더의 됨됨이다

비전 하우스
the Vision House

변화

통찰경영 내부 요소
비전
전략
행동 방식

환경과 사회

리더십

저자 소개

대한민국의 대표 기업인이자 학자다.
영남대 명예 경영학 박사와 한양대에서 도시공학 박사
학위를 취득하였다.
한국 정부로부터 금탑산업훈장과 국민훈장 동백장을,
대영제국기사단 훈장 CBE(Commander of British Empire)을
영국 엘리자베스 여왕으로부터 수훈하였다.
숙명여대 석좌교수 및 N&P그룹 회장으로,
후학양성과 사회 공헌 활동에 전념하고 있다.

1970년 삼성그룹 공채 11기로 입사 후 이병철 회장 시절
그룹 비서실에서 기획 팀장과 마케팅 팀장을 맡았다.
1994년 이건희 회장 시절에는 그룹 비서실에서
신경영추진 팀장 부사장으로
삼성이 세계 초일류기업으로 탈바꿈하는데 크게 기여하였다.
삼성물산 유통 부문 대표 CEO를 거쳐,
1998년부터는 홈플러스 창업자 및 CEO로서 홈플러스를
10년만에 연매출 12조의 업계 선두 기업으로 성장시켰다.

유엔글로벌콤팩트(United Nations Global Compact)
한국협회장, ECR Asia Council 공동의장,
세계표준화기구(GS1) 부회장, 창의서울포럼 대표,
체인스토어 협회장, 유통산업연합회 공동회장 등
사회활동을 역임했다.

학계에서는 숙명여대 재단이사장을 역임했고,
서울대 지속가능경영포럼 공동주임교수와
서울사이버대학 석좌교수를 지냈다.
보스턴 대학에서 연구교수로
저자의 'SH라운드테이블'을 운영하였고,
하버드 대학 치과대학(HSDM)의 운영이사로 활동했다.

이승한
N&P그룹 회장
(홈플러스 창업 회장)

김연성
인하대학교
경영학과 교수

서울대학교에서 경영학 학사, 석사, 박사학위를 취득하였고, 인하대학교 대학원에서 융합고고학 전공으로 문학석사를 받았다.

미국 남가주대(USC) 마샬 경영대학원 초빙교수, 국민은행경제연구소 중소기업연구실, 인천테크노파크 전략기술기획단 자문교수, 한국경영학회 회장, 한국고객만족경영학회 회장, 한국품질경영학회 회장, 한국생산관리학회 회장, 서비스디자인연구회 회장, 인하대학교 기획처장, 연구처장, 산학협력단장, LINC사업단장, 경영지원본부장, 정석학술정보관장 등을 역임했다.

삼성그룹 공채 26기로 삼성물산 근무, 벤처기업의 CEO로 일했고, 글로벌 기업과 공공기관 및 공공부문의 경영 자문과 강연을 해 왔다.

홍조근정 훈장과 대통령 표창장을 받았으며, 한국경영학회에서 우수경영학술상, 한국품질경영학회에서 품질경영학술상을 받았다.

2권의 대한민국학술원 우수학술도서와 1권의 세종도서 학술부문 우수도서를 포함하여 50여 권의 저서를 발간하였고, 국내외 공인학술지에 100여 편의 논문을 게재하였다.

『통찰경영』의 저자들
북쌔즈 복합문화공간에서

저자소개

이성호
서울시립대학교
경영학부 교수

고려대학교 경영학 학사, University of Wisconsin-Madison 경영학 석사(M.B.A.), University of Illinois at Urbana-Champaign에서 경영학 박사학위(Ph.D.)를 취득했다. 미국 UIUC에서 Lecturer로, 삼성경제연구소 수석연구원으로, 그 전에는 제일기획에서 A.E. 및 마케터로 근무했다.
서울시립대 경영대학장/경영대학원장, 교수회장, 한국마케팅학회 회장, 한국경영학회 수석부회장 등을 역임했고 대기업 및 금융권 등에서 기업경영교육 및 자문활동도 활발히 수행했다. 우수경영학자상(한국경영학회) 등 다양한 국내외 상을 수상했다. 마케팅전략 등의 분야에서 활발히 연구 및 저술 활동을 하고 있다. JAMS 등 국제/국내 저명학술지에 약 60여 편의 논문을, Strategies for Brand Communications and Management 국제 저서, 선제적 B2B 마케팅 관리 등 14권의 저서를 출간했다.

서울대학교 경영학 학사, 석사학위를 취득하였고, 연세대학교에서 경영학 박사학위를 받았다. 현재 단국대학교 경영대학원장으로 있으며, 한국경영학회 수석부회장을 맡고 있다. 한국유통학회장, 서비스마케팅학회장, 판교창업혁신센터장 등을 역임하였고, 26년 한국마케팅학회장으로 선임되었다.
현재 기획재정부, 금융감독원, 공정거래위원회, 산업통상자원부, 중소벤처기업부 등에 다양한 정책 자문 및 심의 위원을 맡고 있으며, 쿠팡, 네이버, CJ, 신세계, 롯데 등에 경영 자문과 강연을 해 왔다.
현재 현대해상화재보험 사외이사를 맡고 있으며, 네이버 해피빈 사외이사, 현대자동차, 이노션, 삼성경제연구소, 한국장기신용은행에 근무하였다.
주요 전공 분야는 유통, 커머스, B2B 마케팅, 세일즈, 광고 등이며, 주요 저서로는 『49가지 마케팅의 법칙』, 『굿비즈니스플러스』 등이 있고, 국내외 저널에 90여편 논문을 게재하였다.

정연승
단국대학교
경영학부 교수

김범수
연세대학교
정보대학원 교수

미국 University of Texas at Austin에서 정보시스템 박사학위를 취득하였고, 연세대학교 정보대학원 교수, 한국지식경영학회 회장, 한국경영정보학회 차기회장 등으로 재직 중이다. 더불어, 연세대학교 바른ICT연구소 소장, Asia Privacy Bridge Forum 의장으로 AI윤리와 경영, 데이터 거버넌스, ICT 정책, 격차, 과의존, 정보보호, 국제협력 등의 이슈 중심으로 관련 연구와 교육 활동을 추진하고 있다. 미국 일리노이 주립대학교 교수, 연세대학교 정보대학원 원장, APEC 정보보호 한국대표단, OECD 디지털 거버넌스와 프라이버시(DGP), 정보보호(SPDE) 작업반의 부의장을 역임하였으며, AI시대 공공데이터 활용과 전략, 프라이버시, ESG, 국제협력 및 정책가이드 등을 마련하는데 기여하였다.

중앙대학교 국제물류학과 교수로 재직 중이며, 연세대학교에서
경영학 학사, 석사를 취득하고 University of Nebraska Lincoln에서
공급사슬 및 운영관리 전공으로 박사 학위를 취득하였다.
주요 강의 과목으로는 글로벌 공급사슬관리와 물류시스템과
공급사슬관리가 있으며, 연구 분야는 공급사슬관리,
사회적 네트워크, 혁신, 친환경 공급망, 개방형 혁신, 물류, 항공운송 등을 포함한다.
중앙대학교 부임 전에는 한국항공대학교와 Kansas State University에 재직하였다.
국토부장관 표창을 받았으며 학술 활동으로는
국내외 학술지에 70여 편의 논문을 게재하였다.

최동현
중앙대학교 경영경제대
국제물류학과 교수

이평수
경기대학교
경영학부 교수

경기대학교 경영학부 교수로 재직 중이며, 주요 연구 분야는 생산운영관리,
공급사슬관리, 서비스운영관리다.
인하대학교에서 산업공학 학사를 취득하고, 고려대학교 경영대학에서 Logistics,
Service, and Operations Management 전공으로
경영학 박사학위를 받았다. 경기대학교 경영학과와
서비스경영전문대학원에서 주임교수를 역임하였으며, European Journal
of Operational Research와 Management Decision을 포함한
국내외 생산운영 분야 학술지에 40편 이상의 논문을 게재하였다.
또한, 한국생산관리학회 학술위원장을 역임하였으며, 한국경영학회,
한국로지스틱스학회, 한국고객만족경영학회, 한국기업경영학회,
한국서비스경영학회 등에서 활발히 학술활동을 이어가고 있다.

연세대학교에서 경영학석사 MBA와 경영학 박사학위를 (마케팅 전공)
취득하였고, 삼성물산, 삼성인력개발원, 삼성테스코에 재직하였으며
홈플러스 대표이사(공동), 한국체인스토어협회 상근부회장,
(주) KOCA 리테일인사이트 대표이사, 한국유통연수원 원장을 역임하였다.
연세대 경영전문대학원 겸임교수, 연세대학교 MBA 총동창회장,
한국 MBA총동창회 연합회 회장, EUCCK PR마케팅위원회 위원장,
(주) L-founders of loyalty Korea 상임고문,
해양수산부 수산물 유통진흥위원회 위원을 맡았다.
현재 (주)동성케미컬 사외이사, (주)AMENA 최고전략책임자,
한국유통학회 산학부회장, 경주순창 설씨 종친회 회장으로 있으며,
철탑 산업훈장과 창조경영인 대상을 수상하였다.

설도원
(주) NEXT WORLD INSIGHT
대표이사

인문과 과학으로 보는
통찰경영

1판 1쇄 발행 | 2025년 2월 18일
2판 1쇄 발행 | 2025년 7월 7일
2판 2쇄 발행 | 2025년 9월 22일

대표 저자 | 이승한
공동 저자 | 김연성, 이성호, 정연승, 김범수, 최동현, 이평수, 설도원

발행인 | 엄정희
발행처 | 도서출판 북쌔즈
기획·편집 | 이승한, 김연성, 유용종
경영모델 디자인 | 이승한, 양문규
도서 디자인 | 황지은

출판등록 | 제2017-000141호
등록번호 | 518-95-01466
주소 | 서울특별시 강남구 테헤란로 311 아남타워 1320호 통찰경영 연구소
전화 | 02-559-6010
팩스 | 02-559-6008
이메일 | nextnpartners@naver.com

ISBN | 979-11-962972-7-5 (03320)

 통찰경영연구소
홈페이지